Phagmodrupa

Wie man stufenweise in die Lehre Buddhas eintritt

Aus dem Tibetischen
von Karma Namgyal Dölma – Anke Bruns

Jahrgang I (2004/2005) des Übersetzer-Trainingsprogramms
unter der Leitung von Khenchen Konchog Gyaltshen Rinpoche
und Khenpo Nyima Gyaltsen
Drikung Kagyu Institute, Dehra Dun, Indien

Band 2

Otter Verlag

Herausgegeben von der Tara Stiftung

Lektorat und Produktion: Claudia Göbel, München
Satz: AB Text&Graphik, München; EDV-Fotosatz Huber, Germering
Umschlaggestaltung: Monika Neuser / 2005 Werbung, München,
unter Verwendung eines Fotos von Andreas Gruschke, Freiburg
(Blockdruck-Darstellung von Phagmodrupa aus dem Asta-Sahasrika)
Druck und Bindung: Westermann Druck, Zwickau
Printed in Germany

ISBN 978-3-933529-20-6
(Die stufenweise Aneignung der Lehren des Buddha; 2 Bände im Schuber)

Inhalt

PHAGMODRUPA

WIE MAN STUFENWEISE IN DIE LEHRE BUDDHAS EINTRITT

DER WURZELTEXT

Die Anrufung

Om Soti – möge alles Glückverheißende, alles nur erdenklich Gute entstehen!
Vor dem Lama,
der, durch den erhabenen Gedanken bewogen, zum Wohle anderer
während unermesslich langer Zeit durch Ansammeln von Verdienst und Weisheit
die Makel bereinigt und die Fülle der Qualitäten erworben hat,
vor dem Yidam und vor der großen Zuflucht, den Drei Kostbarkeiten,
verbeuge ich mich voller Hingabe und Verehrung mit Körper, Rede und Geist.

Den stufenweisen Eintritt in die Lehre des Buddha will ich entsprechend den Schriften und den Worten des Lama niederschreiben.

Die Verse des Wurzeltextes

Wer ausgestattet ist mit Vertrauen und wessen positives Karma erwacht ist,
der verehre den mit den Merkmalen eines vollkommenen spirituellen
Meisters
ausgestatteten Lama auf dem Scheitel seines Hauptes.

Er meditiere über die Schwierigkeit des Erlangens der Freiheiten und
förderlichen Bedingungen sowie über Tod [und Vergänglichkeit]
und wende so den Geist von weltlichem Streben ab.

Er sollte über die Nachteile der drei Bereiche des Daseinskreislaufes[1]
nachdenken.
Das wird seinen Geist von Samsara abwenden
und den Wunsch hervorbringen, Befreiung zu erlangen.

Überlege: »Wer hat die Macht, vor Samsara zu schützen?
[294][2] Weder ein Chakravartin – ein universeller Herrscher – noch Indra,
Brahma oder
ihresgleichen haben die Macht zu schützen.
Diese Macht haben nur die Drei Kostbarkeiten!«
So denkend, entwickle tiefes, festes Vertrauen.
Die damit verbundene Praxis ist das Nehmen der Zufluchtsgelübde.

Samsara und Nirvana gibt es nicht ohne Ursache.
Sie entstehen auch nicht aus nicht entsprechenden Ursachen.
Deshalb reflektiere über Ursache und Wirkung.

---

1 Kamadhatu, den Bereich der Begierde; Rupadhatu, den Bereich der Form; Arupadhatu, den Bereich ohne Form.

2 Die Ziffern in eckigen Klammern verweisen auf die entsprechende Seitenzahl des tibetischen Originaltextes, der ebenfalls in diesem Band abgedruckt ist.

Nachdem du überzeugt bist von Handlung und Wirkung[3],
bereinige die Verschleierungen früherer negativer Handlungen und
lege das Versprechen ab, sie hinfort nicht mehr zu begehen.
Die damit verbundene Praxis ist das Nehmen der Pratimoksha-Gelübde,
der Gelübde für die individuelle Befreiung.

Befolgt man die Gelübde individueller Befreiung,
ist man einzig und allein um das eigene Wohlergehen bemüht.
Unübertreffliche Erleuchtung kann so nicht erlangt werden.
Das Nirvana der Shravakas und Pratyekabuddhas ist ein Ruheplatz,
ein vorläufiges Ziel, sagt ein tiefgründiges Sutra[4].
Deshalb strebe die unübertreffliche Erleuchtung zum Wohle anderer an.

Allwissende Buddhaschaft – die die Vollendung der zwei Ziele beinhaltet –
entspringt der Ursache Bodhichitta und
[beider] Wurzel, Mitgefühl. Vollendet [wird all dieses] durch das Mittel [der Paramitas].
[295] Deshalb meditiere über Liebe und Mitgefühl.

Wenn Liebe und Mitgefühl wirksam werden,
wendet sich der Geist davon ab, nach eigenem Wohlergehen zu trachten,
und die Haltung, die zum Wohle anderer nach Erleuchtung strebt, wird erweckt.
Die damit verbundene Praxis ist das Nehmen der Bodhisattva-Gelübde.

Widme dich voller Hingabe den Drei Schulungen[5].
Bei der Schulung meditativer Versenkung und unterscheidender Weisheit
meditiere Leerheit und Mitgefühl in untrennbarer Einheit.
Hierdurch wendet sich der Geist von dualistischem Erfassen ab.
Hast du die Meditation von Leerheit und Mitgefühl vollendet,
werden alle schädlichen Handlungen und Fehler entfernt sein und
die drei Kayas erlangt.[6]

---

3 Dem Gesetz des Karma.

4 *snying rje dkar po mdo.*

5 Die Drei Schulungen beinhalten das Sich-Üben in ethischem Verhalten (*tshul 'khrims*), meditativer Versenkung (*ting nge 'dzin – bsam gtan*) und unterscheidender Weisheit (*shes rab*).

6 Hier endet der Überblick über den Text. Nun folgt die ausführliche Erläuterung.

DIE ERLÄUTERUNGEN ZUM WURZELTEXT

Respektvoll verbeuge ich mich mit Körper, Rede und Geist zum Lama, zum Yidam[7] *und zu den Drei Kostbarkeiten.*

1 Vertrauen

»Wer ausgestattet ist mit Vertrauen, wessen positives Karma erwacht ist …«

Zu den Worten »positives Karma erwacht«: Jemand, der schon in früheren Leben, bis heute, Verdienste angesammelt, vollkommen reine Wunschgebete zum Wohle anderer hervorgebracht und nun eine kostbare menschliche Geburt – ausgestattet mit Freiheiten und förderlichen Bedingungen – erlangt hat, wird ganz automatisch gute Bedingungen für die Dharma-Praxis antreffen.

[296] Da man ganz natürlich zu Positivem neigt, wird das zuvor angesammelte positive Kharma durch Umstände wie das Erblicken einer Darstellung der Drei Juwelen, das Hören des Dharma oder Ähnliches erweckt.

Zu den Worten »ausgestattet mit Vertrauen«: Erwachtes positives Karma lässt die drei Arten des Vertrauens oder Glaubens entstehen. Nachdem man die leidvolle Natur Samsaras erkannt hat, wünscht man Leiden – zusammen mit den Ursachen – zu überwinden und vom Kreislauf Samsaras befreit zu werden. Dieser Wunsch, aus dem Daseinskreislauf befreit zu werden, wird »wünschendes Vertrauen«[8] genannt.

7 Khorlo Demtchog – Chakrasamvara.

8 *'dod pa'i dad pa.*

Schätzt jemand die Qualitäten der Drei Kostbarkeiten und erfreut sich dieser, so ist dies »aufrichtiges Vertrauen«[9].

Glaubt man an Karma – an Ursache und Wirkung – und handelt nicht aus Leidenschaft, Hass, Verwirrung oder Furcht wider den Dharma, so hat man »zuversichtliches Vertrauen«[10] entwickelt.

Es heißt auch: Wer aus Begehren, Zorn oder Hass, aus Angst und Verdunkelung den Dharma nicht aufgibt, den bezeichnet man als »mit Vertrauen ausgestattet«[11].

Die Qualitäten des Vertrauens

Aus dem Sutra *Licht der Drei Kostbarkeiten*[12]:

> [297] Bringt man den Siegreichen Buddhas und ihrer Lehre Vertrauen entgegen
> sowie dem Verhalten der Bodhisattvas und der unübertrefflichen Erleuchtung,
> so wird sich die Geisteshaltung der Erhabenen[13] entwickeln.
>
> Entwickle zuerst Vertrauen, das dich wie eine Mutter führt.
> So werden alle Qualitäten hervortreten und wachsen.
> Zweifel werden ausgeräumt und man wird aus den Strömungen[14] befreit.
> Vertrauen ist wie eine Stadt zeitlichen und letztendlichen Wohlergehens.

W e i t e r h i n :[15]

> Vertrauen ist wie ein Schatz, ein Juwel, die beste Basis[16],
> wie die Hand, die die Tugenden zusammenträgt.

---

9 *dang ba'i dad pa.*

10 *yid ches pa'i dad pa.*

11 *dad pa can* – Glauben besitzend.

12 *dkon mchog sgron me'i mdo – Ratnapradipa-Sutra.*

13 Bodhichitta.

14 Die vier Strömungen oder Flüsse: *chu bo bzhi* – der Strom der Geburt, der Krankheit, des Alterns und des Todes.

15 Gesperrt gesetzte Passagen zeigen Text an, der dem tibetischen Originaltext zu einer späteren Zeit als Kommentar oder Lesehilfe hinzugefügt wurde und darin in einer kleineren Schrift gehalten ist.

16 Wörtlich: der beste Fuß (der einen an jeden Ort trägt).

Weiterhin:

Jene, die stets voll Vertrauen und Hingabe gegenüber dem Buddha sind,
werden niemals die Übung in ethischem Verhalten aufgeben.
Jene – ausgestattet mit guten Qualitäten –,
die das Einüben ethischen Verhaltens niemals aufgeben,
werden durch jene, die die Qualitäten besitzen, gepriesen sein.

Jene, die stets voll Hingabe und Vertrauen in die Lehre des Buddha sind,
werden niemals satt, den Dharma zu hören.
Ihre Sehnsucht und ihr Interesse sind unvorstellbar. [298]
Jene voll Vertrauen und Hingabe in den Sangha,
werden Kraft dieses unverrückbaren Vertrauens nicht in Samsara
zurückfallen.

Dies und anderes wird ausführlich in diesem Sutra erklärt.

Im *Sutra der zehn Dharmas* heißt es auch:

Wer nach vollkommener Befreiung strebt,
für den ist Vertrauen der höchste Weg.
Deshalb hält sich ein kluger Mensch an den Weg des Vertrauens.

Aus dem *Sutra der Juwelen-Ansammlung*[17]:

Menschen ohne Vertrauen oder Glauben
entwickeln nicht [die Gewohnheit] heilsamen Tuns.
Ebenso wie ein versengter Samen keinen grünen Spross treiben kann.

Aus dem *Gyü Lama*[18]:

Selbstentstandene, letztendliche Wirklichkeit
wird nur durch Vertrauen erkannt,
so wie das strahlende Licht der Sonne nicht gesehen wird von jenen,
die keine Augen besitzen.

17 *dkon mchog brtsegs pa'i mdo – Ratnakutasutra.*
18 *rgyud bla ma – Mahayanauttaratantrashastra.*

Hier [mein] Ratschlag, der das oben Gesagte zusammenfasst:

Schon die geringeren Ziele weltlicher Angelegenheiten zeigen kein Ergebnis,
wenn man sich nicht für sie interessiert und engagiert.
So wird man sich für das große Ziel
einer höheren Geburt oder [299] gar der Befreiung,
wo Glaube fehlt, erst gar nicht einsetzen
und so auch keine Früchte ernten.
Deshalb ist es richtig, Vertrauen zu entwickeln,
die Wurzel allen zeitlichen und letztendlichen Glücks.

Dies war das erste Kapitel des Textes
Wie man stufenweise in die Lehre Buddhas eintritt.
Es handelt von der Art der Person und vom Vertrauen.

2 Der geeignete Lama

»Verehre den – mit den Merkmalen eines vollkommenen spirituellen Meisters ausgestatteten – Lama auf dem Scheitel deines Hauptes.«

Dieser Teil gliedert sich in sechs Abschnitte:

- die Notwendigkeit, sich auf einen Lama zu stützen,
- auf welchen Lama man sich stützen sollte,
- mit welcher Motivation man dem Dharma und mündlichen Unterweisungen lauscht,
- wie man Respekt und Verehrung erweist,
- die Vorteile von Vertrauen und Hingabe,
- die Nachteile fehlenden Vertrauens und fehlender Hingabe.

Die Notwendigkeit, sich auf einen Lama zu stützen

Über die Notwendigkeit, sich auf einen Lama zu stützen, wird im *Sutra, erbeten von Yulkhor-Kyong*[19] gesprochen. Dort heißt es:

> Stütze dich auf geeignete spirituelle Freunde.
> Trenne dich gänzlich von untugendhaften spirituellen Lehrern. [300]
> Die guten spirituellen Freunde[20] werden dich stets auf den rechten Weg führen
> und von falschen Wegen zurückleiten.

---

19 Name eines der Schützer der vier Richtungen.

20 Synonym für »Lama«: ein verlässlicher spiritueller Lehrer, der mit den entsprechenden guten Qualitäten ausgestattet ist.

Im *Do-düpa*[21], einem Prajnaparamita-Sutra, heißt es:

> So wie Kranke sich auf einen Arzt verlassen, um geheilt zu werden,
> stütze dich unermüdlich auf tugendhafte spirituelle Lehrer.

Durch Nachdenken und Reflexion wirst du feststellen: Es ist notwendig, die eigenen Qualitäten zu vermehren, daher musst du dich auf einen Lama stützen.

Es ist notwendig, verstörende Geisteszustände[22] oder Geistesgifte gänzlich zu überwinden und alle schlechten Handlungen zu vermeiden, daher musst du dich auf einen Lama stützen.

Erlangst du in diesem Leben keine Buddhaschaft, ist es erforderlich, gute geistige Eindrücke und Gewohnheitstendenzen für das nächste Leben zu bilden. Deshalb musst du dich auf einen Lama stützen.

Auf welchen Lama man sich stützen sollte

Zu der Frage, auf welchen Lama man sich stützen sollte, sagt dann Buddha Maitreyas *Dode-gyen*[23]:

> Stütze dich auf einen spirituellen Freund, der diszipliniert ist, sanft und ruhig, absolut gelassen, mit außerordentlichen Qualitäten, enthusiastischer Ausdauer, umfassender Kenntnis der Schriften, der die wahre Natur der Wirklichkeit erkannt hat, beredt ist in der Darlegung der Lehre, der Mitgefühl verkörpert und unermüdlich ist.

[301] »Diszipliniert«: Er besitzt ethisches Verhalten, weil seine Sinne gezähmt sind.

»Sanft und ruhig«: Er besitzt Samadhi – unabgelenkte meditative Versenkung –, daher verweilt sein Geist gelassen und friedlich.

»Absolut gelassen«: Er ist im Besitz unterscheidender Weisheit[24], da er die »nahen« störenden Gefühle vollkommen befriedet hat.

»Außerordentliche Qualitäten«: Er steht diesbezüglich nicht auf der gleichen oder einer niedrigeren Stufe wie beziehungsweise als seine Schüler.

»Enthusiastische Ausdauer«: Er wirkt unaufhörlich zum Wohle anderer.

---

21 *mdo sdud pa.*

22 *nyon mong – klesha*, üblicherweise als Verblendung, Begierde, Abneigung, Stolz und Eifersucht zusammengefasst.

23 *jo bo byams pas mdo sde rgyan – Mahayana-sutralankara-karika.*

24 *shes rab.*

»Umfassende Kenntnis der Schriften«: Er hat mehr als nur einige wenige Schriften studiert.

»Die wahre Natur der Wirklichkeit erkannt«: Er hat die wahre Natur der Wirklichkeit realisiert und verinnerlicht.

»Beredt in der Darlegung der Lehre«: Er ist im Besitz der Dharma-Sprache. Nachdem er selbst alle Unkenntnis entfernt hat, lehrt er den Dharma unmissverständlich.

»Verkörpert Mitgefühl«: Er strebt nicht nach weltlichen Zielen wie Ansehen und dergleichen.

»Ist unermüdlich«: Er lehrt unaufhörlich den Dharma und zeigt keine Ermüdung.

Acharya Nagarjuna sagt hierzu:

> Große Gelehrsamkeit, große unterscheidende Weisheit, kein Streben nach Status oder Ruhm, kein Streben nach Reichtum, im Besitz von Bodhichitta [302] und großem Mitgefühl, geduldig [in] Härten, geringe Ermüdung, besitzt den Reichtum mündlicher Unterweisung, ist frei vom weltlichen Weg, Meister im Erkennen des spirituellen Potenzials, Meister im Erkennen des Übungsmaßes eines Schülers.
> Auf jemanden, der diese zwölf Qualitäten besitzt, sollte man sich stützen.

Acharya Shantideva sagt:

> Der spirituelle Freund sollte stets ein gut bewanderter Experte in allen Aspekten des Mahayana sein, ein Halter der erhabenen Disziplin der Bodhisattvas, der diese niemals aufgibt, auch nicht um des Lebens willen.

Meister Atisha sagt, man solle sich auf jemanden mit diesen vier Qualitäten stützen:

> Sehr gelehrt und bewandert, schaut er nicht auf die Ansichten anderer herab. Ehrbar die Disziplin bewahrend, setzt er nicht die Disziplin anderer herab. Sein Streben gilt nicht diesem einen Leben, sondern der Erleuchtung.

Jetsün Gampopa spricht von drei Qualitäten[25] des Lama:

> Durch seine umfassende unterscheidende Weisheit führt er andere den Pfad entlang. Durch sein großes Mitgefühl kann er das Leid anderer nicht ertragen. Er hat kein Verlangen nach dieser Welt.

---

25 *chos gsum dang ldan par.*

Dagpo Rinpoche[26] sagt über die Qualitäten des Lama, der Gegenstand der Anrufung ist:

> [303] Ich verbeuge mich zu den Lotusfüßen Lama Vajradharas,
> dessen Körper einem kostbaren Juwel gleicht
> und durch dessen Güte große Glückseligkeit
> in einem Augenblick aufscheint.

Mit welcher Motivation man dem Dharma und mündlichen Unterweisungen lauscht

Hierzu gibt es drei Punkte.

Erstens: Mit der Grundhaltung des Bodhichitta trenne dich zunächst von Gedanken, die um das jetzige Leben, um Samsara und die Ziele des geringeren Fahrzeuges kreisen. Nimm dir vor, den Dharma zu hören, um die Stufe der Buddhaschaft zu erlangen. Denke: »Ich höre den Dharma, um alle Wesen aus Samsara herauszuziehen!«

Zweitens: In der Mitte[27] kultiviere fünf Einstellungen.

Hierzu sagt das Dongpo Köpe Do, das *Gandhavyuha Sutra*[28]:

> Kye'u Paldjung spricht zu Nor-sang[29]: »Sohn edler Familie[30], bringe die Vorstellung hervor, dich selbst als Patienten, den spirituellen Freund als Arzt, die Unterweisung als Medizin, [304] und die beharrliche Praxis als Krankenpflege zu sehen.« So sprach er.

Und Phagmodrupa fügt hinzu: »Sieh die Dharma-Freunde, die ein reines Leben führen, als Krankenpfleger.«

Schließlich vermeide durch die drei Arten unterscheidender Weisheit die drei Fehler eines Gefäßes[31]: Vermeide durch die Weisheit des Zuhörens den Fehler, ein umgestülptes Gefäß zu sein; das bedeutet: Sei nicht abgelenkt, höre aufmerksam zu.

---

26 *dwags po rin po che* – Gampopa.

27 Während man dem Dharma zuhört.

28 *sdong po bkod pa'i mdo.*

29 Die Rede richtet sich an Norsang, den Bodhisattva Manibhadra.

30 Mahayana-Familie.

31 »Gefäß« meint hier denjenigen, in den der Nektar der Belehrungen gegossen wird: den Schüler.

Vermeide durch die Weisheit der Kontemplation den Fehler, ein undichtes Gefäß zu sein; das heißt: Bewahre das Gehörte, vergiss es nicht.

Vermeide durch die Weisheit, die aus der Meditation erwächst, den Fehler, ein vergiftetes oder unbrauchbares Gefäß zu sein. Wende so das Gegenmittel für die Geistesgifte an.

Wie man Respekt und Verehrung erweist

Wie erweist man Respekt und Verehrung? Auf zweierlei Art:

Man erweist Respekt durch die »drei Tore« von Körper, Rede und Geist und zollt Respekt durch die Praxis.

Mit dem Körper Respekt erweisen heißt, alles unangemessene weltliche Verhalten wie Herumspringen, Rennen und dergleichen aufzugeben und ferner den Lama durch Diensterweis zu erfreuen.

[305] Durch die Rede Respekt erweisen bedeutet, alle negative weltliche Sprache, wie grobe und unangenehme Worte, aufzugeben und den Lama durch höfliches Sprechen, Rühmen und dergleichen zu erfreuen.

Mit dem Geist Respekt erweisen heißt, alles Negative wie Stolz, Mangel an Vertrauen, Nachsinnen über Fehler [des Lama] und Ähnliches aufzugeben, weil dies keinen Respekterweis durch den Geist darstellt.

Entwickle die Vorstellung, er ist ein Buddha!

Fragst du dich, ob du diese Vorstellung entwickeln solltest, wenn der Lama tatsächlich ein Buddha ist oder wenn der Lama nicht wirklich ein Buddha ist, so rät Phagmodrupa: Entwickle die Vorstellung, er sei ein Buddha, da er es ist.

Er ist es nämlich auf zweierlei Weise: Absolut gesehen ist er ein Buddha. Die wahre Natur eines Buddhas ist Dharmakaya, und da die wahre Natur des Lama und Dharmakaya nicht verschieden sind, ist der Lama ein Buddha.

Auf der relativen Ebene ist der Lama auch ein Buddha, da der Buddha selbst in der Form der Lamas erscheint, um zum Wohle der Wesen zu wirken.

Dass es so ist, zeigt eine Begebenheit aus dem Leben des Buddha. Als er sich einst mit seinem Gefolge auf einem hohen Berg im Süden Indiens aufhielt, [306] befand sich unter seinen Schülern ein Bodhisattva namens Tongwa Dönyö. Dieser dachte: »O weh, nun bin ich zwar in der Lage, in der Gegenwart Buddhas den Dharma zu hören, was aber mache ich, wenn der Buddha hinübergegangen ist?«

Der Buddha entgegnete ihm: »Du, Tongwa Dönyö, höre! Wenn die zukünftige Zeit gekommen ist, werde ich mich in der Form verwirklichter spiritueller Meister[32] zeigen.« So sprach er.

32 *slob dpon.*

Jener Bodhisattva aber dachte: »Der Buddha ist frei von Geburt, Alter, Krankheit und Tod, aber spirituelle Meister sind es nicht.«

Und auch darauf antwortete der Buddha: »Du, Tongwa Dönyö, höre! Obwohl ich selbst frei der Leiden von Geburt, Krankheit, Alter und Tod bin, zeige ich zum Wohle der Wesen die Leiden von Geburt, Alter, Krankheit und Tod.« So sprach er.

Weiter heißt es auch: Entsprechend der Auffassungsgabe der verschiedenen Schüler erscheint er jenen mit reiner Sicht als Dharmakaya. Jenen Bodhisattvas, die die Bhumis [307] erlangt haben, erscheint er als Sambhogakaya. Von Bodhisattvas, die die Bhumis noch nicht erlangt haben – bis hinab zum großen Pfad der Ansammlung –, und von Shravakas und Pratyekabuddhas wird er als Nirmanakaya wahrgenommen. Und er erscheint in der Gestalt der Bodhisattvas, um Nutzen zu bringen.

Anfängern, die nicht das Glück haben, den Buddha so zu sehen, erscheint er in der Gestalt des Lama und erwirkt so ihren Nutzen.

Weiterhin hat der Buddha in Bezug auf die zu »zähmenden« Schüler vier Arten von Selbstvertrauen[33] entwickelt, und da der Lama diese ebenfalls entwickelt hat, ist er ein Buddha. Die vier Arten des Selbstvertrauens sind:

- das Selbstvertrauen der Bedeutsamkeit im Hinblick auf den Nutzen für die Wesen;
- das Selbstvertrauen, in Übereinstimmung mit dem Dharma zu sein, ohne jeglichen Missklang;
- das Selbstvertrauen, die störenden Gefühle zu verringern und nicht zu vermehren;
- das Selbstvertrauen, die Ursachen für die Überwindung der Leiden und deren Segnungen oder Vorteile zu lehren und nicht irgendwelche Ursachen und Vorteile für den Verbleib in Samsara zu lehren.

Meister Atisha drückt es so aus:

> Zu der Zeit, da der Buddha tatsächlich präsent war, war der Lama die vierte [308] der Kostbarkeiten. Nachdem der Buddha hinübergegangen war und sein Gefolge noch bestand, war der Lama dem Buddha gleich[34]. Jetzt, in unserer Zeit, überragt er den Buddha aus drei Gründen:
> Weil er die Aktivitäten der Buddhas in sich vereint, übertrifft der Lama den Buddha [in seiner Güte]. Weil er in diesen degenerierten Zeiten Schutz gewährt, übertrifft er den Buddha [an Güte]. Weil er [in unserer jetzigen Zeit] den Weg zur Erleuchtung tatsächlich aufzeigt, übertrifft er den Buddha [an Güte].

33 *spobs pa bzhi.*

34 War der Lama dem Buddha in seiner Güte gleich.

Meister der Vergangenheit drückten es auch so aus:

> Ich verbeuge mich vor ihm, der unter großer Mühsal den Dharma der Schriften lehrt. Ich verbeuge mich vor ihm, der die Wesen aus dem Elend Samsaras herausführt. Vor ihm, der mit makelloser [Motivation den Weg der Tugend] unmittelbar aufzeigt, verbeuge ich mich. Vor ihm, erhaben in der Ansammlung von Verdienst und Weisheit, verbeuge ich mich.

So sprachen sie.

Selbst wenn er es nicht sein sollte, da er ein gewöhnlicher Mensch ist, erkennen jene, die das Auge des Dharma[35] besitzen, dass Körper, Rede und Geist des Lama vom Segen des Körpers, der Rede und des Geistes des Buddha erfüllt sind. Daher kommt der Segen des [309] Lama dem des Buddha gleich.

Wäre dies nicht so, so könnte jemand, der auf der gleichen Stufe steht wie andere, niemals fähig sein, echten Nutzen für sie zu erwirken. Da dies aber der Fall ist, entwickle die Vorstellung, dass der Lama in der Tat ein Buddha ist.

Darüber sprach Gesche Tölungpa einst zu seinen Schülern:

> Ich habe euch gesagt: »Mir gegenüber entwickelt die Vorstellung, dass ich ein Buddha bin.« Ihr mögt nun denken: »Du alter Mann, du möchtest wohl, dass ich dich als Buddha sehe, weil es dich glücklich macht, und so will ich es eine Weile tun, es dann aber bald wieder lassen.« Wenn ihr diese Einstellung nicht kultivieren wollt, so lasst es sein. Wir werden sehen, wem es zum Schaden gereicht.

Alle diese Aussagen entsprechen der Wahrheit. Deshalb entwickle in deinem tiefsten Innern dem Lama gegenüber die Vorstellung, dass er ein wirklicher Buddha ist. Hierdurch werden sich in dir alle höheren Qualitäten entwickeln – die zeitlichen und die letztendlichen.

Respekt zollen durch die eigene Praxis hat zwei Aspekte:

- sich von verstörenden Gefühlen und unheilsamem Verhalten zu lösen sowie
- bestrebt zu sein, heilsames Tun zu vollbringen. Handelst du nicht in dieser Weise, vergehst du dich gegen die Anweisungen des Lama, sagt Gampopa.

35 Die die Leerheit erkennende Weisheit entwickelt haben.

[310] Der Beschützer Maitreya sprach in gleicher Weise:

> Halte dich an den spirituellen Freund, indem du ihm Respekt erweist und ihm dienst, Opfergaben darbringst, für sein langes Leben betest und ihn durch deine Praxis erfreust.

Die Vorteile von Vertrauen und Hingabe

Es gibt zweierlei Vorteile von Vertrauen und Hingabe zum Lama: ermessbare und unermessliche.

Von der ersten Art werden sieben beschrieben:

- Hältst du dich an den Lama und bist ihm gegenüber ehrerbietig, werden andere dich nicht verleumden und erzählen, du hättest weltliche Fehler, obwohl du keine hast.
- Begangene Sünden aus früheren Leben und die Fehler aus Verstößen gegen die drei Gelübde werden gereinigt, und Hindernisse gegen das [jetzige] Leben, höhere Geburt und Befreiung werden nicht aufkommen.
- Alle Qualitäten, die durch die drei höheren Schulungen entstehen, nehmen stetig zu.
- Und alles weltliche und überirdische Glück und Wohlergehen wächst stetig an.
- Im nächsten Leben wirst du Bodhisattva-Lamas und andere treffen.
- Durch den Lama gehalten, wirst du fortan niemals mehr in den niederen Daseinsbereichen geboren werden.
- Während Naropa zwölf Jahre lang Tilopas Diener war [311] und durch Ertragen von zwölf Härten Siddhi erlangte, wirst du die höchsten und allgemeinen Errungenschaften erlangen – selbst wenn du dich nicht sehr bemühst[36].

Unermesslicher Nutzen:

- Da die grenzenlosen Qualitäten der Buddhaschaft hervortreten, indem du dich auf einen Lama stützt, ist der Nutzen unermesslich.

36 Durch intensive Praxis.

Aus dem *Dongpo Köpe Do*:

> Kye-u Paldschung wandte sich an Nor-sang, den Bodhisattva Manibhadra, und sprach: »Sohn edler Familie, Bodhisattvas, die vollkommen unter der Obhut des spirituellen Freundes stehen, fallen nicht in die niederen Bereiche, sondern nehmen Geburt in den glücklichen höheren Bereichen. Warum ist das so?
> Bodhisattvas unter der Obhut des spirituellen Freundes[37] würden sich niemals im Widerspruch zu den Übungen der Bodhisattvas verhalten, nicht einmal um des eigenen Lebens willen[38]. Jene durch den spirituellen Freund behüteten Bodhisattvas sind wahrlich Erhabene, jenseits alles Weltlichen, denn sie haben außerordentliche Tugenden, außerordentlichen Reichtum und außerordentliche Körper erlangt.
> [312] Bodhisattvas, die dem Lama Respekt zollen, ihm dienen und in sein Tun vollstes Vertrauen haben, praktizieren und handeln uneingeschränkt[39] seinem Beispiel und seinen Unterweisungen folgend. Bodhisattvas, die vollkommen unter der Obhut des spirituellen Freundes stehen, können nicht durch schlechte Handlungen und verstörende Gefühle überwältigt werden; denn sie haben verinnerlicht und sich vollkommen zu Herzen genommen, was immer der spirituelle Freund zu tun oder zu lassen riet. Sie werden vollkommen aus der Stadt Samsaras befreit[40].«

Und aus demselben Sutra:

> Sohn edler Familie, die Buddhas, die Siegreichen, erfreuen sich an Bodhisattvas, die die Unterweisungen des spirituellen Freundes vollkommen verinnerlichen.
> Ein Bodhisattva, der nicht im Widerspruch zu den Worten des spirituellen Freundes lebt, wird bald den Zustand des Allwissenden Buddha erlangen.
> [313] Jemand, der den Worten des spirituellen Freundes Glauben schenkt, ihnen folgt und ohne Zweifel ist, steht dem spirituellen Freund sehr nahe.
> Und jemand, der stets den spirituellen Freund in seinem Herzen trägt und auf diese Weise niemals von ihm getrennt ist, wird alle seine Ziele erreichen.

37 Im Tibetischen heißt es wörtlich: »spiritueller Freund«, gemeint ist der Lama und Meister.
38 Nicht einmal um den Preis des eigenen Lebens.
39 *mi brjed par* – ohne [etwas] zu vergessen.
40 *'don – bton pa.*

Und weiter:

Die wahren spirituellen Meister verwerfen nicht, sind unparteilich.
Wenn du dich an sie hältst, in ihrer Nähe weilst,
werden ihre Qualitäten auf dich abfärben,
selbst, wenn du es nicht beabsichtigst.
Ein Vogel, der auf der goldenen Seite des Berges Meru lebt,
wird sein ursprüngliches Wesen ablegen und golden erscheinen.

Die Nachteile fehlenden Vertrauens und fehlender Hingabe

Du wirst dich von guten Qualitäten abwenden. Über die schädlichen Eigenschaften von Freunden heißt es:

Hältst du dich an jemanden, an den man sich nicht halten sollte,
werden seine schlechten Eigenschaften auf dich abfärben.
Steckt man einen vergifteten Pfeil in einen Köcher,
wird das Gift auch auf die anderen Pfeile übergehen.

Und:

Hüllt man einen verdorbenen Fisch in Kusha-Gras,
wird es nicht lange dauern,
[314] bis auch das reinigende Kusha-Gras so wird.

Hier mein vernünftiger Rat, der die Bedeutung des oben Gesagten zusammenfasst:

Wenn schon ein Reisender, der einen Tag nur unterwegs ist,
einen guten Führer als Geleitschutz sucht,
so ist es klug und vernünftig, wenn jemand, der den Reichtum
der Edlen[41] besitzt
und den Weg der Befreiung beschreitet,
sich an einen guten spirituellen Freund als Wegeskundigen hält.

41 Vertrauen, Moral, Achtsamkeit, Samadhi, unterscheidende Weisheit.

Dies war das zweite Kapitel des Textes
Wie man stufenweise in die Lehre Buddhas eintritt.
Es definiert die Merkmale des spirituellen Lehrers.

3 Betrachtung der schwierig zu erlangenden Freiheiten und förderlichen Bedingungen

Es ist möglich, dass jemand, der die Ansammlungen angesammelt hat, mit einem guten Lama zusammentrifft und ohne Schwierigkeiten Leerheit und Mitgefühl als untrennbar eins begreift. Und wenn das eintritt, werden auch die vier Meditationen[42], die den Sinneswandel dem Leben gegenüber bewirken, ganz natürlich und spontan geschehen.

Wenn dies nicht der Fall ist, wird der Lama den stufenweisen Eintritt in die Lehre des Buddha aufzeigen, so wie eine weise Mutter ein kleines Kind nährt.

Die Unterweisung, dem allmählichen Eintritt entsprechend, lautet: »Meditiere über die Schwierigkeit der Erlangung von Freiheiten und förderlichen Bedingungen sowie über Tod [und Vergänglichkeit].«

Als erstes benötigt man zur Erlangung der Erleuchtung die Grundlage eines Körpers, ausgestattet mit Freiheiten und förderlichen Bedingungen.

[315] Aus dem Sutra *Unfassbares Mysterium*[43]:

> Dass ein Buddha in dieser Welt erscheint, geschieht äußerst selten;
> Wiedergeburt als Mensch ist auch äußerst schwierig zu erlangen;
> hilfreiche Freunde, die Vertrauen haben und dem Dharma folgen,
> selbst in hundert Kalpas findet man so etwas höchst selten.

Und aus dem *Bodhicharyavatara*[44]:

> Falls jemand, der das erlangen möchte, was wirklich bedeutungsvoll ist,
> dieses Leben nicht nutzbringend verwendet,

---

42 *blo ldog bzhi – dal 'byor rnyed dka'*: die schwierig zu erlangenden acht Freiheiten und zehn förderlichen Bedingungen für die Dharma-Praxis; *'chi ba mi rtag*: Tod und Vergänglichkeit; *las rgyu 'bras*: Karma, Ursache und Frucht; *'khor ba'i nyes dmigs*: die Nachteile Samsaras.

43 *gsang ba bsams gyis mi khyab pa.*

44 *spyod 'jug – byang chub spyod pa la 'jug pa.*

mit diesem so schwierig zu erlangenden, kostbaren Menschenkörper[45],
wie sollen dann in einem späteren Leben all diese Bedingungen je wieder zusammenkommen?

Das Wesen der »Freiheiten und förderlichen Bedingungen« besteht darin, frei zu sein von Hindernissen und widrigen Bedingungen, die der Verwirklichung der Erleuchtung entgegenstehen, und einen menschlichen Körper zu besitzen, der mit allen förderlichen Bedingungen[46] vollkommen versehen ist. Deswegen bedeutet »Freiheit«, frei zu sein von den acht Unfreiheiten oder den Zuständen mangelnder Gelegenheit.

Zu den acht unfreien Zuständen erklärt Nagarjuna:

Höllenwesen, Hungergeister, Tiere und
Barbaren, langlebige Götter und
eine falsche Sicht, bar eines Buddha,
Geistestrübung – dies sind die acht Zustände mangelnder Gelegenheit.

[316] »Mangelnde Gelegenheit« bedeutet, keine guten Voraussetzungen oder Bedingungen für die Praxis zu haben, um Erleuchtung zu erlangen. Deshalb nennt man dies »keine Gelegenheit haben«.

Was hierzu die drei niederen Bereiche angeht, so hat man dort, völlig getrieben von den eigenen Leiden, keinerlei Möglichkeit, Erleuchtung zu verwirklichen.

Über die langlebigen Götter heißt es:

In einer Richtung [des Götterbereichs] »Große Frucht«
verweilen die Götter bar aller Konzepte.

In einer Richtung von »Großer Frucht«, weit außerhalb der Städte, in der Einsamkeit, verweilen diese Götter in vorstellungsfreier, tiefer Versenkung. Da sie diesen Pfad, der keiner ist, für den Pfad zur Befreiung halten, wurden sie als langlebige Götter – bar aller Konzepte[47] – geboren. Obwohl sie nicht befreit sind, halten sie sich dafür, und da ihr Geist in tiefer Versenkung verfangen ist, haben sie keine Gelegenheit, nach Befreiung zu streben. Dem Sterben nahe, glauben sie vom Zustand der Befreiung zurückzufallen, und nachdem sie [deshalb dem Dharma gegenüber]

45 *dal 'byor* – Freiheiten und förderliche Bedingungen für die Dharma-Praxis.
46 Für die Dharma-Praxis.
47 *'du shes med pa* – frei von Vorstellungen, frei von Empfindungen.

eine falsche Sicht entwickelt haben, fallen die meisten von ihnen [nach dem Tod] in die niederen Bereiche hinab und sind deshalb [erneut] ohne Gelegenheit.

Zu den sogenannten Barbaren[48] der unzivilisierten Grenzgebiete: Es gibt zentrale Regionen und Grenzgebiete – diese zwei. [317] Von den zentralen Regionen gibt es auch zwei Arten: »zentrale« aufgrund ihrer Qualitäten und »zentrale« im geografischen Sinne. Zentrale Gebiete aufgrund der Qualitäten sind solche Regionen, in denen der ursprüngliche, wahre Dharma blüht. Eine geografisch zentrale Region ist Magadha[49]. Am wichtigsten sind die Zentralregionen bezüglich der Qualitäten.

Regionen, die nicht zentral sind, heißen »Grenzgebiete«. Die dort geborenen Menschen nennt man Barbaren. Der Umstand, dass sie keine günstigen Bedingungen zur Erlangung der Erleuchtung haben, wird als »keine Gelegenheit haben« bezeichnet.

Wenn Sinnesfähigkeiten wie die der Augen und anderer Sinnesorgane unvollständig ausgebildet oder geschwächt sind, bedeutet dieser unglückliche Umstand [oftmals], keine Gelegenheit zur Erlangung der Erleuchtung zu haben.

Bezeichnet man aus falscher Sicht den Dharma als unwahr und ist der Geist »verdreht« durch verkehrte Vorstellungen, sind dies keine günstigen Bedingungen zur Erlangung der Erleuchtung und man ist also ohne Gelegenheit.

Wenn man in einem Bereich geboren wurde, wo kein Buddha erschienen ist, findet man auch keine günstigen Umstände vor, die Erleuchtung zu erlangen, da einem der Dharma nicht einmal zu Ohren kommt.

Fragt man sich nun, ob es ausreicht, von den acht Zuständen ohne Gelegenheit frei zu sein; so lautet die Antwort: Nein, es reicht nicht! [318] Es bedeutet nur, frei zu sein von widrigen Bedingungen, das heißt die acht Freiheiten zu besitzen. Zusätzlich müssen aber auch alle förderlichen Bedingungen vollständig vorhanden sein.

Es gibt fünf förderliche Bedingungen, die man selbst beiträgt, und fünf äußere förderliche Bedingungen, also insgesamt zehn.

Die förderlichen Bedingungen, die man selbst beiträgt, sind:

- einen Menschenkörper erlangt zu haben,
- in einer zentralen Region geboren zu sein,
- vollständige Sinne zu haben,
- frei zu sein von starkem Übel,
- wahres Vertrauen zu hegen in die Quellen der Zuflucht.

48 Menschliche Wesen in unzivilisierten Grenzgebieten, in denen es keinen Dharma gibt.

49 Gebiet im alten Indien – Bodhgaya.

Die fünf äußeren förderlichen Bedingungen sind:

- Ein Buddha ist in dieser Welt erschienen.
- Er hat den Dharma gelehrt.
- Die Lehre besteht noch.
- Es gibt noch andere Anhänger dieser Lehre.
- Und es gibt auch solche, die liebende Güte anderen gegenüber besitzen.

Es ist äußerst selten, diese Freiheiten und förderlichen Bedingungen vollständig zu erlangen.

Aus dem *Bodhicharyavatara*:

> Diesbezüglich sprach der Siegreiche:
> »Wie eine Schildkröte[50], die ihren Hals in die Öffnung
> eines hölzernen Joches, das auf wogendem Meer umhertreibt, zu stecken vermag,
> so überaus schwierig ist es, einen kostbaren Menschenkörper zu erlangen.«

Solltest du dich fragen, ob ein menschliches Dasein wirklich so schwierig zu erlangen ist, dann lautet die Antwort: »Ja, so schwierig!« Der Buddha lehrte: Wegen der enormen Schwierigkeit, die Freiheiten zu erlangen, [319] sind die drei niederen Bereiche am reichsten bevölkert, und die Höllenwesen sind darin die zahlreichsten.

Verglichen mit den Höllenwesen ist die Anzahl der Pretas oder Hungergeister tausendmal geringer und die Anzahl der Tiere ist wiederum tausendmal geringer als die der Pretas.

Dies ergibt sich auch durch logisches Schlussfolgern: Unser Geist strebt, obwohl wir ihn nicht darauf richten, [ganz von selbst] – so wie Wasser stets hinabströmt – zu Negativem und verstörenden Gefühlen. Und selbst wenn wir unseren Geist auf Tugendsames richten, begibt er sich nicht dorthin. Deshalb entstehen Ursachen für eine Wiedergeburt in den drei niederen Bereichen sehr leicht [ohne eigenes Zutun].

Je niedriger der Bereich ist, umso leichter wird man dort wiedergeboren und umso länger ist dort die Lebensspanne.

Innerhalb der drei niederen Bereiche ist die Anzahl der Wesen im Tierbereich am geringsten. Es heißt, in den großen Ozeanen sind sie wie[51] das ausgepresste Korn, das nach dem Bierbrauen übrig bleibt. Jene, die an Land leben, sind verstreut.

Es heißt, dass es im menschlichen Körper eintausendundachtzig verschiedene Arten von Parasiten gibt, und dass es im Körper eines jedes Lebewesens, vom

50 Diese Schildkröte ist blind und taucht nur alle hundert Jahre einmal auf.

51 »So dicht gedrängt wie«, »so unglaublich zahlreich«.

kleinsten Insekt an aufwärts, fünfhundert Städte einer äußerst kleinen Spezies, genannt »Tsi-tsi-ling-ga«, gibt. Diese sehen wir nicht.

[320] Da aber schon allein jene, die wir sehen, so unendlich viele sind, ist es äußerst schwierig, die Freiheit zu erlangen, nicht in einem der niederen Bereiche geboren zu werden.

Die Anzahl der langlebigen Götter ist auch extrem groß. In nur wenigen Ländern existiert der Dharma, aber die Anzahl der Grenzregionen ist sehr groß, und die dort geborenen Barbaren sind sehr viele. Nur wenige haben Vertrauen in die Drei Juwelen und glauben an das Gesetz des Karma, aber unendlich viele haben falsche Sichtweisen. Die Welten, in denen der Buddha nicht erschienen ist, sind auch unzählbar.

Freiheit von all jenen widrigen Umständen zu erlangen ist äußerst schwierig und höchst selten.

Die fünf förderlichen Bedingungen, die man selbst beiträgt – als Teil der zehn günstigen Bedingungen –, und die acht Zustände des Freiseins von widrigen Umständen unterscheiden sich lediglich in der Weise der Betrachtung: »ausgestattet mit« beziehungsweise »frei von«. Ihrem Wesen nach sind sie gleich.

Und weiter: Weil es äußerst selten ist, zu einer Zeit, in der die Lehre des Buddha noch vorhanden ist, einen menschlichen Körper zu erlangen, in einem zentralen Land geboren zu sein, vollständige Sinnesfähigkeiten zu besitzen, in die Drei Juwelen Vertrauen zu haben, an das Gesetz des Karma zu glauben und dazu aus der Tiefe des Herzens so zu handeln, dass man vor negativen Handlungen zurückschreckt, [321] sind diese förderlichen Bedingungen schwer zu erlangen.

Die fünf äußeren förderlichen Bedingungen

Die Bedingung, dass ein Buddha in der Welt erschienen ist

In unserem »Weltensystem des Ertragens«[52] sind zuvor in vierzig Kalpas keine Buddhas erschienen. In Zukunft werden in sechzig Kalpas keine Buddhas erscheinen. Auch jetzt, in diesem einzigen guten Kalpa, gibt es zwanzig Zwischenkalpas der Zerstörung und Auflösung, zwanzig Zwischenkalpas der Leerheit, zwanzig Zwi-

52 Buddha beschreibt unser Universum, dessen Teil unsere Welt ist, als *mi mjed 'jig rten gyi khams*, als »Saha-Universum«, und erklärt, dies sei ein Universum mit Welten, in denen die Bewohner fähig sind, ihre Schwierigkeiten zu ertragen und den festen Entschluss zu fassen, den Weg zur Erleuchtung zu gehen.

schenkalpas des Entstehens, während derer die Buddhas keine Handlungsmöglichkeit [zum Wohle der Wesen] haben.

Und auch während der zwanzig Zwischenkalpas des Bestehens [der Welt] erscheint kein Buddha während der Zeiten zunehmender Lebensspanne. Da die Wesen zu diesen Zeiten aufgrund geringer Leiden nur wenig Abneigung gegen Samsara entwickeln, kann der Buddha sie nicht belehren.

Jetzt leben wir im Zeitalter der »langen Abnahme«, in dem sich die Lebensspanne der Individuen von unendlich bis auf zehn Jahre verkürzt. Außer vier Buddhas sind bisher keine erschienen. Nachdem die Lebensspanne zehn Jahre betragen hat, wächst sie wieder an auf bis zu achtzigtausend Jahre.

[322] Im Laufe von achtzehn Zyklen dieser Art werden in der Zeit der abnehmenden Lebenserwartung tausend[53] Buddhas erscheinen. Deshalb ist es ein sehr seltenes Ereignis, dass ein Buddha in dieser Welt erscheint.

Die Bedingung, dass ein Buddha den Dharma lehrt

Die Bedingung anzutreffen, dass ein Buddha den Dharma lehrt, ist sehr selten: Buddha Krakucchandha, Buddha Kanakamuni und andere lehrten lange Zeit keinen Dharma, da sie, nachdem sie Erleuchtung erlangt hatten, viele Jahre lang keinen Schüler fanden, der ein geeignetes Gefäß für die Unterweisungen gewesen wäre. Auch der siegreiche Buddha Shakyamuni beschloss zunächst, den Dharma nicht zu lehren, und lehrte sieben Wochen lang nach Erlangen der Erleuchtung nicht, bis Brahma und Indra ihm ein tausendspeichiges goldenes Rad darbrachten, mit der Bitte, den Dharma zu lehren.

Deshalb ist es sehr schwierig, Bedingungen vorzufinden, in denen der Dharma gelehrt wird.

Die Bedingung, dass der Dharma noch fortdauert

Die Bedingung anzutreffen, dass der Dharma noch fortdauert, ist sehr selten: Von den fünftausend Jahren, in denen Buddha Shakyamunis Lehre besteht, sind wir jetzt bereits in jener Phase, in der die Lebenserwartung der Menschen nur noch ungefähr siebzig oder sechzig Jahre beträgt. Auf jeden Fall ist es danach vorbei. Und fünfhundert Jahre lang [323] wird der Dharma nur noch dem Anschein nach vorhanden sein. Deshalb ist es schwierig, den Dharma als vorhanden anzutreffen.

---

53 Genau genommen sind es 1002 Buddhas.

Die Bedingung, dass es Personen gibt, die den Lehren folgen und sie ausüben

Die Bedingung anzutreffen, dass es Personen gibt, die den Lehren folgen und sie ausüben, ist sehr selten: Aus der Perspektive des Mahayana – des großen Fahrzeugs – gesehen, findet man nur wenige, die nicht nach Zielen dieses Lebens, nach Samsara, nach eigenem Frieden und nach eigenem Wohlergehen trachten, sondern ihren Geist auf den Dharma[54] ausrichten, um Erleuchtung zum Wohle anderer zu erlangen. Deshalb sind solche, die dem Dharma folgen und ihn verwirklichen, sehr selten, sehr schwer zu finden.

Die Schwierigkeit, jemanden zu finden, der liebende Güte und Mitgefühl für andere zeigt

Zu guter Letzt: Die Schwierigkeit, jemanden zu finden, der liebende Güte und Mitgefühl für andere[55] zeigt, ist von zweifacher Art:

- Der Lehrer voll liebender Güte und Mitgefühl für andere: Ohne jeglichen Gedanken an Vermehrung seines Besitzes oder an das Erlangen von Status und Verehrung lehrt er andere selbstlos den Dharma.
- Der liebevoll-gütige Förderer: Selbstlos sorgt er für den Lebensunterhalt derjenigen, die den Dharma praktizieren.

Beide sind sehr schwer zu finden. Heutzutage kann man – falls man den Dharma aus der Tiefe des Herzens praktiziert – dennoch einige wenige davon finden.

[324] Weil es heute nur noch wenige gibt, die die Kontinuität der mündlichen Übertragung von der Zeit Buddhas her bis in unsere Zeit hinein rein und unverfälscht bewahren, die Übertragung in Wort und Bedeutung ungebrochen halten, die Übertragung mit unverletztem Samaya[56] halten und die wissen, was anderen hilft, besteht die Gefahr, dass solche Lehrer in Zukunft äußerst selten sein werden, wenn die heutigen einmal verstorben sind.

Du magst dich fragen: Warum muss ich unbedingt diese Freiheiten und Bedingungen, die so schwer zu finden sind, erlangen? Jemand, der sie [erlangt und] nutzt, wird höhere Geburten und Befreiung erlangen.

---

54 »Den Geist auf den Dharma ausrichten« heißt: über die Bedeutung der Unterweisungen, die man erhalten hat, nachzudenken, sie zu verinnerlichen und schließlich durch die Praxis zu verwirklichen.

55 »Für andere« bedeutet hier: für solche, die den Dharma ausüben.

56 *dam tshig* – heilige Verpflichtung.

Aus Chandragomis *Brief an einen Schüler*[57]:

> Nachdem du dies erlangt hast, kannst du den Ozean der Geburten überqueren
> und auch die Saat des Bodhichitta[58] pflanzen – Tugend.
> Der Nutzen dieser menschlichen Geburt ist weit größer
> als der eines wunscherfüllenden Juwels.
> Wer würde sie nutzlos vergeuden?

Und aus dem *Bodhicharyavatara*:

> Mit Hilfe des Bootes der menschlichen Geburt
> überquere den großen Ozean der Leiden!
> Später wird dieses Boot sehr schwer zu erlangen sein.
> Schlafe nicht, Narr, solange noch Zeit bleibt!

Mein knapper vernünftiger Rat ist:

> Wenn du dich selbst für einen geringfügigen Lebensunterhalt
> [325] ständig abmühst, wegen der Gefahr, ihn zu verlieren,
> dann vergeude ihn nicht, den kostbaren Menschenkörper,
> der so schwer erlangt und so leicht zerstört ist,
> sondern nutze ihn für das große Ziel!

Dies war das dritte Kapitel des Textes
Wie man stufenweise in die Lehre Buddhas eintritt.
Es handelt von den schwer zu erlangenden Freiheiten
und förderlichen Bedingungen.

57 *slob spring yig* – manchmal auch »Brief der Schulung« genannt.

58 *byang chub sems* – Erleuchtungsgeist; das c in Bodhichitta wird wie das doppelte c in »Capuccino« ausgesprochen.

4 Kontemplation über Tod und Vergänglichkeit

Wenn du dich fragst, ob es ausreicht, allein die so wünschenswerten Freiheiten und günstigen Bedingungen zu erlangen: Nein, es reicht nicht aus. Um zu begreifen, wie leicht diese kostbare Gelegenheit zerstört werden kann, heißt es: »Meditiere über den Tod!«

Hierzu drei Feststellungen:

1. Der Tod ist gewiss.
2. Der Zeitpunkt des Todes ist ungewiss.
3. Wenn der Tod kommt, ist nichts von Nutzen.

Zur ersten Feststellung, »Der Tod ist gewiss«, gibt es drei Punkte:

- Da niemand von früher übrig geblieben ist, der nicht gestorben wäre, ist der Tod gewiss.

Acharya Ashvagosha sagt:

> Hast du je jemanden gesehen oder von jemandem gehört,
> der, in der Welt oder in den höheren Bereichen
> einmal geboren, nicht gestorben wäre?
> [326] Deshalb solltest du in Zweifel ziehen, dass du selbst nicht sterben wirst.

Und im Sutra der *Weiten Manifestation*[59] heißt es hierzu:

> Wohin man auch geht, es gibt keinen Ort,
> an dem der Tod kein Leid zugefügt hätte,
> nicht im Raum, weder in den Tiefen des Ozeans
> noch inmitten der Berge.

59 *rgya che rol pa'i mdo – Lalitavistara-Sutra.*

– Der Tod ist gewiss, da alles zusammengesetzt ist.

Aus dem *Sutra, erbeten durch die vier Jünglinge*[60]:

> Da du niemals einen Moment finden wirst,
> in dem Zusammengesetztes nicht vergeht,
> sei nicht betrübt durch die Tatsache,
> dass alles Zusammengesetzte unbeständig ist, Ananda!

– Auch weil das Leben nicht einmal einen Augenblick lang verweilt, ist der Tod gewiss.

Acharya Shantideva sagt:

> Es verweilt nicht bei Tag, es verweilt nicht bei Nacht.
> Stetig verkürzt sich die Länge dieses Lebens.
> Und da sie sich – einmal abgenommen – niemals verlängert,
> wie sollte jemand wie ich nicht sterben?

Auch durch vernünftiges Überlegen und Untersuchen kommt man zu dem logischen Schluss, [327] dass dies ganz natürlich ist; denn niemand hat jemals jemanden gesehen oder von jemandem gehört, der nicht gestorben wäre. Es ist die Natur aller Dinge. Alles Angesammelte verbraucht und erschöpft sich. Alles Geborene stirbt schließlich. Alles Zusammengesetzte wird wieder getrennt. Alles Errichtete stürzt wieder ein.

Schließlich kommt man so durch logisches Nachdenken und Argumentieren zu der Überzeugung, dass der Tod sicher ist, da das Leben auch nicht einen Augenblick verweilt.

Zur zweiten Feststellung, »Der Zeitpunkt des Todes ist ungewiss«, gibt es drei Punkte:

– Da das Leben unsicher und unberechenbar ist, ist der Zeitpunkt des Todes ungewiss.

Aus den *Vinaya*-Schriften[61]:

> Einige sieht man im Mutterschoß sterben
> oder während der Geburt,

60 *khye'u bzhis zhus pa'i mdo.*
61 *'dul ba lung.*

andere krabbeln gerade erst.
Einige sterben alt und einige jung,
andere in der Blüte des Lebens.
Wenn man, da die Altersstufen aufeinanderfolgen,
sagt: »Dieser Mensch ist jung!«,
wird jemand wissen, wie lang dieser noch zu leben hat?

– Da es viele Umstände gibt, die den Tod begünstigen, ist der Zeitpunkt des Todes ungewiss.

Acharya Nagarjuna sagt:

[328] Umstände, die zum Tod führen, gibt es reichlich,
wenige aber, die das Leben fördern,
und mitunter begünstigen selbst jene den Tod.
Deshalb übe dich stets im Dharma.

– Da Leben kein eigenes Sein besitzt, ist der Zeitpunkt des Todes ungewiss.

Aus den *Vinaya*-Schriften:

Die Tautropfen des Kusha-Grases
werden augenblicklich zunichte,
sobald die Sonne aufsteigt.
Ähnlich verhält es sich mit dem menschlichen Leben.

Aus Nagarjunas *Briefen an einen Freund*[62]:

Wenn die vielen Umstände, die dem Leben schaden,
es noch unbeständiger machen als den vom Wind verwehten Wellenschaum,
dann ist es höchst wunderbar, nach dem Ausatmen wieder einzuatmen
und aus dem Schlaf wieder zu erwachen.

Denkst du gründlich darüber nach und betrachtest die, die dir nahestehen – Verwandte, Freunde und Landsleute – wirst du feststellen: Einige, die sterben, sind älter als du, andere jünger und einige sind gleichaltrig. Und es heißt, dass selbst für die Buddhas und Bodhisattvas die Ursachen, die zum Tode führen, nicht zu zählen sind.

62 *bshes pa'i springs yig.*

[329] Was die äußeren Todesursachen angeht, so gibt es kein einziges Ding, das nicht auch zur Ursache für das Sterben werden könnte.

Was die inneren Todesursachen angeht, so verhält es sich mit ihnen wie mit dem Beherbergen einer Giftschlange, da unser Körper aus den vier Elementen besteht. Solange diese harmonieren, fühlt man sich wohl. Geraten sie nur ein wenig aus dem Gleichgewicht, entstehen Krankheiten. Ist das Ungleichgewicht schwerwiegend, stirbt man.

Dieser Körper besitzt weder Festigkeit noch Stabilität. Das Zerreißen eines Blutgefäßes, so dünn wie das Haar eines Pferdeschweifs, oder eine bloße Wunde, so klein wie ein Nadelöhr, können den Tod bedeuten.

Zu der dritten Feststellung, »Wenn der Tod kommt, ist nichts von Nutzen«, gibt es drei Punkte:

– Angesammelter Reichtum bringt keinen Nutzen.

Acharya Shantideva sagt:

> Auch wenn man sich an großem Reichtum, den man erworben hat,
> längere Zeit erfreuen konnte,
> muss man doch nackt und mit leeren Händen gehen,
> wie von Räubern überfallen und ausgeplündert.

Auch aus einer anderen Schrift:

> [All deinen] Besitz verlassend, der [köstlicher] Speise gleicht, mit Gift versetzt,
> bleibt dir nichts, als ganz allein in die andere Welt zu gehen.
> Dann helfen gute Freunde nichts, wohl aber [der Schatz] deiner heilsamen Taten.
> [330] Willst du dich nicht daher jetzt von ganzem Herzen diesen widmen?

– Verwandte und Freunde helfen nicht.

Aus den *Vinaya*-Schriften:

> Wenn die Zeit des Todes naht,
> sind die [eigenen] Kinder kein Schutz,
> noch sind es die Eltern oder Freunde.
> Niemand wird dich vor ihm bewahren[63].

– Selbst der eigene Körper wird dir nichts nutzen.

---

63 *su yang skyabs su gyur pa med* – niemand [von ihnen] wird dir zur Zuflucht werden.

Aus Nagarjunas *Briefen an einen Freund*:

> Am Ende wird der Körper zu Asche, vertrocknet, verrottet,
> wird schließlich zu Schmutz. Wisse darum!
> Da er ohne Wesenskern ist, zerfällt er gänzlich und zersetzt sich.
> Es liegt in seiner Natur zu zerfallen.

Aus dem *Bodhicharyavatara*:

> Wenn dieses gemeinsam entstandene »Fleisch und Bein«
> auseinanderbricht und zerfällt,
> [ist es] unnötig zu erwähnen »Freunde und Verwandte«.

Wenn du sorgfältig darüber nachdenkst, wirst du feststellen: Selbst wenn du das Universum der eintausend hoch drei Weltensysteme – angefüllt mit den Sieben Königlichen Schätzen eines Weltenherrschers – dein eigen nennen könntest; zum Zeitpunkt des Todes wirst du nicht die Fähigkeit haben, auch nur einen kleinen Teil davon mitzunehmen, und alles zurücklassen.

[331] Andere werden sich darum streiten; die Erhabenen werden dich rügen und fragen: »Was nutzt es nun, so viele Reichtümer angesammelt zu haben?«

Und selbst wenn du viele Millionen Kinder und Enkelkinder hättest, zur Todesstunde wirst du machtlos sehen, dass auch nicht einer dich begleiten kann.

Zum Wohle jener, die dir nahestehen, hast du Unheilsames durch üble Handlungen angehäuft. Diese Verwandten werden dir zur Todesstunde Leid bringen.

Und auch die unheilsamen Handlungen, die du um deiner selbst willen begangen hast, werden dir Schaden bringen.

Der eigene Körper wird natürlicherweise unangenehm riechen; und da Krankheit den Körper befällt, sieht man manche sogar Selbstmord begehen.

Meditiere in dieser Weise wieder und wieder. Siehst oder hörst du, dass jemand stirbt, denke: »Genauso werde auch ich sterben!« Wenn du siehst, dass äußere Dinge unbeständig sind und sich verändern, denke erneut: »Ebenso unbeständig bin ich selbst und werde sterben!«

Bezüglich der Kontemplation über Tod und Vergänglichkeit sagt Meister Gampopa:

> [332] Sie ist am Anfang sehr wichtig;
> sie ist der Grund, sich mit dem Dharma auseinanderzusetzen.
> Sie ist in der Mitte sehr wichtig;
> sie ist die Peitsche der Anstrengung.
> Sie ist am Ende sehr wichtig;
> Sie verdeutlicht den Dharmakaya.

Deshalb ist es überaus wichtig, über den Tod nachzudenken.

Der Vorteil oder Nutzen, über den Tod nachzudenken:

Es hilft der Hingabe. Es ist ein Freund der unermüdlichen Anstrengung. Es befreit schnell von Anhaftung und Abneigung. Man gelangt rasch zur Erkenntnis der Gleichheit aller Phänomene.

Wenn dies nicht geschieht, so wird gesagt, hast du nicht über den Tod nachgedacht, und selbst wenn du darüber kontempliert hast, hast du es dir nicht zu Herzen genommen.

Mein kurzer Rat, der das Wesentliche zusammenfasst, lautet:

Wenn selbst der äußerst massive, gigantische Weltenberg Meru
durch das Feuer am Ende des Kalpas zerstört wird,
dann hat dieser Körper – schwach wie eine Wasserblase –
keine andere Wahl, als durch entsprechende Umstände zerstört zu werden.

Meditierst du in dieser Weise über die Schwierigkeit der Erlangung eines kostbaren Menschenkörpers – ausgestattet mit allen erforderlichen Bedingungen – und über den Tod, dann wird sich dein Geist von den ständigen Verwicklungen der Sorge um dieses Leben abwenden.

Jemand, der etwa am nächsten Tag einen Bergpass überqueren wird und nicht vorhat zurückzukehren, wird keine Pläne machen für den Aufenthalt auf dieser Seite. Sein Interesse und seine Sorge werden sich darauf richten, was auf der anderen Seite von Nutzen ist. In gleicher Weise: Wie viele Pläne du auch für dieses Leben machst, nachdem du es verlassen hast, wirst du hilflos in eine andere Welt gehen müssen.

Entwickle einen Geist, der das vollbringen möchte, was dort von Nutzen ist.

Dies war das vierte Kapitel des Textes
Wie man stufenweise in die Lehre Buddhas eintritt.
Es handelt vom Nachdenken über den Tod.

5 Kontemplation über die Nachteile Samsaras

Wenn Befreiung auf Basis dieser kostbaren menschlichen Geburt – die so schwer zu finden und so leicht zu verlieren ist – nicht erlangt wird, wirst du ununterbrochen in Samsara kreisen und Leiden erfahren. Um Abneigung gegen den Kreislauf der Wiedergeburten und Verständnis zur Erlangung der Befreiung zu entwickeln, meditiere über die Nachteile Samsaras.

Im Wurzeltext heißt es dazu:

> Meditiere über die Nachteile der drei Bereiche des Daseinskreislaufes.
> Dies wird den Geist von Samsara abwenden
> und den Wunsch hervorbringen, Befreiung zu erlangen.

Hierzu gibt es zwei Punkte:

- die Belehrungen, die die Nachteile Samsaras aufzeigen [334],
- die Unterweisung, was zu der Zeit zu praktizieren ist: das Nehmen der Zufluchtsgelübde.

Zum Ersten gibt es auch zwei Punkte:

- die Beschreibung der Leiden in den drei niederen Bereichen,
- die Beschreibung der Leiden in den drei höheren Bereichen.

Die Leiden der niederen Bereiche

Zuerst zu den Leiden der niederen Bereiche: die unerträglich starken und schier endlosen Leiden der Höllenbereiche.

Aus Nagarjunas *Briefen an einen Freund*:

> Hier einen Tag lang von dreihundert Lanzen durchbohrt werden
> bedeutet schier unerträgliche Leiden.
> Doch selbst die geringste Qual der Höllen
> ist damit nicht zu messen.

Bezüglich der Länge der Zeit sagt Vasubandhu[64]:

> Nimmt man aus einem Dsang[65] – gefüllt mit Sesamsamen –
> alle hundert Jahre ein Samenkorn,
> wird es schließlich geleert sein.
> So lange währt das Leben in der Blasen-Hölle;
> andere sind zwanzigmal so lang.

Auch dem jeweiligen Leid-Erleben entsprechend, heißen die acht kalten Höllen: Entstehende Blasen, Aufbrechende Blasen, Heulen, Klagen [335] und Zähneklappern, Aufbrechen wie ein Lotus, Aufbrechen wie ein großer Lotus, Aufplatzen und Bersten wie ein Utpala. Alle diese Leiden sind ganz und gar unerträglich.

Die acht heißen Höllen sind: Die wieder und wieder Belebende, Schwarze Linien, die Zerquetschende, die Hölle des Wehklagens und Schreiens, die Hölle großen Wehklagens und Schreiens, die Heiße Hölle, die Äußerst heiße Hölle und die Hölle unaufhörlicher Qualen.

»Die wieder und wieder Belebende«: Darin töten sie einander und werden durch das bloße Ertönen des Rufes »Erwache erneut zum Leben!« wiedererweckt, nur um einander erneut zu töten.

»Schwarze Linien«: Darin werden ihre Körper mit schwarzen Linien markiert und durch die Waffen der Helfer Yamas[66] ununterbrochen zerstückelt.

»Die Zerquetschende«: Darin werden sie zwischen zwei großen Bergen zerquetscht.

»Die Hölle des Wehklagens und Schreiens«: Aufgrund unerträglicher Leiden wehklagen und schreien sie dort ohne Ende.

---

64 *slob dpon dbyig gnyen* – Vasubandhu, Asangas Bruder.

65 *brdzangs* – ein tibetisches Maß aus Holz, auch »Bo« (*'bo*) genannt, das von Stahlbändern zusammengehalten wird. Man benutzt es, um Saat und Korn zu messen. Ein Bo enthält zwanzig kleinere Maßeinheiten, die »Dre« (*bre*) genannt werden. Ein Dre entspricht ungefähr einem Liter.

66 *gshin rje'i skyes bu* – lit. »Manifestationen Yamas«. Ein Name, der jenen Manifestationen in der Hölle gegeben wurde, die die lebenden Wesen dort peinigen und quälen. Die Manifestationen werden durch den Geist derer, die in der Hölle leben, selbst hervorgerufen.

»Die Hölle großen Wehklagens und Schreiens«: Darin weinen, schreien und klagen sie noch jämmerlicher aufgrund noch größerer unerträglicher Leiden.

[336] »Die heiße Hölle«: Darin winden sie sich auf einem glühenden Eisengrill hin und her rollend in Schmerzen.

»Die äußerst heiße Hölle«: Unfähig, hin und her zu rollen, haften sie darin alle Zeit auf dem rotglühenden Rost des Grills.

»Die Hölle unaufhörlicher Qualen«: Sie verbrennen durch elf Feuermassen: Feuer aus allen zehn Richtungen und durch Feuer, das aus dem eigenen Inneren nach außen brennt. Da es kein größeres Leiden als dieses gibt, wird es »Keine größeren Qualen« genannt.

Was ihre Lebensspanne betrifft: Fünfzig Menschenjahre sind ein ganzer Tag – vierundzwanzig Stunden – für die Götter des Himmels der »Vier Klassen großer Könige«[67]. Rechnet man dreißig Tage als einen Monat und zwölf Monate als ein Jahr, so leben sie fünfhundert dieser Jahre. Diese Zeitspanne ist für die Wesen in der »Wieder und wieder belebenden Hölle« ein Tag. Zählt man dreißig Tage als einen Monat und zwölf Monate als ein Jahr, so leben sie fünfhundert dieser Jahre.

In dieser Weise sind einhundert beziehungsweise zweihundert, vierhundert, achthundert und eintausendsechshundert Menschenjahre ein ganzer Tag auf den je verschiedenen Ebenen der himmlischen Wohnstätten von den »Dreiunddreißig«[68] bis hin zu jener, die heißt »Erscheinungen anderer beherrschend«[69]. [337] Berechnet man ihre Jahre entsprechend, so leben die dortigen Götter eintausend beziehungsweise zweitausend, viertausend, achttausend und sechzehntausend Götterjahre.

Diese Lebensspannen entsprechen je einem ganzen Tag der Höllenbewohner, angefangen mit der »Hölle der schwarzen Linien« bis hin zur »Heißen Hölle«. Berechnet man ihre Jahre entsprechend, so leben sie eintausend, beziehungsweise zweitausend, viertausend, achttausend und sechzehntausend Höllenjahre. In der »Äußerst heißen Hölle« währt das Leben ein halbes Zwischen-Kalpa. Jene in der »Hölle unaufhörlicher Qualen«, leben dort für die Dauer eines Großen Zwischen-Kalpas[70], ohne jemals [von diesen Leiden] freizukommen.

---

67 *rgyal chen rigs bzhi* – die »Vier Klassen der großen Könige«. Sie verweilen auf den vier Terrassen an der unteren Hälfte des Weltenbergs Meru.

68 *sum cu rtsa gsum* – »Die Dreiunddreißig«, ein allgemeiner Name für die zweite der sechs Klassen der Götter im »Bereich der Begierde«. Die Wohnstatt dieser Götter ist auf der oberen Hälfte des Weltenbergs Meru. Sie leben auf 33 verschiedenen Ebenen.

69 *gzhan 'phrul dbang byed* – »Erscheinungen anderer beherrschend«, Name für die höchste der sechs Klassen der Götter im »Bereich der Begierde«. Sie leben oberhalb des Meru-Gipfels.

70 Es besteht aus 20 Zwischen-Kalpas.

Weiter aus einer Schrift des *Yamantaka-Tantra*[71]:

> Jemand, der die heilige Verpflichtung[72] dem Lama gegenüber bricht
> und in der Hölle geboren werden wird,
> selbst wenn er ausnahmslos Tugendhaftes pflegt,
> wird die gewünschte Frucht daraus nicht erhalten,
> sondern stets nicht Gewünschtes erzielen.
> Er wird rasch getrennt werden von weltlichen Freuden
> sowie Kindern, Lebensgefährten, Verwandten und Freunden.
> Gedrängt durch das erzeugte Karma
> wird er im Höllenfeuer brennen und leiden.
> [338] Was die Zeitdauer bis zur Befreiung angeht:
> So dauert es, bis Samsara vollständig geleert ist
> oder sich die Frucht durch das Mitgefühl der Buddhas vollkommen erschöpft.

Aus dem *Manjushri-Tantra*[73]:

> Wenn ein Schüler – verdunkelt durch Unwissenheit – negative Handlungen
> gegen den spirituellen Meister, der Ermächtigungen und Weiteres gewährt,
> vorbereitet, ausführt und vollendet
> und so die Wurzel-Samayas oder heiligen Verpflichtungen bricht,
> ein vernünftiger und einsichtiger Schüler
> würde dies offenlegen und wiedergutmachen.
> Falls er die Zeit des Wiedergutmachens versäumt,
> wird er so lange Leiden erfahren, wie es dauert,
> das Wasser des großen äußeren Ozeans mit einem Haar auszuschöpfen.
> Dies ist als Vajra-Hölle bekannt.

Die Nachbarhöllen:

In den vier Richtungen der acht heißen Höllen befinden sich folgende Nebenhöllen: der faulige Leichensumpf, der Rasierklingenpfad, der Lavafluss ohne Furt und der Schwertblätterwald[74]. Weil man in diesen Höllen gezwungen ist, sich ständig

---

71 *me ri 'bar ba'i gnas kyi rtog pa.*

72 *dam tshig* – Samaya.

73 *sgyu 'phrul drva ba* – »das Netz magischer Illusionen«.

74 Man sieht in der Ferne, auf dem Gipfel des Berges, liebe Freunde oder Verwandte, die einen rufen. Indem man versucht, dorthin – zu ihnen – zu gelangen, wird man von den messerscharfen Blättern des Waldes verletzt. Oben angekommen findet man die Lieben, die man erreichen wollte, nicht. Sie stehen nun unten am Fuß des Berges und rufen erneut und winken. Macht man sich an den Abstieg, wenden sich alle messerscharfen Blätter des dichten Waldes gegen einen und verletzen einen erneut. Unten angekommen findet man wieder die

zu bewegen und umherzugehen, erleidet man ununterbrochene, nicht endende Qualen.

Die Nebenhöllen:

Die Wesen dort sind »Besen gleich«[75] oder sonstiger Art. [339] Ihre Leiden sind ebenfalls schier unerträglich und von langer Dauer.

Die Leiden der Hungergeister oder Pretas

Bezüglich der schier unerträglichen und lang andauernden Leiden der Hungergeister sagen die *Briefe an einen Freund*:

> Indem es ihnen am Notwendigen mangelt,
> erfahren die Pretas fortwährende, unaufhörliche Leiden.
> Sie erfahren unerträgliche, nicht enden wollende Leiden
> durch Hunger und Durst, Kälte und Hitze, Erschöpfung und Furcht.
>
> Einige, mit Mündern so klein wie ein Nadelöhr
> und Bäuchen so groß wie ein Berg, werden durch Hunger gequält,
> unfähig auch nur das kleinste bisschen Unrat
> als Nahrung zu finden.

Bezüglich der langen Dauer sagt derselbe Text:

> Ihre Leiden sind unaufhörlich.
> Gebunden durch die stabile Fessel des Karma ihrer Missetaten,
> sterben einige Kreaturen nicht, bevor sie fünftausend oder zehntausend Jahre alt geworden sind.

Es gibt vier Arten von Pretas:

Lieben nicht vor, die nun wiederum aus der anderen Richtung rufen. So ist man ständig unterwegs unter großen Schmerzen und Leiden und erreicht doch nie sein Ziel.

75 Sie besitzen keinen eigentlichen Körper, identifizieren sich aber mit irgendeinem Gegenstand.

- Solche mit äußeren Verdunkelungen nehmen, was auch immer sie an Essen oder [340] Trinken erblicken, als etwas Unerwünschtes wie Eiter, Lymphe, Blut und Ähnliches wahr.
- Solche mit inneren Verdunkelungen haben Münder, so klein wie ein Nadelöhr und Kehlen, so eng wie die Schnur eines Bogens, aber Bäuche von der Größe eines Berges. Meist finden sie nichts zu essen und wenn sie etwas Rotz oder Ähnliches finden, kann es Mund und Kehle nicht passieren. Der Magen ist nicht gefüllt und ihre Glieder können sie nicht tragen.
- Für solche mit »Verdunkelungen der neun Öffnungen« wird – was auch immer sie in den Mund nehmen – zu rotglühendem geschmolzenem Eisen und kochender Bronze, wenn es verschluckt wird.
- Solche mit allgemeiner Verdunkelung oder Unwissenheit, [wie] die »Fleisch Essenden der Friedhöfe«[76], sind, selbst wenn sie Essbares und Trinkbares erblicken, nicht fähig, es zu erlangen, weil es von anderen bewacht wird.

Das Maß ihrer Lebensspanne:

Ein Menschenmonat ist für sie ein Tag. Und da sie – so gerechnet – fünfhundert eigene Jahre erreichen, können sie bis zu fünfzehntausend Menschenjahre leben.

Die Leiden der Tiere

Die Leiden der Tiere sind auch schier unerträglich und währen lange.

Aus den *Briefen an einen Freund*:

> [341] Als Tier geboren gibt es ebenfalls die unterschiedlichsten Leiden:
> man wird geschlagen, gefesselt, getötet.
> Für jene, die zum Frieden führende Tugend aufgaben,
> gibt es die schier endlosen Leiden des gegenseitigen Gefressenwerdens.
> Einige sterben wegen ihrer Perlen
> oder der Wolle, der Knochen und des Blutes wegen,
> oder um ihres Fleisches oder Felles willen.
> Machtlos, werden sie durch die Hände anderer geschlagen,
> ausgepeitscht und mit Eisenhaken versklavt.

Und wenn du jener gedenkst, die du sehen kannst: Jene, die im Ozean leben – so zahlreich wie übrig gebliebenes Korn nach dem Bierbrauen – leiden an gegenseitigem Gefressenwerden und so weiter sowie daran, dass sie gar das eigene Fleisch

76 Eine Art von Dämonen (*dred*).

verspeisen. Solche, die verstreut leben, wie Schweine und dergleichen, werden erschlagen und geschlachtet. Dzos[77], Pferde und ihresgleichen, in Knechtschaft gezwungen und ausgebeutet, leiden unerträglich.

Und ihnen steht nur erneut großes Leid bevor. Hierzu aus dem *Bodhicharyavatara*[78]:

> Nachdem sie ausschließlich solches Leid erfahren haben,
> werden sie nicht daraus befreit sein.
> [342] denn während sie solches erfahren,
> schaffen sie noch weit größeres Übel.

Es heißt, die Mehrheit der Tiere verübt ganz automatisch Untugenden, und da sie [fast] keine Gelegenheit haben, tugendhaft zu handeln, ist es [für sie] schwierig, Befreiung zu erlangen.

Die Leiden in den höheren Bereichen

Jemand, der die Leiden der niederen Bereiche fürchtet – Befreiung wünscht und eine geringere Zielsetzung[79] entwickelt hat –, vermeidet deren Ursache, indem er schlechtes Tun aufgibt.

Die Leiden der Menschen

Wenn du dich nun fragst, ob es Freude und Glück in den höheren Bereichen gibt, so lautet die Antwort: Es gibt sie dort nicht. Im Bereich der Menschen gibt es elf Arten von Leiden:

1.–4. Die vier Leiden von Geburt, Alter, Krankheit und Tod gibt es in anderen Existenzformen auch.
5. Das Zusammentreffen mit hassenden Feinden und die Befürchtung, sie zu treffen.
6. Die Trennung von geliebten Menschen und die Gefahr der Trennung.
7. Nicht fähig sein, das, was man besitzt, zu bewahren und zu beschützen.

---

77 Kreuzung zwischen einem Yakbullen und einer gewöhnlichen Kuh.

78 Kapitel 4, Vers 22.

79 Jemand, dessen spirituelle Bestrebungen eingegrenzt sind, jemand der untugendhafte Handlungen vermeidet, um Geburt in den drei höheren Bereichen Samsaras zu nehmen.

8. Hat man nichts, unfähig zu sein, etwas zu finden.
9. Die Leiden der Veränderung.
10. Das alldurchdringende Leiden bedingter Existenz oder: die alles durchdringende Unvollkommenheit bedingter Existenz.
11. Das Leiden des Leidens[80].

Hierzu Näheres: Das Leiden, auf einen hasserfüllten Feind zu stoßen, besteht darin, getötet und ausgeraubt zu werden und dergleichen mehr. [343] Die Furcht vor einem Zusammentreffen führt zu Vorsichtsmaßnahmen, Abwehrplänen und so weiter.

Das Leiden der Trennung von geliebten Menschen bedeutet: Man erträgt nicht einmal einen Augenblick, von ihnen getrennt zu sein. Sterben sie, ist man von Kummer und Trauer überwältigt. Trennung und Abschied fürchtend, wird der Geist gequält von der Vorstellung, sie könnten sterben, und man lässt Langlebens-Zeremonien und anderes durchführen.

Zum Leiden des Nicht-bewahren-Könnens dessen, was man besitzt: Selbst wenn man nur wenig besitzt, hat man solche Schwierigkeiten. Man ist geplagt von der Befürchtung, man könne dieses Hab und Gut verlieren. Man braucht Bedienstete, Aufseher und dergleichen.

Das Leiden des Suchens nach dem, was man nicht hat, und daran, es nicht finden zu können: Selbst wenn man sich Tag und Nacht bemüht, Nahrung und Kleidung zu bekommen, erfüllen sich die Wünsche nicht.

Das Leiden der Veränderung: In dem Augenblick, da Glück und Freude entstehen, verwandeln sie sich schon in Leiden. Ein Zustand ohne Feind oder Krankheit verändert sich umgehend wieder. Der Augenblick, in dem man Reichtum und Vergnügen genießt, ist schon [344] bald wieder verflogen.

Alldurchdringendes Leiden: Man ergeht sich in untugendhaftem Verhalten, der Ursache späterer Leiden.

Das Leiden des Leidens: Man ist nicht nur krank, hinzu kommt auch noch, dass ein Feind erscheint oder Ähnliches mehr.

Und darüber hinaus entstehen weitere große Leiden: Nach dem Tod blicken die meisten den noch größeren Leiden in den drei niederen Bereichen entgegen.

Aus den *Briefen an einen Freund*:

> Selbst geboren als ein Chakravartin-Weltenherrscher,
> wird man wieder ein Diener des Dieners im Daseinskreislauf.

80 Zu einem bereits vorhandenen Leiden kommt ein weiteres hinzu.

Die Leiden der Asuras

Selbst für diejenigen, die als Asuras geboren werden, gibt es keinen Frieden, kein Glück. Aufgrund großen Stolzes und ihrer Freude an Konflikt und Kampf ärgern sie sich über die Herrlichkeit der Götter, führen gegen diese Krieg und erfahren dadurch großes Leid. Deshalb – und weil sie auch untereinander kämpfen – sind ihre Körper stets verwundet, ist ihr Geist stets voller Ärger und Hass. So leiden auch sie unerträglich.

Darüber hinaus entstehen weitere große Leiden. Die meisten von ihnen werden später in den drei niederen Bereichen wiedergeboren.

Die Leiden der Götter

Wenn du dich nun fragst, ob bei den Göttern Freude und Glückseligkeit herrschen, so lautet die Antwort: Nein!

[345] Sinnesfreuden begehrend, leiden sie an Unzufriedenheit. Sie leiden an den Kämpfen mit den Halbgöttern und die Götter des Bereichs der Begierde leiden an seuchenartigen Erkrankungen mit sehr hohem Fieber. Sieben Tage vor dem Sterben erkennen sie die Zeichen des Todes und leiden – wie ein Fisch, auf heißen Sand geworfen – unendlich. Man kann ihre Leiden auch mit plötzlichem Schiffbruch vergleichen, mit einem Wrack, das hilflos auf dem Ozean treibt.

Diese Leiden sind sechzehnmal größer als die Leiden in der Hölle des »Wieder-und-wieder-Belebens«. Und sie währen auch unermesslich lang, denn sieben Tage in den Gefilden der Götter sind nicht kalkulierbar in menschlichen Lebensjahren.

Und was die weiteren Leiden angeht, so fallen die meisten – außer den Göttern der fünf reinen Gefilde[81] – nach ihrem Tod in die niederen Bereiche.

Aus den *Briefen an einen Freund*:

Würdest du selbst zu Indra, dem verehrten König der Götter,
fielest du durch die Macht des Karma wieder herab zur Erde …

---

81 *gtsang ma'i gnas lgna* – die »fünf reinen Gefilde« sind Bereiche außerhalb Samsaras, die jedoch bildlich innerhalb des höchsten Bereichs des Bereichs der Form angesiedelt und unter den 17 Bereichen innerhalb des Bereichs der Form aufgezählt werden. Sie werden angesiedelt innerhalb und an der Spitze der vierten Ebene der Konzentration, die sich oberhalb der verschiedenen samsarischen Ebenen der vierten Ebene der Konzentration befinden. Die aufeinanderfolgenden höheren Ebenen dieser reinen Gefilde werden ausschließlich von Arya-Wesen bewohnt. Die Ebenen tragen folgende Namen: 1. *mi che ba* – »Nicht größer«; 2. *mi gdung ba* – »Kein Ungemach«; 3. *gya nom snang ba* – »Edle Sicht«; 4. *shin tu mthong ba* – »Außergewöhnliches Sehen« und 5. *'og min* – »Unübertroffen«.

Und:

Nachdem die großen Freuden der göttlichen Bereiche und
die Stufe Brahmas, »Frei von Begehren«, erlangt wurden,
[346] sei versichert, dass du, erneut als Feuerholz verheizt,
die unendlichen Leiden der Avici-Hölle[82] erlebst.

Weiterhin:

Selbst wenn du den Status von Sonne oder Mond erlangen würdest,
deren Licht die gesamte Welt erhellt,
erneut versunken in Dunkelheit und Finsternis,
wirst du selbst die eigene ausgestreckte Hand nicht erblicken können.

So heißt es.

Indem du so über die Nachteile des Daseinskreislaufes kontemplierst und Abneigung gegenüber Samsara entwickelst, wirst du aus der Tiefe des Herzens wünschen, davon freizukommen. Du wirst dir wünschen, die Ursachen dessen loszuwerden und Befreiung zu verwirklichen; das heißt der Geist mittlerer »Qualität«[83] wird entwickelt.

Hier mein Ratschlag, der das Wesentliche knapp zusammenfasst:

Wenn es so ist, dass du unermüdlich nach Möglichkeiten suchtest, dem Leiden einer Gefangenschaft zu entkommen, die nur wenige Jahre oder Monate dauerte, um in die Heimat zu entfliehen, dann ist es sicherlich vernünftig, dem immerwährenden Leiden im Kerker Samsaras zu entfliehen – heim in die Stadt der Befreiung.

Dies war das fünfte Kapitel des Textes
Wie man stufenweise in die Lehre Buddhas eintritt.
Es handelt von der Kontemplation über die Nachteile Samsaras.

82 Die tiefste und schrecklichste Hölle der Heißen Höllen.
83 Da man nur nach eigener Befreiung strebt.

6 Zufluchtnahme

[347] Fragst du dich: »Wer hat die Macht, vor Samsara zu schützen?« Die Lehre, nach der andere nicht die Macht dazu haben, lautet:

> Weder ein Chakravartin – ein universeller Herrscher – noch Indra,
> Brahma oder
> ihresgleichen haben die Macht zu schützen.
> Diese Macht haben nur die Drei Kostbarkeiten!
> So denkend, entwickle tiefes, festes Vertrauen.
> Die damit verbundene Praxis besteht im Nehmen der Zufluchtsgelübde.

Selbst ein Chakravartin, selbst Indra, Brahma oder andere sind außerstande, vor Samsara zu schützen, da sie selbst Samsara noch nicht überwunden haben.

Weil das so ist und weil die Drei Kostbarkeiten fähig sind, Schutz zu gewähren, werde ich die Zufluchtnahme erklären. Hierzu gibt es acht Punkte:

- die Natur,
- die Definition,
- die Klassifikation,
- die Unterscheidungen,
- Segnungen oder Nutzen,
- das Ritual,
- den Ratschlag,
- Verlieren und Erlangen.

Die Natur

Die Erläuterung ist in drei Abschnitte unterteilt:

- die Qualitäten kennen,
- Annahme – Versprechen,
- nicht andere befürworten.

Die Qualitäten kennen

[348] Um die Qualitäten der Quelle der Zuflucht zu wissen bedeutet, sich bewusst zu sein, dass der Buddha der erhabenste unter den Menschen ist, dass der Dharma der höchste spirituelle Weg ist, der von Begehren und Anhaften befreit, und dass der Sangha die beste der Gemeinschaften ist. Dies und weiteres solltest du wissen.

Annahme – Versprechen

Annehmen bedeutet einen Entschluss fassen oder ein Versprechen geben. Aus dem *Dode-gyen*:

> Jemand, der wirklich [Zuflucht] wünscht,
> formuliert einen Entschluss, legt ein Versprechen ab.
> Wisse, auch dies entsteht aus Mitgefühl!

Jene, die Buddhaschaft zu erlangen wünschen, verpflichten sich den Drei Kostbarkeiten, die im Geistesstrom anderer verwirklicht sind, also dem Lehrer, dem Weg und den Freunden, die gemeinsam mit einem den Weg praktizieren. Diese bilden die Ursache-Zuflucht. Sie verpflichten sich auch den Drei Kostbarkeiten, die im eigenen Geist erstehen werden – dem Resultat.

Erstere, die Ursache-Zuflucht, wird von allen, die zu den drei Familien[84] gehören, ausnahmslos aufrechterhalten. Was die Resultat-Zuflucht angeht, so halten sich die drei Arten der Individuen an je eine der Drei Kostbarkeiten als Resultat, an die Buddhaschaft und so weiter.

[349] Beide, Ursache- und Resultat-Zuflucht, werden zu ein und derselben Zeit genommen. Es ist nicht so, dass man die eine nimmt und die andere daher nicht benötigt.

Auch wenn die drei Arten von Individuen sich darin unterscheiden, was sie als Ergebnis anstreben, als Mahayana-Buddhist erklärt man alle Drei Kostbarkeiten zum Resultat, denn man äußert den Entschluss: »Nachdem ich tatsächlich vollkommene Buddhaschaft erlangt habe, werde ich das Rad des Dharma drehen und eine Gemeinschaft des Sangha versammeln.«

Deswegen ist es nicht so, dass es hier keinen Unterschied zum Hervorbringen des Erleuchtungsgeistes gibt, da Bodhichitta nur auf den Wunsch nach Erleuchtung gerichtet ist.

---

84 Die drei Familien: die Shravaka-Familie, die Pratyekabuddha-Familie und die Mahayana-Familie.

Nicht andere befürworten

»Nicht andere befürworten« heißt, sich nicht an große Götter oder andere spirituelle Lehrer als den Buddha – wie Kapila[85] und andere – zu halten; keinem anderen Weg zu folgen als den Lehren des Buddha; keine anderen – wie nackte Asketen und dergleichen – als Sangha anzunehmen und kein anderes Resultat zu befürworten als die Buddhaschaft und so weiter.

Die Definition

Es heißt »Zufluchtnahme«, [350] weil man, sich an die Drei Kostbarkeiten haltend, um für das eigene Wohlergehen und das der anderen Befreiung aus der großen Furcht vor quälenden Leiden zu erlangen, sagt: »Mich auf diese Ursache stützend, werde ich mich [und andere] von großer Furcht befreien!« Sich an die Ursache halten wie an einen beschützenden Freund bedeutet, in der Ursache Zuflucht zu nehmen.

Sich an das Resultat halten wie an einen beschützenden Helfer, indem man sagt: »Ich werde diese Furcht durch das tatsächliche Hervorbringen des Resultats überwinden«, ist Zufluchtnahme in das Resultat.

Die Klassifikation

Es gibt zwei Arten von Zufluchtnahme: die allgemeine und die besondere. Erstere gehört zum kleineren Fahrzeug, die zweite zum großen Fahrzeug, dem Mahayana.

Die Unterscheidungen

Es gibt vier Unterscheidungen, entsprechend

- der treibenden Kraft,
- dem Objekt der Zufluchtnahme,
- der Zeitspanne,
- der Zielsetzung.

85 Name eines Rishi aus dem alten Indien, der kein Buddhist war; Gründer der Yoga-Schule des Hinduismus.

Die treibende Kraft

Die allgemeine treibende Kraft ist sehnendes Vertrauen oder sehnsuchtsvoller Glaube – der Wunsch, selbst aus dem Daseinskreislauf des Samsara befreit zu werden.

Die außergewöhnliche treibende Kraft ist Mitgefühl.

Die Objekte der Zufluchtnahme

Allgemein nimmt man Zuflucht zu den drei Kayas[86] des Buddha, zum Dharma – dem [351] Dharma der Schriften und dem der Verwirklichung – sowie zum Edlen Sangha der acht [Stufen der Erlangung und] den vier [Früchten][87].

Bei der besonderen Zufluchtnahme nimmt man Zuflucht zum Dharmakaya des Buddha, zum Dharma der letztendlichen Ebene der Wirklichkeit[88] und zum Bodhisattva-Sangha.

Die anderen Dharmas der relativen Ebene der Wirklichkeit und der Arya-Sangha [der Shravakas und Pratyekabuddhas] werden angenommen als Feld zur Ansammlung des Verdienstes, aber nicht als letztendliche Zuflucht.

Hierzu auch aus dem *Gyü-lama*:

---

86 Drei Kayas – Dharmakaya, Sambhogakaya und Nirmanakaya.

87 Dazu schreibt Tony Duff in *The Illuminator. Tibetan-English Dictionary*: »There are four main levels of attainment of practitioners in the shravaka vehicle called the ›four fruits‹. Each of the four has two levels of attainment. First a practitioner practices the path with the intention of gaining one of the four levels of attainment. Because of persevering at the meditation, a connection with that level of attainment is made. This is called ›*zhugs pa*‹, ›entered‹, meaning ,›*bras bu la zhugs pa*‹, ›having accessed/entered the threshold of the full fruit of the attainment‹. This has also been translated as ›being a candidate for the full fruition of the attainment‹. The practitioner continues and thereby actually obtains the fruit. This is called, ›*bras bu la gnas pa*‹, ›having attained the fruit fully and abiding in that‹.
The eight levels of the four attainments are thus: 1. ›*rgyun zhugs zhugs pa*‹, ›entered stream-entry‹; 2. ›*rgyun zhugs 'bras gnas*‹, ›abiding in the fruit of stream-entry‹; 3. ›*phyir 'ong zhugs pa*‹ ›entered return‹; 4. ›*phyir 'ong 'bras gnas*‹, ›abiding in the fruit of return‹; 5. ›*phyir mi 'ong zhugs pa*‹, ›entered non-return‹; 6. ›*phyir mi 'ong 'bras gnas*‹, ›abiding in the fruit of non-return‹; 7. ›*dgra bcom zhugs pa*‹, ›entered Arhat‹; 8. ›*dgra bcom 'bras gnas*‹, ›abiding in the fruit of Arhat‹.«

88 Dies bezieht sich auf die beiden letzten der »Vier Edlen Wahrheiten«, die Wahrheit der Beendigung (*gog pa'i bden pa*) und die Wahrheit des Pfades (*lam gyi bden pa*). Jamgön Kongtrul Lodrö Thaye definiert »Beendigung« (*gog pa*) und »Pfad« (*lam*) wie folgt: a) *sdug bsngal 'byung ba'i rgyu nyon mongs pa rnams dang bral ba'i mtshan nyid can*, b) *bsgrubs pas chos kyi dbyings de kho na'i don 'tshol zhing rtogs par byed pa'i mtshan nyid can.*

Weder die zwei Aspekte des Dharma noch der Erhabene Sangha
sind eine ewig währende, letztendliche Zuflucht,
weil sie aufgegeben werden, weil ihnen täuschende Phänomene innewohnen,
weil sie nicht [wirklich] existieren und begleitet sind von Furcht.
Für jene, die die letztendliche Stufe der Buddhaschaft erstreben
ist die einzige Zuflucht der Buddha;
denn der Muni besitzt den Dharmakaya
und ist auch der letztendliche Sangha.

Ich selbst verstehe es so, nachdem ich in die Schriften geschaut habe: Die Objekte der außergewöhnlichen Zuflucht in die Ursache sind die [352] Drei Kayas des Buddha, die beiden Dharmas der Schriften und der Verwirklichung sowie der Sangha der nicht-zurückfallenden Bodhisattvas[89].

Der Buddha stellt auch den Lehrer dar, doch meistens haben die beiden Formkayas diese Funktion inne. Der Dharma stellt auch den Weg dar, aber zuerst bereitet der Dharma der überlieferten Schriften den Weg. Dann stellt die Wahrheit des Pfades[90] den Weg dar. Die Freunde, die dir auf dem Weg helfen, sind die nicht-zurückfallenden Bodhisattvas.

Das Objekt der Zufluchtnahme in die Frucht ist der Buddha allein, denn wenn du Buddhaschaft erlangst, wird der Dharma der überlieferten Schriften und sogar der Dharma der Wahrheit des Pfades aufgegeben. Die Wahrheit der Beendigung des Leidens ist der Dharmakaya. Buddha ist auch der letztendliche Sangha.

Die drei Arten erhabener Wesen[91] sind nicht die letztendliche Zuflucht, da ihnen selbst noch »Furcht«[92] innewohnt.

Die Unterscheidung entsprechend der Frucht wurde mit Blick [353] auf die drei Arten von Potenzialen der Individuen[93] vorgenommen. Diese Erklärung finden wir im *Gyü-lama*:

Indem die Aspekte des Lehrers, der Lehre und der Schüler [Sangha]
bezogen werden auf die drei Fahrzeuge und auf jene,
die Neigung zu den drei Arten von Aktivitäten haben,
wird die Zuflucht als »Dreiheit« dargelegt.

89 Bodhisattvas ab dem achten Bhumi aufwärts.

90 Gleichbedeutend mit dem Dharma der Verwirklichung.

91 Shravakas, Pratyekabuddhas und Bodhisattvas.

92 Sie haben also noch nicht vollständig alle Verdunkelungen bezüglich des Wissbaren beseitigt, besitzen noch feinste Verschleierungen und müssen sich auf den Buddha stützen.

93 Siehe Anmerkung 7.

Aus der Sicht des Mahayana, die mit dem Wunsch verbunden ist, den Status des Lehrers, des Buddha, zu erlangen, ist der Buddha die Quelle der Zuflucht. Aus der Sicht des Pratyekabuddha-Fahrzeugs, die mit dem Wunsch verbunden ist, vollkommenes Verständnis der Lehren des heiligen Dharma zu erlangen, ist der Dharma die Quelle der Zuflucht. Und hinsichtlich des Shravakayana, das verbunden ist mit dem Wunsch, den Arya-Sangha, die Schülerschaft, zu verwirklichen, ist der Sangha die Quelle der Zuflucht.

Für jene, die zu den drei verschiedenen Aktivitäten neigen – der des Buddha als Lehrer, der des Dharma als Weg und der des Sangha als unterstützende Freunde –, gibt es die dreifältige Quelle der Zuflucht.

Wisse dies aus der Bedeutung der Verse [des *Gyü-lama, rgyud bla ma*], die mit folgenden Worten beginnen: »weil sie aufgegeben werden, weil ihnen täuschende Phänomene innewohnen« und »für jene, die die [354] letztendliche Stufe der Buddhaschaft erstreben …« und so weiter.

Die Zeitspanne

Die Unterscheidung entsprechend der Zeitspanne: Die gewöhnliche Zufluchtnahme gilt für die Dauer des eigenen Lebens. Die außergewöhnliche Zufluchtnahme reicht bis zum Erlangen des Herzens der Erleuchtung.

Die Zielsetzung

Die Unterscheidung entsprechend der Zielsetzung:

Das gewöhnliche Ziel ist der eigene Vorteil. Die besondere, außergewöhnliche Zufluchtnahme ist ganz und gar durch Mitgefühl motiviert und zielt auf das Wohl anderer.

Segnungen und Nutzen

Die Vorteile oder Segnungen, die durch die Zufluchtnahme gewonnen werden, sind entweder zu ermessen oder unermesslich.

Die acht aufzählbaren Segnungen der Zufluchtnahme sind:

- die Segnung des Eintritts in die Gemeinschaft der Buddhisten,
- die Segnung, eine geeignete Basis für alle [nachfolgenden] Gelübde zu werden,
- die Segnung der Zügelung und Erschöpfung verstörender Gefühle und übler Taten,
- die Segnung der wunschgemäßen Erfüllung aller Ziele,

- die Segnung der Erlangung einer großen Ansammlung von Verdienst,
- die Segnung, dass Menschen oder nicht-menschliche weltliche Wesen einen nicht mehr verletzen werden,
- die Segnung der schnellen Erlangung wahrer, vollkommener Buddhaschaft,
- die Segnung, bis zum Erlangen der Buddhaschaft nicht mehr in den drei niederen Bereichen wiedergeboren zu werden.

Was die Segnung des Schaffens einer geeigneten Basis für alle Gelübde betrifft, [355] heißt es bei Acharya Chandrakirti[94]:

> Wer immer zu den Drei Kostbarkeiten Zuflucht nimmt,
> hat die Grundlage für die acht Gelübde[95].
> Buddha, Dharma und Sangha sind
> die Zuflucht für jene, die sich nach Befreiung sehnen.

Auch Acharya Vasubandhu erklärt[96]:

> Obwohl alle Glaubenssysteme Gelübde für einen Tag haben mögen,
> gibt es sie nicht für jene, die keine Zuflucht genommen haben.

Die unermesslichen Segnungen der Zufluchtnahme sind nicht zu zählen. Acharya Surata sagt hierzu:

> Hätte das Verdienst der Zufluchtnahme Form,
> wären die drei Bereiche nicht groß genug, sie zu erfassen.

Vier weitere Segnungen der Zufluchtnahme sind:

- enorme Verdienstansammlung,
- geistige Freude[97],
- höchste, unendliche Seligkeit[98],
- das Erlangen vollkommen reiner meditativer Versenkung.

Und es gibt außerdem noch diese vier Segnungen:

94 In seinem Text *skyabs 'gro bdun cu pa – Die siebzig Verse zur Zufluchtnahme.*

95 Die acht Gelübde individueller Befreiung: *dge bsnyen pha, dge bsnyen ma, dge tshul pha, dge tshul ma, dge slong pha, dge slong ma, dge slob ma, bsnyen gnas.*

96 In *chos mngon pa mdzod – Abhidharmakosha*, Schatz des Abidharma.

97 Freude und Glück, befleckt durch leidvolle Emotionen.

98 Freude und Glück, die nicht durch leidvolle Emotionen befleckt sind – *zag med pa'i bde ba.*

- Man hat großen Schutz.
- Die Verschleierung des Neigens zum Verkehrten wird dünner und findet schließlich ein Ende.
- [356] Von den Edlen Wesen wird man zu den Ihren gezählt.
- Der Lehrer, andere, die sich an die Gebote tugendhaften Verhaltens halten, und Götter mit Vertrauen in die Lehren werden zufrieden sein, sich daran erfreuen und dich preisen.

Das Ritual

Ursprünglich nimmt man die allgemeinen und außergewöhnlichen Gelübde der Zufluchtnahme vor einem Lama oder vor den Drei Kostbarkeiten, wobei man dem entsprechenden zeremoniellen Text folgt.

Danach nimmt man täglich mindestens dreimal am Tag und dreimal am Abend Zuflucht.

Der Ratschlag

Hier sind vier allgemeine Ratschläge [für alle Fahrzeuge], drei besondere Ratschläge [für den Mahayana] und drei Ratschläge, die sich auf gleichwertige Repräsentationsobjekte beziehen.

Die vier allgemeinen Ratschläge lauten:

- Rufe dir die Segnungen ins Gedächtnis und nimm wieder und wieder Zuflucht!
- Bringe [den Drei Juwelen[99]] Opfergaben dar!
- Gib die Drei Juwelen niemals auf, weder um des Lebens noch einer Belohnung willen!
- Was immer sich an wichtigen Dingen ergeben mag, suche nicht nach anderen Mitteln [der Zuflucht, um sie zu meistern]!

[357] Drei zusätzliche Ratschläge zum Darbringen von Opfergaben:

99 Ein anderer Ausdruck für die »Drei Kostbarkeiten«.

- Was immer du isst oder trinkst, opfere den ersten Teil.
- Bringe regelmäßig Opfergaben dar, so viel du kannst.
- Opfere zu besonderen Zeiten.

Die drei besonderen Ratschläge sind:

- Hast du zum Buddha Zuflucht genommen, dann verehre nicht oder suche Zuflucht bei weltlichen Göttern!
- Hast du zum Dharma Zuflucht genommen, dann gib schädigendes Verhalten gegenüber anderen Wesen auf!
- Hast du zum Sangha Zuflucht genommen, dann stütze dich nicht auf die Anhänger anderer Religionen.

Die Ratschläge zu den drei gleichwertigen Repräsentationsobjekten lauten:

- Hast du zum Buddha Zuflucht genommen, dann vermeide mangelnde Ehrfurcht und entwickle besondere Ehrfurcht gegenüber gegossenen, gemalten oder aus Ton geformten Abbildern des kostbaren Buddha-Juwels.
- Hast du zum Dharma Zuflucht genommen, dann vermeide mangelnde Ehrfurcht und sei auch achtsam und ehrerbietig gegenüber Repräsentationen des kostbaren Dharma-Juwels, angefangen bei einem einzigen Buchstaben, »Ka«, bis hin zu den heiligen [358] Schriften und Büchern.
- Hast du zum Sangha Zuflucht genommen, dann vermeide mangelnde Ehrfurcht und sei auch achtsam und voller Ehrerbietung gegenüber Repräsentationen des kostbaren Sangha-Juwels, vom gewöhnlichen Sangha der gelb Gekleideten an aufwärts.

Vier weitere Ratschläge:

- Halte dich an weise und edle Wesen.
- Höre den heiligen Dharma.
- Reflektiere entsprechend über die Bedeutung.
- Praktiziere in Übereinstimmung mit dem Dharma.

Und noch vier weitere Ratschläge:

- Halte die Sinne im Zaum[100]!

---

100 *rgod* – »Erregtheit« oder »Aufgewühltsein«, eine der 20 sekundären verstörenden Gefühle. Ein Bewusstseinszustand, der sich zu Gegenständen der Anhaftung oder Ablehnung bewegt

- Mache dir das Fundament der Praxis vollkommen zu eigen[101].
- Von Zeit zu Zeit gib dir besondere Mühe in der Darbringung von Opfergaben an die Drei Kostbarkeiten.
- Habe Mitgefühl für die Wesen.

Verlieren und Erlangen

Wann gehen die Zufluchtsgelübde verloren, wann werden sie erlangt?

Wenn du verängstigt bist durch das Leiden Samsaras und dir aus tiefstem Herzen wünschst, dich den Drei Kostbarkeiten anzuvertrauen, um Schutz zu finden, dann erlangst du die allgemeinen Zufluchtsgelübde am Ende der dritten Wiederholung der Worte der Zufluchtnahme.

Wenn du darüber hinaus aus Liebe [359] und Mitgefühl die Leiden der anderen nicht ertragen kannst und dich um ihres Schutzes willen den Drei Kostbarkeiten anvertraust, dann erlangst du die besonderen Zufluchtsgelübde am Ende der dritten Wiederholung der Worte der Zufluchtnahme.

Die Gelübde der Zufluchtnahme gehen verloren, wenn falsche Sicht entsteht, wenn die Zuflucht zu den Drei Juwelen aufgegeben wird und wenn die Praxis [verbunden mit den Gelübden] verfällt.

Hier mein begründeter Rat, der das oben Gesagte kurz zusammenfasst:

> Wenn sich Menschen aus Furcht vor geringem Schaden durch andere
> [Schutz suchend] an einen Machtinhaber wenden,
> dann ist es nur vernünftig für jene, die die Feinde der vier Maras fürchten,
> sich der großen Zuflucht der Drei Juwelen anzuvertrauen.

Dies war das sechste Kapitel des Textes
Wie man stufenweise in die Lehre Buddhas eintritt.
Es handelt von der Zufluchtnahme.

---

und so ein inneres ruhiges Verweilen des Geistes verhindert. Er wird auch als »Ruhelosigkeit« und »Aufregung« übersetzt.

101 Das bedeutet: Gib die zehn untugendhaften Handlungen auf und erneuere täglich die Gelübde.

7 Das karmische Gesetz von Ursache und Wirkung und die Gelübde individueller Befreiung

Die Natur Samsaras ist Leiden. Die davor beschützende höchste Zuflucht sind die [360] Drei Kostbarkeiten, und es gibt Methoden[102], die aus Samsara befreien.

Wenn du überlegst, dass du keine Gewissheit hast, ob diese Aussagen wahr und authentisch sind, wird hierzu als Beweis und um dich zu überzeugen, das Gesetz des Karma von Handlung, Ursache und Wirkung aufgezeigt.

> Samsara und Nirvana gibt es nicht ohne Ursache.
> Sie entstehen auch nicht aus nicht-entsprechenden Ursachen.
> Deshalb reflektiere über Ursache und Wirkung.

So heißt es im Wurzeltext.

Hierzu gibt es vier Punkte:

- die verschiedenen Arten von Karma und Frucht,
- das Aufzeigen ihres jeweiligen Wesens,
- die Beweisführung
- und darauf gründend die Ausführungen über die Gelübde individueller Befreiung.

Die verschiedenen Arten von Karma und Frucht

Karma und Frucht sind von zweierlei Art:

- Karma, Ursache und Wirkung mit Verunreinigung [durch verstörende Gefühle],
- Karma, Ursache und Wirkung ohne Verunreinigung.

102 Das, was aufzugeben (schädliches Verhalten, Untugenden) und das, was anzusammeln und zu entwickeln ist (Tugenden).

Karma, Ursache und Wirkung mit Verunreinigung

Zu Karma, Ursache und Wirkung mit Verunreinigung gibt es drei Punkte:

- die Auswirkung untugendhafter Handlungen,
- die Auswirkung tugendhafter Handlungen und
- das Resultat nicht bewegenden Karmas.

Das Ergebnis untugendhafter Handlungen

Was die Auswirkung untugendhafter Handlungen angeht, so ist die Ursache oder das Karma der Wiedergeburt in den drei niederen Bereichen untugendhaftes Handeln.

Das Ergebnis tugendhafter Handlungen

Was das Ergebnis tugendhafter Handlungen angeht, so liegen die Ursachen für eine Geburt im Bereich der Begierde als Mensch oder Asura oder eine Geburt im Bereich der Götter [361] in der Tugend mit Verunreinigung, und hierbei hauptsächlich in Freigebigkeit, in ethischem Wohlverhalten und in Geduld.

Das Ergebnis nicht-bewegenden Karmas

Die Ursache der Wiedergeburt als Götterwesen in den Bereichen der Form und den formlosen Bereichen liegt im Samadhi ruhigen Verweilens [*zhi gnas kyi ting nge 'dzin*] beziehungsweise in der einsgerichteten meditativen Versenkung.

Das Wesen karmischer Handlungen im Einzelnen

Das Wesen untugendhafter Handlungen

Meist wird nicht-verdienstvolles Handeln zusammengefasst als die Zehn Untugenden. Dabei gibt es drei Arten von Frucht:

- die gänzlich gereifte Frucht,
- die Frucht, die der Ursache entspricht,
- die dominierende Frucht.

Die gänzlich gereifte Frucht

Übt man [eine der] Zehn Untugenden in all ihren Gliedern vollständig aus, dann besteht die gänzlich gereifte Frucht hieraus in [den Zuständen] der drei niederen Bereiche.

Es heißt, die Frucht der vier [Handlungen aus Hass] – Töten, böswilliges Verleumden, unangenehme grobe Rede und Boshaftigkeit verbunden mit einem übelwollenden Geist – ist Wiedergeburt in den Höllen.

Die Auswirkung der drei [Handlungen aus Begierde] – nicht Gegebenes nehmen, sexuelles Fehlverhalten aus Begierde und neidhaftes Begehren – ist Wiedergeburt im Bereich der Pretas.

Das Resultat der drei [Handlungen aus Unwissenheit] – Lügen, sinnloses dummes Geschwätz und falsche Sichtweise – ist Wiedergeburt im Bereich der Tiere, so wird gesagt.

Der Schweregrad der Handlung

[362] Zu den zehn Untugenden im Einzelnen [muss man weiter wissen], dass es insbesondere die unterschiedlichen Abstufungen des objektbezogenen Schweregrades der jeweiligen Handlung, des Schweregrades der [damit verbundenen] verstörenden Gefühle und des Schweregrades hinsichtlich der Anzahl [der jeweiligen negativen Handlungen] sind, die zur Geburt in einem der drei niederen Bereiche führen.

Der objektbezogene Schweregrad

Was bedeutet nun »objektbezogener Schweregrad«?

Ein besonderes Objekt hinsichtlich des Schweregrades untugendhafter Handlung – wie auch immer sie aussehen mag – wären die Drei Kostbarkeiten und Ähnliches.

Innerhalb der untugendhaften Handlung des Tötens ist es besonders schwerwiegend, wenn das Objekt der eigene Vater ist, der ein Pratyekabuddha ist; oder die eigene Mutter, die die Stufe der Arhatschaft erlangt hat.

Innerhalb des Stehlens ist es besonders schwerwiegend, sich an Opfergaben zu vergreifen, die den Drei Kostbarkeiten dargebracht wurden.

Besonders schwerwiegendes sexuelles Fehlverhalten ist Geschlechtsverkehr mit der eigenen Mutter, die die Stufe der Arhatschaft verwirklicht hat.

Innerhalb des Lügens ist es von besonderer Schwere, den Khenpo oder Abt und den Lehrer oder spirituellen Meister zu täuschen und zu betrügen.

Innerhalb verleumderischer und spalterischer Rede ist es von besonderer Schwere, eine Spaltung innerhalb des Sangha herbeizuführen.

Innerhalb grober Rede ist es von besonderer Schwere, den Sangha zu verunglimpfen und schlechtzumachen.

Innerhalb unsinnigen Geschwätzes ist es von besonderer Schwere, einen vollordinierten Mönch [*dge slong*] in der Meditation zu stören.

Innerhalb neidhafter Begehrlichkeit und Missgunst ist es von besonderer [363] Schwere, Besitz und Reichtum der Drei Kostbarkeiten neidhaft zu begehren.

Innerhalb boshafter und übelwollender Geisteshaltung wiegt das Planen der grenzenlos schwerwiegenden Taten am schwersten.

Innerhalb verkehrter Sichtweise ist es von besonderer Schwere, das Gesetz des Karma von Handlung, Ursache und Wirkung zu verwerfen.

Unheilsame Handlungen jedweder Art, gegenüber einem der erhabenen Objekte wie den Drei Juwelen verübt, führen zur Geburt in einer der Höllen.

Die gegen gewöhnliche Wesen verübten zehn Untugenden führen jede für sich mit größter Wahrscheinlichkeit zur Wiedergeburt unter den Pretas. Die gegen geringere Wesen [wie] Tiere verübten zehn Untugenden führen jede für sich vorwiegend zur Wiedergeburt unter den Tieren.

Der Schweregrad der verstörenden Gefühle

[Ausgeübte Untugenden], die motiviert sind durch das Geistesgift des Hasses, führen vorwiegend zur Geburt in der Hölle. Durch leidenschaftliche Anhaftung motiviert, führen sie vorwiegend zur Wiedergeburt unter den Pretas. Motiviert durch Unwissenheit, führen sie vorwiegend zur Wiedergeburt unter den Tieren.

Der Schweregrad der Anzahl

Unermessliche Anzahl [führt in] die Höllen, ein Mittelmaß zu den Pretas und eine geringe Anzahl zur Wiedergeburt im Bereich der Tiere.

Die Wirkung entsprechend der Ursache

Hierzu gibt es zwei Punkte:

- das Verhaltensresultat entsprechend der Ursache und [364]
- das Erfahrungsresultat entsprechend der Ursache.

»Das Verhaltensresultat entsprechend der Ursache« bedeutet:

Freude am Töten haben, es von Herzen wünschen, von Natur aus so handeln und sich schwer davon lösen können. Es ist schwierig, eine solche Tendenz zu überwinden und sich davon zu lösen. Wisse, dass es sich bei den weiteren [der zehn Untugenden[103]] ebenso verhält[104].

»Das Erfahrungsresultat entsprechend der Ursache« bedeutet:

Selbst wenn man vom Absinken in die drei niederen Bereiche verschont geblieben ist, so wird man aufgrund des Tötens eine kurze Lebensspanne haben und vielen Krankheiten ausgesetzt sein. Durch Stehlen wird man arm sein. Durch leidenschaftliches Begehren und sexuelles Fehlverhalten wird man Umgang pflegen mit schlechten Lebensgefährten oder eine leprakranke Mutter haben oder von einer bösartigen Mutter geboren werden.

Durch Lügen wird man von anderen getäuscht und betrogen werden. Verleumdende, spaltende Rede führt zur Trennung und Isolation. Durch grobe Rede wird man Unangenehmes und Rufschädigendes zu hören bekommen; und nutzloser Tratsch und sinnloses Geplapper machen unglaubwürdig.

Neid und Eifersucht führen dazu, dass andere einem den Besitz streitig machen. Durch Boshaftigkeit wird man Hass und verleumderischer Rede ausgesetzt sein, auch wenn [365] man nichts getan hat. Und durch falsche Sichtweise wird man der Zuflucht der Drei Kostbarkeiten nicht begegnen.

Die beherrschende Frucht[105]

Es ist zwar möglich, nach vielen Kalpas aus den drei niederen Bereichen freizukommen, doch wird man durch [Handlungen] des Tötens in unglücklichen und wenig reizvollen Gegenden wiedergeboren werden. Das Nehmen von nicht Gegebenem führt zur Wiedergeburt in frostigen Gegenden mit viel Hagelschlag. Und leidenschaftliches Begehren, aus dem sexuelles Fehlverhalten erwachsen ist, zieht eine Wiedergeburt in Gegenden nach sich, in denen man unter Hitze leidet.

---

103 Die zehn Untugenden: Die drei Missetaten des Körpers sind: töten – *srog gcod pa*, nehmen, was nicht gegeben ist, stehlen – *ma byin len pa*, sexuelles Fehlverhalten – *mi gtsang spyod.* Die vier Missetaten der Rede sind: lügen – *rdzun smra ba*, spaltende Rede – *phra ma*, der Gebrauch grober Worte – *tshig rtsub*, sinnloses Reden – *ngag 'chal*. Die drei Missetaten des Geistes sind: Neid – *brnab sems*; eine übelwollende Geisteshaltung, Böswilligkeit – *gnod sems*, eine falsche Sicht – *log lta*.

104 Freude haben am Stehlen, das Verlangen haben zu stehlen, zum Stehlen tendieren. Diese Tendenz zu überwinden ist äußerst schwierig.

105 Die den Ort der Wiedergeburt bestimmt.

Durch Lügen wird man in einer Gegend geboren, in der es nichts Schmackhaftes zu essen gibt. Verleumderische, üble Nachrede führt zur Wiedergeburt in einer trockenen, salzhaltigen Landschaft. Grobe Worte lassen einen in Schluchten, an Flussbetten und Abgründen Wiedergeburt finden und sinnloser Klatsch und Tratsch führen zu einer Wiedergeburt in Gegenden, in denen die Jahreszeiten Sommer und Winter ins Gegenteil verkehrt sind[106].

Eifersucht und Neid führen zur Wiedergeburt in Gegenden, in denen wenig Getreide wächst. Boshaftigkeit führt zur Geburt in Gegenden mit bitterem Getreide und falsche Sichtweise zur Wiedergeburt in Gegenden ohne Getreide.

Das Wesen verdienstvoller Handlungen

Das Resultat tugendhaften Handelns ist ein Dasein als Mensch, Asura oder Götterwesen im Begierde-Bereich. Je nachdem, ob tugendhaftes Verhalten vorwiegend gepaart ist mit einer der Verstörungen von Hass, Unwissenheit oder leidenschaftlichem Begehren, wird man in eben dieser [366] Reihenfolge – als Mensch, Asura oder Götterwesen wiedergeboren.

Das Wesen nicht-bewegenden Karmas

Das Ergebnis nicht-bewegenden Karmas ist eine Geburt als Götterwesen in den Bereichen der Form und den formlosen Bereichen.

Das Ergebnis unbefleckten Karmas

Übereinstimmend mit dem, was gewöhnlich im Abidharma gelehrt wird, ist zu sagen:

Praktiziert man die Tugendmethoden in Verbindung mit den meditativen Erfahrungen des Nichtvorhandenseins eines Selbst der Person[107] beziehungsweise eines individuellen Selbst, erlangt man die Erleuchtung der Shravakas.

Praktiziert man die Tugendmethoden in Verbindung mit der zusätzlichen meditativen Erfahrung des Nichtvorhandenseins einer innewohnenden Eigennatur äußerer Objekte[108], mit anderen Worten: das Nicht-Selbst ergriffener Dinge, erlangt man die Erleuchtung eines Pratyekabuddhas.

---

106 Dort ist es ein halbes Jahr lang hell, ein halbes Jahr lang dunkel.

107 *gang zag gi bdag med.*

108 *gzung ba'i yul rang bzhin med pa.*

Praktiziert man die Tugendmethoden in Verbindung mit der zusätzlichen meditativen Erfahrung der Nicht-Existenz einer innewohnenden Selbst-Natur des innerlich ergreifenden Geistes[109], erlangt man unübertreffliche, höchste Erleuchtung.

Die Beweisführung

Die Beweisführung geschieht auf zweierlei Art: einmal über Beweise anhand der Schriften und zusätzlich auf der Ebene der Logik.

Die Beweisführung anhand der Schriften hat fünf Aspekte:

Als erstes hat der Buddha gelehrt, dass es Karma und Frucht gibt:

> Kehricht, vom Wind verweht,
> wird überallhin verstreut;
> so auch die durch [den Wind des] Karma umhergetriebenen Wesen.
> [367] Wäre dies nicht so, wäre alles leer wie der Raum.

Zweitens sind Handlung und Wirkung – also Karma und Frucht – eindeutig bestimmt:

> Aus beißend scharfen Samen
> erwächst beißend scharfe Frucht.
> Aus süßen Samen
> wird süße Frucht heranreifen.
> Durch üble Taten entsteht Leiden,
> durch heilsames Handeln Glück.

Drittens kann Karma, solange es nicht mit dem Gegenmittel in Berührung kommt, nicht zerstört werden.

> Es wird sich selbst in einhundert Kalpas nicht erschöpfen.
> Wenn die Bedingungen und die Zeit stimmen,
> werden die Früchte heranreifen, werden die Wirkungen sich zeigen.

Viertens wird man es ganz allein erfahren.

---

109 *nang 'dzin pa'i sems rang bzhin med pa.*

Dazu aus dem Sutra *Rat an den König*[110]:

> Wenn deine Zeit[111] kommt, König, und der Tod dich heimsucht,
> werden dir weder Reichtum und Besitz noch deine Angehörigen oder Freunde folgen;
> aber wohin du auch immer gehen magst, großer König,
> folgt dir dein Karma wie ein Schatten.

[368] Die karmische Ursache wird, selbst wenn sie klein ist, mit Sicherheit eine stattliche Wirkung erzielen:

> Verharmlose selbst die kleinste Sünde nicht,
> indem du denkst: »Es wird schon nicht schaden!«[112]
> Schon ein kleiner Feuerfunke genügt,
> einen berghohen Haufen Heu zu verbrennen.
>
> Schätze selbst die kleinste Tugendhandlung nicht gering,
> indem du denkst: »Das bringt doch nichts!«
> Es ist wie ein großes Gefäß, das langsam,
> Tropfen für Tropfen, gefüllt wird.

Wenn du fragst, ob der Buddha, der dies gelehrt hat, die Wahrheit sprach oder es erfunden hat, dann lautet der Wahrheitsbeweis wie folgt:

Es gibt keinen Widerspruch zwischen den ausgezeichneten Worten des Buddha und dem, was den Sinnen offenkundig ist.

Es gibt keinen Widerspruch zwischen den ausgezeichneten Worten des Buddha und logischen Schlussfolgerungen, die sich auf nicht unmittelbar wahrnehmbare Phänomene und Dinge beziehen.

Und es gibt keine Widersprüche in den verschiedenen Schriften [die seine Worte enthalten], was die sehr verborgenen Dinge angeht.

So lehrt der Buddha die Wesen tiefgründig und umfassend, direkt oder indirekt Mittel zum Erlangen zeitlich begrenzten und letztendlichen wahren Glücks, und er lehrt nichts, was ihnen Schaden bringt.

---

110 *rgyal po la gdams pa'i mdo*. Der König hieß *rgyal po ma skyes dgra*, König Ajatasatru.

111 *dus kyis mnar* – plagende Zeit. Es gibt vier plagende Zeiten: Geburt, Krankheit, Alter und Tod.

112 Die folgenden vier Verse des Originaltexts fehlen in der tibetischen Druckfassung. Khenpo Nyima Gyaltshen zitierte sie wie folgt: *me stag chung ngu tsam zhig gis/ rtswa phung ri tsam bsreg par byed/ dge ba chung ngu tsam gyis kyang/ mi phan snyam du brnyas mi bya.*

Wer heutzutage die Lehre des Buddha zu verbessern gedenkt, wird nichts zustande bringen, das einem Jota dieser Lehre gleichkommt, selbst wenn er etwas ersinnt, das den Worten des Buddha ähnelt.

[369] Weil das so ist, ist der Sprecher dieser Worte – der alle Fehler beseitigt [und Allwissenheit erlangt] hat, liebende Güte besitzt und die Bedeutung fehlerlos lehrt – mit Sicherheit ein Buddha.

Auch durch Nachdenken und logisches Untersuchen [lässt sich herausfinden], dass das Gesetz des Karma sicherlich wahr ist.

Selbst wenn man sagt, »Nach dem Sterben gehe ich ins Reich der Toten«, [sollte man sich fragen: »Nun, da ich] hier geboren wurde, rührt dies von früheren Leben her oder nicht?«

Bejaht man die Frage [und sagt, die jetzige Geburt resultiert aus früheren Leben], wie kann es dann sein, dass man – so wie man hier geboren wurde – nach dem Sterben nicht erneut anderswo geboren würde?

Sagt man nein, man wurde nicht aus früherer Ursache geboren, wie kann es dann eine Ursache geben, die einen nach dem Sterben ins Reich der Toten gehen lässt?

Weiter gibt es einfache Tätigkeiten wie essen und trinken, gehen und verweilen, weinen und so weiter, die man schon von Anfang an beherrscht, obwohl man sie nicht gelernt hat. Und es gibt schwierigere Dinge, wie den Dharma und so fort, die schwer zu verstehen sind, selbst wenn man sie lange Zeit geübt hat. Das hängt davon ab, ob man bereits aus früheren Leben her an sie gewöhnt ist oder nicht. Auch im jetzigen Leben sehen wir, dass gewohnte Tätigkeiten leicht von der [370] Hand gehen; beschäftigen wir uns mit Ungewohntem, ist es schwieriger, und auch das hängt mit Sicherheit von früherer gewohnheitsmäßiger karmischer Prägung ab.

Nach dem Tode folgt kein Nichts: So wie man nach einer Ohnmacht zu sich kommt oder aus dem Schlaf erwacht und sich das Bewusstsein, gestützt auf die Kontinuität des früheren, wieder erhebt, ebenso erwacht nach dem Tod die Bewusstheit wieder, gemäß der Kontinuität des früheren Bewusstseinsstroms.

Bezüglich der glücklichen oder leidvollen Resultate tugendhafter und untugendhafter Handlungen lässt sich auch im jetzigen Leben deutlich erkennen, dass man auf gutes oder schädliches Tun gegenüber anderen Gutes oder Schädliches als Antwort erhält. Darin zeigen sich ebenfalls karmische Ursache und Wirkung.

Da das Gesetz des Karma also sicherlich wahr ist, entwickle Freude über früher ausgeübte tugendhafte Handlungen und befleißige dich, hinfort [auch] tugendhaft zu handeln.

Die Gelübde individueller Befreiung

Bekenne früher begangene Fehler und versprich ernsthaft, sie hinfort nicht mehr zu begehen. Die Praxis dazu besteht im Nehmen der Gelübde individueller Befreiung.

Dies hat acht Aspekte:

- das Wesen der Gelübde individueller Befreiung,
- die Arten der Gelübde [371],
- von wem sie genommen werden,
- das Ritual,
- Vorteil und Nutzen,
- was zu praktizieren ist,
- wann sie verloren gehen und wann sie erlangt werden,
- die Methode, mit der sie wiederhergestellt werden, wenn sie gebrochen wurden.

Das Wesen der Gelübde individueller Befreiung

Die »Shravakas« halten die Gelübde für etwas substanziell Vorhandenes. Die Gelübde kämen aufgrund einer wahrnehmbaren Ursache zustande, und ihr Wesen sei nicht wahrnehmbare Gestalt – nicht aufzeigbar und unbeschränkt, und beinhalte die vier[113] oder sieben[114] aufzugebenen Handlungen und deren Unterglieder.

Das [von allen philosophischen Schulen] gemeinsam akzeptierte Wesen der Gelübde ist »Abwendung von schädigendem Verhalten und seinen Ursachen«.

Die Gelübdearten

Es gibt vier Arten:

- die Gelübde der vollen Ordination – die Gelong-Gelübde;
- die Gelübde eines Novizen – Getsul-Gelübde,
- die Laiengelübde – Genyen-Gelübde und
- die Gelübde auf Probe für weibliche Novizen vor der vollen Ordination – Barlobma-Gelübde.

113 Töten, stehlen, lügen, sexuelles Fehlverhalten.

114 Töten, stehlen, sexuelles Fehlverhalten, lügen, spalterische Rede, verletzende Rede, sinnlose Rede.

Unterscheidet man je nach Geschlecht der Person, welche die Gelübde hält, so gibt es sieben: die beiden Gelübde der voll ordinierten Mönche und Nonnen; die beiden Novizengelübde der Mönche und Nonnen; die beiden Laiengelübde für Männer und Frauen; und die Gelübde auf Probe vor der vollen Ordination einer Nonne.

Von wem sie genommen werden

Die gewährende Person selbst muss die Gelübde besitzen; es muss eine Gruppe [von angemessener Zahl] geben; und der Intellekt [dieser Personen] muss intakt sein, [372] weil dies ein Stabilitätsfaktor [für das Einhalten der Gelübde] ist.

Das Ritual

Für das Ritual des Nehmens der Mönchsgelübde müssen zehn Dinge vorhanden sein und drei Entschlüsse gefasst werden.

Die zehn Dinge oder Bedingungen, die vorhanden sein müssen, sind:

- ein Buddha[115],
- der Dharma[116],
- der Sangha[117],
- der Khenpo oder Abt beziehungsweise jener, der die Gelübde gewährt,
- ein Ritualmeister [*slob dpon*] [als Vermittler][118],
- der Anwärter selbst,
- die notwendige Habe [eines Gelongs],
- die Bitte,
- frei zu sein von hindernden Umständen[119],
- die bejahende Wiederholung.

---

115 In Form einer Statue, eines Bildes usw.

116 In Form einer heiligen Schrift.

117 Eine Gruppe von mindestens vier voll ordinierten Mönchen.

118 Er geht zu dem Anwärter, der vor der Tür wartet, und fragt ihn, was dieser möchte. Dann kehrt er mit der Botschaft zu der Versammlung zurück, dass der andere die Gelübde zu erhalten wünsche.

119 Es gibt vier hindernde Umstände: 1. *skyed pa'i bar chad* – das Hindernis, ein Tier, göttliches Wesen usw., das heißt kein menschliches Wesen zu sein; 2. *gnas pa'i bar chad* – das Hindernis, dass die Eltern nicht zustimmen; 3. *mdzes pa'i bar chad* – das Hindernis einer nicht ansprechenden Erscheinung; 4. *yon tan thob pa'i bar chad* – das Hindernis, nicht wirklich fähig zu sein, Tugenden zu erwerben.

Die drei Entschlüsse sind:

- der feste Entschluss, das Leiden zu überwinden,
- der feste Entschluss, die Gelübde ununterbrochen zu bewahren,
- der Entschluss, das Gelübde vollständig zu nehmen.

Vorteil und Nutzen

Es gibt elf Vorzüge [verbunden mit dem Nehmen der Gelübde]:

- Besitzt du ethisches Wohlverhalten [das heißt, hältst du die Gelübde gut], wirst du ohne Schwierigkeiten Nahrung, Kleidung und so weiter finden.
- Besitzt du das Ornament ethischen Wohlverhaltens, wird das Banner deines Lobes in den zehn Richtungen wehen. [373]
- Die Götter werden deiner Erscheinung Ausstrahlung verleihen.
- Du wirst unumstritten würdig sein.
- Schadende Wesen werden darauf verzichten, dir zu schaden und dich stattdessen gar unterstützen.
- Außergewöhnliche meditative Versenkung wird in deinem Geist entstehen.
- Alle Buddha-Qualitäten werden in deinem Geiste reifen.
- Du wirst gut schlafen und angenehme Träume haben.
- Zum Zeitpunkt des Todes wirst du ohne Reue friedvoll sterben.
- Du wirst die Vorzüge einer höheren Daseinsform als Mensch oder göttliche Existenz erlangen.
- Du wirst die wahrhaft guten drei Stufen der Erleuchtung[120] erlangen.

Erlangt man diese Vorzüge einfach durch das Nehmen der Gelübde? Nein!

Diese Vorteile hat nur derjenige, der die Gelübde nach dem Nehmen entsprechend übt und schützt.

120 Die Stufen der Erleuchtung eines Shravakas, Pratyekabuddhas oder Buddhas.

Was zu praktizieren ist

Ein Gelong [*dge slong*] hat zweihundertundfünfzig Gelübde nebst Spezifizierungen [von Dingen die zu vermeiden sind], [374] eine Barlobma [*bar slob ma*] zweiundzwanzig und männliche und weibliche Getsuls [*dge tshul*] haben zehn. Die Upasaka oder Laiengelübde [*dge bsnyen*] beinhalten vier Basisgelübde[121] und als Fünftes: keinen Alkohol zu trinken. Die Nyene-Gelübde [*bsnyen gnas*] für einen Tag beinhalten acht. Die Einzelheiten hierzu sollte man aus dem Vinaya [375] ersehen.

Wann man die Gelübde verliert und wann man sie erlangt

Hat man Zuflucht genommen zu den Drei Kostbarkeiten, glaubt man an das Gesetz des Karma, hat man die drei Entschlüsse gefasst und sind die »zehn Dinge« vorhanden, so erlangt man die Gelübde nach der dritten Wiederholung der zusichernden Erklärung.

Wann gehen die Gelübde verloren? Dazu sagt der *Schatz des Abhidharma*[122]:

> Wenn die Gelübde zurückgegeben werden und wenn man stirbt,
> wenn die Wurzel [der Tugend] durchtrennt wurde,
> wenn die Nacht vorüber ist[123],
> wenn man dreimal das Geschlecht wechselt,
> gehen die Gelübde individueller Befreiung verloren.

Die Gelübde für einen Tag verliert man wieder, wenn die Nacht vorüber ist; und den anderen Gelübden sind die Gründe des Verlierens gemeinsam.

Ferner verliert man die Gelübde, wenn alle Zweigbedingungen des Vollzugs einer der vier Grundübel zusammenkommen und damit der Tatbestand eines bezwingenden Verstoßes erfüllt ist.

---

121 Nicht zu töten, zu stehlen oder zu lügen und kein sexuelles Fehlverhalten zu zeigen.

122 *chos mngon pa mdzod – Abhidharmakosha* von Vasubandhu.

123 Dies bezieht sich auf die Nyene-Gelübde.

Wie die Gelübde wiederherzustellen sind, wenn sie gebrochen wurden

Wurden die Gelübde gebrochen, hängt ihre Wiederherstellung davon ab, ob ein Haupt- oder Nebengelübde gebrochen wurde. Bei den Hauptgelübden unterscheidet man drei Fälle:

- Wurden die Gelübde zurückgegeben und nicht gebrochen, müssen sie von Grund auf erneuert werden [um sie wiederzuerlangen].
- Wurden die Gelübde gebrochen und zurückgegeben, wird genauso verfahren.
- Wurden die Gelübde gebrochen und nicht zurückgegeben, [376] dann können sie durch Sühnehandlungen wiederhergestellt werden. Dies ist allerdings nur möglich, falls keine Haltung des Verbergens vorliegt, gemäß der Tradition, die »Verbergen« für eine der Bedingungen hält, die [ein Wiederherstellen der Gelübde] verhindert. Da die Gelübde nicht wiederhergestellt werden können, wenn Verbergen vorliegt, muss der Verstoß offengelegt und mittels der Vier Kräfte gereinigt werden.

Im Falle einer Verletzung der Nebengelübde gibt es keinen Verstoß, der nicht durch die Praxis des Bekennens zu bereinigen wäre.

Hier mein schlüssiger Rat, der die oben genannte Bedeutung zusammenfasst:

> Wenn man schon aus Sorge vor einer winzigen Erkrankung
> unzuträgliche Speise meidet,
> dann ist es nur vernünftig, das aufzugeben,
> was dauerhaftes Leid verursacht – untugendhaftes Handeln –
> und sich der Tugendübung zu befleißigen.

Dies war das siebte Kapitel des Textes
Wie man stufenweise in die Lehre Buddhas eintritt.
Es handelt vom Gesetz des Karma und den
Gelübden individueller Befreiung.

8 Liebe und Mitgefühl meditieren

Wenn man nun, die Gelübde individueller Befreiung bewahrend, einzig zum eigenen Wohl praktiziert und sich fragt, ob dies wohl richtig ist, so wird hier aufgezeigt, dass dies nicht in Ordnung ist. Befolgt man die Pratimoksha-Gelübde, die Gelübde individueller Befreiung, ist man einzig und allein um das eigene Wohlergehen bemüht. Unübertreffliche Erleuchtung kann so nicht erlangt werden.

Der Wurzeltext sagt:

> Befolgt man die Gelübde individueller Befreiung,
> ist man einzig und allein um das eigene Wohlergehen bemüht.
> Unübertreffliche Erleuchtung kann so nicht erlangt werden. [377]
> Das Nirvana der Shravakas und Pratyekabuddhas ist ein Ruheplatz,
> ein vorläufiges Ziel, sagt ein tiefgründiges Sutra.[124]

Auch wenn man durch das Bewahren der Pratimoksha-Gelübde das eigene Wohl verwirklicht, so erlangt man doch keine letztendliche Befreiung.

> So wie man nicht die Sonne schaut,
> entfernt man Licht und Lichtstrahl,
> gibt es kein letztendliches Nirvana,
> wird Buddhaschaft nicht erlangt.

So heißt es.

Warum sagte der Buddha dann, dass Shravakas und Pratyekabuddhas Nirvana erlangen? Dazu sei hier aus dem durch Lhamo Phal-Theng [*lha mo dpal phreng*] erbetenen Sutra zitiert:

---

124 *snying rje dkar po mdo.*

Dass der Siegreiche, der Buddha, dies mit Blick auf das Nirvana der Arhats und der Pratyekabuddhas als Nirvana bezeichnet hat,
ist ein geschicktes Mittel der Tathagatas.

Dies wurde so gesagt und gelehrt durch den Meister des Dharma, den erhabenen, vollkommen erwachten Buddha, damit die gewöhnlichen Wesen nicht vor dem Weg zurückschrecken; so wie ein [378] geschickter Führer eine magische Stadt erscheinen lässt, inmitten der Einsamkeit – fernab der Städte – für die durch den langen Weg Erschöpften. Jene Arhats und Pratyekabuddhas müssen auch von Grund auf den Weg des Mahayana üben:

Jene in den Pfad des Friedens Eingetretenen haben die Vorstellung,
Nirvana bereits erlangt zu haben.
Durch Unterweisungen über die wahre Natur aller Dinge,
wie sie im *Weißen Lotus des heiligen Dharma* und anderen Sutras enthalten sind,
werden sie von ihrer früheren Ansicht abgebracht.
Indem sie sich Mittel und Weisheit gänzlich zu eigen machen,
werden sie im höchsten Fahrzeug zur Reife gebracht und
erhalten die Vorhersage über ihre zukünftige Erleuchtung.

So heißt es.

Gemäß der Aufteilung in drei spirituelle Fahrzeuge verwirklichen die Shravakas die Vier Edlen Wahrheiten und das Nicht-Selbst der Person und können lediglich die Verschleierung verstörender Gefühle entfernen, die mit dem Glauben an das Vorhandensein eines individuellen Selbst verbunden ist.

Durch das Pratyekabuddha-Fahrzeug wird das Nichtvorhandensein eines Selbst der Person erkannt und auch, dass äußere Phänomene keine Selbst-Natur besitzen, mit anderen Worten, das Nicht-Selbst ergriffener Dinge. Dies ermöglicht es, die Verschleierung verstörender Gefühle zu entfernen [379] sowie von der Verschleierung des Wissbaren jenen Teil, der auf der Vorstellung von wirklich existierenden äußeren Objekten beruht.

Es gibt bei den Pratyekabuddhas zwei Arten: die »Nashorngleichen«, die in der Einsamkeit [fern von anderen] weilen, und die »sich in Gruppen bewegenden«, die mit einer Gruppe von Schülern umherwandern.

Durch das Große Fahrzeug wird erkannt, dass weder die Person noch außen ergriffene Phänomene, noch der innerlich ergreifende Geist Selbst-Natur besitzen, womit beide Aspekte objekthaften Ergreifens als leer erkannt werden. Dies ermöglicht das Entfernen der Verschleierung verstörender Gefühle und der Gesamtheit der Verschleierung des Wissbaren, die durch die Konzepte »außen wirklich vorhandene, ergriffene Objekte« und »innerlich wirklich vorhandener ergreifender Geist« bedingt war.

Weil dies so ist und weil man einen Fluss nur einmal überquert und nicht zurückgeht, um ihn erneut zu überqueren, wird im Wurzeltext gelehrt, dass es nötig ist, von Anfang an Buddhaschaft anzustreben: »Deshalb strebe unübertreffliche Erleuchtung zum Wohle anderer an.«

Von Anfang an erstrebe die unübertreffliche Erleuchtung zum Wohle anderer. Wenn man überlegt, welche Ursachen und Bedingungen es dafür gibt, so werden im Wurzeltext die verursachenden Qualitäten aufgezeigt:

> Allwissende Buddhaschaft – die die Vollendung der zwei Ziele[125] beinhaltet,
> entspringt der Ursache Bodhichitta und
> [beider] Wurzel, Mitgefühl. Vollendet [wird all dieses] durch das Mittel der [Paramitas].

Auch in einem Sutra heißt es:

> Allwissende Buddhaschaft, hervorgegangen aus der Ursache Bodhichitta,
> [380] wurzelt in Mitgefühl
> und wird durch die Mittel vollendet.

Um das Wohl der anderen zu vollbringen, muss man Bodhichitta entwickeln, und weil Liebe und Mitgefühl die Ursachen von Bodhichitta sind [fährt der Wurzeltext fort]: »Daher meditiere über Liebe und Mitgefühl.«

Die wesentliche Natur liebender Güte ist der Wunsch, zeitliches und letztendliches Glück und Wohlergehen für andere zu verwirklichen.

125 Das eigene Wohlergehen und das der anderen.

Die Meditation liebender Güte

Die Meditation liebender Güte, die gleichzeitig alle Wesen umfasst

Die Meditation hierzu beginnt mit der Kontemplation über die große Güte der eigenen Mutter, der Mutter dieses Lebens. Ihre Güte ist groß, denn sie hat die Grundlage für deinen kostbaren Menschenkörper bereitgestellt. Während deiner zehn Monate im Mutterschoß dachte sie unter anderem: »Wie schön wäre es, wenn das Kind am Leben bliebe. Wie schön wäre es, würde es als Junge geboren.« Und darüber hinaus: »Wie schön wäre es, wenn er, geboren, auch hübsch und wohlgestaltet wäre, ausgestattet mit den vorzüglichsten Qualitäten.« Als Vorbereitung ließ sie Orakel für förderliche Bedingungen[126] und Horoskope erstellen, ließ sie Schriftrezitationen und ähnliche Rituale ausführen. Umsichtig vermied sie Nahrung, Trank, Verhaltensweisen und andere [381] Dinge, die dir hätten schaden können, und befleißigte sich jener Dinge, die dir nutzen würden. Dann, sobald du geboren warst, nahm sie sich dieses kleinen schmutzigen Bündels an und nannte dieses kleine, halb tote, halb lebendige Etwas »mein Kind«.

Sie nahm dich mit ihren Händen auf, wärmte dich, legte dich an die Brust und nährte dich und tat alles, was dich gesund erhielt. Sie entfernte Nasenschleim, Kot, Erbrochenes und so weiter mit dem Mund und den Händen. Um ihrer selbst willen würde sie nicht Hitze oder Kälte, Hunger oder Durst ertragen, aber all das ertrug sie für das Wohl ihres Kindes. Dann, als du größer warst, kämpfte sie um jeden Bissen, um jeden Fetzen und sparte ihn – unter Hintanstellung ihrer eigenen Bedürfnisse – für ihr Kind auf.

Unter Freud und Leid sammelte sie Besitz an und war fähig, diesen ganz und gar, rückhaltlos ihrem Kind zu geben. Wäre es ihr möglich gewesen, hätte sie ihrem Kind sogar das Reich eines Weltenherrschers großherzig und rückhaltlos übereignet, ohne zu zögern oder dies als viel zu erachten. Hätte sie die Macht, würde sie sogar die unermesslichen Qualitäten der Buddhaschaft vorbehaltlos und ohne zu zögern ihrem Kind übereignen.

[382] Sie hat mit liebevoll gütigen Augen auf dich geschaut, durch liebevoll fürsorgliche Zuwendung all dein Glück und Wohlergehen verwirklicht und dich vor allem Schaden und Leid bewahrt.

Denke mit tiefer Empfindung und Zuneigung wieder und wieder über deine so gütige Mutter nach, bis sich deine Augen mit Tränen füllen und sich deine Körperhärchen hochstellen, weil du eine Gänsehaut bekommst.

Darüber hinaus [führe dir vor Augen]: »Nicht nur in diesem Leben war sie [meine] Mutter.«

---

126 *phan 'dogs pa'i mo bon.*

Acharya Nagarjuna sagt hierzu [in seinen *Briefen an einen Freund*]:

> Wollte man mit Kügelchen aus Erde – so groß wie die Wacholderfrucht –
> die Leben zählen, in denen sie unsere Mutter war,
> so reichte hierzu die Erde nicht!

Von anfangloser Zeit an war sie uns in anderen Leben wieder und wieder Mutter, Vater und dergleichen und hat für unser Glück und Wohlergehen gesorgt. Sie ist äußerst gütig, denn sie hat uns vor Schaden und Leiden bewahrt. Allein was sie je an Essen und Trinken gereicht hat, ist nicht zu ermessen. Sie hat mehr gegeben als alles, was jetzt in dieser Welt an Essen und Trinken zu finden ist. Auch wie oft sie uns gekleidet hat, ist nicht zu ermessen. [383] Sie hat uns mehr an Kleidung gegeben, als heute in dieser Welt vorhanden ist. Auch alle Arbeiten und Dienste, die sie für uns verrichtet hat, sind nicht zu ermessen. Mehr als alle Arbeit zusammen, die jetzt in dieser Welt verrichtet wird, hat sie uns gedient. Und nicht nur das; sie hat uns auch als Lehrerin unterwiesen; und mehr noch, auch unzählbare Male unser Leben behütet und beschützt und dergleichen mehr.

Dementsprechend muss die große Güte der Mutter erwidert und ihre Güte vergolten werden. Denke: »Was auch kommen oder mir passieren mag, wenn ich der Mutter damit nutzen kann, so ist es in Ordnung. Wenn ich ihr durch meinen Körper nutzen kann, so will ich es tun: durch meinen Kopf, durch die klare Sinneskraft der Augen, mit dem Herzen in der Brust, durch mein Fleisch und Blut, mit allem Reichtum, den ich besitze, und durch alle in den drei Zeiten hervorgebrachten Wurzeln der Tugend will ich ihr Nutzen bringen, ihr Wohl bewirken. Mit einer Einstellung, die keinen Lohn erwartet, will ich ihr nutzen und ihr Wohl bewirken. Mit einer Einstellung, die frei ist von Bedauern, will ich uneingeschränkt ihr Wohl bewirken und ihr Nutzen bringen.«

[384] Denke: »Ohne zu zögern werde ich ihr Wohl bewirken und sie in den Zustand des Glücks versetzen!« Und so wie die jetzige Mutter mein eigenes Wohl bewirkt, in gleicher Weise waren alle Wesen der zehn Richtungen mein Vater, meine Mutter, meine nahen Verwandten und andere und haben mein Wohl bewirkt.

Dazu aus den Schriften in Versform:

> Jedes einzelne Wesen war wieder und wieder unsere Mutter.
> Die Muttermilch, die wir tranken,
> war mehr an Menge als das Wasser der Ozeane der vier Richtungen.

Und weiter:

> Jedes einzelne Wesen war uns ein Vater,
> der uns mit Pferden und Elefanten beschenkte,
> so vielen, dass es das Dreitausendersystem der Universen nicht
> zu fassen vermag,
> und in gleicher Weise [beschenkte er uns] auch mit anderem Vieh.

Zusätzlich sorgten auch sie alle als Väter für Essen, Kleidung und Ähnliches. So haben auch sie in fürsorglicher Zuwendung Wohlergehen und Glück für mich verwirklicht, mich vor Schaden und Leiden bewahrt, stets voller Liebe an mich gedacht und in gütiger, liebevoller Weise [385] nach mir geschaut. Deshalb sind sie sehr gütig. Denke so, bis sich dir die Körperhärchen aufstellen, sich deine Augen mit Tränen füllen und alle Mütter- und Väterwesen so deinem Herzen näherkommen und du ihrer voller Liebe gedenkst.

Denke: »Ganz und gar haben sie in dieser Weise mein Wohl bewirkt. Entsprechend muss auch ich ihre Güte erwidern. Und wenn ich jetzt andere, die mir ein wenig mit Kleidung, Nahrung und anderen halfen, als meine Freunde bezeichne und mein Leben für sie riskieren würde, wie könnte ich dann all jenen Mütter- und Väterwesen – die mir so behilflich waren – nicht helfen wollen?«

Denke: »Ungeachtet dessen, was auch immer [mir] geschehen mag, will ich ihnen, wie auch immer, behilflich sein – mit vollem Einsatz meines Körpers, meines Reichtums, allen Wurzeln der Tugend – und ihr Wohl bewirken. Mit einer Einstellung, die keinen Lohn erwartet, die frei ist von Bedauern und Sparsamkeit, will ich uneingeschränkt und ohne zu zögern ihr Wohl bewirken und sie in die alle Leiden übersteigende, immerwährende, letztendliche Freude versetzen.«

[386] Das war die Kontemplation der liebenden Güte, die alle Wesen gleichzeitig erfasst.

Die stufenweise Meditation liebender Güte

Möchte man diese Kontemplation lieber stufenweise aufbauen, beginnt man mit liebender Güte der Mutter dieses Lebens gegenüber und übt sich darin, bis das Maß der Übung erfüllt ist[127]. Man überträgt dann diese Kontemplation der liebenden Güte auf ein weiteres Wesen[128], dann auf zwei, vier, acht und so weiter, bis hin zu

127 Bis einem die Tränen kommen und sich einem die Körperhärchen aufstellen, sprich: bis man eine Gänsehaut bekommt.

128 Zum Beispiel der Vater oder ein anderer mir nahestehender Mensch.

allen Wesen dieser Welt und des gesamten Universums eintausend hoch drei Weltensysteme und dehnt es so schließlich auf alle Wesen – wo immer sie sich befinden mögen – aus und umfängt sie alle mit dieser Liebe.

Wenn man – aus der Tiefe des Herzens – die Absicht hegt, für alle fühlenden Wesen Glück und Wohl zu vollbringen, so nennt man das unermessliche liebende Güte.

Obwohl man in dieser Weise wünscht, Wohlergehen und Glück aller Wesen zu verwirklichen, sieht man, wenn man dann auf sie blickt, dass sie keinen Zugang zum Glück haben, da sie von Leiden überwältigt sind. Da sie, solange sie davon nicht frei sind, kein wahres Glück besitzen werden, ist es erforderlich, Mitgefühl zu meditieren, den Wunsch, dass sie von Leiden frei sein mögen.

Diese Meditation kann wiederum alle Wesen gleichzeitig umfassen oder stufenweise erfolgen.

Die Meditation zur Entwicklung von Mitgefühl

Die Meditation von Mitgefühl, die gleichzeitig alle Wesen umfasst

Beginne diese Meditation mit der Mutter dieses Lebens. Stelle dir vor, sie würde, durch die Strafe des [387] Königs getroffen, mit Feuer gebrannt, im Kälteverlies alleingelassen, mit einer Dornenpeitsche geschlagen oder mit Zangen zerrissen, oder es würden ihr die Augen herausgerissen oder Haupt- und kleine Glieder wie Finger oder Nase abgetrennt.

Wenn ihr dieses widerfährt, werde ich dann Mitgefühl haben oder nicht? [Ich werde] Mitgefühl haben!

Sie vor diesen Leiden zu bewahren, wird es mir zufallen oder nicht? – Es wird mir zufallen!

Wenn ich sie nicht beschütze, wird sie verzweifelt sein oder nicht verzweifelt sein? – [Sie wird] verzweifelt sein!

Wenn ich sie nicht beschütze, werde ich durch andere geschmäht werden oder nicht geschmäht werden? – [Ich werde] geschmäht werden!

Und ich selbst, werde ich dann froh sein oder nicht froh sein? – [Ich werde] nicht froh sein!

Wenn man zu diesen Leiden schon: »O weh! Erbarmen!«[129] sagt, wäre jene Mutter ein Wesen in den heißen Höllen oder geboren als Wesen in den kalten Höllen und Ähnlichem, wäre ihr Leid um ein Hunderttausendfaches größer als dieses.

Sie vor diesen Leiden zu bewahren fällt mir zu und auch das Hervorbringen hunderttausendfach größeren Mitgefühls als zuvor.

In dieser Weise – wie ganz oben ausgeführt – kontempliere auch Folgendes:

Wäre die Mutter dieses Lebens unter die Macht eines grausamen Herrschers geraten und würde ununterbrochen geschlagen, beschimpft, [388] durch grobe Rede vertrieben und verbannt, und hätte, zu Frondienst gezwungen, nicht einen winzigen Augenblick der Freiheit und Ruhe, hätte ich da Mitgefühl oder kein Mitgefühl? – [Ich hätte] Mitgefühl!

Kontempliere in dieser Weise und fahre fort wie zuvor:

Wenn ihr dieses widerfährt, werde ich dann Mitgefühl haben oder nicht? [Ich werde] Mitgefühl haben!

Sie vor diesen Leiden zu bewahren, wird es mir zufallen oder nicht? – Es wird mir zufallen!

Wenn ich sie nicht beschütze, wird sie verzweifelt sein oder nicht verzweifelt sein? – [Sie wird] verzweifelt sein!

Wenn ich sie nicht beschütze, werde ich durch andere geschmäht werden oder nicht geschmäht werden? – [Ich werde] geschmäht werden!

Und ich selbst, werde ich dann froh sein oder nicht froh sein? – [Ich werde] nicht froh sein!

Wenn man zu diesen Leiden schon: »O weh! Erbarmen!« sagt, wäre jene Mutter als Tier geboren, wären ihre Leiden um ein Hunderttausendfaches größer als die zuvor genannten. Es fällt mir zu, sie vor diesen Leiden zu bewahren, und auch das Hervorbringen hunderttausendfach größeren Mitgefühls.

Wäre die Mutter auch wieder als Mensch geboren, so würde sie leiden durch Feld- und andere nicht endende Arbeit. Und wäre gequält durch Kummer und Not.

Sie vor diesen Leiden zu bewahren fällt mir zu und auch das Hervorbringen großen Mitgefühls.

Unter den Halbgöttern geboren, wäre die Mutter fortwährend durch die Leiden des Stolzes und Kampfes geplagt. Sie vor diesen Leiden zu bewahren fällt mir zu und auch das Hervorbringen sehr großen Mitgefühls.

---

129 *snying rje* – »Mitgefühl!«

Wiedergeboren im Bereich der Götter, wäre sie gequält durch die Leiden des Vorauswissens um den eigenen Tod und des Fallens in niedere Bereiche. Sie vor diesen Leiden zu bewahren fällt mir zu und auch das Hervorbringen sehr großen Mitgefühls.

Die Tatsache, dass alles Handeln der jetzigen Mutter stets geprägt ist durch verstörende Gefühle, verursacht ihr jetzt Leiden und führt dazu, [389] dass sie auch weiterhin stets durch die Leiden in den sechs Daseinsbereichen geplagt sein wird. Wie schrecklich! Erbarmen! Sie vor diesen Leiden zu bewahren fällt mir zu und auch das Hervorbringen sehr großen Mitgefühls.

Indem du so meditierst, wirst du in deinem tiefsten Innern unfähig sein, ihr Leiden zu ertragen, und der Wunsch erwächst, sie vor diesen Leiden zu bewahren. Wenn dies geschehen ist, meditiere in folgender Weise Mitgefühl für alle Wesen:

Betrachtest du die Wesen, deine alten Mütter, die das Universum bis an die Äußerste Grenze des Raumes erfüllen und für die du Wohlergehen und Glück vollbringen möchtest, dann siehst du, dass die Wesen der sechs Bereiche beständig durch Leid bringende Ursachen und deren Frucht Leiden erfahren.

Was die Ursache ihres Leidens betrifft, so ist das Denken der heutigen Wesen ausschließlich von verstörenden Gefühlen als Ursache bestimmt. Und die Ursachen, die sie durch ihr Tun legen, sind nichts anderes als schlechte Taten. Bewogen durch verstörende Gefühle, verüben sie die »Zehn untugendhaften Handlungen«, die »Fünf Taten unmittelbarer Höllengeburt«[130], die »Fünf Taten, die diesen nahekommen«, handeln ausschließlich im Widerspruch zu den Gelübden individueller Befreiung, den Bodhisattva-Gelübden [390] und den heiligen Verpflichtungen des geheimen Mantrayana. So werden sie sich selbst zum Feind und führen sich selbst in die Irre.

Weil sie nur auf Untugend ausgerichtet sind, verbleibt ihnen keine andere Wohnstätte als die der niederen Bereiche. Insbesondere im Bereich der Hungergeister oder Pretas erhalten sie infolge ihres schlechten Karmas einen schlechten Körper. Und da für sie als Hungergeister alle Wesen zu Objekten werden, die ihre verstörenden Gefühle noch vermehren, sammeln sie nichts als schlechtes Karma an. Und da es keinen [absehbaren] Zeitpunkt gibt, zu dem sie aus den niederen Bereichen herauskommen, gedenke ihrer mit Mitgefühl.

Das Ergebnis ihrer schlechten Handlungen sind Wiedergeburten in den heißen und kalten Höllen, in denen sie unter anderem zerrissen, zerstückelt, gekocht und geröstet werden und so unendliches Leid erfahren. Wiedergeboren als Preta, erfahren sie das ununterbrochene Leid von Hunger und Durst. Geboren im Bereich der Tiere, erfahren sie die Leiden der Verdunkelung oder Dummheit und der Versklavung. Geboren als Mensch, leiden sie beständig durch harte Feld- und andere nicht

130 Fünf schwerwiegendste negative Handlungen, die nach dem Tod zur sofortigen Wiedergeburt in der Hölle führen, ohne Eintritt in den Zwischenzustand des Bardo.

endende Arbeit sowie durch Kummer und Not. Unter den Halbgöttern geboren, werden sie fortwährend durch die Leiden des Stolzes und Kampfes geplagt. [391] Wiedergeboren im Bereich der Götter, sind sie gequält durch die Leiden des Vorauswissens um den eigenen Tod und des Fallens in niedere Bereiche.

Gedenke voller Mitgefühl ihrer, bis dir Schauer über den Rücken laufen und sich deine Augen mit Tränen füllen. Denke: »Sie von diesen Leiden zu befreien fällt mir zu! Ich werde sie von ihren Leiden befreien und sie in die unerschöpfliche Freude der unübertrefflichen Buddhaschaft versetzen!«

Dies ist die Meditation des Mitgefühls, die gleichzeitig alle Wesen umfasst.

Die stufenweise Meditation von Mitgefühl

Möchte man diese Meditation lieber stufenweise aufbauen, beginnt man damit, für die jetzige Mutter dieses Lebens Mitgefühl zu entwickeln, und übt sich, bis das Maß der Übung erfüllt ist[131]. Man überträgt dann diese Meditation des Mitgefühls auf ein weiteres Wesen[132], dann auf zwei, vier, acht und so weiter, bis hin zu allen Wesen dieser Welt und der Gesamtheit der eintausend hoch drei Weltensysteme dieses Universums [und dehnt sie so schließlich auf alle Wesen – wo immer sie sich befinden mögen – aus und schließt sie alle in die Meditation ein].

Wenn du so in deinem tiefsten Innern unfähig bist, ihre Leiden zu ertragen, und der Wunsch erwächst, sie aus diesen Leiden zu befreien, so ist dies unermessliches Mitgefühl.

[392] Es gibt auch[133] drei Arten von Mitgefühl:

- auf die Wesen ausgerichtetes Mitgefühl,
- auf die Phänomene ausgerichtetes Mitgefühl,
- Mitgefühl ohne Ausrichtung.

131 Bis einem die Tränen kommen und sich einem die Körperhärchen aufstellen, das heißt, bis man eine Gänsehaut bekommt.

132 Zum Beispiel mein Vater oder ein anderer mir nahestehender Mensch.

133 »Auch« heißt hier: Es gibt neben den drei Arten der liebenden Güte auch drei des Mitgefühls. Hat man die ersten drei verstanden, versteht man auch diese drei.

Auf die Wesen ausgerichtetes Mitgefühl

Weil der über Mitgefühl Meditierende an einem eigenen Selbst als wirklich vorhanden – als real – festhält, hat er den Wunsch, wirklich vorhandene Wesen von wirklich vorhandenen Leiden zu befreien. Ein solches Mitgefühl haben auch die großen Mahatmas, die spirituellen »Großen Seelen« der Andersgläubigen.

Auf die Phänomene ausgerichtetes Mitgefühl

Hier erkennt der über Mitgefühl Meditierende, dass auch er selbst ein bloßes Phänomen ist, das in wechselseitiger Abhängigkeit entsteht, und wünscht, die phänomenhaften Wesen von ihren phänomenhaften Leiden zu befreien. Dieses Mitgefühl besitzen die Shravakas und Pratyekabuddhas.

Mitgefühl ohne Ausrichtung

Obwohl der Meditierende erkannt hat, dass keinerlei Selbst existiert, dass es leer ist wie der Raum, hat er, solange dualistisches Erscheinen geschieht[134] und obwohl Wesen keinerlei Eigenexistenz besitzen, den Wunsch, diese Wesen, die wie eine täuschende Erscheinung, wie eine magische Illusion sind, von ihren magischen Illusionen gleichenden Leiden zu befreien. Dies wird ausrichtungsloses Mitgefühl der Lernenden[135] genannt.

[393] Das spontane Mitgefühl der Buddhas jenseits allen Lernens verwirklicht sich spontan durch die Kraft früherer Motivation und befreit die Wesen aus Samsara durch ununterbrochene, unaufhörliche Buddha-Aktivität.

Diese beiden letzten [Arten des Mitgefühls ohne Ausrichtung] gibt es nur im großen Fahrzeug des Mahayana.

Indem du so liebende Güte und Mitgefühl meditierst, wendet sich dein Geist vom Streben nach eigenem Wohl ab und es ersteht eine Geisteshaltung, die auf das Wohl anderer zielt.

---

134 Bis Buddhaschaft erlangt ist.

135 »Lernende« sind Bodhisattvas des ersten bis zehnten Bhumi.

Wie der Geist entsteht, der das Wohl der anderen bewirkt

Aus dem Wurzeltext:

> Wenn Liebe und Mitgefühl wirksam werden,
> wird sich der Geist davon abwenden, nach eigenem Wohlergehen zu trachten,
> und die Haltung, die zum Wohle anderer nach Erleuchtung strebt, wird erweckt.

Wenn man aus der Tiefe des Herzens wünscht, das zeitliche und letztendliche Wohl der Wesen zu verwirklichen und sie von ihren Leiden zu befreien, dann sind Liebe und Mitgefühl wirksam entfaltet.

Was das Abwenden des Geistes vom Streben ausschließlich zum eigenen Wohl angeht, so ist es einfach nicht in Ordnung, nur sich selbst aus Samsara zu befreien. Es muss eine Geisteshaltung entwickelt werden, in der man denkt: »Es liegt in meiner Verantwortung, es fällt mir zu, die Wesen der sechs Bereiche aus [394] Samsara zu befreien und sie in die unübertreffliche höchste Freude zu versetzen.«

Das Hervorbringen des Erleuchtungsgeistes, der das Wohl anderer vollbringt

Fragt man sich, wodurch man fähig wird, die Wesen von ihren Leiden zu befreien und in den Zustand wahren Glücks zu versetzen, so sieht man zunächst, dass Indra, Brahma und ihresgleichen nicht diese Fähigkeit besitzen. Und selbst wenn man die Erleuchtung der Shravakas oder Pratyekabuddhas erlangt, ist man nicht fähig, das Wohl der Wesen herbeizuführen. Erst wenn man statt der Erleuchtung eines Shravakas oder Pratyekabuddhas jene eines Buddha erlangt, hat man die Fähigkeit.

Fragt man sich, warum man fähig ist, das Wohl der Wesen herbeizuführen, wenn man Buddhaschaft erlangt, so lautet die Antwort: Der Buddha hat, als er zu Anfang den auf höchste Erleuchtung gerichteten Geist hervorbrachte, ebenfalls den Geist hervorgebracht, der auf das Wohl anderer gerichtet ist. Dann hat er über einen Zeitraum von drei unermesslich langen Kalpas hinweg – ebenfalls zum Wohle anderer – Verdienst angesammelt. Und schließlich erfolgte seine vollkommene Erleuchtung auch zum Wohle anderer und auch seine [zwölf] Taten waren ausschließlich ein Handeln zum Wohle anderer.

Ferner besitzt ein Buddha [395] die unmittelbare Wahrnehmung alles Wissbaren[136].

136 *mkhyen pa*, *brtse ba*, *nus pa* oder *mkyen brtse nus gsum* sind die drei Faktoren, die einen Buddha befähigen, unermesslichen Nutzen für die Wesen zu erlangen. Der erste ist Allwissenheit.

Aus dem *Dode-Gyen*[137], dem *Sutralankara*:

> Alles im Einzelnen erkennende Weisheit[138]
> kennt stets alles Wissbare, frei von allen Schranken in Bezug auf alles Wissbare.
> Deshalb ist ein Buddha fähig, das Wohl aller Wesen zu bewirken.

So heißt es.

Und auch durch sein großes Mitgefühl hat ein Buddha die Fähigkeit, das Wohl aller Wesen zu vollbringen. Wie eine Mutter, die ihr einziges Kind im Blick hat, frei von Unterscheidungen wie »nah« und »fern« oder Schwankungen wie »diesem mehr« und »diesem weniger«, erwirkt er das Wohl aller Wesen.

Dazu sagt das *Dode-Gyen*:

> Tag und Nacht schaust du auf alle Wesen[139]
> zu allen Zeiten[140] – ununterbrochen – jedes einzelne sehend.
> Vor dir, »Großer Mitfühlender« [Avalokiteshvara],
> Vollbringer des Wohls [der Wesen], verneige ich mich.

Meister in der Anwendung genialer Methoden und geschickter Mittel, vollbringt er das Wohl aller Wesen, indem er diese oder jene körperliche Erscheinung zeigt, je nachdem, wer durch was zu bändigen, zu belehren ist. Dementsprechend heißt es auch:

> Respektvoll verneige ich mich vor dem ehrwürdigen Avalokitshvara,
> der, je nachdem wer durch was zu bändigen ist,
> mit den jeweils angemessenen Mitteln bändigt und unterweist.

Deshalb sind die erleuchteten Qualitäten eines Buddha unermesslich. [396] Wollte der Buddha die Qualitäten eines einzigen Buddha vollkommen beschreiben, so würde er das selbst im Zeitraum eines Kalpas nicht zustande bringen können.

---

137 *mdo sde rgyan.*

138 *so sor kun rtogs ye shes.*

139 Wörtlich: »Welt« – *'jig rten*, hier bedeutet es jedoch: *nang gi 'jig rten* – die Wesen der Welt.

140 Wörtlich: *lan rdug tu* – sechs mal vier Stunden gleich 24 Stunden gleich »zu allen Zeiten«.

Dazu sagt ein Vers aus den Schriften:

> Man kann nicht einmal den Bruchteil der Qualitäten
> des ewig fortdauernden Selbstentstandenen erfassen.
> Unfassbar sind die Buddhas und Dharmas.

Deshalb ist man – wenn Buddhaschaft erlangt ist – fähig, das Wohl der Wesen zu bewirken.

Nachdem du in dieser Form gründlich über die Qualitäten der Buddhas nachgedacht und in sie Vertrauen entwickelt hast, wird sich die Weisheit folgender Geisteshaltung entwickeln: »Wenn ich Buddhaschaft erlange, werde ich fähig sein, das Wohl aller Wesen zu bewirken. Deshalb will ich die vollkommene Erleuchtung zum Wohle aller Wesen verwirklichen.«

Mein Ratschlag, der das Wesentliche zusammenfasst, lautet:

Wenn man schon jemanden gütig nennt, der einen nur mit Nahrung und Kleidung bedachte, und diese Güte denkt erwidern zu müssen; um wie viel mehr ist es dann angebracht und richtig, den Wesen, die [uns] von Ewigkeit her geholfen haben, zu helfen, indem [wir] ihre Leiden entfernen und ihr letztendliches Wohl bewirken.

Dies war das achte Kapitel des Textes
Wie man stufenweise in die Lehre Buddhas eintritt.
Es handelt von der Meditation über Liebe und Mitgefühl.

9 Der Geist des Erwachens – Bodhichitta

[397] Nachdem man in dieser Weise gründlich Liebe und Mitgefühl entwickelt hat, wünscht man zum Wohle anderer letztendliche Erleuchtung zu erlangen. Um dieses Ziel zu erreichen, gibt es die Bodhisattva-Gelübde, wobei als erstes Bodhichitta[141] hervorgebracht werden muss. Der Wurzeltext sagt hierzu: »Die damit verbundene Praxis ist das Nehmen der Bodhisattva-Gelübde.«

Dieses Thema hat elf Aspekte:

1. die essenzielle Natur des Erweckens von Bodhichitta,
2. die Arten von Bodhichitta,
3. die Besonderheiten,
4. Vorteile oder Nutzen,
5. die geeignete Basis,
6. vor wem die Gelübde genommen werden,
7. das Ritual,
8. der Nachteil, die Gelübde nicht zu besitzen,
9. die Übung,
10. wann sie verloren gehen, wann sie erworben werden,
11. die Methode der Wiederherstellung, wenn sie beschädigt wurden.

Die essenzielle Natur des Erweckens von Bodhichitta

Bezüglich der essenziellen Natur sagt das *Abhisamayalankara*[142]:

> Das Erwecken oder Hervorbringen Bodhichittas dient dem Wohle anderer.
> Es ist der Wunsch nach vollkommener, vollendeter Erleuchtung zum Wohle anderer.

141 Bodhichitta oder Bodhi-Geist. Der Geist, der darauf ausgerichtet ist, das völlige Erwachen eines Buddha zu verwirklichen. Deshalb wird das Wort manchmal auch mit »Erleuchtungsgeist« übersetzt.

142 *mgon rtogs pa'i rgyan.*

Es ist der Wunsch, zum Wohle anderer die unübertreffliche Erleuchtung zu erlangen, die Geisteshaltung gekoppelt mit den entsprechenden Ursachen[143]. [398]

Die Arten von Bodhichitta

Unterscheidet man mit Hilfe der Essenz, so gibt es zwei Arten. Aus dem *Bodhicharyavatara*:

> In Kürze: Man muss wissen,
> dass die auf Erleuchtung ausgerichtete Geisteshaltung von zweierlei Art ist:
> wünschendes Bodhichitta und Bodhichitta der aktiven Umsetzung.

Wenn man das sagt, so heißt das: Es gibt das Erwecken der wünschenden Geisteshaltung und das Hervorbringen handelnden Bodhichittas, jenes Erleuchtungsgeistes, der aktiv daran arbeitet höchste Erleuchtung zu erlangen.

Unterscheidet man gemäß den Stufen, so sagt das *Ornament der Mahayana-Sutras*[144]:

> Bodhichitta der verschiedenen Stufen wird definiert
> als sehnendes Bodhichitta, als reine uneigennützige Absicht und
> als völlig gereifter Erleuchtungsgeist,
> und dementsprechend – zur Zeit der Buddhaschaft –
> als das völlige Ablegen aller Verdunkelungen.

Gemäß diesem Zitat zählt man vier Stufen des Erleuchtungsgeistes:

- Auf dem Pfad der Ansammlung und auf dem Pfad der Verknüpfung wird die Praxis des Erweckens des Erleuchtungsgeistes oder Bodhichittas durch sehnenden Eifer bestimmt. Er ist wünschender Natur und wird vollbracht durch großen Eifer.
- Der erste bis zum siebten Bhumi[145] sind charakterisiert durch vollkommen reine Absicht, da man keinen Unterschied mehr macht zwischen einem selbst und anderen.

143 Vertrauen, Liebe, Mitgefühl usw.

144 *mdo sde rgyan – Mahayana-sutralankara*, »Schmuck der Mahayana-Sutras« von Maitreya.

145 Den Sutras entsprechend unterscheidet man elf Bhumis oder Bodhisattva-Stufen bis zur Buddhaschaft.

- Nachdem man eine Schatzkammer guter Qualitäten wurde usf. wird der Erleuchtungsgeist auf dem achten Bhumi als völlig gereifter Erleuchtungsgeist bezeichnet.
- [399] Auf der Stufe der Buddhaschaft wird er als »frei von allen Verdunkelungen« beschrieben, da gänzlich und dauerhaft, ohne Ausnahme, alle Verdunkelungen überwunden wurden.

Die Besonderheiten

Hinsichtlich der Besonderheiten oder Unterschiede gibt es auch viele Ansichten.

Der Standpunkt Atishas besagt, wünschendes Bodhichitta verschreibt sich dem Ergebnis und Bodhichitta der Anwendung verschreibt sich der Ursache.

Sich dem Ergebnis zu verschreiben bedeutet, dass man gelobt: »Ich verpflichte mich die Erleuchtung zum Wohle anderer zu erlangen.«

Sich der Ursache zu verschreiben bedeutet, dass man gelobt: »Um zum Wohle anderer Erleuchtung zu erlangen, werde ich mich in den Übungen der Bodhisattvas schulen.«

Ich selbst verstehe es, nachdem ich in den Schriften gelesen habe, wie folgt:

Der Wunsch, zum Wohle anderer Erleuchtung zu erlangen, ist sehnendes oder wünschendes Bodhichitta. Und der Wunsch, sich der Übung der Bodhisattvas zu unterziehen, um Erleuchtung zum Wohle anderer zu erlangen, ist Bodhichitta der Anwendung.

Es ist nicht allein der Wunsch, sich dieser Übung zu widmen; das Ziel der Handlung ist Erleuchtung und die Hauptausrichtung ist die Übung.

[400] So enthalten beide Arten von Bodhichitta den Wunsch zu üben und zu erlangen. Meines Erachtens stimmt dies mit den Ansichten Acharya Shantidevas und Meister Atishas überein.

Vorteile oder Nutzen

Es gibt zweierlei Vorteile: zählbare und unermessliche. Sieben zählbare Vorzüge sind zu nennen:

- Besitzt du den Erleuchtungsgeist, gehörst du zum großen Fahrzeug des Mahayana.
- Alles Üble, alle schlechten Handlungen und verstörenden Emotionen werden von der Wurzel her durchtrennt.
- Unerschöpfliches, unendliches Verdienst wird erworben.

- Es wird zur Basis der vollkommen vollendeten Wurzel aller Tugenden.
- Du bist gehalten und behütet durch alle Buddhas und Bodhisattvas.
- Zum Zeitpunkt des Todes wirst du ohne Bedauern sterben.
- Du wirst schnell wahre, vollendete Buddhaschaft erlangen und solange Buddhaschaft nicht erlangt ist, wirst du von den Mahayana-Lehren nicht getrennt sein.

Zu den unermesslichen Vorzügen sagt das *Sutra des unbeschreibbar Geheimen*[146]:

> Hätte das gesamte Verdienst Bodhichittas
> [401] eine fassbare Form, und wollte man damit
> den gesamten Bereich des Raums erfüllen,
> er könnte es nicht fassen.

Und aus dem *Sutra, erbeten von Shridatta*[147]:

> Würde jemand die Buddha-Felder
> – so zahlreich wie die Sandkörner des Ganges –
> mit Juwelen erfüllen, um sie
> den Schützern der Welt darzubringen,
> so wäre dies weit übertroffen von jemandem,
> der mit gefalteten Händen seinen Geist dem Erlangen der Buddhaschaft zuneigte.
> Diese Darbringung ist besonders erhaben;
> sie ist grenzenlos.

Und weiter aus dem *Bodhicharyavatara*:

> Jene, die das vielfältige Leiden der bedingten Existenz zu überwinden suchen
> und Leid und Schmerz der Wesen zu entfernen wünschen,
> und ihnen wünschen, sich großer Glückseligkeit zu erfreuen,
> sollten Bodhichitta – den Erleuchtungsgeist – niemals aufgeben.
>
> In dem Augenblick, in dem der Erleuchtungsgeist erweckt wird
> in jenen erbärmlichen, in Samsara gefesselten Wesen,
> werden sie Söhne und Töchter der Buddhas geheißen
> [402] und verehrt werden durch Götter und Menschen.

---

146 *gsang ba bsam gyis mi khyab pa'i mdo.*
147 *dpal sbyin gyis zhus pa'i mdo.*

Er ist wie das vorzüglichste Goldelixier,
denn er transformiert den angenommenen, unreinen menschlichen Körper
in das unschätzbar kostbare Juwel des Buddha-Kaya.
So ergreife ihn ganz fest, den Erleuchtungsgeist – Bodhichitta!

Weil der grenzenlose Geist des einzigen Führers der Wesen
durch gründliches und vollständiges Untersuchen seine Kostbarkeit erkannte, sollten jene,
die wünschen, sich von der bedingten Existenz des Daseinskreislaufes zu trennen,
stets festhalten am kostbaren Erleuchtungsgeist.

Heilsame Aktivität, die nicht von Bodhichitta durchdrungen ist,
wird zwar auch Frucht bringen, sich aber rasch erschöpfen,
wie bei einer Pflanze, die nur einmal Früchte trägt und dann stirbt.
Die Früchte der Handlungen des Erleuchtungsgeistes aber
reifen und gedeihen unerschöpflich, bis Erleuchtung erlangt ist.

Selbst bei begangenem unerträglichem Übel
werde ich – so wie man sich in großer Furcht einem Tapferen anvertraut –,
vertrauend auf den Erleuchtungsgeist, schnell befreit werden.
Wie könnten sich Achtsame nicht darauf stützen?

Genau wie das Feuer am Ende der Zeit
[403] verbrennt es alle großen Übeltaten wahrhaftig in einem Augenblick.
Seine unermesslichen Vorzüge
beschrieb der weise Beschützer Maitreya dem Schüler Sudhana.

Aus dem *Dongpo-Köpe-Do*[148]:

Sohn edler Familie!
Bodhichitta ist wie der Samen aller Buddha-Qualitäten.
Er ist wie ein Feld,
da er die weißen Dharmas aller Wesen völlig erblühen lässt.
Er ist wie der Grund, der Boden,
da er die Wesen der Welten unterstützt.

Weil er sämtliche Bodhisattvas vollkommen behütet,
ist er wie ein Vater.

---

148 *sdong po bkod pa'i mdo – Gandhavyuha-Sutra.*

Weil er alle Armut und Not beseitigt
ist er wie Nam-thö-ssä[149], der Gott des Reichtums.
Weil er alles Wohl[150] vollkommen verwirklicht,
ist er wie der König wunscherfüllender Juwelen.
Weil er alle Wünsche vollkommen erfüllt,
ist er wie die kostbare Vase.

Er ist wie eine kurze Lanze,
da er die Feinde – die verstörenden Emotionen – besiegt.
Er ist wie eine Rüstung,
da er unangemessenes Denken abwehrt.
Er ist wie ein Schwert,
[404] da er die verstörenden Emotionen enthauptet.
Er ist wie eine Axt,
da er den Baum verstörender Gefühle fällt.

Weil er allen Schaden abwendet,
ist er wie eine Waffe.
Weil er jene, die im Flusse Samsaras weilen, herauszieht,
ist er wie ein Angelhaken.

Weil er die Wurzel[151] aller Verdunkelungen und Überheblichkeiten zerstreut,
ist er wie ein Windmandala[152].
Weil er die Aktivitäten und Bestrebungen der Bodhisattvas verkörpert,
ist er wie eine essenzielle Schrift.
Er ist wie ein heiliger Schrein der Welt
für Götter, Menschen und Asuras.

O Sohn edler Familie!
Solcherart sind die hervorragenden Qualitäten des Erleuchtungsgeistes
und es gibt noch viele weitere.

---

149 *rnam thos sras* – Vaishravana.

150 Für sich selbst und andere.

151 Unwissenheit, Ignoranz.

152 Die Kraft eines Windmandalas ist unvorstellbar und übersteigt die des schrecklichsten Sturms.

Der individuelle Nutzen wünschenden Bodhichittas und Bodhichittas der Anwendung

Zuerst zum wünschenden Bodhichitta – zum sehnenden Erleuchtungsgeist:

Aus dem *Dongpo-Köpe-Do*:

> Sohn Edler Familie!
> Um ein Beispiel zu geben, wie er ist:
> Selbst ein zerbrochener Diamant stellt das feinste Goldgeschmeide in den Schatten;
> auch behält er den Namen »Diamant« und wendet ab jegliche Armut.
> [405] Sohn Edler Familie!
> In dieser Weise – selbst ohne die Mühe [des Erleuchtungsgeistes der Anwendung[153]] – überstrahlt der kostbare Diamant des auf Erleuchtung gerichteten [wünschenden] Bodhichittas
> das Geschmeide der Tugenden der Shravakas und Pratyekabuddhas.
> Auch verliert man nicht den Namen »Bodhisattva«
> und alle Not Samsaras wird vertrieben.

Vorzüge und Nutzen des Bodhichittas der Anwendung

Aus dem *Bodhicharyavatara*:

> Sobald man fest entschlossen und mit ganzem Herzen
> die Verpflichtung dieser Geisteshaltung auf sich nimmt,
> um den grenzenlosen Bereich der Wesen gänzlich zu befreien,
> wird von diesem Augenblick an,
> selbst wenn man schläft oder unachtsam ist,
> ein ununterbrochener kraftvoller Strom des Verdienstes sich ergießen,
> so grenzenlos wie der Raum.

Und in *Lampe für den Pfad zur Erleuchtung*[154] von Atisha heißt es:

> Ohne das Gelübde – welches die Quintessenz des Bodhichittas in Aktion ist –
> wird sich durch wünschendes Bodhichitta allein
> [das Verdienst] nicht [in dieser vollkommenen Weise] vervielfachen.

---

153 Wünschendes Bodhichitta allein – ohne Bodhichitta der Anwendung – wird hier verglichen mit einem zerbrochenen Diamanten.

154 *byang chub lam sgron* – Bodhipathapradipa.

Die geeignete Basis

[406] Die geeignete Basis für das Nehmen der Bodhisattva-Gelübde ist eine Person mit sechs Qualitäten: Sie hat Vertrauen in die Mahayana-Lehren und ist stark motiviert, ist gelehrt und hat Verstand, hat das Mahayana-Potenzial, hat hohe Achtung vor dem Lama, besitzt stabiles wünschendes Bodhichitta und besitzt – in Übereinstimmung mit der Tradition Meister Atishas – eines der sieben Gelübde individueller Befreiung.

Zu der Stelle »... hat das Mahayana-Potenzial« aus dem *Ornament der Sutras*[155]:

> Mitgefühl, Neigung, Geduld
> und große Freude an Tugendhaftem
> als Vorbedingung
> werden als sicheres Zeichen des [Mahayana-] Potenzials gelehrt.

Es gibt vier Vorbedingungen: Mitgefühl gegenüber den fühlenden Wesen, Neigung und Vertrauen zu den Lehren des Mahayana, Geduld, die keinen Anstoß nimmt an den zu erwartenden Härten, vollkommene Freude an den Wurzeln der Tugenden, die von der Natur der Sechs Paramitas sind.

Hohe Achtung vor dem Lama bedeutet, dass man – so wie zuvor gelehrt – die Vorstellung hervorbringt, er sei der Buddha.

Vor wem die Gelübde genommen werden

Die Frage, vor wem die Gelübde genommen werden, hat zwei Punkte: eine wirklich vorhandene Quelle haben [einen Lama mit allen Qualitäten] und keine haben.

[407] Die definierten Qualitäten eines tatsächlich gegenwärtigen Lama – obwohl bereits zuvor erklärt – beschreibt Chandragomi als drei:

> [Nimm die Gelübde] in Gegenwart eines Lama,
> der die Gelübde selbst lebt, bewandert ist in Mahayana
> und fähig ist [sie zu gewähren].

155 *mdo sde'i rgyan – Dode-gyen.*

Da Atisha hinzufügt und »im Besitz ist von Mitgefühl«, werden vier Qualitäten aufgezählt, die der Lama besitzen sollte. Aus seiner Schrift *Lampe für den Pfad zur Erleuchtung:*

> Wisse, ein ausgezeichneter Lama
> ist bewandert im Ritual des Erteilens der Gelübde.
> Er hält selbst die Gelübde, ist fähig, sie zu erteilen
> und besitzt Mitgefühl.

Wenn kein Lama gegenwärtig ist

Solange keine Hindernisse für dein eigenes Leben, die Ausübung der Tugenden oder spiritueller Verpflichtungen entstehen, solltest du nach einem solchen Lama[156] suchen. Kannst du einen solchen nicht finden, dann, so heißt es in den Schriften, errichte auf dem Altar Opfergaben – welche auch immer du zusammentragen kannst – und nimm die Gelübde dort, vor den Drei Juwelen.

Das Ritual

Das Ritual hat drei Teile: Vorbereitung, Hauptteil und Abschluss.
Die Vorbereitung selbst besteht aus zwei Teilen:

- der Ansammlung von Verdienst und
- der besonderen Zufluchtnahme.

[408] Die Ansammlung von Verdienst hat drei Punkte:

- Ansammeln von Verdienst mit Hilfe des Sangha heißt: eine religiöse Feier begehen, mit Spenden – was immer man sich leisten kann –, für vier oder mehr ordinierte Personen.
- Das Ansammeln von Verdienst mit Hilfe des Lama hat vier Aspekte: Verehrung erweisen und Verbeugungen ausführen, allgemeine Opfergaben darbringen, das Haupt zu seinen Füßen beugen, eine Danksagungsgabe darbringen und ihn ersuchen.
- Das Ansammeln von Verdienst mit Hilfe der Drei Kostbarkeiten hat zwei Aspekte: Verehrung erweisen, Verbeugungen ausführen und allgemeine Opfergaben darbringen.

156 Mit den Qualitäten wie oben beschrieben.

Zu Hauptteil und Abschluss des Rituals konsultiere man andere Quellen.

Der Nachteil, die Gelübde nicht zu besitzen

Besitzt man die Gelübde [des Bodhichitta] nicht, hat man den Nachteil, sich von den Bezügen abzukehren. Dazu sagt eine Sutra-Schrift:

> Wenn das große Fahrzeug als das höchste oder kostbarste
> erklärt wird aufgrund des Erleuchtungsgedankens von Bodhichitta,
> meditiere und entwickle beharrlich und eifrig den Erleuchtungsgeist, Bodhichitta.
>
> Erzeugst du die Bodhichitta-Haltung nicht,
> wirst du Buddhaschaft niemals erlangen,
> denn in Samsara wird es niemals eine andere Ursache geben
> für das eigene Wohl und das Glück der anderen.

So heißt es.

[409] Daneben nun die Nachteile des gebrochenen Versprechens:

Aus dem Bodhicharyavatara:

> Wenn ich ein solches Versprechen gegeben habe,
> es nicht in die Tat umsetze
> und somit alle Wesen betrüge,
> was soll dann aus mir werden?
>
> Wenn es heißt, dass, wer beschließt,
> eine Kleinigkeit wegzugeben,
> und dies dann nicht tut,
> als Hungergeist Geburt nimmt,
> wie sollte dann ich glückliche Geburt nehmen,
> wenn ich – nachdem ich aufrichtig alle Wesen
> zur unübertrefflichen, wahren höchsten Freude geladen habe –
> alle Wesen täusche?

Bodhichitta – den Erleuchtungsgeist – aufzugeben
ist für einen Bodhisattva das schwerwiegendste Vergehen.
Sollte dies je geschehen,
wird das Wohl aller Wesen beeinträchtigt.

Und aus derselben Schrift:

Wenn ich durch Zerstören des Glückes nur eines Wesens
schon Schaden erleide,
was soll man dann sagen zum Zerstören des Glückes
aller Wesen, deren Zahl so grenzenlos ist wie der Raum.

[410] So heißt es.

Die Übung

Nun die Anleitung, was zu üben ist, nachdem der Erleuchtungsgeist – Bodhichitta – hervorgebracht wurde: Übe dich nun bei allen Gelegenheiten hingebungsvoll in den Drei Schulungen.

Diese Anweisung hat zwei Unterpunkte: die Übung wünschenden Bodhichittas und die Übung handelnden Bodhichittas.

Die Übung wünschenden Bodhichittas

Die Übung wünschenden Bodhichittas hat fünf Unterpunkte:

– Übe dich immer wieder darin, den Nutzen Bodhichittas zu sehen.
– Bemühe dich eifrig im Einüben Bodhichittas.
– Verwende große Mühe auf das Ansammeln der zwei Ansammlungen.
– Gib die vier schwarzen Dharmas auf und praktiziere die vier weißen.
– Übe dich, die Sorge um die Wesen nicht aufzugeben.

Zum ersten: Denke immer wieder über den früher erklärten Nutzen des Kultivierens von Bodhichitta nach. Warum ist dies notwendig? Weil dadurch die Ansammlungen im eigenen Geist vollbracht werden. Und nachdem Freude über den Nutzen Bodhichittas entstanden ist, wirst du dich mit Eifer den Ursachen des Erleuchtungsgeistes widmen.

Zweitens: Denke: »Ich muss auf jeden Fall zum Wohle der anderen Buddhaschaft erlangen!« Wünsche mit Sehnsucht, die Erleuchtung zu erlangen, glaube zuversichtlich daran, strebe eifrig danach und verrichte entsprechende Wunschgebete. Welche

Wurzel der Tugend du auch immer ausübst, lass sie getragen sein von der Bodhichitta-Motivation. Denke: »Um zum Wohle aller Wesen Buddhaschaft zu erlangen, vollziehe ich die Übung der ›Sieben Zweige‹[157]« und so weiter.

Dazu sagt das Sutra *Rat an den König*:

Großer König!
Du hast [jetzt] viel zu tun und wirst auch [später] viel zu tun haben.
Zu keiner Zeit hast du am Tag oder in der Nacht die Möglichkeit, von der
Paramita des Gebens, bis hin zur Paramita der Weisheit, dich in diesen zu üben.
Daher, großer König, ersehne und wünsche die vollkommene Stufe der Buddhaschaft.
Glaube zuversichtlich daran, strebe eifrig danach
und verrichte entsprechende Wunschgebete hierzu.
Ob du gehst oder verweilst, ob du schläfst oder erwachst,
ob du isst oder trinkst, denke ohne Unterlass stets daran!
Bewahre dies im Geist!
[412] Übe – meditiere so!
Hervorgebracht durch die Buddhas und die Bodhisattvas,
die edlen Shravakas und Pratyekabuddhas,
hervorgebracht durch jedes einzelne Lebewesen
und auch durch einen selbst,
alles, was je an Wurzeln der Tugend hervorgebracht wurde in der Vergangenheit,
und alles, was in der Zukunft und heute entstehen wird,
vereine im Geist, fasse zusammen, erinnere
und erfreue dich daran!
Erfreue dich in höchster Weise.
Erfreue dich in solchem Ausmaß, wie der Himmel weit ist,
bis das Erfreuen dem Nirvana gleicht.
Danach bringe allen Buddhas, Bodhisattvas,
den edlen Shravakas und allen Pratyekabuddhas
das hieraus entstandene Verdienst als Opferung[158] dar.

---

157 Die sieben Zweige – *yan lag bdun: phyag 'tshal ba* – Verbeugungen; *mchod pa 'bul ba* – Darbringung von Opfergaben; *bshags pa* – Bekennen aller begangenen negativen Handlungen; *rjes su yi rang ba* – Erfreuen; *chos 'khor bskor bar bskul ba* – die Bitte, das Rad des Dharma zu drehen; *mya ngan las mi 'da' bar bzhugs par gsol ba* – die Bitte zu verweilen; die Bitte um langes Leben und darum, lange unter uns zu verweilen und nicht ins Nirvana einzugehen; *dge ba bsngo ba* – den Verdienst aller Tugendhandlungen dem Wohl und der Erleuchtung aller Wesen widmen.

158 Den Verdienst des Erfreuens als Opfergabe darbringen, zum Beispiel an die Buddhas der Zukunft, verbunden mit der Bitte, den Dharma zu lehren; an den eigenen Wurzel-Lama,

Nachdem du es geopfert hast, teile alles[159] mit allen fühlenden Wesen.
Und, bis alle Wesen die Stufe der Allwissenheit – die Buddhaschaft – erlangt haben
und die Qualitäten der Buddhaschaft gänzlich vollendet wurden,
widme stets alles [angesammelten Verdienst] der drei Zeiten[160] Tag um Tag
[413] der unübertrefflichen, gänzlich vollkommenen Erleuchtung!
Großer König!
Wenn du so verfährst, werden die Staatsgeschäfte und
die königlichen Aktivitäten nicht beeinträchtigt werden
und die Ansammlungen für die Erleuchtung werden rasch vollendet sein.

Bete auch dreimal am Tag und dreimal in der Nacht:

»Bis zur Erleuchtung nehme ich Zuflucht zu Buddha, Dharma und des erhabenen Sangha. Möge ich durch das Verdienst aus Freigebigkeit und den anderen Vollkommenheiten zum Wohle aller Wesen Buddhaschaft verwirklichen.« Entwickle so Bodhichitta, den Erleuchtungsgeist.

Drittens: Bei der Praxis des Vollbringens der zwei Ansammlungen gibt es die Ansammlung von Verdienst und die Ansammlung von Weisheit. Weil dies auch die Sechs Paramitas oder die sechs Vollkommenheiten sind, übe dich nach Kräften darin.

Viertens: Wende dich ab von den vier schwarzen Dharmas und übe dich in den vier weißen Dharmas! Was sind die vier schwarzen Dharmas?

Dazu sagt das *Ratnakuta-Sutra*:

[414] Kashyapa[161], höre!
Wenn man von diesen vier Dharmas durchdrungen ist,
hat man den Erleuchtungsgeist vergessen.
Fragst du, welche vier, so sind es folgende:
- Wenn man den Khenpo[162] oder den spirituellen Meister täuscht oder den Lama oder einen Gabenempfänger.
- Solchen, die keinen Grund zur Reue haben, Reue verschaffen.

---

verbunden mit der Bitte, den Dharma zu lehren; an den eigenen Wurzel-Lama, verbunden mit der Bitte, lange unter uns zu verweilen, lange zu leben usw.

159 Alles hieraus entstandene Verdienst widme zum Wohle aller Wesen.

160 Vergangenheit, Gegenwart und Zukunft.

161 *'od srung* – Ösung.

162 *mkhan po* – Khenpo oder Abt, ein studierter, voll ordinierter Mönch; oder jemand, von dem man eine Ordination erhielt; *slob dpon* – Lobpön, Acharya, spiritueller Meister, Lehrer.

- Einem vollkommen ins Große Fahrzeug eingetretenen Bodhisattva die Tugenden abzusprechen, schlecht über ihn zu reden, in seiner Gegenwart in unangebrachter Weise und nicht in Versen[163] zu sprechen.
- Keine guten Absichten hegen, indem man andere durch Lug und Trug stark ausnutzt.

  Diese sind ganz und gar aufzugeben.

Zu den vier weißen Dharmas aus demselben Sutra:

> Kashyapa, wenn man durchdrungen ist von den vier Dharmas eines Bodhisattva,
> dann wird Bodhichitta in allen Leben – sobald man geboren ist – augenblicklich zutage treten und, solange Erleuchtung nicht erlangt ist, nicht wieder aufgegeben oder vergessen werden.
> Fragst du, welche vier, so sind es folgende:
> - Keine Unwahrheit sprechen, nicht einmal um des eigenen Lebens willen, [415] oder auch nicht leichthin, im Scherz.
> - Ohne Lug und Trug oder Verschlagenheit in der Gegenwart anderer weilen, sondern mit der erhabenen Absicht.
> - Die Wahrnehmung erzeugen, dass alle Bodhisattvas Buddhas sind und ihre Vorzüge in allen vier Richtungen verkünden.
> - Alle Wesen, welche es auch immer sein mögen, zur vollendeten Reife bringen und all jene, die keine Neigung zum Hinayana haben, dazu bringen, sich ganz und gar auf die unübertreffliche, vollkommene Erleuchtung auszurichten.
>
>   Diese vier, Kashyapa!

So heißt es.

Fünftens: die Übung, die Wesen nicht aufzugeben.

Nachdem man den [eigenen] Geist auf die höchste Erleuchtung ausgerichtet hat und weil man versprochen hat, das Wohl aller Wesen zu bewirken, ist es nicht in Ordnung, jemanden von sich zu stoßen und zu denken: »Mit dir will ich ein für alle Male nichts mehr zu tun haben!« Weil es nicht von Nutzen ist, mit ihm Gemeinschaft zu pflegen, nachdem er einem geschadet hat, mag es nötig sein, auf Abstand zu leben, gib ihn jedoch mit dem Herzen nie auf! Denke: »Jetzt kann ich für dich zwar keinen Nutzen bewirken, [aber] [416] solange Erleuchtung nicht erlangt ist, will ich um dein Wohl bemüht sein.«

---

163 In früherer Zeit war es Sitte, sich in Gegenwart hochgestellter Persönlichkeiten einer sehr förmlichen Sprache in Versen zu bedienen. Dies ist heute nicht mehr gebräuchlich.

Die Übung handelnden Bodhichittas

Aus dem *Bodhicharyavatara*:

> Es gibt nichts – was es auch sei – was ein Sohn der Siegreichen,
> ein Bodhisattva, nicht zu lernen hätte.

So heißt es.

Unterteilt man und fasst zusammen, zählt man drei:

- die moralische Disziplin der Gebote oder Versprechen beziehungsweise Gelübde,
- die moralische Disziplin der Ansammlung der Tugenden,
- die moralische Disziplin der Verwirklichung des Wohls aller Wesen.

Das Wesen der Gebote liegt darin, den Geist zur Tugend zu bewegen und zu den entsprechenden Ursachen. Zum Wesen der Disziplin der Gebote aus dem Bodhicharyavatara:

> Die Verwirklichung der Haltung des Aufgebens [der Untugenden]
> wird Vollkommenheit der moralischen Disziplin genannt.

Es ist die Absicht, was immer im Widerspruch zu den Bodhisattva-Gelübden steht, zusammen mit seinen Ursachen aufzugeben.

Das Wesen der Disziplin der Ansammlung der Tugenden ist die Absicht, die Qualitäten der Tugenden – zusammen mit deren Ursachen – herbeizuführen.

[417] Das Wesen der Disziplin der Verwirklichung des Wohls aller Wesen ist der Gedanke oder die Absicht, das Wohl aller Wesen – zusammen mit dessen Ursachen – mit allen Mitteln zu bewirken.

Die Diziplin der Gelübde

Zur Disziplin der Gelübde gibt es einmal die allgemeine Übung der Abkehr von den zehn Untugenden und zum zweiten die besondere Geistesschulung der Abkehr von den Wurzelverfehlungen und der Abkehr von den geringeren Verfehlungen.

Zu den zehn Untugenden oder zehn negativen Handlungen:

Weil sie für jeden, der sie ausübt – mit oder ohne Bodhisattva-Gelübde – ein Hindernis für die Erlangung höherer Wiedergeburten und der Befreiung bilden und die Ursache von Samsara und schlechten Wiedergeburten sind und weil sie von jedem, der nach höherer Wiedergeburt und Befreiung strebt, aufgegeben werden müssen, heißen sie »allgemein aufzugebende Dinge«.

Das zweite bezieht sich auf negative Handlungen, die entweder zu Wurzelverfehlungen werden, sofern man das Bodhisattva-Gelübde hat, oder die nicht unbedingt zu Wurzelverfehlungen werden, sofern man kein Bodhisattva-Gelübde hat. Deshalb gelten sie als »besondere aufzugebende Dinge«.

Das Aufgeben der zehn Untugenden oder negativen Handlungen

Acharya Ashvagosha sagt:

> [418] Der Pfad der zehn untugendhaften Handlungen ist
> – wie zuvor erklärt – von Übel.
> Die ihr nach Wohlergehen und Glück strebt,
> gebt diese zehn auf!

Dazu gibt es zwei Punkte:

- die Unterteilung oder Klassifizierung und
- das Aufzeigen des Gegenmittels, der zehn tugendhaften Handlungen.

Die Unterteilung:

- drei Arten, Leben zu nehmen: Töten aus Leidenschaft, Töten aus Abneigung und Töten aus Unwissenheit;
- drei Arten zu nehmen, was nicht gegeben wurde: nicht Gegebenes rauben, nicht Gegebenes heimlich stehlen und nicht Gegebenes durch List und Betrug stehlen;
- drei Arten unerlaubter sexueller Verbindung, erstens: »Geschützt durch den Dharma« heißt, mit jemandem Geschlechtsverkehr ausüben in der Nähe von religiösen Objekten wie Tempeln, Stupas oder religiösen Meistern; zweitens: mit jemandem Geschlechtsverkehr haben, der zu jemand anderem gehört; drittens: eine sexuelle Verbindung mit jemandem aus der falschen Kaste haben;
- drei Arten des Lügens: die vernichtende[164] Lüge, die große Lüge und die geringere Lüge;
- drei Arten spalterischer Rede: Menschen durch die Macht eines Befehls trennen; Menschen auseinanderbringen, indem man zu der einen Person spricht und

164 Eine Lüge, die dazu führt, dass man seine monastischen Gelübde verliert.

danach zu der anderen, in einer Weise, die Disharmonie zwischen ihnen schafft; verborgene spalterische Rede, indem man hinter dem Rücken anderer redet;
- drei Arten grober Rede: charakterbedingte grobe Rede; in grober Rede antworten; grob sprechen und glauben, dies sei eine gute Qualität;
- drei Arten unnützen, ungezügelten Redens: weltliche müßige Rede; unwahre müßige Rede; reine müßige Rede[165];
- [419] drei Arten der Habsucht: Habsucht bezüglich des eigenen Besitzes; Habsucht bezüglich der Dinge, die andere besitzen und Habsucht in beiderlei Weise;
- drei Arten böswilligen, schaden wollenden Verhaltens: andere anstiften, jemandem zu schaden; feindselige Absichten nicht nur dem Feind, sondern auch dessen Familie oder Gruppe gegenüber; Suche nach einem Opfer oder Streit ohne Grund;
- drei Arten falscher Sicht: die Soheit ablehnen oder verunglimpfen, das Gesetz des Karma von Ursache und Wirkung leugnen und weltliche falsche Sicht[166].

Das Gegenmittel[167] *– die zehn tugendhaften Handlungen*

Unterlasse das Töten und obendrein rette Leben[168]!

In dieser Weise verbinde im Folgenden das Wort »Unterlasse« mit der entsprechenden Untugend und füge dann jeweils an:

… und praktiziere Großherzigkeit frei von Anhaftung!
… und lebe reines Verhalten!
… und gewinne andere durch Wahrhaftigkeit und Aufrichtigkeit!
… und versöhne andere, die in Unfrieden leben!
… und sprich friedlich, sanft und klar!
… und sprich in bedeutungsvoller Weise!
… und entwickle Zufriedenheit!
… und meditiere über Liebe und Mitgefühl!
… und gib falsche Sicht auf!

165 Bedeutsames Sprechen zur falschen Zeit, zum Beispiel im Retreat während einer Meditationssitzung nicht zu meditieren, sondern andere im Dharma zu unterweisen.

166 Zum Beispiel Dinge als beständig und dauerhaft anzusehen, obwohl sie es nicht sind; oder eine falsche Sicht in Bezug auf den Lama, spirituell Praktizierende usw.

167 Das Gegenmittel besteht darin, die zehn Untugenden aufzugeben und die entsprechenden tugendhaften Handlungen auszuüben.

168 Es ist allgemein üblich, Tiere, die getötet werden sollen, loszukaufen und sie dann frei zu lassen.

Entwickle Zuversicht und Vertrauen in die Soheit, in das Gesetz des Karma[169] [420] sowie in die Drei Juwelen und nimm Zuflucht.

Zu den Wurzelverfehlungen:

Von den fünf des Königs und den fünf des Ministers sind vier beiden gemeinsam. Mit den beiden, die ihnen je eigen sind, ergibt das zusammen sechs [Wurzelverfehlungen]. Die Wurzelverfehlungen des Anfängers sind acht an der Zahl. Gemäß dem Sutra *Nam-khe nyingpö do* – dem Sutra der Essenz des Raumes – zählt man vierzehn beziehungsweise achtzehn[170] [Wurzelverfehlungen]. Zählt man noch das Aufgeben des Erleuchtungsgeistes – Bodhichitta – hinzu und die von Asanga verkündeten vier – wobei man hier nur drei zählt, da sein »erstes« bereits in jenen der Anfänger enthalten ist – so kommt man allgemein auf zweiundzwanzig.

Diese lauten in Versform zusammengefasst:

Dinge stehlen, die den Drei Juwelen geopfert sind, wird eine gänzlich besiegende Verfehlung genannt. [1]
Den heiligen Dharma aufgeben wird vom Buddha als die zweite erklärt. [2]
Selbst einem Gelong mit gebrochenen Gelübden die Safran-Robe nehmen, ihn schlagen oder ins Gefängnis werfen oder einen Ordinierten von der Entsagung herunterziehen. [3]
Die fünf schwerwiegenden negativen Handlungen, die nach dem Tod zur sofortigen Wiedergeburt – ohne Zwischenzustand – in der Hölle führen[171]. [4]
[421] An falscher Sicht festhalten. [5]
Siedlungen und Städte zerstören. [6]

Auch das, sagt der Buddha, sind Wurzelverfehlungen:

Wesen, die ihren Geist nicht geschult haben, die Leerheit verkünden. [7]
Jene, die den Weg zur Buddhaschaft betreten haben, von vollkommener Erleuchtung abbringen. [8]
Die Gelübde individueller Befreiung vollständig aufgeben, aber sich im Großen Fahrzeug üben. [9]

---

169 In Handlung, Ursache und Frucht – *las rgyu 'bras*.

170 Die fünf des Königs und die fünf des Ministers plus die acht des Anfängers macht 18.

171 *mtshams med lnga* – oft übersetzt als die »fünf grenzenlosen Übeltaten« oder »die fünf Sofortigen«. Diese sind: Vatermord, Muttermord, Mord an einem Arhat, eine Spaltung im Sangha verursachen, mit übelwollender Einstellung das Blut eines Buddha hervortreten lassen.

Behaupten und daran festhalten, dass durch das Fahrzeug der Schüler[172] Anhaftung und so weiter nicht aufgegeben werden, und andere in diese Haltung hineinziehen. [10]
Die eigenen Vorzüge verkünden und andere schlechtmachen um Besitz, Status und Preisung willen. [11]
Den Anspruch haben, man selbst besitze »tiefgründige Realisation«[173], und die Bedeutung der Leerheit in vollkommen falscher Weise erklären. [12]
Jemanden veranlassen, einen, der sich in Tugend übt, zu bestrafen, oder anderen in heuchlerischer Weise Repräsentationen der Drei Juwelen geben[174], oder in betrügerischer Weise Schenkungen entgegennehmen, die weiterzureichen sind[175], oder
ruhiges Verweilen[176] aufgeben. [13]
Güter, die eigentlich für Menschen im Retreat gedacht sind, einfach an »Rezitierer von Schriften« geben. [14]

Dies sind die Wurzelverfehlungen, [422] die Ursache großer Höllen.

Weiterhin:

Bodhichitta vollkommen aufgeben. [19][177]
Aus extremer Anhaftung und Geiz jenen nichts geben, die in Not sind. [20]
Wenn jemand, voller Unruhe und Sorge, dich erfreut, indem er sich entschuldigt, und du ihn dann unversöhnlich und voller Ärger schlägst. [21]
Unter der Herrschaft störender Gefühle und einem falschen Dharma entsprechend so tun, als würde man den wahren Dharma lehren. [22]

Alle diese [zweiundzwanzig Wurzelverfehlungen] haben ein bestimmtes Subjekt und ein bestimmtes Objekt sowie bestimmte Gründe; die Taten sind von besonderer Art und mit besonderen Umständen verbunden. Ist eine Tat ohne diese entspre-

172 Shravaka- und Pratyekabuddhayana
173 Man stellt sich vor, tiefgreifende Verwirklichung der Bedeutung der Leerheit zu besitzen.
174 Um des eigenen Rufes und Ruhmes willen; selbst aber keinen wirklichen Glauben an die Drei Juwelen haben.
175 Man sagt zum Beispiel, man sammelt Geld für ein religiöses Projekt, oder man hat eine Statue, die dem Tempel dargebracht wurde, und behält die Spenden für sich selbst.
176 *zhi gnas.*
177 Zählt man die obigen Zusammenstellungen entsprechend, ist es die 19. Gezählt wird wie folgt: fünf für den König [1–5], fünf für den Minister [1–4 und die Nummer 6] und acht für normale Menschen [7–14]. Dies macht zusammen 18, dazu kommt das Aufgeben von Bodhichitta, macht insgesamt 19. Dazu kommen noch drei, die Asanga lehrt, so kommen 22 zusammen.

chenden Faktoren, ist sie entweder keine Verfehlung oder wenn sie eine Verfehlung ist, dann ist sie von anderer Art und hierin nicht enthalten. Und selbst wenn das Bodhisattva-Gelübde dadurch geschwächt wurde, so ist die Übertretung keine grundlegende und wird deshalb als »keine Verfehlung« definiert.

Das Subjekt der ersten dieser Wurzelverfehlungen – sowie der drei nachfolgenden, die beiden gemeinsam sind – sind ein König oder ein Minister mit Bodhisattva-Gelübden.

Der Grund ist Habgier. Das Objekt sind [423] Dinge, die von anderen aus der Tiefe ihres Herzen den Drei Kostbarkeiten dargebracht wurden. Die Art der Handlung ist eigenhändiges Rauben oder andere zum Rauben zu veranlassen.

Die entsprechenden Umstände sind ein klarer, gesunder Geist; dies gilt auch bei allen anderen Wurzelverfehlungen, wie man wissen sollte.

Die Ursache der zweiten Wurzelverfehlung ist Unwissenheit. Das Objekt ist irgendein Dharma der drei Fahrzeuge. Die Art der Handlung besteht darin, dass man selbst ihn aufgibt oder andere dazu veranlasst, ihn aufzugeben.

Die Ursache der dritten ist Abneigung, Hass. Das Objekt ist irgendjemand, dessen Erscheinung darauf schließen lässt, dass er eine buddhistisch ordinierte Person ist, die Gelübde bewahrt oder auch nicht. Die Art der Handlung besteht darin, die Roben zu rauben und so weiter.

Die Ursache der vierten ist Abneigung, Hass. Die Objekte sind der eigene Vater, die eigene Mutter, ein Arhat, der in Einklang lebende Sangha und ein Buddha. Die Art der Handlung besteht darin, jene zu töten, eine Spaltung im Sangha zu Lebzeiten des Buddha zu verursachen und in übler Absicht einen Buddha zu verletzen, so dass Blut hervortritt.

Aus dem Kriya-Tantra *Herausragender Mut*[178]:

> [424] Wer einen Arhat tötet, den Vater, die Mutter,
> oder eine Spaltung im Sangha hervorruft
> oder in feindseliger Absicht
> das Blut des Tathagata hervortreten lässt –
> diese äußerst unerträglichen Taten
> erklärt der Siegreiche als »die Fünf Unverzüglichen«[179].

So sagt der Text und weiterhin:

---

178 *kri ya dpung bzang gi rgyud.*

179 Oder die »Fünf Unmittelbaren«: Diese fünf schwerwiegenden Handlungen führen nach dem Tod unvermittelt – ohne Zwischenzustand des Bardo – in die Höllen-Bereiche.

»Die fünf Nahekommenden« [Verfehlungen] sind:

- eine Stupa zerstören,
- einen Bodhisattva töten,
- einen weiblichen Arhat beschimpfen,
- einen Shravaka- oder Pratyekabuddha töten und
- in kleinem oder größerem Ausmaß vom versammelten Sangha Dinge, die man begehrt, stehlen oder rauben.

Diese erklärte der Tathagata als den »Fünf Unverzüglichen« sehr nahe.

Das Subjekt der fünften Wurzelverfehlung ist ein König mit Bodhisattva-Gelübde. Die Ursache ist Unwissenheit. Das Objekt ist tugendhaftes oder nicht-tugendhaftes ursächliches Verhalten und dessen Frucht oder Auswirkung. Die Art der Handlung besteht darin, das Gesetz des Karma für unwahr zu halten und andere zu dieser Sichtweise zu verleiten.

Das Subjekt der sechsten Wurzelverfehlung ist ein Minister mit Bodhisattva-Gelübde. Die Ursache ist Abneigung. Das Objekt ist eine von anderen besessene Siedlung und so weiter. [425] Die Art der Handlung besteht im Zerstören dieser Siedlung.

In dieser Weise gibt es vier gemeinsame [Wurzelverfehlungen für den König und den Minister] und jene, die speziell einen der beiden betreffen. Dies sind die zwei Gruppen, je fünf für einen König und einen Minister.

Was die acht Wurzelverfehlungen für einen Anfänger angeht, so ist das Subjekt eine andere Person als ein König oder Minister, und es hat die Bodhisattva-Gelübde.

Die Ursache der ersten vier ist Unwissenheit.

Das Objekt der ersten ist ein Wesen, das seinen Geist noch nicht geschult hat. Die Art der Handlung liegt darin, dieses durch tiefgründige Belehrungen über Leerheit zu erschrecken, so dass es sich von Bodhichitta abwendet.

Das Objekt der zweiten ist jemand, der in den Pfad zur Buddhaschaft eingetreten ist. Die Art der Handlung besteht darin, ihn davon abzubringen und dem kleineren Fahrzeug zuzuführen.

Das Objekt der dritten und vierten sind die Unterweisungen der Schriften beider Fahrzeuge [Hinayana und Mahayana]. Die Art der Handlung ist, dass man behauptet, diese Unterweisungen seien kein Weg der Aufgabe [der verstörenden Gefühle], dass man selbst sie aufgibt, andere dazu bringt, sich ebenfalls davon abzuwenden, und sie dem Mahayana [oder im anderen Fall, dem Hinayana] zuführt.

Die Ursache der fünften besteht darin, nach Reichtum und Verehrung zu gieren. Zu den Objekten gehört man [426] selbst und gehören auch andere. Die Art der Handlung ist, dass man sich selbst preist und andere herabsetzt.

Zu den Objekten der sechsten gehören Personen, die die Bedeutung verstehen, und die Leerheit. Die Ursache ist Unwissenheit. Die Art der Handlung ist, die Vorstellung zu hegen und zu äußern, man verfüge über eine direkte Erfahrung der Leerheit.

Die Ursache der siebten ist Abneigung. Die Objekte sind Angehörige einer höheren Kaste, Ordinierte, Besitz des Sangha und so weiter. Die Art der Handlung besteht im Stehlen durch eine ordinierte Person aufgrund von Meinungsverschiedenheiten innerhalb des Sangha und in der Tatsache, dass man selbst auf solche Weise gestohlene Güter als Opfergabe akzeptiert oder sie an andere weitergibt.

Die Ursache der achten ist Abneigung. Das Objekt ist der Besitz eines Praktizierenden, der fleißig ruhiges Verweilen [Shine] und Aufgeben [der verstörenden Gefühle] übt. Die Art der Handlung: Man selbst gibt, von außen gezwungen, die Übung des ruhigen Verweilens auf und gibt etwas, das jemandem zugedacht ist, der sich freudig der Übung des Aufgebens [der verstörenden Gefühle] widmet, an jemanden, der Freude hat an der Rezitation von Texten.

Die allen gemeinsame Wurzelverfehlung ist, Bodhichitta gänzlich aufzugeben. Das Subjekt dieser Wurzelverfehlung ist eine Person mit Bodhisattva-Gelübden. Die Ursache ist Trägheit und Ähnliches[180]. Die Art der Handlung ist die Aufgabe [427] und das anschließende Verweilen in der Geisteshaltung des kleineren Fahrzeugs.

Nachteile bezüglich der Aufgabe von Bodhichitta, zitiert aus dem *Düpa*, dem knapp gefassten *Prajnaparamita-Sutra*[181]:

> Selbst wenn du den Pfad der zehn Tugenden Millionen von Kalpas praktiziert hast;
> sobald Verlangen nach dem Status eines Pratyekabuddhas oder Arhats entflammt, wird
> in diesem gleichen Moment die [Bodhisattva]-Diziplin beschädigt und gebrochen.
> Diese Haltung zu entwickeln wiegt schwerer als eine »besiegende Verfehlung«[182].

Gemäß diesem Zitat wird dies – verglichen mit allen anderen »basislosen Abstürzen«[183] – als das schwerwiegendste Vergehen eines Bodhisattvas bezeichnet.

180 Die anderen sind: *ma dad pa* – Mangel an Vertrauen, *ma gus pa* – Mangel an Hingabe, *bag med pa* – Nachlässigkeit, Unachtsamkeit.

181 *shes rab kyi pha rol tu phyin pa sdud pa tshigs su bcad pa* (»*sher phyin sdud pa*«) oder einfach Düpa, »*sdud pa*« – *Aryaprajñaparamita-samcayagatha-sutra.*

182 *pham pa* – ein Verstoß, der zum völligen Verlust eines Gelübdes führt.

183 *gzhi med pa'i ltung ba* – ein Absturz, der auf nichts Äußerem beruht, sondern lediglich aus einer Geisteshaltung besteht, zum Beispiel die Abkehr vom Mahayana usw.

Die erste Wurzelverfehlung, gelehrt in der anderen Tradition[184] [von Asanga], die da heißt »Aus Gier nach Besitz und Ansehen sich selbst preisen und andere herabsetzen«, ist hier nicht eigens erwähnt, da sie [schon oben] als die fünfte der Anfänger beschrieben wurde.

Das Subjekt der zweiten Wurzelverfehlung [nach Asanga][185], »Aus unerträglichem Geiz und unerträglichem Anhaften Bedürftigen in Not nichts geben«, ist jemand mit Bodhisattva-Gelübde, der Dharma und Reichtum besitzt. Die Ursache ist Geiz. Die Objekte sind leidende, schutzlose Wesen, die sich aus der Tiefe ihres Herzens [428] nach Dharma und Reichtum sehnen. Die Art der Handlung besteht darin, dass man weder Dharma noch Güter gibt.

Die Ursache der dritten, »Vergebung verweigern« und so weiter, ist Abneigung. Das Objekt ist jemand, der einen Groll hegte und nun aus der Tiefe seines Herzen um Verzeihung, um Entschuldigung bittet, im Sinne des Dharma. Die Art der Handlung besteht darin, keine Vergebung zu gewähren, ärgerlich zu sein und so fort.

Die Ursache der vierten – [dem Mahayana zu entsagen aufgrund] verstörender Gefühle und Ähnlichem – ist Unwissenheit. Die Objekte sind Mahayana und gefälschter Dharma. Die Art der Handlung ist, die frühere [Lehre] aufzugeben und eine neue, eigene zu erfinden.

Sollte man sich fragen, warum es einerseits die »fünf des Königs« und so weiter und andererseits die »vier von Asanga« gibt, so lautet die Antwort: Obwohl es unterschiedliche Blickwinkel gibt – alle Ausweitungen in unterschiedliche Punkte, die durchdrungen sind vom Wesen des Absturzes –, sind die »fünf des Königs« und so weiter in den »vier von Asanga« enthalten.

Die Klassifizierung als vier ist genauso wie bei den Gelübden individueller Befreiung, wo man negative Handlungen als durch die drei Haupt-Kleshas[186] verursacht betrachtet. [429] Aus Begierde nach Personen und Dingen entstehen sexuelles Fehlverhalten und Diebstahl. Aus Abneigung oder Hass wird getötet und aus Unwissenheit gelogen. In Übereinstimmung damit gibt es die Klassifikation als vier [Wurzelverfehlungen in der Tradition von Asanga], wobei aus leidenschaftlichem Begehren die ersten beiden Wurzelverfehlungen entspringen. Die dritte entspringt aus Abneigung oder Hass und die vierte aus Unwissenheit.

---

184 In den Bodhisattva-Stufen (*byangs sa* – Bodhisattva-Bhumi).

185 Die Wurzelverfehlungen nach Asanga: 1. *rnyed pa dang bkur sti la chags te bdag bstod gzhan la smod pa dang/ ('dod chags)*; 2. *sdug bsngal can la chos dang nor mi sbyin pa/ ('dod chags)*; 3. *gzhan gyis bshags kyang rang gis khas mi len pa/ (zhe sdang)*; 4. *theg chen spangs te chos ltar snang ston pa'o/ (gti mug)*.

186 *nyon mongs* – Kleshas, verstörende Gefühle.

Obwohl dies so in Übereinstimmung mit Acharya Shantidevas Meinung definiert wird, ist es nicht sicher, dass es tatsächlich so ist. Würde man es in dieser Weise beschreiben und so beide Traditionen reduzieren, wäre es nicht korrekt. Hält man sich nur an die vier, werden jene aus den Sutras nicht berücksichtigt. Es ist wichtig, die Wurzelverfehlungen, die sorgfältig im Sutra erklärt werden, genauso festzuhalten.

Betrachtet man sie aber aus der Sicht, dass sie aufgrund der drei Gifte entstehen, so ist es möglich, jene des Sutras in den vier [Asangas] wiederzufinden.

Einige Gelehrte sagen, dass in gleicher Weise, wie die Wörter »Ölträger«[187] und »Stockhalter« verstanden werden [als Ausdrücke, die zwar kurz sind, aber dennoch die ganze Bedeutung vermitteln], man ebenso verstehen kann, dass die vier [Asangas] – in Entsprechung zu den Gelübden individueller Befreiung – diese anderen mit einschließen.

[430] Wenn durch eines der Fehlverhalten: »aufgrund des Verlangens nach Besitz und Status preist man sich selbst und setzt andere herab« oder »aufgrund von Geiz gibt man keinen Besitz an andere« oder »durch Ärger schlägt man andere« oder »aus Unwissenheit gibt man etwas Konstruiertes als Dharma aus«, ein Wurzelvergehen entsteht, dann impliziert dies – ohne dass es eigens erwähnt werden müsste, dass »sexuelles Fehlverhalten aufgrund des Begehrens für andere«, »Eigentum anderer stehlen«, »andere Töten« und »Lügen verbreiten« ebenso [Vergehen sind, die aufzugeben sind]. Das ist es, was damit ausgedrückt werden soll.

Dennoch, alles, was für die Shravakas zutrifft, gilt nicht unbedingt für die Bodhisattvas. Töten und Ähnliches wird für die Shravakas zu einer Wurzelverfehlung, aber nicht unbedingt für einen Bodhisattva.

Die verschiedenen Fehler [die einer Wurzelverfehlung nahekommen], wie »Respektlosigkeit gegenüber den drei Juwelen« und so fort, sind anderen Quellen zu entnehmen.

---

187 Diese Verse sind im Tibetischen sehr verschlüsselt geschrieben. Was sie meinen, erklärt Khenpo Nyima Gyaltshen: Hört man jemanden fragen: »Wo ist der Ölträger?«, dann versteht jeder, dass jemand fragt, wo die Person hingegangen ist, die auf dem Rücken Behältnisse gefüllt mit Öl trägt, ohne dass es notwendig ist, dies in so ausführlichen Worten zu sagen. Eine Aussage kann viele Bedeutungen haben, ohne dass diese ausdrücklich formuliert werden müssen, aber man kann sie ableiten. In dieser Weise kann man sagen, dass die vier von Asanga die vier Hauptgelübde individueller Befreiung enthalten. Und in gleicher Weise kann man behaupten, dass die vier Wurzelverfehlungen, die durch Asanga gelehrt werden – die achtzehn, gelehrt in den Sutras – einschließen.

Die Ansammlung von Tugendqualitäten – die Sechs Paramitas

Die Disziplin der Ansammlung von Tugendqualitäten ist gleichbedeutend mit den Sechs Paramitas. Hierzu gibt es zehn Aspekte: [431]

- das Wesen der Paramitas [*ngo bo*],
- die Wortbedeutung [*nge tshig*],
- die Kontemplation [*bsgom pa*],
- die Eigenschaften [*mtshan nyid*],
- die Untergliederung [*dbye ba*],
- die Unterweisung zur Vollkommenheit und zur höchsten Vortrefflichkeit [*yang dag dang gtso bo'i don bstan pa*],
- die Unterscheidungen [*khyad par*],
- das Ergebnis [*'bras bu*],
- die feststehende Anzahl [*grangs nges pa*],
- die feststehende Reihenfolge [*go rim nges pa*].

Das Wesen der Paramitas

Bezüglich des Wesens der *Großzügigkeit*, der *Großherzigkeit*, sagt das *Dode-gyen*:

> Dinge hergeben und …

Dies besagt, den Empfängern das zu geben, was sie ersehnen.

Bezüglich der Natur *ethischen Wohlverhaltens* sagt das *Bodhicharyavatara*:

> Die Verwirklichung eines Geistes, der [Untugenden] entsagt,
> wird »Vollkommenheit[188] ethischen Wohlverhaltens« genannt.

Das bedeutet, alles aufzugeben, was den Gelübden [eines Bodhisattva] widerspricht.

Zum Wesen der *Geduld* sagt derselbe Text:

> Allein die Gedanken des Zorns zu bezwingen …
> [Dies] bedeutet, den Zorn vollständig zu befrieden.

---

188 *pha rol phyin pa* – Paramita.

Zum Wesen *freudiger Anstrengung* sagt das *Dode-gyen*:

> Vollkommene Freude an Tugenden ...

[Dies] heißt, sich von ganzem Herzen, um der Verwirklichung letztendlicher Erleuchtung willen, an Tugendhandlungen zu erfreuen.

Zum Wesen *meditativer Konzentration*, *meditativer Stabilität*, sagt das *Dode-gyen*:

> [432] Der Geist, innen verweilend ...

[Dies] bedeutet: ein tugendhafter Geist, der innen verweilt.

Zum Wesen *unterscheidender Weisheit* sagt der derselbe Text:

> Alles Wissbare vollkommen korrekt zu erkennen oder
> aufgrund unterscheidender Weisheit die Wirklichkeit, wie sie ist, zu kennen.

Das bedeutet, die Dinge so zu kennen, wie sie tatsächlich sind, beziehungsweise die wahre Natur der Wirklichkeit zu erkennen.

Die Wortbedeutung

Zur Wortbedeutung sagt das *Dode-gyen*:

> Weil sie die Armut abschüttelt,
> weil sie zur Erlangung der Gelassenheit, zur »Abkühlung« führt,
> weil sie Ärger und Wut erträgt,
> weil sie das Höchste erstrebt,
> weil sie den Geist beherrscht,
> weil sie die letztendliche Wahrheit kennt – so sind die Erklärungen.

Dies besagt:

Großzügigkeit schüttelt die Armut ab.

Ethisches Wohlverhalten bewirkt »Abkühlung«, weil es einen von schwerem Geplagtsein durch Objekteigenschaften befreit.

Geduld lässt die Feindseligkeit anderer ertragen.

Womit man nach dem Höchsten strebt, ist freudige Anstrengung, denn sie veranlasst zur Ausübung der Tugenden.

Stabile meditative Konzentration hält den Geist innen.

[433] Durch unterscheidende Weisheit wird die letztendliche Wahrheit oder Wirklichkeit erkannt.

Die Kontemplation

Hierzu aus dem *Dode-gyen*:

> In dieser Weise bewahre die Vollkommenheiten
> – die Paramitas – stets im Herzen …

Dazu vier Punkte:

- Die Kontemplation des Vergegenwärtigens: Hierbei betrachtet man die [Qualitäten der] Paramitas, [so wie sie] in allen Sutra-Sammlungen [beschrieben werden].
- Die Kontemplation des tatsächlichen Geschmacks der Erfahrung: Hierbei vergegenwärtigt man sich die Qualitäten der Paramitas, gegründet auf tatsächliches Erfahrungswissen um diese Qualitäten.
- Die Kontemplation des Erfreuens an den Tugenden: Hierbei erfreut man sich an der Großherzigkeit und so weiter aller fühlenden Wesen des gesamten Universums [die diese Tugenden in der Vergangenheit, Gegenwart und Zukunft ausüben].
- Die Kontemplation wahrer Freude: Hierbei empfindet man überaus große Freude bei dem Gedanken, dass man in Zukunft selbst und alle anderen Wesen die Paramitas in noch größerem Ausmaß praktizieren werden.

Die Eigenschaften der Sechs Paramitas

Aus dem *Dode-gyen*:

> Großherzigkeit – was ihr entgegensteht, wurde ausgeräumt.
> Sie ist ausgestattet mit Weisheit frei von begrifflichen Konstrukten.
> Sie vollbringt die Erfüllung aller Wünsche
> und führt die Wesen auf drei Weisen zu spiritueller Reife.

[434] Entsprechend lässt sich dies von allen Paramitas, bis hin zu »unterscheidender Weisheit«, sagen.

Die Sechs Paramitas der Bodhisattvas haben vier Eigenschaften:

- Was immer ihnen entgegensteht, wurde ausgeräumt, denn Geiz, mangelhafte Disziplin, Ärger und Wut, Faulheit, geistiges Abschweifen und fehlerhafte unterscheidende Weisheit wurden vollkommen überwunden.
- Sie sind ausgestattet mit Weisheit frei von Konzepten, weil sie das Nicht-Selbst der Phänomene [und der Individuen] realisiert haben.
- Sie vollbringen die Erfüllung aller Wünsche, denn sie geben anderen, was immer sie wünschen, halten Körper und Rede anderen gegenüber im Zaum [und schaden niemandem], sind geduldig mit jenen, die Schaden oder Verletzung bringen, sind anderen behilflich, sind zufrieden und im Gleichgewicht und sie durchschneiden [alle] Zweifel.
- Sie führen die spirituelle Reife der Wesen auf drei Arten vollkommen herbei, denn nachdem sie diese durch Großherzigkeit und so weiter angezogen haben, bringen sie sie – je nach Begabung – mit den drei Fahrzeugen in Verbindung. [435]

Ihre Untergliederung

Hier gibt es zwei Unterpunkte: die eigentliche Gliederung und die zusammenfassende Gruppierung.

Zur eigentlichen Gliederung gehören:

- drei Punkte zur Großherzigkeit: Dharma geben, materielle Dinge geben und Furchtlosigkeit gewähren;
- drei Punkte zum ethischen Wohlverhalten: Disziplin der Gelübde, Disziplin der Tugendansammlung und die Disziplin, die das Wohl der Wesen bewirkt;
- drei zur Geduld: die Geduld, keinen Gegenangriff auf jene zu starten, die einem Schaden zufügen; die Geduld, Leiden bereitwillig anzunehmen, und die Geduld des Ertragens der tatsächlichen Erkenntnis der wahren Natur der Phänomene [Leerheit];
- drei zur freudigen Anstrengung: rüstungsgleicher Eifer, Eifer der Anwendung und der Feuereifer, der sich nie zufriedengibt;
- drei Arten meditativer Konzentration: die mit gröberen Gedankenprozessen und feinerer analytischer Schau einhergehende; die von gröberen Gedankenprozessen freie, bloß mit feinerer analytischer Schau einhergehende und die weder mit gröberen Gedankenprozessen noch mit feinerer analytischer Schau einhergehende.

Oder alternativ diese drei: freudvolle meditative Konzentration, selige meditative Konzentration [436] und meditative Versenkung in Gleichmut.

Drei für unterscheidende Weisheit oder unterscheidendes Gewahrsein: weltliches, überweltliches, und herausragend überweltliches Gewahrsein.

Oder alternativ diese drei: unterscheidendes Gewahrsein des Hörens, des Reflektierens und des Meditierens.

Manche lehren es auch so: unterscheidendes Gewahrsein auf der Erkenntnisebene relativer Wirklichkeit, unterscheidendes Gewahrsein auf der Erkenntnisebene der absoluten Wirklichkeit und unterscheidendes Gewahrsein der Einheit [beider Ebenen].

Diese achtzehn[189] tragen in sich: zum Wohle der Wesen zu handeln; keinem Wesen zu schaden; das Leiden der Härten geduldig zu ertragen; durch andere Aktivitäten nicht unterbrochen und in Freude zu handeln; gedanklich nicht abzuschweifen; und zu wissen, dass alles leer und illusionsgleich ist.

Alle sechs Paramitas [die wiederum in je drei unterteilt sind] besitzen diese sechs Qualitäten. Das macht zusammen einhundertacht.[190]

Die Gruppierung der Sechs Paramitas

Gruppiert man die Sechs Paramitas, sind sie in den zwei Ansammlungen enthalten. Großherzigkeit und ethisches Wohlverhalten sind enthalten in der Ansammlung des Verdienstes. [437] Unterscheidendes Gewahrsein ist enthalten in der Ansammlung der Weisheit. Und die drei restlichen [Geduld, freudige Anstrengung, meditative Konzentration] gehören zu beiden Ansammlungen.

Wenn die fünf [ersten Paramitas] durchdrungen sind von überweltlich unterscheidendem Gewahrsein, gehören sie ebenfalls zur Ansammlung der Weisheit.

Buddha Maitreya sagte im *Dode-gyen*:

> Großherzigkeit und ethisches Wohlverhalten sind Ansammlungen des Verdienstes.
> Unterscheidendes Gewahrsein ist die Ansammlung von Weisheit.
>
> Die anderen drei gehören zu beiden.
> Die fünf sind ebenfalls Teil der Ansammlung der Weisheit.

---

189 18, das sind sechs Paramitas mit jeweils drei Untergliederungen.

190 18 mal sechs gleich 108.

Meister Atisha lehrt eine zweifache Untergliederung: die fünf Paramitas als Methode und die Weisheit. Er lehrt[191]:

> Alle Siegreichen haben erklärt:
> Gliedert man die Paramitas der Weisheit aus
> und nimmt alle anderen Tugendqualitäten,
> ab Großherzigkeit und so weiter,
> so sind sie alle Methoden oder Mittel.

Die Unterweisung zur Vollkommenheit und zur höchsten Vortrefflichkeit

Sie hat zwei Abschnitte.

Zur Vollkommenheit wird gesagt[192]:

> Großherzigkeit ohne Erwartungen,
> ethisches Wohlverhalten frei von Begehren nach Wiedergeburt [in einem der höheren Bereiche Samsaras],
> Geduld gegenüber allen [fühlenden Wesen],
> freudige Anstrengung, die alle guten Qualitäten hervorbringt [die zur Befreiung führen],
> [438] ebenso meditative Konzentration – ohne Geburt im formlosen Bereich anzustreben,
> unterscheidendes Gewahrsein, ausgestattet mit Methoden –
> das sind die sechs Paramitas,
> in denen sich Standhafte vollkommen üben.

Zu höchster Vortrefflichkeit sagt das *Dode-gyen*:

> Das Geben des Dharma, reines ethisches Wohlverhalten,
> das geduldige Ertragen des »Nicht-Geborenen« erlangen,
> freudige Anstrengung in der Ausübung des Mahayana,
> verweilen im letzten [vierten Samadhi], ausgestattet mit Mitgefühl,
> und herausragendes überweltliches Gewahrsein
> werden von den Weisen als die vortrefflichsten der Paramitas betrachtet.

---

191 In *Lampe für den Pfad zur Erleuchtung.*

192 Im Dode-gyen – *mdo sde'i rgyan*, Ornament der Sutra-Sammlung.

Geben des Dharma, die Edlen erfreuende, unbefleckte moralische Disziplin, geduldiges Ertragen der direkten Erfahrung des Nicht-Entstehens der Phänomene, freudiger Eifer in der Ausübung des Mahayana-Dharma, der vierte Samadhi, ausgestattet mit unermesslichem Mitgefühl, und unterscheidendes Gewahrsein, das die absolute Wirklichkeit kennt, dies sind die höchsten Vortrefflichkeiten der sechs Paramitas.

Die Unterscheidungen

Als Unterscheidungen sind zwei Punkte zu nennen:

- die Unterscheidung, was im Widerspruch [zu den Sechs Paramitas] steht und was die Gegenmittel sind,
- die Unterscheidung von »falsch« und »echt«.

Zum ersten[193]:

> Verhaftung an Besitz,
> [439] Beschädigen der Gelübde,
> Überheblichkeit, Stolz und Schwächung der Tugenden,
> Anhaftung an angenehme meditative Erfahrungen entwickeln
> und Gedankenkonzepte –
> sind Ursachen des Verfalls bei jenen, die darauf bauen.
>
> Bodhisattvas wenden die Gegenmittel dafür an.
> Wisse! Weil sie die Ursachen des Verfalls abwehren,
> besitzen sie außerordentlich gute, Glück begünstigende Qualitäten.

Man sollte wissen, dass die Dinge, die den Sechs Paramitas widersprechen, den Verfall [aller Qualitäten] außerordentlich fördern und dass die Gegenmittel das Entstehen außerordentlicher Qualitäten in einzigartiger Weise begünstigen.

Zum zweiten sagt das *Dode-gyen*:

> [Statt wirklichen Gebens] nur Magisches zaubern,
> heuchlerisches Verhalten,
> lediglich ein schönes Gesicht zeigen,
> nach außen hin Eifer zeigen,

193 Aus dem *Dode-gyen*.

nach außen hin Körper und Rede friedvoll zeigen,
und gleichermaßen bloße Beredsamkeit [ohne Weisheit],
dieses Fehlgehen, fern jeglicher wahren Praxis [der sechs Paramitas]
erklären die Bodhisattvas als gänzlich unwahrhaftig.

Vermeidung [solcher Fehler] und Abwendung aus tiefstem Herzen
werden vollkommene Übung der Paramitas genannt. [440]

So heißt es.

Die Frucht

Hierbei gibt es drei Punkte: die völlig gereifte Frucht, die Frucht in Übereinstimmung mit der Ursache und die beherrschende Frucht.

Die völlig gereifte Frucht

Die völlig gereifte Frucht der gut entwickelten und vollendeten sechs Paramitas besteht in den Drei Kayas und den damit verbundenen Aktivitäten.

Die Frucht in Übereinstimmung mit der Ursache

Das Verhaltensresultat

Das Verhaltensresultat besteht darin, dass du – bis zum Erlangen der Buddhaschaft – auch den Wunsch haben wirst zu geben. Du wirst ganz natürlich in diese Richtung tendieren und Freude haben am Geben. Und man wird dich kaum von der Großherzigkeit abbringen können. All dies gilt in entsprechender Weise auch für die fünf übrigen Paramitas.

Die Erfahrungsresultate in Übereinstimmung mit der Ursache

Die Erfahrungsresultate in Übereinstimmung mit der Ursache sind:

- durch Großherzigkeit: vollkommenes materielles Wohlergehen,
- durch ethisches Wohlverhalten: eine menschliche Geburt mit Freiheiten und förderlichen Bedingungen,
- durch Geduld: ein gut ausgestatteter, attraktiver Körper,
- durch freudige Anstrengung: stetige Zunahme guter Qualitäten,
- durch meditative Konzentration: außergewöhnliche Kräfte, sechs übersinnliche Fähigkeiten und so weiter,

– [441] durch die Weisheit unterscheidenden Gewahrseins: Ablegen aller verstörenden Gefühle durch die Erkenntnis der wahren Natur aller Phänomene.

Die beherrschende Frucht
Du wirst in einer Gegend wiedergeboren werden, wo der wahre Dharma und die Sechs Paramitas praktiziert werden.

Die feststehende Anzahl

In Anbetracht der drei Schulungen ist es klar ersichtlich: Es gibt genau sechs Paramitas.

Ethisches Wohlverhalten [*tshul khrims*] ist der Kernpunkt der höheren Schulung moralischer Disziplin. Und diese Schulung wird in vollkommener Weise aufgenommen mittels Großherzigkeit, die nicht an Besitz haftet. Wenn sie vollkommen aufgenommen wurde, [wird sie unterstützt durch] Geduld, welche die Fähigkeit verleiht [die Disziplin] zu schützen, indem man bei verbalen Angriffen und so weiter nicht zurückschlägt.

Diese beiden [Großherzigkeit und Geduld] sind unterstützende Helfer in der Gruppe [der Schulung] ethischen Wohlverhaltens.

Meditative Konzentration oder Stabilität [*bsam gtan*] ist der Kernpunkt der höheren Schulung des Geistes beziehungsweise der höheren Schulung des Samadhi.

Unterscheidende Weisheit [*shes rab*] ist das Herzstück der höheren Schulung in unterscheidender Weisheit.

Und freudige Anstrengung ist der Helfer aller drei Schulungen.

Dazu auch aus dem *Dode-gyen*:

> Aus der Sicht der drei Schulungen:
> [442] Von den Sechs Paramitas,
> die durch den Siegreichen vollkommen erklärt wurden,
> umfasst die erste Schulung die ersten drei Paramitas.
> Die letzten beiden Paramitas beinhalten die zwei restlichen Schulungen.
> Und ein Paramita gehört zu allen dreien.

Die feststehende Reihenfolge

Aus demselben Text:

> Weil die späteren sich auf die früheren stützen,
> weil es niedrigere und höhere gibt
> und weil es gröbere und feinere gibt,
> wird ihre Reihenfolge [in entsprechender Weise] gelehrt.

Die Reihenfolge, beginnend mit »die Paramita der Großherzigkeit« und so weiter, wird so aus [den oben aufgeführten] drei Gründen gelehrt:

Weil die späteren sich auf die früheren stützen
Durch großherziges Geben, ohne auf Besitz zu schauen, wird ethisches Wohlverhalten gänzlich begonnen und ergriffen. Ausgestattet mit ethischem Wohlverhalten entwickelt sich Geduld. Hat sich Geduld eingestellt, wirst du tatsächlich freudige Anstrengung zeigen. Hast du begonnen, freudigen Eifer zu zeigen, wird sich Samadhi [*ting nge 'dzin*], meditative Stabilität, entwickeln. Wenn der Geist in Gleichmut ruht, stellt sich vollkommene, höchste Wirklichkeitserkenntnis ein.

Weil es niedrigere und höhere gibt
Weil es zu einer früheren, niedrigergestellten [Vortrefflichkeit] eine spätere, höhergestellte gibt: Gegenüber der niedrigergestellten Großherzigkeit steht überlegen ethisches Wohlverhalten.

[443] Es fährt in dieser Weise fort, bis hin zu: Gegenüber der meditativen Konzentration oder Stabilität, die niedriger gestellt ist, steht die höhergestellte unterscheidende Weisheit.

Weil es gröbere und feinere gibt
Weil die Erstgenannten gröber und die später Genannten feiner sind: Mit Großzügigkeit kann man leicht beginnen, sie kann leicht in die Tat umgesetzt werden. Da es weitaus schwieriger ist, mit ethischem Wohlverhalten zu beginnen und es in die Tat umzusetzen, ist dies – verglichen mit Großherzigkeit – feiner. Dies gilt in dieser Weise für alle folgenden Paramitas, bis hin zu: Meditative Konzentration oder Stabilität ist gröber und unterscheidende Weisheit feiner.

Die Disziplin, die das Wohl der Wesen bewirkt

Zu den vier Methoden des Herbeiziehens [von Schülern][194] gibt es vier Unterpunkte:

- das Wesen der vier Methoden des Herbeiziehens von Schülern,
- ihre Funktion,
- wozu sie gehören, wenn man sie zusammenfasst,
- wie man sie in die Tat umsetzt

Das Wesen

Dazu lesen wir [im *Dode-gyen*]:

> Für Großherzigkeit, entsprechend [der früher gegebenen Erläuterung]:
> durch Unterweisung [in den Paramitas],
> Zur-Ausübung-Veranlassen
> und durch eigenes Befolgen
> wird [das Wesen] angenehmer Rede, [des Veranlassens] sinnerfüllten Verhaltens
> und des Einklangs von Wort und Tat bestimmt.

Das Wesen der Großzügigkeit liegt darin, wie anlässlich der Paramitas erklärt, dem Empfänger das zu geben, was er sich wünscht.

[444] Das Wesen der angenehmen Rede liegt darin, anderen die sechs Paramitas zu erklären.

Das Wesen sinnerfüllten Verhaltens ist, andere dahin zu bringen, sich mit den sechs Paramitas zu befassen und sie auszuüben.

Das Wesen des Einklangs von Wort und Tat besteht darin, selbst in Übereinstimmung mit den sechs Paramitas zu üben.

194 Diese sind: *mkho ba sbyin pa* – geben, was gebraucht wird; *snyan par smra ba* – angenehme Rede; *don spyod* – sinnerfülltes Verhalten; *don mthun pa* – Einklang von Wort und Tat.

Die Funktion

Hierzu [aus dem *Dode-gyen*]:

> Durch die erste: ein [für den Dharma aufnahmefähiges] Gefäß bereiten.
> Durch die zweite: Wertschätzung und Motivation [erwecken].
> Durch die dritte: [zur] Übung [veranlassen].
> Durch die vierte: vollkommenes Üben bewirken.

Indem man [zunächst] notwendige materielle Güter gibt, werden andere zu aufnahmefähigen Gefäßen, denn so werden sie befähigt, [überhaupt] den Dharma hörend aufzunehmen. Angenehme Rede [weckt ihr Interesse und] führt sie dazu, den Dharma zu schätzen, und weil sie alles ausführlich lernen, werden Zweifel beseitigt. Durch Veranlassung sinnerfüllten Verhaltens werden sie dazu bewogen, in Übereinstimmung mit dem Dharma zu praktizieren. Im Einklang von Wort und Tat und durch lange Praxis wird man die Paramitas verwirklichen.

Wozu sie gehören, wenn man sie zusammenfasst

[445] Sie werden im Paramita der Großherzigkeit zusammengefasst.

»Herbeiziehen durch Geben« ist in der Großherzigkeit des Gebens notwendiger materieller Dinge enthalten. »Angenehme Rede« und »sinnerfülltes Verhalten« [zu veranlassen] ist beinhaltet in der Großherzigkeit des Gebens von Dharma. »Herbeiziehen durch den Einklang von Wort und Tat« ist eingeschlossen in der Großherzigkeit des Gebens von Furchtlosigkeit. Einige hingegen sagen, dass dieser letzte Punkt innerhalb der Paramita ethischen Wohlverhaltens die eigentliche Basis jenes ethischen Wohlverhaltens ist, das den Nutzen anderer bewirkt.

Wie man sie in die Tat umsetzt

Jedes dieser vier hat vier weitere Aspekte, die bekannt sind als: Herbeiziehen durch alles; Herbeiziehen durch Ertragen von Schwierigkeiten und Härten; Herbeiziehen mit allen Mitteln; und Herbeiziehen [in der Art] eines heiligen Wesens.

Die vier weiteren Aspekte des Gebens sind:

- herbeiziehen, indem man alles gibt,
- herbeiziehen durch schwieriges Geben,
- herbeiziehen durch Geben in jeder möglichen Weise,
- herbeiziehen durch die Großherzigkeit eines heiligen Wesens.

»Herbeiziehen, indem man alles gibt«, heißt zu geben, was immer man selbst hat.
»Herbeiziehen durch schwieriges Geben« hat drei Unterteilungen:

- geben, obwohl man selbst wenig hat,
- [446] geben, obwohl das Gegebene durch viel Mühe erworben wurde,
- Geben von Dingen, die man selbst sehr gern hat [das heißt, an denen man sehr hängt].

»Herbeiziehen durch Geben in jeder möglichen Weise« bedeutet, dass man mehr gibt, als man hat, indem man von anderen Weiteres erwirbt und auch das gibt.
»Herbeiziehen durch die Großherzigkeit eines heiligen Wesens« heißt, dem zeitlichen und letztendlichen Wohl aller fühlenden Wesen zu widmen und dafür zu geben.

Die vier weiteren Aspekte angenehmer Rede sind:

- angenehme Rede unter allen Umständen,
- schwierige angenehme Rede,
- angenehme Rede in jeder möglichen Weise,
- angenehme Rede eines heiligen Wesens.

»Angenehme Rede unter allen Umständen« hat drei Unterteilungen:

- angenehm reden mit einem Gesichtausdruck, der weder Missbilligung noch Ablehnung zeigt;
- angenehme Rede ohne Neid und Eifersucht auf den Ruhm oder Besitz anderer;
- angenehm reden und vorzügliche Ratschläge geben

»Schwierige angenehme Rede« hat drei Unterteilungen:

- angenehm reden, selbst zu jemandem, der den Lama und die Ehrwürdigen täuscht;
- angenehm reden, selbst zu jemandem, der dir und deinen Freunden feindlich gesonnen ist, indem man sagt: »Ich werde dir helfen!«;
- [447] angenehm reden zu einer Person mit verminderter Auffassungsgabe, ohne Abneigung und Überdruss.

»Angenehme Rede in jeder möglichen Weise« hat drei Unterteilungen:

- zuerst andere dazu veranlassen, durch die vier Kräfte[195] ihre negativen Handlungen zu bekennen, zu reinigen und tilgen;
- sie dann Vertrauen entwickeln lassen in die Vier Edlen Wahrheiten und sie dazu bewegen, – motiviert durch Liebe – freundlich auf Feinde zu reagieren;
- und schließlich: sie dazu bringen, die vier Grundübel[196] und so fort aufzugeben und dafür Großzügigkeit und so weiter aufzunehmen.

»Angenehme Rede eines heiligen Wesens« ist angenehmes Reden mit dem Ziel, alle fühlenden Wesen in zeitliches und letztendliches Glück zu versetzen.

Die vier weiteren Aspekte [des Veranlassens] sinnerfüllten Verhaltens sind:

- zu sinnerfülltem Verhalten veranlassen in Bezug auf alle,
- sinnerfülltes Verhalten [auch] unter erschwerten Bedingungen herbeiführen,
- sinnerfülltes Verhalten in jeder möglichen Weise,
- sinnerfülltes Verhalten in der Art eines heiligen Wesens.

Das erste hat zwei Unterteilungen:

- jene zur Reife führen, die nicht reif sind;
- jene, die reif sind, befreien.

Das zweite hat vier Unterteilungen:

- jene dazu bewegen, die zwei Ansammlungen, die noch unvollendet sind, zu vollbringen;
- [448] jene, die geizig sind – nicht fähig, selbst ein wenig zu geben – in die Gewohnheit des Gebens einführen;
- Nichtbuddhisten zum Buddhismus hinführen;
- jene mit unklarem unterscheidendem Gewahrsein in die vollkommene Weisheit einführen.

---

195 Auch bekannt als die vier entgegenstehenden Kräfte oder kurz: die vier Gegenmittel – *gnyen pa'i stobs bzhi: 1. rten gyi stob* – die Kraft der Zuflucht (Stütze); 2. *rnam par sun 'byin pa'i stobs* – die Kraft der vollkommenen Reue; 3. *nyes pa las slar ldog pa'i stobs* – die Kraft des Abwendens von falschem Tun, die Kraft des Vorsatzes; 4. *gnyen po kun tu spyod pa'i stob* – die Kraft der sorgfältigen Anwendung des Gegenmittels (Vajrasattva-Meditation).

196 Töten, stehlen, sexuelles Fehlverhalten, lügen.

Zu »sinnerfülltem Verhalten in jeder möglichen Weise« veranlassen bedeutet, Wesen durch mannigfaltige Aktivitäten zu sinnerfülltem Verhalten zu bewegen.

Zu »sinnerfülltem Verhalten in der Art eines heiligen Wesens« zu bewegen ist gleichbedeutend mit dem Vorhergehenden.

Einklang von Wort und Tat:

Dies bedeutet, dass man selbst in Übereinstimmung mit dem Dharma handelt. Damit andere, die in sinnerfülltes Verhalten eingeführt wurden, nicht wieder zurückfallen, muss man auch selbst in Übereinstimmung mit dem Dharma handeln.

Wann die Gelübde verloren gehen, wann sie erlangt werden

Zunächst zu der Frage, wann die Gelübde erlangt werden:

[Zuvor müssen] Tugenden angesammelt, der Geist je nach den drei Arten [des geistigen Vermögens] der Wesen stufenweise geschult und die eigenen Ziele durch die Motivation von Liebe und Mitgefühl ausgeweitet werden.

Dann durchläuft man die entsprechenden vorbereitenden Phasen und den Hauptteil der Zeremonie des Nehmens der Gelübde und erlangt diese bei der dritten Wiederholung der Verse des Versprechens.

Wann die Gelübde verloren gehen:

Wenn eine falsche Sichtweise entwickelt wird, gehen sie verloren. Wenn man die Drei Kostbarkeiten aufgibt, gehen sie verloren. Wenn man wünschendes Bodhichitta aufgibt, [449] geht auch der Erleuchtungsgeist der Anwendung verloren. Wenn man gegen die Übungen [eines Bodhisattvas] verstößt oder diese aufgibt, gehen auch die Gelübde verloren.

Es heißt [in Gampopas *Juwelenornament der Befreiung*]:

> Wünschendes Bodhichitta geht durch die vier schwarzen Dharmas verloren
> und durch das Aufgeben der fühlenden Wesen im eigenen Geist.

Zu handelndem Bodhichitta gibt es ein Aussage im Sutra *Namka'i Nying-po*[197]:

> Wenn alle Aspekte [einer solchen Tat] vollkommen erfüllt sind,
> ist es ein Wurzelvergehen.

197 *nam mkha'i snying po'i mdo.*

Und in der Tradition von Asanga heißt es, [entsprechend den *Stufen eines Bodhisattvas*]:

> Wenn eine Wurzelverfehlung geschieht, die stark umschlungen ist
> von einer Motivation der vier [schwarzen Dharmas],
> dann sind sie [die Bodhisattva-Gelübde] verloren.

Was ist mit »stark« gemeint? Ein Bodhisattva ist »stark umschlungen«, wenn er, wie eine weltliche Person, ununterbrochen nach den vier Dingen, wie Besitz, Status und so weiter, verlangt und seine Aktivitäten in diese Richtung lenkt, ohne die kleinste Regung von Scham vor sich selbst oder vor dem, was andere denken mögen, [sein Verhalten] genießt, zufrieden damit ist und es auch noch als gute Qualität betrachtet.

Ist es wie beim Verlust der Gelübde individueller Befreiung, dass man die Gelübde in diesem Leben nicht vollkommen erneuern kann? [450] Nein, so ist es nicht!

Weil [in Atishas *Lampe für den Pfad zur Erleuchtung*] gesagt wird: »Die Gelübde können erneut genommen werden«, folgt die Erklärung:

Wie die Gelübde wiederhergestellt werden können, wenn sie beschädigt wurden

Es heißt: »Bekenne vor dem edlen Bodhisattva *Namkha'i Nyingpo*[198].«

Und [an anderer Stelle]:

> Dreimal am Tag und dreimal in der Nacht
> rezitiere das Sutra der drei Anhäufungen[199].
> Und indem du dich dem Siegreichen und den Bodhisattvas anvertraust,
> reinige die Rückstände des Niederfalls.

So kann man es dem Sutra *Namkha'i Nyingpo* entnehmen und auch andernorts finden. Die Verschleierungen der gebrochenen Gelübde sind durch die vier Kräfte zu reinigen.

---

198 Übersetzt heißt der Name »Himmelsessenz« oder »Essenz des Raumes«.
199 *phung po gsum pa'i mdo* – Sutra des Bekennens und Reinigens vor den 35 Buddhas.

Das Erneuern der Gelübde

Wenn du einen Lama finden kannst, der die zuvor erklärten Merkmale besitzt, nimm die Gelübde in seiner Gegenwart entsprechend dem Ritual. Kannst du keinen Lama mit den erforderlichen Merkmalen finden, so heißt es in den *Stufen eines Bodhisattva*:

> Wenn eine Person mit diesen Qualitäten nicht verfügbar ist,
> nimm die Gelübde ethischen Wohlverhaltens eines Bodhisattvas
> [451] in vollkommener Weise in Gegenwart[200] des Bodhisattva-Tathagata[201].
> Lege die obere Robe über eine Schulter, platziere das rechte Knie mit dem Schienbein auf dem Boden oder hocke [und sprich]:
> »Ich, mit Namen …, bete zu allen Tathagatas der zehn Richtungen und zu allen Bodhisattvas, die auf den »großen Stufen«[202] verweilen. Vor euch allen verspreche ich, mich in den grundlegenden Schulungen und allen Arten ethischen Wohlverhaltens eines Bodhisattvas zu üben: in der moralischen Disziplin der Gelübde, in der moralischen Disziplin der Ansammlung von Tugenden und in der moralischen Disziplin, die das Wohl aller Wesen bewirkt. Worin immer ihr euch geübt habt, was immer die Bodhisattvas der Zukunft üben werden und was auch [452] immer alle Bodhisattvas, die in den zehn Richtungen weilen, heute üben, will auch ich als Übung aufnehmen.

Dies wiederhole zweimal, und nach der dritten Wiederholung hast du das Gelübde erhalten.

Das vorbereitende Ritual und der Abschluss sind wie zuvor erklärt.

Wie ist zu verfahren, wenn das Gelübde aufgrund mittelstarker verstörender Gefühle verletzt wurde, wobei eines der vier Merkmale starken Umschlungenseins [durch Negativität] nicht vorhanden ist?

Es heißt: »Bei mittlerer Befleckung bekenne vor dreien.«

Falls ein Bodhisattva eine Verletzung [der Gelübde] aufgrund mittelstarker verstörender Gefühle begeht, die einer Hauptübertretung[203] ähnelt, so ist dies eine Verfehlung, die vor drei oder mehr Personen zu bekennen ist, entweder vom Fahrzeug

200 Vor einer Repräsentation seines Körpers, einer Statue, einem Thangka oder Ähnlichem oder [nur] geistig vorgestellt.

201 Man sieht stets den, der die Bodhisattva-Gelübde gewährt, als Bodhisattva. Hier ist der Buddha selbst in der Rolle des Bodhisattva.

202 Achter bis zehnter Bhumi.

203 … *pham pa'i gnas* – »Niederlage bereitende Verfehlung«, die zum völligen Verlust der Gelübde individueller Befreiung führt.

der Hörer oder dem der Bodhisattvas, die in der Lage sind, [die Bedeutung der Worte] zu verstehen und zu erfassen.

In ihrer Gegenwart beginne das Bekenntnis und sprich wie folgt:

> [453] Ehrwürdige! Bitte schenkt mir Gehör. Ich, mit Namen …, habe aus Vergesslichkeit Verfehlungen begangen, die im Widerspruch zur Disziplin eines Bodhisattva stehen. Diese lege ich offen und bekenne vor euch Ehrwürdigen, ohne etwas zu verbergen, und verspreche, sie nicht mehr zu begehen. Indem ich es bereue und bekenne, werde ich von Freude erfüllt; wenn ich es nicht bekenne und bereue, wird es für mich keine Freude geben. Wenn sie fragen: »Siehst du sie als Verfehlungen?« Antworte: »Ja, ich sehe sie als solche!«
> Wenn sie fragen: »Wirst du die Gelübde in Zukunft einhalten?«, antworte: »In Übereinstimmung mit dem Dharma und dem Vinaya will ich sie gut bewahren und unbedingt hochhalten.«

In dieser Weise solltest du zweimal und dann ein drittes Mal antworten.

Wie ist zu verfahren, wenn aufgrund geringfügigen Umschlungenseins durch Negativität eine Handlung erfolgt, die einer Hauptübertretung ähnelt?

Es heißt: »Die Restlichen [bekenne] vor einer Person.«

[454] »Die Restlichen« sind Handlungen geringfügiger Verunreinigung, die zu den Verletzungen der Gelübde gehören. Diese sollen in der gleichen Weise wie, doch vor einer Person bekannt werden.

Fragt man, was zu tun sei bei Handlungen, die, »behaftet«[204] oder »nicht behaftet« mit verstörenden Gefühlen[205], zu Fehlhandlungen zählen, wie »den Drei Kostbarkeiten keine Verehrung bezeigen« und so weiter, so heißt es:

---

204 Tony Duff, *The Illuminator*: »Dies sind die sechs grundlegenden verstörenden Gefühle, die die Wesen im Daseinskreislauf wandern lassen, weil sie die Basis der anderen verstörenden Gefühle sind. Die sechs lauten: 1. *ma rig pa* – Unwissenheit; 2. *dod chags* – Anhaftung, Leidenschaft, Begehren; 3. *khong khro* – Abneigung, Agression, Hass; 4. *nga rgyal* – Stolz; 5. *the tshom* – Zweifel; 6. *lta ba* – Sichtweise. Manchmal steht anstelle von Unwissenheit: gti mug – Illusion, Wahn.«

205 »Nicht behaftet mit« bezieht sich auf Handlungen, die auf den 20 nachgeordneten verstörenden Gefühlen (*nye ba'i nyon mong pa*) beruhen. Diese sind laut Tony Duff, *The Illuminator*: »1. *khro ba* – Ärger, Wut, Zorn; 2. *'khon 'dzin* – Streit, Zank, Groll; 3. *'chab pa* – Verheimlichen, Verbergen; 4. *'tshig pa* – ungehalten sein, ausfallend, beleidigend, toben, vor Wut schäumen, durch Feuer zerstören, erhitzt vor Zorn; 5. *phrag dog* – Missgunst, Neid; 6. *ser sna* – Geiz, Habsucht; 7. *g.yo* – Unehrlichkeit, Täuschung, Betrug; 8. *sgyu* – Täuschen, Betrügen, Heuchelei, Hinterlist; 9. *rgyags pa* – Genuss von Rauschmitteln;

[Verfehlungen], mit verstörenden Gefühlen behaftet oder nicht behaftet,
[bekenne und bereue] ich entsprechend [wie zuvor erklärt] im eigenen Geist.

Wenn keine entsprechende Person zu finden ist, solltest du vor deinem eigenen Geist bekennen. Durch die Kraft der Furcht vor Tadel von anderen [*khrel ba*], durch das eigene innewohnende Schamgefühl [*ngo tsha shes pa*], mit der Absicht der Besserung [*dul ba*] und Befriedung des Geistes [*zhi ba*] und Kraft des Vorsatzes, es hinfort nicht mehr zu tun [*phyis mi bya ba*], gestehe es ein [und reinige es]. Ist eine [entsprechende] Person verfügbar, bekenne vor ihr.

Dies ist die Bedeutung des Zitats.

Wisse, diese Methode des Bekennens vor sich selbst kann auch bei Verfehlungen, verursacht durch mittlere und geringere Unwissenheit angewandt werden, falls keine geeignete Person zur Verfügung steht.

[455] Hier mein begründeter Rat, der das oben Gesagte kurz zusammenfasst:

Wenn man sich in vielerlei Mühsal stets abmühen muss,
die einem Nahestehenden froh zu stimmen,
dann ist es nur angemessen, sich für die Entwicklung
des Erleuchtungsgeistes voll einzusetzen,
um das Wohl der anderen zu bewirken.

Dies war das neunte Kapitel des Textes
Wie man stufenweise in die Lehre Buddhas eintritt.
Es handelt vom Hervorbringen des Erleuchtungsgeistes.

10. *rnam par 'tshe ba* – Schaden, Körperverletzung; 11. *ngo tsha med pa* – Mangel an Schamgefühl; 12. *khrel med pa* – Mangel an Furcht vor Tadel; 13. *rmugs pa* – Dumpfheit, Stumpfsinn, Gleichgültigkeit, Trägheit; 14. *rgod pa* – Wildheit; 15. *ma dad pa* – Misstrauen; 16. *le lo* – Faulheit; 17. *bag med pa* – Nachlässigkeit; 18. *brjed ngas pa* – Vergesslichkeit; 19. *rnam g.yeng* – Abgelenktheit, Unaufmerksamkeit; 20. *shes bzhin ma yin pa* – Unachtsamkeit.

10 Die Frucht – die drei Kayas

Die Schulung in Verbindung mit den Bodhisattva-Gelübden besteht aus den drei Schulungen oder den sechs Paramitas, wobei die Paramitas meditativer Konzentration [*bsam gtan*] und unterscheidenden Gewahrseins [*shes rab*] von besonderer Bedeutung sind. Die damit verbundene Übung ist die Meditation von Leerheit und Mitgefühl als Einheit.

Im Wurzeltext lasen wir:

> Bei der Schulung meditativer Versenkung und unterscheidender Weisheit
> meditiere Leerheit und Mitgefühl in untrennbarer Einheit.

Zuerst soll man sich durch das Studium der Texte, durch Folgern und die mündlichen Unterweisungen des Lama Gewissheit verschaffen.

Erkenne: Gewissheit durch Folgern wird durch Zuhören und Nachdenken erlangt. Gewissheit durch die mündlichen Unterweisungen des Lama entsteht durch die [direkten] [456] essenziellen Ratschläge aus seinem Munde.

Zur Gewissheit durch die Schriften gibt es fünf Punkte:

Buddha lehrt [zuerst]: »Alle Phänomene sind leer.« Aber allein dies zu verkünden reicht nicht. Es ist [zweitens] notwendig, eine direkte Erkenntnis der Leerheit zu verwirklichen. Dafür ist es [drittens] notwendig zu meditieren. Und dafür ist es [viertens] auch notwendig, Methode und Weisheit zu vereinigen. Um das zu erreichen, muss man [fünftens] zuerst die Methode [das heißt großes Mitgefühl] meditieren und später die Weisheit [das heißt unterscheidendes Gewahrsein des Nicht-Selbst].

Zuerst zu Buddhas Lehrsatz, [demzufolge alles] Leerheit ist. Aus dem *Herz-Sutra*:

> Alle Phänomene sind Leerheit,
> bar aller Merkmale,
> kein Entstehen, kein Vergehen,
> nicht unrein, nicht rein,
> keine Abnahme, keine Zunahme.

Und aus einer anderen Schrift:

> Alle sichtbaren Erscheinungen entstehen aus dem Geist.
> Die Natur des Geistes kann nicht aufgezeigt werden.
> Gelehrte, sucht die Essenz des Geistes [in eurem eigenen Geist].
> Die wahre Natur des Geistes kann niemals erblickt werden.

Aus einem *Madhyamika*-Text[206] Nagarjunas:

> Weil es keine Phänomene gibt,
> die nicht wechselseitig bedingt wären,
> [457] gibt es keine Phänomene, die nicht leer sind.

[Zweitens], allein das Wissen um Leerheit reicht nicht aus. Sie muss entdeckt, muss realisiert werden.

Aus einem Kommentar[207] Dharmakirtis:

> Da liebende Güte und so weiter nicht im Widerspruch zu »Verdunkeltsein« stehen,
> wird verblendetes Handeln [durch sie] nicht gänzlich beseitigt.
> Befreiung ereignet sich durch Erkennen, durch Erblicken der Leerheit.
> Das ist der Sinn der anderen Meditationen.

Und [aus einem Sutra]:

> Es wird gelehrt, dass die wahre Natur der Wesen die Erleuchtung ist,
> und dass die wahre Natur der Erleuchtung die der Wesen ist.
> Die Wesen und Erleuchtung sind nicht zwei.
> Wenn du das erkennst, wirst du ein Erhabener.

[Drittens], zur Notwendigkeit des Meditierens [auf die Leerheit], heißt es [im *Sherab Nyingpo*]:

> Untersuche gründlich, dass auch die fünf Aggregate ihrem Wesen nach leer sind!

---

206 Nagarjunas *dbu ma rtsa ba'i tshig le'ur byas pa shes rab zhes bya ba – Prajñanama mulamadhyamakakarika.*

207 *tshad ma rnam 'grel – Pramana-vartika.*

Und an anderer Stelle:

Leerheit ist das Gegenmittel für die Dunkelheit
der Verschleierung verstörender Gefühle [und der dualistischen Wahrnehmung].
Warum meditieren jene nicht [auf Leerheit],
die schnell Allwissenheit [Buddhaschaft] zu erlangen wünschen?

[458] Und [aus einem Sutra]:

So wie der süße Geschmack des Zuckerrohrs
nicht durch Beschreibung erfahrbar ist,
man ihn aber kennt,
hat man ihn einmal gekostet,
ist es mit den Bedeutungen der Leerheit:
Durch Erklärungen allein wird der Geschmack nicht erfahren.
In dem, der fortwährend auf die Leerheitsnatur der Phänomene meditiert hat,
wird selbsterkennendes Gewahrsein [der Leerheit] entstehen.

[Viertens] ist es notwendig, Methode und Weisheit zu vereinigen[208]:

Meister Atisha sagt:

Weil Weisheit ohne Methode
und Methode ohne Weisheit
als Fessel bezeichnet werden,
lasse von keiner der beiden ab!

Aus dem *Sutra der Lehren Vimalakirtis*:

Weisheit ohne Methode ist eine Fessel,
Weisheit zusammen mit Methode Befreiung.
Methode ohne Weisheit ist Fessel
Methode zusammen mit Weisheit Befreiung.

Aus einem Doha [von Saraha]:

Wer immer in der Leerheitsmeditation verweilt – frei von Mitgefühl,
[459] wird nicht den höchsten Pfad erlangen.

---

208 Denn hierdurch wird Leerheit realisiert.

Wer nur Mitgefühl meditiert,
wird ebenfalls nicht aus Samsara befreit werden.
Wer stets die zwei verbinden kann,
wird nicht in Samsara verbleiben, wird nicht im Nirvana weilen.

[Fünftens], zu der Notwendigkeit, zuerst die Methoden zu meditieren. Hierzu sagt das *Weisheits-Sutra*[209]:

Vereine die gute Beherrschung der Methoden mit der Paramita vollkommener Weisheit.
Ohne lenkende Weisheit wird Befreiung nicht geschehen.

Was das Verschaffen der Gewissheit – bezüglich der Leerheit aller Phänomene – durch Studium der Schriften und logisches Nachdenken angeht:

Da die Sichtweise, die sich durch Hören und Überdenken der Bedeutungen bildet, ein konzepthaftes, ungefähres Verständnis ist, ist es notwendig, die mündlichen Unterweisungen eines authentischen Lama der mündlichen Überlieferungslinie zu meditieren, um die wahre Natur der Leerheit tatsächlich zu erfahren.

Aus einem Doha:

Wer nicht vollständig die Ambrosia
der mündlichen Unterweisungen des Lama trinkt,
welche die Ängste zerstreut und kühlt[210],
der verdurstet in der Wüste der vielen Bedeutungen der Shastras
[460] und wird elendig zugrunde gehen.

Nachdem man sich durch das Studium der Schriften und durch eigenes Analysieren Gewissheit über das Wesen der Phänomene [dieser Welt] verschafft hat, wird man durch Befolgen und Meditieren der mündlichen Unterweisungen des Lama die Erkenntnis der Leerheit des Selbst und Anderer, der Leerheit äußerer Erscheinungen und des innerlich ergreifenden Geistes und der Einheit von Leerheit und Mitgefühl verwirklichen.

Was die Abkehr von dualistischem Ergreifen durch die Verwirklichung dieser Erkenntnis angeht, so lesen wir im Wurzeltext: »Hierdurch wendet sich der Geist von dualistischem Erfassen ab.«

---

209 *sher phyin sdud pa.*

210 Das heißt: die Gefühlswallungen der verstörenden Gefühle befriedet.

Indem man dies verwirklicht, erkennt man, dass »Selbst« und »Andere«, äußere Objekte und innerlich ergreifender Geist nicht zwei sind. Dadurch wird sich der Geist von beiden [Arten des Ergreifens] abwenden.

Hat man die Wurzel der Ich-Verhaftung nicht durchtrennt, selbst wenn man denkt: »Ich praktiziere Dharma«, ist es Bemühung [behaftet mit verstörenden Gefühlen]; selbst wenn man denkt: »Ich meditiere«, ist es intellektuell fabrizierte [Meditation]; selbst wenn man denkt: »Ich habe verstanden«, ist es übertriebenes [Wunschdenken]; selbst wenn man denkt: »Ich habe Erkenntnis, habe Verwirklichung«, ist es überhebliche Einbildung.

Durchschneidet man die Wurzel der Ich-Verhaftung oder Ich-Fixierung, versteht man die Nicht-Getrenntheit von Selbst und Anderen. Dies nennt man »das Verstehen der zwei Arten des Nicht-Selbst«. Dies ist die Nicht-Getrenntheit von Leerheit und Mitgefühl.

[461] Die Ebenen und der stufenweise Weg sind auch enthalten in [der Meditation der] Leerheit und Mitgefühl in Einheit. Deshalb meditiere Leerheit und Mitgefühl!

Aus einem Doha des großen Brahmanen Saraha:

Ebenen, Pfade, Buddhaschaft – sind von einem Geschmack.
Suche den einen Geschmack der Buddhaschaft
in der uranfänglichen Weisheit deines Geistes.
Das ist der Weisheitsgeist des Sugata[211].
Es ist die Botschaft der Sutras und Tantras.
Es ist die Erfahrung der großen Meditationsmeister.

Deshalb verehre den Lama auf dem Scheitel deines Hauptes.
Aus der Tiefe des Herzens entwickle die Vorstellung, dass er ein Buddha ist.
Trinke die Ambrosia der mündlichen Unterweisungen der Überlieferungslinie.
Lass die Angelegenheiten weltlichen Tuns hinter dir.
Entfache den Fleiß der Praxis wie ein Feuer!

Wenn du so verfährst,
wird sich Gewissheit aus der Tiefe des Herzens erheben.
Die Wurzel der Ich-Fixiertheit wird durchtrennt;
du wirst Selbst und Andere als nicht getrennt erfahren.
Leerheit und Mitgefühl verschmelzen;
du wirst mühelos im natürlichen Zustand ruhen;
das letztendliche Ziel wird verwirklicht werden.
Da gibt es keine Unterscheidung zwischen Samsara und Nirvana.

---

211 Synonym für Tathagata, Buddha.

Kind, dies ist mein innigster Ratschlag. [462] Bewahre ihn im Herzen!

In dieser Weise werden durch Meditation von Leerheit und Mitgefühl in Einheit die zwei Ansammlungen vervollkommnet, die zwei Verschleierungen gereinigt und die Frucht der drei Kayas erlangt.

Im Wurzeltext lesen wir hierzu:

> Hast du die Meditation von Leerheit und Mitgefühl vollendet,
> werden alle schädlichen Handlungen und Fehler entfernt sein und
> die drei Kayas erlangt.

Durch die Meditation von Leerheit und Mitgefühl in Einheit wird Dharmata – von Natur aus vollkommen klar und rein – von den zeitweiligen Befleckungen und Makeln der zwei Verdunkelungen gereinigt, die sich wie Wolken am Himmel erhoben haben.

Auch wenn es viele Erklärungsweisen der zwei Verdunkelungen gibt, das *Gyü-Lama* sagt:

> Gedanken in der Form der »Drei Kreise«[212]
> werden als Verschleierung des Wissens definiert.
> Gedanken der Habgier und so weiter
> als Verschleierung der Geistesgifte.

Von den »Drei Kreisen« geprägtes Denken, das mit den sechs Paramitas verbunden wird, stellt die Verschleierung des Wissbaren[213] dar, womit begriffliche Subjekt-Objekt-Dualität gemeint ist. Gedanken wie jene des Geizes und so weiter, die den sechs Paramitas [463] entgegenstehen, sind die Verdunkelung der Geistesgifte.

Die Traditionen, diese Verschleierungen zu beseitigen, sind unterschiedlich – man kann zum Beispiel zuerst die Verdunkelungen der Geistesgifte überwinden und dann die Verschleierung des Wissbaren entfernen und so weiter. Es mag wohl möglich sein, die gröberen verstörenden Gefühle loszuwerden, indem man über Unangenehmes meditiert [als Gegenmittel gegen leidenschaftliches Begehren] und so weiter, ohne die Verschleierung des Wissbaren entfernt zu haben. Um sich aber von beiden Verschleierungen gänzlich zu befreien, müssen sie gleichzeitig entfernt werden.

---

212 *'khor gsum* – Die begriffliche Aufspaltung der Einheit des Seins in drei Aspekte: Subjekt, Objekt und deren Interaktion.

213 Das, was über das Dasein der phänomenhaften Erscheinungen zu wissen ist.

Konzepte sind die Wurzel von beiden. Wenn die Wurzeln der Konzepte durchtrennt wurden, sind zu diesem Zeitpunkt beide Verschleierungen spontan gereinigt. Eines rein und eines unrein – das ist nicht möglich.

Dharmata, der eigenen Natur nach völlig rein und frei von allen zeitweiligen Makeln, wird genannt »Ausgestattet mit zweifacher Reinheit«.

Aus dem *Dode-Gyen*:

> Bezüglich der Soheit[214]
> gibt es keinen Unterschied zwischen allen [Wesen oder Buddhas];
> gereinigt aber ist sie Buddhaschaft selbst.
> Weil das so ist, besitzen alle Wesen die Essenz der Buddhaschaft.

[464] Und wieder aus dem *Dode-Gyen*:

> Wisse, dass alle Körper der Buddhas
> in den Drei Kayas versammelt sind.
> Das eigene Wohl und das Wohl der anderen
> wird durch die Drei Kayas zusammen mit den Methoden der Befreiung erklärt.

Das, was die zweifache Reinheit besitzt, ist der Dharmakaya. Zum Dharmakaya – aus dem *Gyü-Lama*:

> Nicht geschaffen, mühelose spontane Gegenwart,
> durch äußere Faktoren nicht zu enthüllen.

Und:

> Er ist ungeschaffen, weil die Natur [der Buddhaschaft]
> ohne Anfang, Mitte oder Ende ist.
> Er ist mühelos spontane Gegenwart,
> da er Frieden[215] ist und die Dharmakaya-Natur [der Leerheit] besitzt.
> Weil er durch selbsterkennendes Gewahrsein realisiert werden muss,
> ist er durch äußere Faktoren nicht zu enthüllen.

---

214 *de bzhin nyid* – Tathata, die Wirklichkeit, wie sie ist.

215 »Frieden« heißt hier nach Khenpo Nyima Gyaltshen: frei von den beiden Verdunkelungen oder Verschleierungen.

Aus Asangas Kommentar zum *Gyü-Lama*:

> »Ungeschaffen«, muss man wissen, ist das Gegenteil von »geschaffen«. »Geschaffen« bedeutet: Was immer Geburt genommen hat, verweilt und vergeht, wird »geschaffen« genannt. Da sie diese [Eigenschaften] nicht hat, ist Buddhaschaft ohne [465] Anfang, Mitte oder Ende. Sie ist ungeschaffen. Dharmakaya muss als völlig verschieden [von Merkmalen, die auf alle anderen Phänomene zutreffen] gesehen werden. Weil er völlig frei ist von Vielgestaltigkeit und begrifflichem Denken, ist er spontan gegenwärtig. Weil er durch selbsterkennendes Gewahrsein realisiert werden muss, ist er durch äußere Faktoren nicht zu enthüllen.

Im Sutra *Schmuck des Weisheitslichts*[216] heißt es:

> Manjushri! Die Ausdrücke »ungeboren« und »nicht endend«
> sind Bezeichnungen für den So-Gegangenen, den Feind-Bezwinger,
> den gänzlich vollkommenen Buddha.

Fürs Erste wird gelehrt, dass das kennzeichnende Merkmal des Tathagata »ungeschaffen« sei.

Später, im selben Sutra [lesen wir]:

> So wie das Ebenbild Indras [des Königs der Götter]
> als Reflexion auf dem reinen Grund aus Lapislazuli erscheint,
> obwohl er selbst unverändert [an seinem Aufenthaltsort] verweilt,
> in gleicher Weise weilt der So-Gegangene, der Feind-Bezwinger,
> [466] der gänzlich vollkommene Buddha:
> Sein Körper verweilt unveränderlich.
> [Bezüglich der] Rede – nicht denkend [es sollte so oder so sein];
> Sein Geist fabriziert nicht,
> ist ohne begriffliches Denken,
> bringt keine Konzepte hervor, denn er ist frei vom Ergreifen trügerischer Wahrnehmungen;
> ist ohne begriffliche Wahrnehmung, da er frei ist von irrigem Ergreifen;
> frei von Gedanken, die in Erinnerungen schwelgen;
> frei von Ideen, die sich um die Gegenwart drehen;
> frei von [planender] geistiger Aktivität, da es keinen Wunsch gibt, Dinge in der Zukunft zu erreichen.

216 *ye shes snang ba rgyan gyi mdo.*

> Er ist wohltuend, mühelos magische Erscheinungen zeigend.
> Ohne Entstehen, nicht aus etwas hervorgegangen,
> ohne Aufhören, die Beendigung des Leidens,
> nicht wissbar, ist [Dharmakaya] nicht mit den Augen zu sehen,
> nicht zu hören mit den Ohren,
> nicht zu riechen mit der Nase,
> nicht zu schmecken mit der Zunge,
> nicht zu spüren mit dem Körper;
> durch Kennzeichnung nicht zu begreifen, deshalb ohne Merkmale.
> Bar aller Eigenschaften, ohne kennbare Essenz, ist [Dharmakaya] nicht wahrnehmbar.
> da er nicht von der Natur eines zu erfassenden Objekts ist, ist er kein Objekt der Wahrnehmung.

Die erleuchtete Aktivität des Buddha ist gänzlich leer von allem begrifflichen Denken, bar aller konzepthaften Vorstellungen.

[467] Deshalb wird der Tathagata gelehrt als spontane, unwillkürliche Gegenwart selbst.

Was den eigenen Nutzen bewirkt, ist der Dharmakaya, der absolute Kaya.

Aus dem *Gyü-Lama*:

> Die Basis meines eigenen Glücks
> ist der transzendente, absolute Kaya.

Die Art und Weise, wie aus dem Dharmakaya zum Wohle der anderen die zwei Formkayas entstehen, ist folgende: Während der Buddha auf dem Pfad der Erleuchtung wandelte, vervollkommnete er die Ansammlungen und machte Wunschgebete für jene, die zu schulen waren. Dies [seitens des Buddha] und Verdienstansammlungen, Wunschgebete, den Buddha zu treffen, und Glaube seitens der Wesen lassen die Formkayas erscheinen.

Hierzu aus dem *Gyü-Lama*:

> Entsprechend werden jene, die Vertrauen haben und frei sind von Makeln,
> indem sie Vertrauen und andere Qualitäten herausbilden,
> die Erscheinung des vollkommenen Buddha schauen,
> ausgestattet mit den Hauptmerkmalen und kleineren Kennzeichen.
> Sie werden ihn stehend, wandelnd, sitzend oder schlafend
> und in den verschiedensten Tätigkeiten begriffen erblicken:

[468] den Dharma des Friedens lehrend,
still in meditativer Versenkung ruhend,
verschiedene Wundererscheinungen zeigend.
Taten großer Herrlichkeit
werden die Wesen sehen.

Ihn gesehen habend, werden sie, von Sehnsucht erfüllt,
sich selbst darum bemühen, Buddhaschaft zu erlangen.
Indem sie die Ursachen dafür vollkommen schaffen,
werden sie den ersehnten Zustand erlangen.

Diese Erscheinungen [die Wesen sehen] sind völlig ohne
Ideenbildung und Handeln[217],
aber dennoch verbleiben sie in der Welt,
zum größten Nutzen und Wohl.
Die Aussage »Dies sind Erscheinungen deines eigenen Geistes!«
werden gewöhnliche Wesen wohl nicht begreifen,
doch allein diese Erscheinung zu sehen,
wird ihnen großen Gewinn bringen.
Allmählich, durch das Sehen jener [Erscheinungen],
werden jene, die in diesem Fahrzeug weilen,
den inneren, letztendlichen Dharmakaya
mit dem Auge uranfänglicher Weisheit sehen.

So wird es im *Gyü-Lama* gesagt.

Der Sambhogakaya erscheint den reinen Übenden, die [der Buddhaschaft] sehr nahe [469] sind, [hauptsächlich] den Bodhisattvas auf dem zehnten Bhumi[218]. Er ist der erhabenste jener Kayas, die die zweiunddreißig Merkmale und achtzig Zeichen aufweisen.

Der *Schmuck der klaren Verwirklichung*[219] sagt hierzu:

Da er sich [der Kaya], ausgestattet mit den zweiunddreißig Merkmalen
und den achtzig Zeichen,
ausschließlich des Mahayanas erfreut,
wird er als der Freudekörper Buddhas [Sambhogakaya] bezeichnet.

217 *g.yo ba* – 1. bewegen, Bewegtheit; 2. Aktion, Handlung.
218 Aber auch Bodhisattvas auf der achten und neunten Stufe.
219 *mngon rtogs rgyan – Abhisamayalamkara*, Maitreya-Text.

Er ist wie der Mond am Himmel[220]. Der Nirmanakaya ist eine Reflexion des Sambhogakayas.

Aus dem *Schmuck der Klaren Verwirklichung*:

> Das, wodurch er – solange Samsara besteht –
> gleichermaßen allen Wesen in vielfältiger Weise Nutzen bringt,
> ist der immerwährend erscheinende Emanationskörper des Buddha [Nirmanakaya].

Solange Samsara nicht geleert ist, zeigt er [der Buddha] Übenden – entsprechend den Umständen – diesen oder jenen Körper und vollbringt so das Wohl der Wesen durch verschiedenste Methoden, ohne Unterscheidung von »nah« oder »fern« [in Bezug auf die Wesen].

Den nicht reinen Übenden, den entfernteren Bodhisattvas auf den »Stufen des [470] hingebungsvollen Verhaltens«[221], und den Shravakas und Pratyekabuddhas, erscheint die höchste Form des Nirmanakaya, die zwölf Taten des Buddha demonstrierend.

Jenen, die nicht das Glück haben, einen Nirmanakayabuddha zu sehen, erscheint er – wie etwa Rabga, dem stolzen König der Gandharvas, dem er als zweiter Rabga [in Doppelgängerform] erschien, um ihn so auf den Pfad zu bringen – als Künstler-Nirmanakaya[222], als Nirmanakaya-Wesen[223], als die Sechs Munis[224] und so weiter.

Aus dem *Dode-Gyen*:

> Als Künstler, Wesen und großer Bodhisattva
> ständig das Übersteigen der Leiden aufzeigend,
> sind die Ausstrahlungen des Buddha
> große Methoden zur vollkommenen Befreiung.

Der Nirmanakaya ist wie der Mond am Himmel, der sich im Wasser als Spiegelbild zeigt.

---

220 Wohingegen der Dharmakaya wie der Himmel ist.

221 Dies sind die ersten zwei der fünf Pfade, auf denen Leerheit noch nicht verwirklicht wurde: der Pfad der Ansammlung (*tshogs lam*) und der Pfad der Anwendung (*sbyor lam*).

222 Im Falle von Rabga als Flötenmeister, der den König in seinem Flötenspiel bei Weitem übertraf und so die Arroganz des Königs bezwang.

223 Erscheint er zum Wohle anderer: als Mensch für menschliche Wesen, als Tier für andere Tiere usw.

224 Sechs Emanationen Samantabhadras, welche die Wesen der sechs Bereiche zum Dharma führen.

Hierzu aus dem *Gyü-Lama*:

> Aufgrund der [Stufe der] Reinheit, nah oder fern,
> sehen die Wesen sie als
> in der Welt oder als Mandala des Siegreichen,
> als Mond im Wasser oder am Himmel.
> Und so gibt es zwei Arten des Sehens.

[471] Bezüglich der vorstellungsfreien, spontanen und unaufhörlichen Aktivität des Buddhakayas zum Wohle aller Wesen ein Zitat aus dem *Gyü-Lama*:

> So wie auf dem klaren Lapislazuli-Boden
> das Spiegelbild des Königs der Götter erscheint,
> so erscheint das Spiegelbild des Meisters der Weisen
> im klaren Grund des Geistes der Wesen.
> In Abhängigkeit von der Klarheit oder Trübheit des Geistes
> geschieht Erscheinen – oder auch nicht.

In diesem Beispiel ist der Boden von der Natur des klaren Lapislazuli, auf dem das Spiegelbild Indras, des Königs der Götter, erscheint, zusammen mit seinem Gefolge, dem königlichen Wohnsitz und so weiter. Dies alles erscheint zusammen mit den verschiedensten himmlischen Reichtümern ganz spontan, ohne dass Indra überlegt hätte, diese Spiegelung hervorzubringen. Ebenso erscheint der Buddha – obwohl er frei ist von Überlegung – im reinen, vertrauensvollen Geist [des Schülers].

[472] Schaut man in die Vergangenheit, wo es Zeiten gab, in denen er [der Buddha] nicht erschien, dann ist es nicht so, als hätte er zu jener Zeit nicht existiert. So wie Indras Spiegelbild ohne den Lapislazuli-Boden nicht erscheint, ebenso erscheint der Buddha nicht in jenen, die kein aufrichtiges, reines Vertrauen haben.

Zur erleuchteten Aktivität seiner Rede sagt der *Gyü-Lama*:

> So wie im Bereich der Götter der Klang der himmlischen Trommel
> aufgrund deren früherer Taten ertönt,
> so erscheint auch die Lehre des Buddha in der Welt,
> gemäß dem eigenen Karma der Wesen.
>
> So wie der Klang der Trommel Frieden bewirkt,
> ohne Mühe, Quelle, Formkörper oder Absicht,
> ebenso bewirkt der Dharma
> ohne Absicht und so weiter Frieden.

So wie der Frieden der Götter durch den Klang der Trommel bewirkt wird, der frei ist von Bemühung, Quelle, physischer Form und Absicht, ebenso bewirkt die Rede Buddhas, die frei ist von diesen [obigen] vier, den Frieden jener, die zu schulen sind.

Zur erleuchteten Aktivität des Geistes sagt der *Gyü-Lama*:

> So wie zur Sommerzeit aus den Wolken
> mühelos und beständig große Wassermassen
> [473] zu Boden regnen – die Ursache reicher Ernten,
> ebenso fällt aus den Wolken des Mitgefühls ohne Absicht
> der Regen des heiligen Dharma der Siegreichen –
> die Ursache der Tugendernte der fühlenden Wesen.

In der Weise, wie die Wolke den Regen ohne Absicht herunterregnen lässt, so fällt der Regen des heiligen Dharma – Ursache der Tugendernte der Wesen – aus den Wolken des Mitgefühls ohne Überlegungen des Buddha [dies so geschehen zu lassen].

In der Darlegung der Buddha-Stufen gibt es zwei Lehrtraditionen: Die eine sieht die uranfängliche Weisheit des Buddha verbunden mit relativen Erscheinungen, wohingegen die andere dies verneint.

Uranfängliche Weisheit verbunden mit Erscheinungen

Die erste Meinung: Dharmata, von Natur her frei von Makeln und zeitweiligen Befleckungen, wird auch »makellose Weite« oder »Dharmakaya«[225] genannt. Von ihm rühren vier Arten uranfänglicher Weisheit her: Spiegelgleiche Weisheit, Weisheit der Gleichheit, [474] Alles unterscheidende Weisheit und Vollendende Weisheit.

225 Auch »Dharmadhatu-Weisheit«.

Die Spiegelgleiche Weisheit

Was die Spiegelgleiche Weisheit[226] betrifft, so sie ist sie die unveränderliche Basis. Die drei [anderen] Weisheiten[227] stützen sich auf sie und sind »veränderlich, wandelbar[228]«.

Dazu aus dem *Dode-Gyen* – dem Ornament der Mahayana-Sutras:

> Spiegelgleiche Weisheit ist unveränderlich, unwandelbar.
> Die drei Weisheiten beruhen darauf:
> die der Gleichheit, die der Im Einzelnen Unterscheidenden und
> die Alles Vollendende – diese drei.

Zur Spiegelgleichen Weisheit:

> Sie ist ohne Ergreifen als »mein«[229],
> vollkommen alles erfassend [yongs su ma chad], immer vorhanden,
> frei von Unwissenheit in Bezug auf alles Wissbare,
> immerwährendes, spontanes, allumfassendes[230] Gewahrsein.

Die Spiegelgleiche Weisheit ist stets ohne Ergreifen. Da sie alle Erscheinungen durchdringt, ist sie – in Bezug auf die Phänomene – alles erfassend. Weil sie im Hinblick auf die Zeit immerwährend und allzeit frei von Verschleierungen ist, ist sie, was alles Wissbare angeht, frei von Nichtwissen. Da sie nicht abnimmt, muss sie ihre Aufmerksamkeit nicht eigens auf die Dinge lenken.

Und weiter [aus dem *Dode-Gyen*]:

> [475] Weil sie der Grund aller Weisheiten ist,
> ist sie wie ein großer Quell der Weisheit.
> Sie ist der Sambhogakaya des vollendeten Buddha,
> weil sie die Wiederspiegelungen[231] der Weisheiten hervorbringt.

---

226 In der Begrifflichkeit der Drei Kayas ist diese Weisheit vergleichbar mit dem Sambhogakaya.

227 Diese drei Weisheiten sind dem Nirmanakaya zuzuschreiben, der »veränderbar« ist.

228 Die Weisheiten selbst sind nicht wandelbar, aber die Arten, in denen sie sich ausdrücken, sind je nach Individuum verschieden.

229 »Ohne Ergreifen« – diese Weisheit »greift« nicht nach den anderen Weisheiten, die aus ihr entstehen.

230 Wörtlich: ohne absichtliche Ausrichtung auf etwas.

231 Das heißt: die verschiedenen Nirmanakayas.

Weil sie die Ursache der Weisheit der Gleichheit und der anderen [Weisheiten] ist, ist sie wie die Quelle aller Weisheiten. Und sie ist auch der Sambhogakaya des vollendeten Buddha. Weil sie die Spiegelbilder der Weisheiten, nämlich der Weisheit der Gleichheit und so weiter hervorbringt, wird sie Spiegelgleiche Weisheit genannt.

Die Weisheit der Gleichheit

Zur Weisheit der Gleichheit, aus dem *Dode-Gyen*:

> Es heißt, durch vollkommene Meditation entsteht
> die Weisheit der Gleichheit aller Wesen.
> In den Frieden[232] des Nicht-Verweilens eingetreten sein
> wird als Weisheit der Gleichheit angesehen.

Wenn ein Bodhisattva tatsächliche Verwirklichung der Wahrheit auf der ersten Bodhisattva-Stufe erlangt, so erlangt er ein Verständnis der Gleichheit aller Wesen. Wie auch immer das Verständnis sein mag, wenn er vollkommene Erleuchtung durch vollendete Meditation [476] erlangt, wird der Eintritt in das Nirvana des Nicht-Verweilens als [das Erlangen der] Weisheit der Gleichheit betrachtet.

Zur Weisheit der Gleichheit noch mehr aus dem *Dode-Gyen*:

> Sie besitzt allzeit Liebe
> und großes Mitgefühl.
> Gemäß den Neigungen der Wesen
> zeigt sie die Buddhakayas genau entsprechend.

Zu allen Zeiten besitzt sie Liebe und großes Mitgefühl. Entsprechend den Bedürfnissen der Wesen zeigt sie die erforderlichen Buddhakayas. So erblicken einige den Tathagata von blauer Farbe, andere sehen ihn als gelb und so weiter.

---

232 »Frieden« bedeutet hier Nirvana. Dieses sogenannte Nirvana des Nicht-Verweilens liegt jenseits der Extreme des Verweilens entweder in Samsara oder in Nirvana.

Die Alles unterscheidende Weisheit

Aus dem gleichnamigen Sutra nun zur Alles unterscheidenden Weisheit:

> Hinsichtlich des Wissbaren der Drei Zeiten
> kennt sie keinerlei Beschränkung.
> Sie ist wie ein Schatz
> der Samadhis, Dharanis und so fort.
> Sie enthüllt den gesamten Reichtum [des Dharma]
> den [unterschiedlichen] Kreisen der Schüler.
> [477] Sie lässt den Regen des erhabenen Dharma herabströmen,
> der alle Zweifel durchtrennt.

Die Alles vollendende Weisheit

Und zur Alles vollendenden Weisheit:

> In allen Welten und Bereichen
> vollbringt sie das Wohl aller Wesen
> durch verschiedenste, zahllose, unvorstellbare Emanationen.

Die Alles vollendende Weisheit vollbringt das Wohl der Wesen in allen Bereichen dieses Weltensystems durch die verschiedensten unbegrenzten und unfassbaren Ausstrahlungen.

Die Ursache der vier Weisheiten

Zur Ursache der vier Weisheiten aus dem *Dode-Gyen*:

> Aufgrund des Bewahrens und der Einstellung der Gleichheit,
> aufgrund der intensiven Darlegung des hervorragenden Dharmas,
> aufgrund der Verwirklichung der Aktivitäten,
> treten die vier Weisheiten in Vollendung hervor.

Die vier Weisheiten treten in der dargelegten Reihenfolge hervor, weil [der Buddha in seinem Geiste alle zuvor] gehörten Dharmas bewahrt, bezogen auf alle Lebewesen über die Gleichheit von Selbst und Anderen meditiert, die Lehre fehlerfrei darlegt und Wohl und Nutzen aller Wesen vollbringt.

Mit Erscheinungen unverbundene, uranfängliche Weisheit

Entsprechend der Anschauung, dass der Buddha keine mit Erscheinungen verbundene Weisheit besitzt: Dharmata, seinem Wesen nach völlig rein und frei von den Makeln zeitweiliger Befleckung, ist der Dharmakaya, der unser eigenes Wohl repräsentiert, und die zwei Form-Kayas erscheinen zum Wohle anderer. Als der Buddha sich auf dem Pfad zur Erleuchtung befand, vollzog er die Ansammlungen und sprach Wunschgebete für das Wohl anderer. Hierdurch und durch die Kraft der Verdienstansammlung der Schüler und ihrer Wunschgebete, dem Buddha zu begegnen, erscheinen ihnen die zwei Form-Kayas.

Und ferner muss man es in der Weise der zuvor gegebenen Erklärungen verstehen, die mit den Worten begannen: »In dieser Weise, jene mit Vertrauen und anderen makellosen Tugenden …« [467,4] beziehungsweise »Jene, die aufgrund der Reinheit nah oder fern sind …« [470,4]

Ihrer Eigennatur nach völlig rein und frei von Konzepten und zeitweiligen Makeln, jenseits der Extreme von »Weisheit besitzen« und »nicht besitzen«, ist Weisheit unvorstellbar und nicht zu beschreiben.

Hier mein schlüssiger Rat, der die Bedeutung des oben Gesagten zusammenfasst:

> So wie du im Frühjahr für kurze Zeit das Land bestellst,
> um zur Zeit des Herbstes reiche Ernte einzufahren,
> so wirst du – durch hingebungsvolles Vollbringen der zwei Ansammlungen
> über lange Zeit, die Erfüllung der zwei Zwecke – die Erlangung der drei
> Buddhakayas – vortrefflich vollbringen. Sei dessen gewiss!

Dies war das zehnte Kapitel des Textes
Wie man stufenweise in die Lehre Buddhas eintritt.
Es handelt von der Frucht der Drei Kayas.

Den Text *Wie man stufenweise in die Lehre Buddhas eintritt* habe ich gemäß den Unterweisungen des Lama und gestützt auf die Schriften verfasst.

Was immer hieraus an Tugend entstanden ist, mögen die Wesen dadurch nicht den falschen Weg einschlagen und, in den vollkommenen Pfad eingetreten, die Drei Kayas erlangen. Möge auch ich hierdurch die Lehre des Buddha verbreiten und, in den Pfad eingetreten, nach Erlangung der Drei Kayas durch unaufhörliche spontane Aktivität die Wesen – so zahlreich wie der Himmel weit – befreien.

Wie man stufenweise in die Lehre Buddhas eintritt,
verfasst von Palden Phagmodrupa [dpal ldan phag mo gru pa],
ist hiermit beendet.

Mangalam.
Möge Glück herrschen.

PHAGMODRUPA

DIE STUFENWEISE ANEIGNUNG DER LEHREN DES BUDDHA

WIE MAN STUFENWEISE IN DIE LEHRE BUDDHAS EINTRITT

Tibetischer Text

༄༅། །སངས་རྒྱས་ཀྱི་བསྟན་པ་ལ་རིམ་གྱིས་འཇུག་པའི་ཚུལ་ཞེས་བྱ་བ་བཞུགས་སོ།།

[292]
༄༅། །ཨོཾ་སྭ་སྟི། གང་ཞིག་ལྷག་བསམ་རྣམ་པར་དག་པ་ཡིས། །གཞན་གྱི་དོན་དུ་ཡུན་རིང་ཚོགས་བསགས་པས། །ཉེས་པའི་སྐྱོན་དག་ཡོན་ཏན་ཕུན་ཚོགས་པའི། །བླ་མ་ཡི་དམ་སྐྱབས་ཆེན་དཀོན་མཆོག་གསུམ། །དེ་ལ་སྒོ་གསུམ་དང་བས་གུས་བཏུད་དེ། །སངས་རྒྱས་བསྟན་པ་ལ་རིམ་གྱིས་འཇུག་པའི་ཚུལ། །ལུང་དང་བླ་མའི་གསུང་བཞིན་བྲི་བར་བྱ།

།ལས་འཕྲོ་ [293] སད་པའི་གང་ཟག་དད་ཅན་གྱིས། །མཚན་ཉིད་ལྡན་པའི་བླ་མ་སྤྱི་བོར་བཀུར། །དལ་འབྱོར་རྙེད་པར་དཀའ་དང་འཆི་བ་སྒོམ། །དེས་ནི་འཇིག་རྟེན་འདི་ལ་བློ་ལྡོག་འགྱུར། །།ཁམས་གསུམ་འཁོར་བའི་ཉེས་དམིགས་བསམ་པར་བྱ། །དེས་ནི་འཁོར་བ་ལ་ནི་བློ་ལྡོག་ཅིང་། །ཐར་པ་བསྒྲུབ་པའི་འདུན་པ་སྐྱེ་བར་འགྱུར། །འཁོར་བ་དེ་ལས་གང་གིས་སྐྱོབ་ནུས་ [294] བསམ། །འཁོར་ལོས་བསྒྱུར་དང་བརྒྱ་བྱིན་ཚངས་སོགས་ཀྱིས། །སྐྱོབ་པར་མི་ནུས་དཀོན་མཆོག་གསུམ་གྱིས་སྐྱོབ། །ནུས་སོ་སྙམ་པའི་ཡིད་ཆེས་བསྐྱེད་བྱས་ལ། །དེ་ཡི་ལག་ལེན་སྐྱབས་འགྲོའི་སྡོམ་པ་བླངས། །འཁོར་འདས་རྒྱུ་མེད་མ་ཡིན་མི་མཐུན་པའི། །རྒྱུ་ལས་མ་བྱུང་དེ་ཕྱིར་རྒྱུ་འབྲས་བསྒོམ། །ལས་དང་འབྲས་བུ་ལ་ནི་ཡིད་ཆེས་ནས། །ལས་ངན་སྤང་བྱས་པ་ཡི་སྒྲིབ་པ་སྦྱངས། །ཕྱིན་ཆད་མི་བྱེད་པ་ཡི་སྡོམ་པ་བཟུང་། །ལག་ལེན་སོ་སོ་ཐར་བའི་སྡོམ་པ་བླངས། །སོ་སོ་ཐར་པའི་སྡོམ་པ་བསྲུང་བྱ་སྟེ། །རང་དོན་གཅིག་པུ་འབད་པས་བསྒྲུབ་ན་ཡང་། །བླ་མེད་བྱང་ཆུབ་ཐོབ་པར་མི་འགྱུར་ཏེ། །ཉན་ཐོས་རང་རྒྱལ་མྱང་འདས་ངལ་གསོའི་ས། །དྲང་བའི་དོན་དུ་ཟབ་པའི་མདོ་ལས་གསུངས། །དེ་བས་གཞན་དོན་བླ་མེད་བྱང་ཆུབ་བསྒྲུབ། །དོན་གཉིས་ཕུན་ཚོགས་ཐམས་ཅད་མཁྱེན་པ་ནི། །བྱང་ཆུབ་སེམས་ཀྱི་རྒྱུ་བྱས་འབྱུང་འགྱུར་ཞིང་། །སྙིང་རྗེའི་རྩ་བ་ཐབས་ཀྱིས་མཐར་ [295] ཕྱིན་བྱས། །དེ་ཕྱིར་བྱམས་དང་སྙིང་རྗེ་སྒོམ་པར་བྱ། །བྱམས་དང་སྙིང་རྗེ་ལས་སུ་རུང་ཅན། །རང་དོན་བྱེད་པའི་བློ་ནི་ལྡོག་འགྱུར་ཞིང་། །གཞན་དོན་བྱང་ཆུབ་བསྒྲུབ་པའི་སེམས་བསྐྱེད་འགྱུར། །དེ་ཡི་ལག་ལེན་བྱང་ཆུབ་སེམས་བསྡོམ་བླངས། །བསླབ་བྱ་བསླབ་པ་གསུམ་ལ་གུས་པར་བསླབ།

།ཏིང་ངེ་འཛིན་དང་ཤེས་རབ་བསླབ་པ་ནི། །སྟོང་ཉིད་སྙིང་རྗེ་དབྱེར་མེད་བསྒོམ་པ་ཡིན། །དེས་ནི་གཟུང་འཛིན་གཉིས་ལས་བློ་ལྡོག་འགྱུར། །སྟོང་ཉིད་སྙིང་རྗེ་བསྒོམས་པ་མཐར་ཕྱིན་པས། །ཉེས་པའི་སྒྲིབ་དག་སྐུ་གསུམ་ཐོབ་པར་འགྱུར།

།བླ་མ་ཡི་དམ་དཀོན་མཆོག་ལ། །སྒོ་གསུམ་གུས་པས་ཕྱག་འཚལ་ལོ།

།ལས་འཕྲོ་སད་པའི་གང་ཟག་དད་ཅན་གྱིས། །ཞེས་པ་ལ། ལས་འཕྲོ་སད་པ་ནི། གང་ཟག་སྐྱེ་བ་སྔ་མ་ཕན་ཆད་དུ་ཚོགས་བསགས་ཤིང་སྨོན་ལམ་རྣམ་པར་དག་པ་བཏབ་པ་ནི། འདིར་དལ་འབྱོར་གྱི་ལུས་ཐོབ་ཅིང་། རྐྱེན་བཟང་པོ་དང་ཤུགས་ཀྱིས་ [296] འཕྲད་ལ། རྐྱེན་གང་ཟག་བཟང་པོར་ཤུགས་ཀྱིས་སོང་བས། དཀོན་མཆོག་གསུམ་གྱི་རྟེན་མཐོང་བའམ། ཆོས་ཐོས་པ་ལ་སོགས་པའི་རྐྱེན་གྱིས་སྔར་གྱི་ལས་འཕྲོ་སད་པའོ། །དད་ཅན་ནི། ལས་འཕྲོ་སད་པས་དད་པ་གསུམ་སྐྱེ་སྟེ། འཁོར་བ་སྡུག་བསྔལ་གྱི་རང་བཞིན་དུ་གོ་ནས། སྡུག་བསྔལ་རྒྱུ་དང་བཅས་པ་སྤོང་བར་འདོད་ཅིང་། འཁོར་བ་ལས་ཐར་ནས་ཐར་པ་མྱ་ངན་ལས་འདས་པ་ཐོབ་པར་འདོད་པ་འདོད་པའི་དད་པ་དང་། དཀོན་མཆོག་གསུམ་ལ་ཡོན་ཏན་ཅན་དུ་འཛིན་ཞིང་། དེའི་ཡོན་ཏན་ལ་དགའ་ཞིང་སྤྲོ་བ་དང་བའི་དད་པ་དང་། ལས་རྒྱུ་འབྲས་ལ་ཡིད་ཆེས་ནས་ཆགས་པ་དང་། སྡང་བ་དང་། རྨོངས་པ་དང་། འཇིགས་པས་ཆོས་དང་འགལ་བར་མི་བྱེད་པ་ཡིད་ཆེས་པའི་དད་པ་སྐྱེ་བར་འགྱུར་རོ། །དེ་ཡང་། འདུན་དང་ཞེ་སྡང་འཇིགས་པ་དང་། །རྨོངས་པས་གང་ཞིག་ཆོས་མི་འདའ། །དེ་ནི་དད་པ་ཅན་ཞེས་བྱ། །ཞེས་གསུངས་སོ། །དད་པའི་ཕན་ཡོན་ནི། དཀོན་ [297] མཆོག་སྒྲོན་མེའི་མདོ་ལས། རྒྱལ་དང་རྒྱལ་བའི་ཆོས་ལ་དད་གྱུར་ཅིང་། །སངས་རྒྱས་སྲས་ཀྱི་སྤྱོད་པ་དད་བྱེད་པ། །བྱང་ཆུབ་བླ་ན་མེད་ལ་དད་གྱུར་ན། །སྐྱེས་བུ་ཆེན་པོ་རྣམས་ཀྱི་སེམས་སྐྱེའོ། །དད་པ་སྔོན་འགྲོ་མ་ལྟར་བསྐྱེད་པ་སྟེ། །ཡོན་ཏན་ཐམས་ཅད་འབྱུང་ཞིང་འཕེལ་བར་བྱེད། །དགོས་པ་སེལ་ཞིང་ཆུ་བོ་རྣམས་ལས་སྒྲོལ། །དད་པ་བདེ་ལེགས་གྲོང་ཁྱེར་

མཆོན་བྱེད་ཡིན། །ཞེས་པ་དང་། དད་པ་གཏེར་དང་ནོར་དང་རྐང་པའི་མཆོག །ལག་པ་བཞིན་དུ་དགེ་སྡུད་རྩ་བ་ཡིན། །ཞེས་པ་དང་། གང་དག་རྟག་ཏུ་སངས་རྒྱས་དད་གུས་བཅས། །དེ་དག་ཚུལ་ཁྲིམས་བསླབ་པ་ཡོངས་མི་འདོར། །གང་དག་ཚུལ་ཁྲིམས་བསླབ་པ་མི་འདོར་བ། །ཡོན་ཏན་ལྡན་ཏེ་ཡོན་ཏན་ལྡན་པས་བསྔོད། །གང་དག་རྟག་ཏུ་ཆོས་ལ་དད་གུས་བཅས། །དེ་དག་རྒྱལ་བའི་ཆོས་ཉན་ངོམས་པ་མེད། །དེ་དག་ཆོས་ལ་མོས་པ་བསམ་མི་ཁྱབ། །གང་དག་རྟག་ཏུ་དགེ་ [298] འདུན་དད་གུས་བཅས། །དེ་དག་མི་ལྡོག་དགེ་འདུན་དད་པ་ཡིན། །གང་དག་མི་ལྡོག་དགེ་འདུན་རབ་དད་པ། །དེ་དག་དད་པའི་སྟོབས་ཀྱིས་མི་ལྡོག་འགྱུར། །ཞེས་པ་ལ་སོགས་པ་རྒྱ་ཆེར་གསུངས་སོ། །ཆོས་བཅུ་པའི་མདོ་ལས་ཀྱང་། གང་གི་འདྲེན་པ་ངེས་འབྱུང་བ། །དད་པ་ཐེག་པའི་མཆོག་ཡིན་ཏེ། །དེ་ཕྱིར་བློ་དང་ལྡན་པའི་མིས། །དད་པའི་རྗེས་སུ་འབྲང་བ་བརྟེན། །དཀོན་བརྩེགས་ལས། མ་དད་པ་ཡི་མི་དག་ལ། །དཀར་པོའི་ཆོས་རྣམས་མི་སྐྱེ་སྟེ། །ས་བོན་མེ་ཡིས་ཚིག་པ་ལ། །མྱུ་གུ་སྔོན་པོ་ཇི་བཞིན་ནོ། །ཞེས་གསུངས་སོ། །རྒྱུད་བླ་མ་ནས། རང་བྱུང་རྣམས་ཀྱི་དོན་དམ་དེ། །དད་པ་ཉིད་ཀྱིས་རྟོགས་བྱ་ཡིན། །ཉི་མའི་དཀྱིལ་འཁོར་འོད་འབར་བ། །མིག་མེད་པས་ནི་མཐོང་བ་མེད། །ཅེས་གསུངས་སོ། །དོན་ཆུང་འཇིག་རྟེན་འདི་ཡི་བྱ་བ་ཡང་། །དོན་མི་གཉེར་ཞིང་འཇུག་པར་མི་བྱེད་པས། །དེ་ཡི་འབྲས་བུ་ཐོབ་པར་མི་འགྱུར་ན། །དོན་ཆེན་མཐོ་རིས་ཐར་པ་ [299] བསྒྲུབ་པ་ལ། །དད་པ་མེད་ན་འཇུག་པར་མི་འགྱུར་ཞིང་། །དེ་ཡི་འབྲས་བུ་ཐོབ་པར་མི་འགྱུར་བས། །བདེ་ལེགས་རྩ་བ་དད་པ་བསྐྱེད་པར་རིགས། །ཞེས་པ་ནི་འཆད་པའི་དོན་བསྡུས་ཏེ་གདམས་པའོ། །སངས་རྒྱས་ཀྱི་བསྟན་པ་ལ་རིམ་གྱིས་འཇུག་པའི་ཚུལ་ལས། གང་ཟག་དང་དད་པའི་ལེའུ་སྟེ་དང་པོའོ།།

།།མཚན་ཉིད་ལྡན་པའི་བླ་མ་སྤྱི་བོས་བཀུར། །ཞེས་པ་ལ་དྲུག་སྟེ། བླ་མ་བསྟེན་དགོས་པ་དང་། ཇི་ལྟ་བུ་ཅིག་ལ་བསྟེན་པ་དང་། ཆོས་དང་གདམས་ངག་ཞུ་བའི་སྐབས་སུ་བསམ་པ་གང་གིས་ཞུ་བ་དང་། བསྙེན་བཀུར་དང་རིམ་གྲོ་ཚུལ་ཇི་ལྟར་བྱ་བ་དང་། བསྟེན་ཅིང་

གུས་པའི་ཕན་ཡོན་དང་། མ་བསྟེན་ཅིང་མ་གུས་པའི་ཉེས་དམིགས་སོ། དང་པོ་བསྟེན་དགོས་པར་གསུངས་སྟེ། ཡུལ་འཁོར་སྐྱོང་གིས་ཞུས་པ་ལས། བཤེས་གཉེན་བཟང་ལ་ཡོངས་སུ་བསྟེན་བྱ་ཞིང་། །སྡིག་པའི་བཤེས་གཉེན་ [300] ཡོངས་སུ་སྤང་བར་གྱིས། །དེ་དག་རྟག་ཏུ་བཟང་ལམ་འབྲིད་པར་བྱེད། །ལམ་གོལ་ལས་ཀྱང་རྟག་ཏུ་ལྡོག་པར་བྱེད། །ཅེས་པ་དང་། སྡུད་པ་ལས། ནད་པའི་ཚོགས་ཀྱི་གསོ་ཕྱིར་སྨན་པ་བསྟེན་པ་ལྟར། །གཡེལ་བ་མེད་པར་དགེ་བའི་བཤེས་གཉེན་བསྟེན་པར་བྱ། །ཞེས་གསུངས་སོ། །རིག་པས་བརྟགས་ཀྱང་ཡོན་ཏན་ཐམས་ཅད་གོང་ནས་གོང་དུ་སྤེལ་དགོས་པས་བླ་མ་བསྟེན་དགོས། ཉོན་མོངས་པ་དང་ཉེས་པ་ཐམས་ཅད་སྤོང་དགོས་པས་བླ་མ་བསྟེན་དགོས། ཚེ་འདི་ལ་སངས་མི་རྒྱ་ཕྱི་མ་ལ་བག་ཆགས་འཇོག་དགོས་པས་བླ་མ་ལ་བསྟེན་དགོས་སོ། །བླ་མ་ཇི་ལྟ་བུ་ཞིག་ལ་བསྟེན་དགོས་སྙམ་ན། ཇོ་བོ་བྱམས་པས་མདོ་སྡེ་རྒྱན་ལས། བཤེས་གཉེན་དུལ་བ་ཞི་ཞིང་ཉེར་ཞི་བ། །ཡོན་ཏན་ལྷག་པར་བརྩོན་བཅས་ལུང་གིས་ཕྱུག །དེ་ཉིད་རབ་ཏུ་རྟོགས་པས་སྨྲ་མཁས་ལྡན། །བརྩེ་བའི་བདག་ཉིད་སྐྱོ་ངལ་སྤངས་ལ་བསྟེན། །ཞེས་གསུངས་ཏེ། དུལ་བ་ནི། ཚུལ་ཁྲིམས་ [301] དང་ལྡན་པའི་ཕྱིར་དབང་པོ་དུལ་བས་སོ། ཞི་བ་ནི་ཏིང་ངེ་འཛིན་དང་ལྡན་པའི་ཕྱིར། སེམས་ནང་དུ་ཞི་བར་གནས་པས་སོ། །ཉེ་བར་ཞི་བ་ནི། ཤེས་རབ་དང་ལྡན་པའི་ཕྱིར་ཉོན་མོངས་པ་ཉེ་བར་གནས་པ་ཉེ་བར་ཞི་བས་སོ། ཡོན་ཏན་ལྷག་པ་ནི་སློབ་མ་དང་མཉམ་པའམ་ཆུང་བ་མ་ཡིན་པའོ། །བརྩོན་པ་དང་བཅས་པ་ནི་གཞན་གྱི་དོན་ལ་གཡེལ་བ་མེད་པ་ཡིན་པའོ། །ལུང་གིས་ཕྱུག་པ་ནི། ཐོས་པ་ཆུང་མ་ཡིན་པའོ། །དེ་ཁོ་ན་ཉིད་རབ་ཏུ་རྟོགས་པ་ནི། དེ་ཁོ་ན་ཉིད་ཁོང་དུ་ཆུད་པའི་ཕྱིར་རོ། །སྨྲ་མཁས་པ་དང་ལྡན་པ་ནི། རྨོངས་པ་སྤངས་ནས་ཕྱིན་ཅི་མ་ལོག་པར་ཆོས་བཤད་པས་ཆོས་སྨྲ་བ་དང་ལྡན་པའོ། བརྩེ་བའི་བདག་ཉིད་ནི། ཟང་ཟིང་གི་སེམས་མེད་པའི་ཕྱིར་རོ། །སྐྱོ་བ་སྤངས་པ་ནི། རྟག་ཏུ་ཆོས་སྟོན་པའི་ཕྱིར་རོ། །སློབ་དཔོན་ཀླུ་སྒྲུབ་ཀྱིས། མང་དུ་ཐོས་ཤིང་ཤེས་རབ་ཆེ། །ཟང་ཟིང་སྙེད་པ་དོན་མི་གཉེར། །བྱང་ཆུབ་སེམས་ལྡན་སྙིང་ [302] རྗེ་ཆེ། །དཀའ་བ་བཟོད་ཅིང་སྐྱོ་ངལ་ཆུང་། །མན་ངག་ཆེ་ཞིང་ལམ་ལས་གྲོལ། །རིགས་ལ་མཁས་ཤིང་རྗོད་ཚད་

ཤེས། །བཅུ་གཉིས་ལྡན་ལ་བསྟེན་པར་བྱ། །ཞེས་གསུངས་སོ། །སློབ་དཔོན་ཞི་བ་ལྷས། རྟག་པར་དགེ་བའི་བཤེས་གཉེན་ནི། །ཐེག་ཆེན་དོན་ལ་མཁས་པ་དང་། །བྱང་ཆུབ་སེམས་དཔའི་བརྟུལ་ཞུགས་མཆོག །སྲོག་གི་ཕྱིར་ཡང་མི་བཏང་ངོ་། །ཞེས་གསུངས་སོ། །ཇོ་བོས་ཆོས་བཞི་དང་ལྡན་པ་ལ་བསྟེན་དགོས་པར་གསུངས་ཏེ། མཁས་པས་ལྷ་བ་ཁྲིད་དུ་མི་གསོད་པ། བཙུན་པས་འདུལ་ཁྲིམས་ཁྲིད་དུ་མི་གསོད་པ། ཚེ་འདི་དོན་དུ་མི་གཉེར་བ། བྱང་ཆུབ་དོན་དུ་གཉེར་བའོ། །རྗེ་བཙུན་སྒམ་པོ་པའི་ཞལ་ནས། ཆོས་གསུམ་དང་ལྡན་པར་གསུངས་ཏེ། ཤེས་རབ་ཆེན་པོས་གཞན་གྱི་ལམ་སྣ་འཁྲིད་པ། སྙིང་རྗེ་ཆེན་པོས་འགྲོ་བའི་སྡུག་བསྔལ་མི་བཟོད་པ། ཚེ་འདི་ལ་ལྟོས་པ་མ་མཆིས་པའོ། །བླ་མ་རིན་པོ་ཆེ་ཡིས། གསོལ་བ་འདེབས་པའི་བླ་མའི་ [303] མཚན་ཉིད་ནི། གང་གི་དྲིན་གྱིས་བདེ་ཆེན་ཉིད། །སྐད་ཅིག་ཉིད་ལ་འཆར་བ་གང་། །བླ་མ་རིན་ཆེན་ལྟ་བུའི་སྐུ། །རྡོ་རྗེ་ཅན་ཞབས་པད་ལ་འདུད། །ཅེས་པ་དེ་ཡིན་གསུངས་སོ། །ཆོས་དང་གདམས་ངག་ཞུ་བའི་དུས་སུ་བསམ་པ་གང་གིས་ཞུ་བ་ལ་གསུམ་གྱི། དང་པོ་སྦྱོར་བའི་དུས་སུ་བསམ་པ་བྱང་ཆུབ་ཀྱི་སེམས་དང་ལྡན་པས་ཏེ། ཚེ་འདིའི་བསམ་པ་དང་། འཁོར་བའི་བསམ་པ་དང་། ཐེག་པ་དམན་པའི་བསམ་པ་སྤངས་ནས་ཆོས་འདི་མཉན་ལ་སངས་རྒྱས་ཐོབ་པར་བྱ་སྟེ། སེམས་ཅན་ཐམས་ཅད་འཁོར་བ་ལས་གདོན་པར་བྱ་བའི་ཕྱིར་ཆོས་མཉན་སྙམ་དུ་བསམ་པའོ། །བར་དུ་འདུ་ཤེས་ལྔ་དང་ལྡན་པ་ནི། སྡོང་པོ་བཀོད་པའི་མདོ་ལས། ཁྱེའུ་དཔལ་འབྱུང་གིས་ནོར་བཟང་ལ། རིགས་ཀྱི་བུ་ཁྱོད་ཀྱིས་རང་ལ་ནི་ནད་པའི་འདུ་ཤེས་བསྐྱེད་པར་བྱའོ། །དགེ་བའི་བཤེས་གཉེན་ལ་ནི་སྨན་པའི་འདུ་ཤེས་དང་། རྗེས་སུ་བསྟན་པ་ལ་ནི་སྨན་གྱི་འདུ་ཤེས་དང་། ནན་ [304] ཏན་གྱིས་ཉམས་སུ་ལེན་པ་ལ་ནི་ནད་འཚོ་བའི་འདུ་ཤེས་བསྐྱེད་པར་བྱའོ། །ཞེས་གསུངས་པ་དང་། གྲོགས་ཚངས་པ་མཚུངས་པར་སྤྱོད་པ་ལ་ནི་ནད་གཡོག་གི་འདུ་ཤེས་བསྐྱེད་པར་བྱའོ། །ཐ་མ་ཤེས་རབ་རྣམ་པ་གསུམ་གྱིས་སྣོད་ཀྱི་སྐྱོན་གསུམ་སྤང་བ་ནི། ཐོས་པའི་ཤེས་རབ་ཀྱི་དུས་སུ་སྣོད་ཁ་སྦུབ་པ་ལྟ་བུའི་སྐྱོན་སྤངས་སྟེ། མ་ཡེངས་བར་བཟུང་། བསམ་པའི་ཤེས་རབ་ཀྱི་དུས་སུ་སྣོད་ཞབས་རྡོལ་བ་ལྟ་བུའི་སྐྱོན་སྤངས་ཏེ། མ་བརྗེད་པར་

བསྐྱང་། བསྒོམ་པའི་ཤེས་རབ་ཀྱི་དུས་སུ་སྣོད་དུག་ཅན་ལྟ་བུའི་སྐྱོན་སྤངས་ཏེ། ཉོན་མོངས་པའི་གཉེན་པོར་བཏང་བའོ། །བསྙེན་བཀུར་དང་རིམ་གྲོ་ཚུལ་ཇི་ལྟར་བྱ་བ་ལ་གཉིས་ཏེ། སྒོ་གསུམ་གུས་པའི་བསྙེན་བཀུར་དང་། བསྒྲུབ་པའི་བསྙེན་བཀུར་རོ། །ལུས་གུས་པས་ཏེ་མཆོད་ཕྱག་ལ་སོགས་པ་འཇིག་རྟེན་པའི་སྤྱོད་ལམ་མ་དག་པ་ཐམས་ཅད་སྤངས་ལ། ཞབས་ཏོག་ལ་སོགས་པ་ལུས་ཀྱི་སྒོ་ནས་བླ་མ་ཇི་ལྟར་མཉེས་པར [305] བྱེད་པའོ། །ངག་གུས་པ་ནི། ཚིག་རྩུབ་ལ་སོགས་པ་འཇིག་རྟེན་གྱི་སྨྲ་བ་ངན་པ་ཐམས་ཅད་སྤངས་ལ། ཞེ་ས་དང་བསྟོད་པ་ལ་སོགས་པ་ངག་གི་སྒོ་ནས་བླ་མ་ཇི་ལྟར་མཉེས་པར་བྱེད་པའོ། །ཡིད་གུས་པ་ནི། ང་རྒྱལ་དང་མི་དད་ཅིང་སྐྱོན་ལ་རྟོག་པ་ལ་སོགས་པ་ཡིད་ཀྱི་མ་གུས་པས་ངན་པ་ཐམས་ཅད་སྤངས་ལ། སངས་རྒྱས་ཀྱི་འདུ་ཤེས་བསྐྱེད་པའོ། །དེ་ཡང་སངས་རྒྱས་ཡིན་ནས་འདུ་ཤེས་བསྐྱེད་དམ་མ་ཡིན་ནས་འདུ་ཤེས་བསྐྱེད་སྙམ་ན། ཡིན་ནས་བསྐྱེད་པ་ཡིན་ཏེ། དེ་ཡང་ཚུལ་གཉིས་ཀྱི་སྒོ་ནས་ཡིན་ཏེ། དོན་དམ་པའི་སྒོ་ནས་སངས་རྒྱས་ཡིན་པ་ནི། སངས་རྒྱས་ནི་ཆོས་ཀྱི་སྐུའི་རང་བཞིན་ཡིན་ལ། བླ་མའི་ཆོས་ཉིད་དང་ཆོས་སྐུ་ཐ་དད་མེད་པས་ན་བླ་མ་དེ་སངས་རྒྱས་ཡིན་ནོ། །ཀུན་རྫོབ་ཀྱི་ཚུལ་ནས་ཀྱང་བླ་མ་དེ་སངས་རྒྱས་ཡིན་ལ། སངས་རྒྱས་ཉིད་བླ་མར་སྤྲུལ་ནས་སེམས་ཅན་གྱི་དོན་བྱེད་པས་སོ། །དེ་ལྟར་ཡིན་པར་སངས་རྒྱས་འཁོར [306] དང་བཅས་པ་ལྷོ་ཕྱོགས་ཀྱི་རི་མཐོ་བ་ལ་གཤེགས་པ་དང་། འཁོར་དེའི་ནང་ནས་བྱང་ཆུབ་སེམས་དཔའ་མཐོང་བ་དོན་ཡོད་ཀྱིས་བསམས་པ། ཀྱེ་མ་བདག་ད་ལྟ་ནི་སངས་རྒྱས་ལ་ཆོས་ཉན་དུ་ཡོད་ན་སངས་རྒྱས་འདས་ནས་ཇི་ལྟར་བྱ་སྙམ་པ་དང་། སངས་རྒྱས་ཀྱི་ཞལ་ནས། ཀྱཻ་ཡེ་མཐོང་བ་དོན་ཡོད་ཁྱོད། །ཕྱི་མའི་དུས་སུ་གྱུར་བ་ན། །ང་ནི་སློབ་དཔོན་གཟུགས་ཀྱིས་སྟོན། །ཞེས་གསུངས་སོ། །ཡང་དེས་བསམས་པ། སངས་རྒྱས་ཀྱི་སྐྱེ་རྒ་ན་འཆི་ལས་གྲོལ་བ་ཡིན་ལ། སློབ་དཔོན་རྣམས་ནི་དེ་ལྟར་མ་ཡིན་ནོ་སྙམ་པ་ལ་ཡང་གསུངས་པ། ཀྱཻ་ཡེ་མཐོང་བ་དོན་ཡོད་ཁྱོད། །ང་ནི་སྐྱེ་འཆི་ན་བ་དང་། རྒས་པའི་སྡུག་བསྔལ་མེད་གྱུར་ཀྱང་། །སེམས་ཅན་རྣམས་ཀྱི་དོན་དུ་ནི། །སྐྱེ་དང་རྒ་དང་ན་དང་ནི། །འཆི་བའི་སྡུག་བསྔལ་དག་ཏུ་སྟོན། །ཞེས་གསུངས་སོ། གཞན་ཡང་སངས་རྒྱས་ནི་གདུལ་

བྱའི་བྲེ་བྲག་གིས། སྣང་བ་དག་པ་ལ་ཆོས་སྐུར་སྣང་ལ། ས་ཐོབ་པའི་བྱང་ [307] ཆུབ་སེམས་དཔའ་ལ་ལོངས་སྐུ་དང་། བྱང་ཆུབ་སེམས་དཔའ་ས་མ་ཐོབ་པའི་ཚོགས་ལམ་ཆེན་པོ་ཡན་ཆོད་དང་། ཉན་ཐོས་དང་རང་རྒྱལ་ལ་སྤྲུལ་སྐུ་དང་། བྱང་ཆུབ་སེམས་དཔའི་ཆ་བྱད་དུ་བྱུང་ནས་དོན་བྱེད་ལ། དེ་ལྟ་བུ་མཐོང་བའི་སྐལ་བ་མེད་པའི་ལས་དང་པོ་ལ་བླ་མའི་ཆ་བྱད་དུ་བྱུང་ནས་དོན་བྱེད་པའོ། །གཞན་ཡང་སངས་རྒྱས་ནི་གདུལ་བྱ་ལ་སྐྱོབས་པ་བཞི་བསྐྱེད་པ་ཡིན་ལ། བླ་མས་ཀྱང་དེ་ཉིད་བསྐྱེད་པས་ན་སངས་རྒྱས་ཡིན་ནོ། །སྐྱོབས་པ་བཞི་ནི། སྐྱོབས་པ་དོན་དང་ལྡན་པ་ཡིན་གྱི་དོན་མེད་པ་མ་ཡིན་པ་དང་། ཆོས་དང་ལྡན་པ་ཡིན་གྱི་ཆོས་དང་མི་ལྡན་པ་མ་ཡིན་པ་དང་། ཉོན་མོངས་པ་དབྲི་བར་བྱེད་པ་ཡིན་གྱི་འཕེལ་བར་བྱེད་པ་མ་ཡིན་པ་དང་། མྱ་ངན་ལས་འདས་པའི་རྒྱུ་དང་ཕན་ཡོན་སྟོན་པ་ཡིན་གྱི། །འཁོར་བའི་རྒྱུ་དང་ཕན་ཡོན་སྟོན་པ་མ་ཡིན་པའོ། །རྡོ་རྗེའི་ཞལ་ནས། སངས་རྒྱས་དངོས་སུ་བཞུགས་ཙ་ན་བླ་མ་དཀོན་མཆོག་ [308] བཞི་པ་ཡིན། སངས་རྒྱས་འདས་ནས་འཁོར་དག་ཡོད་ན་བླ་མ་དེ་སངས་རྒྱས་དང་མཉམ་པ་ཡིན། ད་ལྟ་སངས་རྒྱས་པས་ལྷག་པ་ཡིན་གསུངས་སྟེ། དེ་ལ་རྒྱུ་མཚན་གསུམ། སངས་རྒྱས་ཐམས་ཅད་ཀྱི་ཕྲིན་ལས་བསྡུས་པ་ཡིན་པས་ན། བླ་མ་དེ་སངས་རྒྱས་པས་ལྷག །སྙིགས་མ་ལྔའི་དུས་སུ་སྐྱོབ་པས་བླ་མ་སངས་རྒྱས་པས་ལྷག །བྱང་ཆུབ་ཀྱི་ལམ་དངོས་སུ་སྟོན་པས་བླ་མ་སངས་རྒྱས་པས་ལྷག །དེ་ལྟར་ཡིན་པར་ཡང་། ཚོགས་ཆེན་པོ་ཡིས་ལུང་སྟོན་དཔལ་ལ་ཕྱག་འཚལ་ལོ། །སེམས་ཅན་ཉམ་ཐག་གནས་ནས་འདྲེན་ལ་ཕྱག་འཚལ་ལོ། །དངོས་སུ་སྟོན་ཅིང་དྲི་མ་བྲལ་ལ་ཕྱག་འཚལ་ལོ། །བསོད་ནམས་ཡེ་ཤེས་ཚོགས་ཀྱི་དཔལ་ལ་ཕྱག་འཚལ་ལོ། །ཞེས་གསུངས་སོ། དེ་ལྟར་མ་ཡིན་པར་བླ་མ་དེ་སོ་སོ་སྐྱེ་བོ་ཡིན་དུ་ཟིན་ཡང་། གང་ཟག་ཆོས་ཀྱི་སྤྱན་དང་ལྡན་པ་བླ་མ་དེའི་ལུས་ངག་ཡིད་གསུམ་སངས་རྒྱས་ཀྱི་སྐུ་གསུང་ཐུགས་ཀྱིས་བྱིན་གྱིས་བརླབས་པ་ཡིན་པས། སངས་ [309] རྒྱས་དང་བྱིན་རླབས་མཉམ་པ་ཡིན། དེ་ལྟར་མ་ཡིན་ན་གང་ཟག་མཉམ་པོ་གཅིག་གིས་གཅིག་གི་དོན་བྱ་མི་ནུས་པ་ཡིན་གསུང་ངོ་། །དེ་ལྟར་ཡིན་པས་ན་བླ་མ་དེ་ལ་སངས་རྒྱས་ཀྱི་འདུ་ཤེས་བསྐྱེད་པའོ། །དེ་ཡང་དགེ་བཤེས་སྟོད་

ལུང་བའི་ཞལ་ནས། ང་ལ་སྟོན་པའི་འདུ་ཤེས་བསྐྱེད་ཅིག་བྱས་ནས། ཁྱེད་ཀྱིས་རྒད་པོ་ཁྱེད་ལ་སྟོན་པའི་འདུ་ཤེས་བསྐྱེད་ན་དང་ཁྱོད་དགའ་སྟེ། །བསྐྱེད་ལ་བཞག་གིས་སེམས་པ་སྲིད་དེ། མ་བསྐྱེད་ན་ཡང་མ་བསྐྱེད་སུ་ལ་གནོད་བལྟ་བ་ཡིན་གསུངས་སྐད་དེ་དེ་མད་པ་ཡིན་གསུང་། དེ་བས་ན་བླ་མ་ལ་སངས་རྒྱས་དངོས་ཀྱི་འདུ་ཤེས་གཤའ་མ་ཅིག་སྐྱེས་ན། གནས་སྐབས་དང་མཐར་ཐུག་གི་ཡོན་ཏན་གོང་མ་ཀུན་འབྱུང་བའོ། །དེ་ལ་བསྒྲུབ་པའི་བསྙེན་བཀུར་ནི། ཉོན་མོངས་པ་དང་ཉེས་སྤྱོད་སྤོང་བ་དང་། དགེ་བ་ལ་བརྩོན་པ་གཉིས་ཡིན་ཏེ། དེ་ལྟར་མ་བྱས་ན་བླ་མའི་བཀའ་བཅག་པ་ཡིན་གསུང་ངོ་། །དེ་ལྟར་ཡང་མགོན་པོ་ [310] བྱམས་པའི་ཞལ་ནས། བཀུར་སྟི་རྙེད་པ་དག་དང་རིམ་གྲོ་དང་། །བསྒྲུབ་པའི་སྒོ་ནས་བཤེས་གཉེན་བསྟེན་པར་བྱ། །ཞེས་གསུངས་སོ། །དེ་ལྟར་བླ་མ་ལ་གུས་པའི་ཕན་ཡོན་ལ་གཉིས་ཏེ། གྲངས་སུ་ཆད་པ་དང་། མ་ཆད་པའོ། །གྲངས་སུ་ཆུད་པ་ལ་བདུན། བླ་མ་ལ་བསྟེན་ཅིང་གུས་ན་འཇིག་རྟེན་གྱི་ཁ་ན་མ་ཐོ་བ་གཞན་གྱི་སྐྱུར་བ་འདེབས་པ་མི་འབྱུང་བ་དང་། སྔར་བྱས་པའི་སྡིག་པ་རྣམས་དང་། སྡོམ་པ་གསུམ་དང་འགལ་བའི་ཉེས་པ་དག་དང་། སྡིག་དང་མཐོ་རིས་ཐར་བའི་བར་དུ་གཅོད་པའི་བར་ཆད་མི་འབྱུང་བ་དང་། བསླབ་པ་གསུམ་ལ་སོགས་པའི་ཡོན་ཏན་དང་། འཇིག་རྟེན་དང་འཇིག་རྟེན་ལས་འདས་པའི་བདེ་སྐྱིད་ཐམས་ཅད་གོང་ནས་གོང་དུ་འཕེལ་བ་དང་། འཇིག་རྟེན་ཕྱི་མ་ལ་བྱང་ཆུབ་སེམས་དཔའ་ལ་སོགས་པའི་བླ་མ་རྣམས་འཇལ་བ་དང་། བླ་མས་ཟིན་པ་ནི་ཕྱིན་ཆད་ངན་སོང་གསུམ་དུ་ནམ་ཡང་མི་སྐྱེ་བ་དང་། དཔལ་ནཱ་རོ་པས་ཏཻ་ལོ་པའི་ཕྱགས་ཕྱིར་ [311] ལོ་བཅུ་གཉིས་འབྲངས་ནས། དཀའ་བ་བཅུ་གཉིས་སྤྱད་པས་དངོས་གྲུབ་ཐོབ་པ་བཞིན་དུ། མཆོག་དང་ཐུན་མོང་གི་དངོས་གྲུབ་རྣམས་མ་བསྒྲུབས་ཀྱང་འཐོབ་བོ། གྲངས་སུ་མ་ཆད་པ་ནི། སངས་རྒྱས་ཀྱི་ཡོན་ཏན་མཐའ་མེད་པ་བླ་མ་ལ་བསྟེན་ཏེ་འབྱུང་བས་བགྲང་བར་མི་ནུས་པའོ། །སྡོང་པོ་བཀོད་པའི་མདོ་ལས། ཁྱེའུ་དཔལ་འབྱུང་གིས་ནོར་བཟང་ལ། རིགས་ཀྱི་བུ་དགེ་བའི་བཤེས་གཉེན་གྱིས་ཡང་དག་པར་ཟིན་པའི་བྱང་ཆུབ་སེམས་དཔའ་རྣམས་ནི་ངན་འགྲོར་མི་ལྟུང་བར་བདེ་འགྲོར་སྐྱེའོ། །དེ་ཅིའི་ཕྱིར་ཞེ་ན། དགེ་བའི་བཤེས་གཉེན་གྱི་ཟིན་པའི་བྱང་ཆུབ་སེམས་དཔའ་རྣམས་ནི། སྡིག

གི་ཕྱིར་ཡང་བྱང་ཆུབ་སེམས་དཔའི་བསླབ་པ་དང་འགལ་བར་མི་བྱེད་དོ། །དགེ་བའི་བཤེས་གཉེན་གྱིས་བསྐྱངས་པའི་བྱང་ཆུབ་སེམས་དཔའ་རྣམས་ནི། ལུས་དང་ལོངས་སྤྱོད་དང་དགེ་བ་ཁྱད་པར་ཅན་ཐོབ་པས་འཇིག་རྟེན་ལས་མངོན་པར་འཕགས་པ་ཡིན་ནོ། [312] །དགེ་བའི་བཤེས་ལ་བསྙེན་བཀུར་བའི་བྱང་ཆུབ་སེམས་དཔའ་རྣམས་ནི། དགེ་བའི་བཤེས་གཉེན་བསྟེན་པའི་སྤྱོད་པ་ཐམས་ཅད་ལ་ཡིད་ཆེས་པས་མི་བརྗེད་པར་སྤྱོད་པ་ཡིན་ནོ། དགེ་བའི་བཤེས་གཉེན་གྱིས་ཡོངས་སུ་གཟུང་བའི་བྱང་ཆུབ་སེམས་དཔའ་རྣམས་ནི། ལས་དང་ཉོན་མོངས་པ་ཐམས་ཅད་ཀྱིས་ཐུབ་པར་དཀའ་བ་ཡིན་ནོ། །དགེ་བའི་བཤེས་གཉེན་གྱིས་བྱ་བ་དང་བྱ་བ་མ་ཡིན་པ་རྣམས་ཀྱང་ཁོང་དུ་ཆུད་པར་བྱེད་དོ། །ཁག་མེད་པའི་གནས་ལས་ཡང་དག་པར་བཟློག་པའོ། །འཁོར་བའི་གྲོང་ཁྱེར་ནས་འདོན་པའོ། །ཞེས་པ་དང་། ཡང་དེ་ཉིད་ལས། རིགས་ཀྱི་བུ་དགེ་བའི་བཤེས་གཉེན་གྱིས་རྗེས་སུ་བསྟན་པ་ལ་ཞུགས་པའི་བྱང་ཆུབ་སེམས་དཔའ་ལ་སངས་རྒྱས་བཅོམ་ལྡན་འདས་རྣམས་ཐུགས་མཉེས་པར་གྱུར་རོ། །དགེ་བའི་བཤེས་གཉེན་གྱི་ཚིག་དང་མི་འགལ་བར་གནས་པའི་བྱང་ཆུབ་སེམས་དཔའ་ལ་ཐམས་ཅད་མཁྱེན་པ་ཉེ་བར་འགྱུར་རོ། །དགེ་བའི་བཤེས་གཉེན་གྱི་ཚིག [313] ལ་རྗེས་སུ་འཛིན་པའི་ཐེ་ཚོམ་མེད་པ་ལ་དགེ་བའི་བཤེས་གཉེན་རྣམས་ཉེ་བར་འགྱུར་རོ། །དགེ་བའི་བཤེས་གཉེན་ཡིད་ལ་བྱེད་པ་དང་མ་བྲལ་བ་དང་། འདོད་པའི་དོན་ཐམས་ཅད་མངོན་དུ་འགྱུར་རོ། །ཞེས་གསུངས་སོ། གཞན་ཡང་དམ་པ་རྣམས་ནི་སུས་ཀྱང་མི་བསྒྲིང་ངོ་། །དེ་དང་ཉེ་ན་དེ་ཡི་ཡོན་ཏན་རྡུལ། །ཆེད་དུ་མ་བགོས་པར་ཡང་གོས་པར་འགྱུར། །རི་རབ་གསེར་གྱི་ངོས་ལ་བྱ་གནས་པ། རང་གིས་རང་བཞིན་དོར་ནས་གསེར་དུ་སྣང་། །ཞེས་སོ། །མ་བསྟེན་ཅིང་མ་གུས་པའི་ཉེས་དམིགས་ནི། ཕན་ཡོན་རྣམས་ལས་བཟློག་པ་སྟེ། གྲོགས་ངན་པའི་སྐྱོན་ནི། བསྟེན་བྱ་མ་ཡིན་བསྟེན་པས་ན། །དེ་ཡི་སྐྱོན་གྱིས་སྐྱོན་ཆགས་འགྱུར། །དོང་པར་དུག་བསྐུས་མདའ་བཙུག་ན། །དུག་མ་བསྐུས་པའང་དེ་བཞིན་འགྱུར། །ཞེས་པ་དང་། མི་ཡིས་འདི་ན་ཉ་རུལ་ལ། །ཀུ་ཤ་གཙང་བྱེད་བཅིངས་གྱུར་ནས། །དེ་ནི་རིང་པོར་མི་ཐོགས་[314] པར། །ཀུ་ཤ་ཉིད་ཀྱང་དེ་བཞིན་འགྱུར། །ཞེས་སོ། །ཅུང་ཟད་ནོར་ཁྱེར་ཉིན་གཅིག

མགྲོན་པོ་ཡང་། །ལམ་མཁན་སྐྱིལ་མ་བཟང་པོ་ཚོལ་ལགས་ན། །འཕགས་པའི་ནོར་ལྡན་ཐར་པའི་ལམ་ཞུགས་པ། །ལམ་མཁན་བཤེས་གཉེན་བཟང་པོ་བརྟེན་པར་རིགས། །ཞེས་པ་ནི་འཐད་པའི་དོན་བསྡུས་ཏེ་གདམས་པའོ། །སངས་རྒྱས་ཀྱི་བསྟན་པ་ལ་རིམ་གྱིས་འཇུག་པའི་ཚུལ་ལས། བླ་མའི་མཚན་ཉིད་བསྟན་པའི་ལེའུ་སྟེ་གཉིས་པའོ།།

།།གང་ཟག་ཚོགས་བསགས་པ་བླ་མ་བཟང་པོ་དང་ཕྲད་པ། ཚོགས་མེད་པར་སྟོང་ཉིད་སྙིང་རྗེ་དབྱེར་མེད་དུ་གོ་ཡང་སྲིད་ལ། དེ་བྱུང་ན་བློ་ལྡོག་བཞི་ཡང་རང་ཤུགས་ཀྱིས་འབྱུང་བར་འགྱུར་རོ། །དེ་མ་ཡིན་པ་བསྟན་པ་ལ་རིམ་གྱིས་འཇུག་པའི་ཚུལ་ནི། བླ་མ་དེས་ཀྱང་འཇངས་མས་བུ་ཆུང་གསོ་བ་ལྟར་རིམ་གྱིས་འཁྲིད་པ་ནི། དལ་འབྱོར་རྙེད་པར་དཀའ་དང་འཆི་བ་བསྒོམ། །ཞེས་པ་སྟེ། དང་པོ་བྱང་ཆུབ་བསྒྲུབ་པའི་ལུས་ཀྱི་རྟེན་ནི་དལ་འབྱོར་ [315] ཡིན་ནོ། །དེ་ཡང་གསང་བ་བསམ་གྱིས་མི་ཁྱབ་པ་ལས། སངས་རྒྱས་འབྱུང་བ་རྒྱ་ལམ་རྙེད་པར་འགྱུར། །མིར་སྐྱེ་བ་ཡང་ཤིན་ཏུ་དཀའ་བས་རྙེད། །གྲོགས་པོ་གང་དག་དད་དང་ཆོས་ལྡན་པ། །འདི་འདྲ་བསྐལ་པ་བརྒྱར་ཡང་རྙེད་པར་དཀའ། །ཞེས་པ་དང་། སྤྱོད་འཇུག་ལས། དལ་འབྱོར་འདི་ནི་རྙེད་པར་ཤིན་ཏུ་དཀའ། །སྐྱེས་བུས་དོན་སྒྲུབ་ཐོབ་པར་གྱུར་བ་ལ། །གལ་ཏེ་འདི་ལ་ཕན་པ་མ་བསྒྲུབས་ན། །ཕྱིས་འདི་ཡང་དག་འབྱོར་བར་ག་ལ་འགྱུར། །ཞེས་གསུངས་པས། དལ་འབྱོར་གྱི་ངོ་བོ་ནི། བྱང་ཆུབ་བསྒྲུབ་པའི་འགལ་རྐྱེན་མེད་ཅིང་མཐུན་རྐྱེན་ཚང་བའི་མི་ལུས་སོ། །དེ་བས་ན་དལ་བ་ནི། མི་ཁོམ་པའི་གནས་བརྒྱད་ལས་ཐར་བའོ། །མི་ཁོམ་པའི་གནས་བརྒྱད་ནི། མངོན་པ་ནས། དམྱལ་བ་ཡི་དྭགས་དུད་འགྲོ་དང་། །ཀླ་ཀློ་ཚེ་རིང་ལྷ་དང་ནི། །ལོག་ལྟ་སངས་རྒྱས་ཀྱིས་སྟོངས་པ། །ལྐུགས་པ་འདི་དག་མི་ཁོམ་བརྒྱད། །ཅེས་བཤད་ [316] པའོ། །མི་ཁོམ་པ་ཞེས་པ་ཡང་བྱང་ཆུབ་བསྒྲུབ་པའི་སྐལ་བ་མེད་ཅིང་མི་ཁོམ་པས་ན་མི་ཁོམ་པའོ། །དེ་ཡང་ངན་སོང་གསུམ་ནི། སོ་སོའི་སྡུག་བསྔལ་གྱིས་གཡེན་སྤྱོ་བས་བྱང་ཆུབ་བསྒྲུབ་མི་ཁོམ་པའོ། །ལྷ་ཚེ་རིང་པོ་ནི། འབྲས་བུ་ཆེ་བའི་ཕྱོགས་ཅིག་ན། །འདུ་ཤེས་མེད་པའི་ལྷ་གནས་སོ། །ཞེས་པ་སྟེ། འབྲས་བུ་ཆེ

བའི་ཕྱོགས་གཅིག་ན་གྲོང་ལས་དགོན་པའི་ཚུལ་དུ་འདུ་ཤེས་མེད་པའི་སྙོམས་འཇུག་ཞི་གནས་འཐུག་པོ་རྒྱང་པ་བསྒོམ་པ་ཡིན་ལ། དེ་ཐར་པ་ཐོབ་པའི་ལམ་མ་ཡིན་པ་ལ་ཡིན་པར་བཟུང་བས་འདུ་ཤེས་མེད་པའི་ལྷར་སྐྱེ་བར་འགྱུར་རོ། །དེ་ཐར་པ་མ་ཡིན་པ་ལ་ཡིན་པར་གོ་ནས་སེམས་ཞི་གནས་འཐུག་པོས་ཕྱོགས་ནས་ཐར་པ་བསྒྲུབ་པའི་སྐལ་བ་མེད་དོ། །འཆི་ཁར་ཐར་པ་ཐོབ་ནས་ཕྱིར་ལྡོག་པར་འདུག་སྙམ་པའི་ལོག་ལྟ་སྐྱེས་ནས་ཕལ་ཆེར་ངན་སོང་ལ་སོགས་པར་འགྲོ་བས་མི་ཁོམ་པའོ། །མཐའ་འཁོབ་ཀྱི་ཀླ་ཀློ་ཞེས་པ་ལ། ཡུལ་ལ་དབུས་དང་མཐའ་འཁོབ་ [317] གཉིས་སོ། །དབུས་ལ་ཡང་གཉིས་ཏེ། ཡོན་ཏན་གྱི་དབུས་དང་། ས་ཕྱོགས་ཀྱི་དབུས་སོ། །ཡོན་ཏན་གྱི་དབུས་ནི་ཆོས་བཤའ་མ་གང་ན་ཡོད་པའི་ས་ཕྱོགས་སོ། །ས་ཕྱོགས་ཀྱི་དབུས་ནི་མ་ག་དྷའོ། །དེ་ཡང་ཡོན་ཏན་གྱི་དབུས་གཙོ་བོ་ཡིན་ནོ། །དབུས་མ་ཡིན་པ་ལ་མཐའ་འཁོབ་ཅེས་བྱ་སྟེ། དེར་སྐྱེས་པའི་མི་ལ་ནི་ཀླ་ཀློ་ཞེས་བྱའོ། །དེ་ཡང་བྱང་ཆུབ་བསྒྲུབ་པའི་སྐལ་བ་མེད་པས་ན་མི་ཁོམ་པ་ཞེས་བྱའོ། །མིག་ལ་སོགས་པའི་དབང་པོ་མ་ཚང་ན་ཡང་། །བྱང་ཆུབ་བསྒྲུབ་པའི་སྐལ་བ་མེད་པས་མི་ཁོམ་པའོ། །ལོག་ལྟ་ནི་ཆོས་མི་བདེན་ཟེར་ཞིང་བློ་ལ་ཕྱིན་ཅི་ལོག་ཏུ་བཅུས་ན་ཡང་། བྱང་ཆུབ་བསྒྲུབ་པའི་སྐལ་བ་མེད་པས་མི་ཁོམ་པའོ། །སངས་རྒྱས་མེད་པའི་ཞིང་དུ་སྐྱེས་ན་ཡང་ཆོས་ཟླ་ལམ་དུ་ཡང་མི་གྲགས་པས་བྱང་ཆུབ་བསྒྲུབ་པའི་སྐལ་བ་མེད་པས་མི་ཁོམ་པའོ། །འོ་ན་མི་ཁོམ་པའི་གནས་བརྒྱད་ལས་ཐར་པ་ཙམ་གྱིས་ཆོག་གམ་སྙམ་ན་དེས་ཀྱང་མི་ [318] ཆོག་སྟེ། དེ་ནི་འགལ་རྐྱེན་དང་བྲལ་བ་ཙམ་ཡིན་ལ། མཐུན་རྐྱེན་ཚང་དགོས་པས་འབྱོར་པ་དགོས་སོ། །དེ་ཡང་རང་འབྱོར་ལྔ་དང་། གཞན་འབྱོར་ལྔ་སྟེ་བཅུའོ། །རང་འབྱོར་ལྔ་ནི། མི་ལུས་ཐོབ་པ་དང་། ཡུལ་དབུས་སུ་སྐྱེས་པ་དང་། དབང་པོ་ཚང་བ་དང་། ལས་ཀྱི་མཐའ་མ་ལོག་པ་དང་། གནས་ལ་མངོན་པར་དད་པའོ། །གཞན་འབྱོར་ལྔ་ནི། སངས་རྒྱས་འཇིག་རྟེན་དུ་བྱོན་པ་དང་། དེས་ཆོས་གསུངས་པ་དང་། བསྟན་པ་གནས་པ་དང་། རྗེས་སུ་བསྒྲུབ་པའི་གང་ཟག་གཞན་ཡོད་པ་དང་། དེ་ཡང་གཞན་ལ་སྙིང་བརྩེ་བ་ཡོད་པའོ། །དེ་རྣམས་ཚང་བའི་དལ་འབྱོར་ནི་ཤིན་ཏུ་རྙེད་པར་དཀའ་སྟེ། སྤྱོད་འཇུག་ལས། དེ་ཉིད་ཕྱིར་ན་བཅོམ་

ལྡན་གྱིས། །རྒྱ་མཚོ་ཆེར་གཡེངས་གཉའ་ཤིང་གི །བུ་གར་རུས་སྦལ་མགྲིན་ཆུད་ལྟར། །མི་ལུས་ཤིན་ཏུ་ཐོབ་དཀར་གསུངས། །ཞེས་སོ། །དེ་ཙམ་དུ་ཐོབ་པར་དཀའ་འམ་སྙམ་ན་ཐོབ་པར་དཀའ་སྟེ། དལ་བ་ཐོབ་པར་དཀའ་བ་ལས། [319] ངན་སོང་གསུམ་གྱི་ནང་ནས་དམྱལ་བ་མང་བར་གསུངས། དམྱལ་བ་བས་ཡི་དྭགས་སྟོང་འགྱུར་གྱིས་ཉུང་། ཡི་དྭགས་པས་དུད་འགྲོ་སྟོང་འགྱུར་གྱིས་ཉུང་བར་གསུངས་ཏེ། དེ་རིག་པས་དཔྱད་ཀྱང་འཐད་པས་དཔེར་ན་ཆུ་དང་འདྲ་བར་འོ་སྐོལ་གྱི་སེམས་ནི་ཉོན་མོངས་པ་དང་སྡིག་པའི་སྟེང་དུ་མ་བཏང་ཡང་འགྲོ་ལ། དགེ་བའི་ཕྱོགས་སུ་བཏང་ཡང་མི་འགྲོ་བས། ངན་སོང་གསུམ་དུ་སྐྱེ་བའི་རྒྱུ་འབྱུང་སླ་བས་ངན་སོང་གསུམ་གྱི་འོག་མ་འོག་མར་སྐྱེ་བ་ནི་སླ་ལ་ཚེ་རིང་བའི་ཕྱིར་རོ། །དེའི་ནང་ནས་ཉུང་བའི་དུད་འགྲོ་ནི་རྒྱ་མཚོ་ཆེན་པོའི་ནང་ན་ཆང་དར་མའི་སྦང་མ་ཙམ་ཡོད་གསུང་། སྐམ་ལ་གནས་པ་ནི་ཁ་འཐོར་བ་ཡིན་ཏེ། མིའི་ལུས་ལ་སྲིན་བུའི་རིགས་སྟོང་ཕྲག་བརྒྱད་ཙུ་ཡོད་པར་གསུངས། འཛམ་མིག་གི་སྲིན་བུ་ཡན་ཆད་ཀྱི་ལུས་ལ་སྲིན་ཅི་ཅི་ཡིང་གའི་གྲོང་ཁྱེར་ལྟ་བརྒྱ་ལྟ་བརྒྱ་ཡོད་པར་གསུངས་ཏེ། དེ་འོ་སྐོལ་གྱིས་མ་མཐོང་། མཐོང་བ་དུད་འགྲོ་ [320] མངོན་སུམ་པ་རང་ལ་ཅི་ཙམ་པ་ཞིག་ཡོད་པས་ངན་སོང་གསུམ་ལས་ཐར་པའི་དལ་བ་རྙེད་པར་དཀའ། ལྷ་ཚེ་རིང་པོ་ཡང་ཤིན་ཏུ་མང་། ཆོས་ཡོད་པའི་ཡུལ་ནི་ཤིན་ཏུ་ཉུང་ལ། ཡུལ་མཐའ་འཁོབ་ནི་རྒྱ་ཆེ་ཞིང་དེར་སྐྱེས་པའི་ཀླ་ཀློ་ཡང་ཤིན་ཏུ་མང་། ལས་རྒྱུ་འབྲས་དང་དཀོན་མཆོག་གསུམ་ལ་ཡིད་ཆེས་པ་ཤིན་ཏུ་ཉུང་ལ། ལོག་ལྟ་ཅན་ནི་དཔག་ཏུ་མེད་དོ། །སངས་རྒྱས་མ་བྱོན་པའི་ཞིང་ཁམས་ཀྱང་དཔག་ཏུ་མེད་པས། དེ་རྣམས་ལས་ཐར་པའི་དལ་བ་རྙེད་པར་དཀའ། འབྱོར་པ་བཅུའི་རང་འབྱོར་ལྔ་དང་། དལ་བ་བརྒྱད་ནི་བྲལ་བའི་ཆ་དང་ལྡན་པའི་ཆ་ལྡོག་པ་ཐ་དད་པ་ཙམ་ཡིན་གྱིས། ངོ་བོ་གཅིག་ཡིན་ནོ། །དེ་ཡང་བསྟན་པ་གནས་པའི་དུས་སུ་མི་ལུས་ཐོབ་པ་དང་། ཡུལ་དབུས་སུ་སྐྱེས་པ་དང་། དབང་པོ་ཚང་བ་དང་། དཀོན་མཆོག་གསུམ་ལ་དད་ཅིང་ཡིད་ཆེས་པའི་གནས་ལ་དད་པ་དང་། སྙིང་ཐག་པ་ནས་སྡིག་པ་ལ་འཛེམ་པའི་ལས་ཀྱི་མཐའ་མ་ལོག་པ་ཡང་ [321] ཤིན་ཏུ་དཀོན་པས། དེ་བས་ན་དེ་རྣམས་རྙེད་པར་དཀའ་འོ། །གཞན་འབྱོར་ལྔའི། དང་པོ་སངས་རྒྱས་འཛིག་རྟེན་

དུ་བྱོན་པ་རྙེད་པར་དཀའ་བ་ནི། འོ་སྐོལ་གྱི་མི་མཇེད་འཇིག་རྟེན་གྱི་ཁམས་འདིར་སྔ་མ་བསྐལ་པ་བཞི་བཅུར་སངས་རྒྱས་མ་བྱོན། ད་སྐལ་པ་དྲུག་ཅུར་སངས་རྒྱས་མི་འབྱོན། ད་རེས་བསྐལ་བ་བཟང་པོ་གཅིག་པུ་འདི་ལ་ཡང་། འཇིག་པ་དང་། སྟོངས་པ་དང་། ཆགས་པའི་བར་གྱི་བསྐལ་པ་ཉི་ཤུ་ཉི་ཤུ་སྟེ། དྲུག་ཅུ་ལ་སངས་རྒྱས་ཀྱིས་བྱ་ཐབས་མེད། གནས་པའི་བསྐལ་པ་ཉི་ཤུ་ལ་ཡང་ཡར་འཕེལ་ལ་མི་འབྱུང་སྟེ། དེའི་དུས་སུ་སེམས་ཅན་རྣམས་སྡུག་བསྔལ་ཆུང་སྟེ་སྐྱོ་ཤས་ཆུང་བས་སངས་རྒྱས་ཀྱིས་མི་འདུལ། ད་ལྟ་ཡ་ཐོག་རིང་པོ་ཡིན་ཏེ། སྐྱེས་བུ་ཚེ་ལོ་གྲངས་མེད་པ་ནས་ད་ལྟ་ཡན་ལ་སངས་རྒྱས་བཞི་ལས་མ་བྱོན། དེ་ནས་ཚེ་ལོ་བཅུ་པ་ལ་ཐུག་གི་བར་དུ་མར་ལ་འགྲིབ་པ་དང་། དེ་ནས་བརྒྱད་ཁྲི་ལ་ཐུག་བར་དུ་ཡར་འཕེལ་བ་སྟེ། [322] དེ་ལྟ་བུའི་ཁུགས་བཅོ་བརྒྱད་ཀྱི་བར་འགྲིབ་པའི་དུས་སུ་བསྐལ་བཟང་གི་སངས་རྒྱས་སྟོང་འབྱུང་བ་ཡིན་ནོ། །དེས་ན་སངས་རྒྱས་འབྱུང་བ་ཤིན་ཏུ་རྙེད་པར་དཀའ་འོ། །གཉིས་པ་དེས་ཆོས་གསུངས་པ་རྙེད་པར་དཀའ་བ་ནི། འཁོར་བ་འཇིག་དང་། གསེར་ཐུབ་ལ་སོགས་པ་སངས་རྒྱས་ནས་ལོ་མང་དུ་སྟོད་མ་གཟིགས་ནས་ཆོས་མ་གསུངས་སོ། །བཅོམ་ལྡན་འདས་ཤཱཀྱ་ཐུབ་པས་ཀྱང་ཆོས་མི་གསུང་བའི་ཐུགས་དགོངས་བྱུང་ནས། ཚངས་པ་དང་བརྒྱ་བྱིན་གྱིས་གསེར་གྱི་འཁོར་ལོ་རྩི་བས་སྟོང་དང་ལྡན་པ་ཕུལ་ནས་ཆོས་ཞུ་བ་མ་ཕུལ་གྱི་བར་དུ་སངས་རྒྱས་ནས་ཞག་བདུན་ཕྲག་བདུན་དུ་ཆོས་མ་གསུངས་སོ། །དེས་ན་དེ་ཆོས་གསུངས་པ་རྙེད་པར་དཀའ་འོ། །གསུམ་པ་བསྟན་པ་རྒྱུན་དུ་གནས་པ་རྙེད་པར་དཀའ་བ་ནི། ཐུབ་པའི་བསྟན་པ་ལ་ལོ་ལྔ་སྟོང་གནས་པ་ལ། ད་ལྟ་སྐྱེས་བུ་བདུན་ཅུ་ཁ་རལ་དང་། དྲུག་ཅུ་ཁ་རལ་དུ་འདོད་པ་གཉིས་གང་ལྟར་ཡིན་ཡང་སོང་ཟིན་ཏེ། ལྔ་བརྒྱ་ཕྲག་ [323] གཅིག་ནི་རྟགས་ཙམ་འཛིན་པའི་དུས་ཡིན་ནོ། །དེས་ན་བསྟན་པ་གནས་པ་རྙེད་པར་དཀའ་འོ། །བཞི་པ་རྗེས་སུ་བསྒྲུབ་པའི་གང་ཟག་རྙེད་པར་དཀའ་བ་ནི། ཐེག་པ་ཆེན་པོའི་དབང་དུ་བྱས་ན། ཚེ་འདི་དང་འཁོར་བ་དང་རང་ཞི་བདེ་དོན་དུ་མི་གཉེར་བར། གཞན་དོན་དུ་བྱང་ཆུབ་ཐོབ་པའི་དོན་དུ་ཆོས་ཀྱི་དོན་ཡིད་ལ་བྱེད་པ་སྲིད་པ་ཙམ་སྟེ། དེས་ན་རྗེས་སུ་བསྒྲུབ་པའི་གང་ཟག་རྙེད་པ་དཀའ་འོ། །ཐ་མ་དེ་ཡང་། གཞན་ལ་སྙིང་བརྗེ་བ་ཅན་དགོན་པ་ལ་གཉིས་ལས། འཆད་པ་པོ་གཞན་ལ་

སྙིང་བརྗེ་བ་ནི། ཉེད་པ་དང་བཀུར་སྟི་ལ་སོགས་པའི་རང་ལ་འཁྲིས་མེད་ཕན་སེམས་ཀྱིས་གཞན་ལ་ཆོས་འཆད་པའོ། །སྦྱིན་བདག་སྙིང་བརྗེ་བ་ནི། རང་ལ་འཁྲིས་མེད་པར་སྒྲུབ་པ་པོ་རྣམས་ཀྱི་འཚོ་བ་སྦྱོར་བ་སྟེ། དེ་གཉིས་ནི་ཤིན་ཏུ་ཉེད་པར་དཀའ་འོ། །ད་ལྟ་ནི་སྙིང་ཐག་པ་ནས་ཆོས་བྱས་ན་ཉེད་དུ་རུང་བ་ཙམ་མོ། །སངས་རྒྱས་ནས་ད་ལྟའི་བར་དུ་སྔོན་རྒྱུད་ཀྱི་ [324] གདམས་ངག་ལ་བསྒྲེ་སླད་མ་ཞུགས་ཤིང་། ཚིག་དང་དོན་གྱི་རྒྱུད་པ་མ་ཆད་པ། རྒྱུད་པ་ལ་ངན་པའི་སེལ་མེད་པ། གཞན་ལ་ཕན་ཡོན་བགོ་ནུས་པའི་གང་ཟག་དཀོན་པས། ད་ལྟ་ཞལ་བཞུགས་པ་རྣམས་གཤེགས་ནས་ཕྱིན་ཆད་ཉེད་པ་དཀའ་མོར་འོང་དོགས་ཡོད། ཉེད་པར་དཀའ་བའི་དལ་འབྱོར་དེ་ཐོབ་པ་ལ་དགོས་པ་ཅི་ཡོད་སྙམ་ན། དེ་ལ་བརྟེན་ནས་སྐྱེས་བུས་དོན་མཐོ་རིས་དང་ཐར་པ་བསྒྲུབ་པའོ། །དེ་ཡང་སློབ་སྤྲིང་ལས། གང་ཞིག་ཐོབ་ནས་སྐྱེ་བའི་རྒྱ་མཚོ་མཐར་འབྱིན་ཅིང་། །བྱང་ཆུབ་སེམས་ཀྱི་ས་བོན་དགེ་བའང་འདེབས་བྱེད་པ། །ཡིད་བཞིན་ནོར་བུ་བས་ཀྱང་ཡོན་ཏན་ལྷག་པ་ཡི། །མི་དེ་ཉིད་ནི་སུ་ཞིག་འབྲས་བུ་མེད་པར་བྱེད། །ཅེས་པ་དང་། སྤྱོད་འཇུག་ལས། མི་ཡི་གྲུ་ལ་བརྟེན་ནས་ནི། །སྡུག་བསྔལ་ཆུ་བོ་ཆེ་ལ་སྒྲོལ། །གྲུ་འདི་ཕྱིས་ནས་རྙེད་དཀའ་བས། །རྨོངས་པ་དུས་སུ་གཉིད་མ་ལོག །ཅེས་གསུངས་སོ། །ཚེ་འདིའི་མདུན་ཚིས་ཙུང་ཟད་ [325] ཡོད་པ་ཡང་། །ཞོར་གྱི་དོགས་ནས་རྟག་ཏུ་འབད་བྱེད་ན། །ཉེད་པར་དཀའ་ཞིང་འཇིག་སླའི་མི་ལུས་འདི། །ཆུད་མི་གསན་ཅིང་དོན་ཆེན་བསྒྲུབ་པར་རིགས། །ཞེས་པ་ནི་འཐད་པའི་དོན་བསྡུས་ཏེ་གདམས་པའོ། །སངས་རྒྱས་ཀྱི་བསྟན་པ་ལ་རིམ་གྱིས་འཇུག་པའི་ཚུལ་ལས། དལ་འབྱོར་ཉེད་དཀའ་བའི་ལེའུ་སྟེ་གསུམ་པའོ། །

། །ཉེད་པར་དཀའ་ཞིང་ཕན་འདོགས་ཆེ་བའི་དལ་འབྱོར་དེ་ཐོབ་པས་ཚོག་གམ་སྙམ་ན་མི་ཚོག་སྟེ། འཇིག་པ་ལ་ཚོགས་མེད་པས་གོ་བར་བྱ་བའི་དོན་དུ་འཆི་བ་རྗེས་སུ་དྲན་པ་བསྒོམ་དགོས་པས་འཆི་བ་བསྒོམ་ཞེས་པ་སྟེ། དེ་ལ་གསུམ། འཆི་ངེས་པ་དང་། ནམ་འཆི་ཆ་མེད་པ་དང་། འཆི་བའི་དུས་སུ་ཅིས་ཀྱང་མི་ཕྲོང་བའོ། །དང་པོ་ལ་གསུམ་སྟེ། སྔར་མ་

ཤི་བར་ལུས་པ་མེད་པས་འཆི་ངེས་ཏེ། སློབ་དཔོན་རྟ་དབྱངས་ཀྱི་ཞལ་ནས། ས་འམ་འཇིག་རྟེན་མཐོ་རིས་ནི། །སྐྱེས་ནས་ལ་ལ་མི་འཆི་བ། གང་ཞིག [326] ཁྱོད་ཀྱིས་མཐོང་བའམ། །ཐོས་ཏེ་ཐོས་སམ་ཐེ་ཚོམ་ཟ། །ཞེས་པ་དང་། རྒྱ་ཆེ་རོལ་པ་ལས་ཀྱང་། གང་དུ་ཕྱིན་ཡང་འཆི་བས་མི་ཚུགས་པའི། །ས་ཕྱོགས་དེ་ནི་གང་ནའང་ཡོད་མིན་ཏེ། །བར་སྣང་ལ་མེད་རྒྱ་མཚོའི་གཏིང་ན་མེད། །རི་བོ་རྣམས་ཀྱི་སུལ་ནའང་ཡོད་མ་ཡིན། །ཞེས་གསུངས་སོ། །གཉིས་པ་འདུས་བྱས་ཡིན་པས་ཀྱང་འཆི་ངེས་ཏེ། ཁྲིའུ་བཞེས་ཞུས་པའི་མདོ་ལས། འདུས་བྱས་རྟག་པར་འགྱུར་བ་ཡི། །གནས་འདི་རྙེད་པར་མི་འགྱུར་བས། །འདུས་བྱས་ཐམས་ཅད་མི་རྟག་གིས། །མྱ་ངན་མ་བྱེད་ཀུན་དགའོ། །ཞེས་གསུངས་སོ། །ཐ་མ་ཚེ་སྐད་ཅིག་མ་ཡང་སྡོད་པ་མེད་པའི་ཕྱིར་ཡང་འཆི་ངེས་ཏེ། སློབ་དཔོན་ཞི་བ་ལྷས། ཉིན་མཚན་སྡོད་པ་ཡོད་མེད་པར། །ཚེ་འདི་རྟག་ཏུ་གོད་འགྱུར་ལ། །སྣོན་པ་གུད་ནས་འོང་མེད་ན། །བདག་ལྟ་འཆི་བར་ཅིས་མི་འགྱུར། །ཞེས་གསུངས་སོ། །རིགས་པས་རྟགས་ཀྱང་། སྔར་མ་ཤི་བར་ལུས་པ་སུས་ཀྱང་མཐོང་ [327] བའམ་ཐོས་པ་མེད་པ་དང་། བསགས་པ་ཐམས་ཅད་ཀྱི་མཐའ་མཛད་པ་དང་། སྐྱེས་པ་ཐམས་ཅད་ཀྱི་མཐའ་འཆི་བ་དང་། འདུས་པ་ཐམས་ཅད་ཀྱི་མཐའ་འབྲལ་བ་དང་། བསླང་བ་ཐམས་ཅད་ཀྱི་མཐའ་འགྲོལ་བའི་རང་བཞིན་ཡིན་པས། དེ་བཞིན་རང་བཞིན་གྱི་གཏན་ཚིགས་ཡིན་ནོ། །ཐ་མ་ཚེ་སྐད་ཅིག་མ་གཅིག་ཀྱང་མི་སྡོད་པ་ཡིན། རིགས་པས་གྲུབ་པས་འཆི་ངེས་སོ། །ནམ་འཆི་ཆ་མེད་པ་ལ་གསུམ། དང་པོ་ཚེ་ལ་ངེས་པ་མེད་པས་ནམ་འཆི་ཆ་མེད་དེ། ལུང་ལས། ཁ་ཅིག་མངལ་དུ་འཆི་བ་མཐོང་། །དེ་བཞིན་དུ་ནི་བཙས་པའི་སར། །དེ་བཞིན་ཁ་ཅིག་གོག་ཙམ་ན། །ལ་ལ་རྒྱས་དང་ལ་ལ་གཞོན། །ལ་ལ་དར་ལ་བབ་པའི་མི། །དེ་དག་རིམ་གྱིས་འབྱུང་བས་ཏེ། །དེ་ལ་མི་འདི་གཞོན་ཞེས་ན། །གསོན་པའི་གདེང་ཚད་སུ་ཞིག་འཚལ། །ཞེས་གསུངས་སོ། །གཉིས་པ་འཆི་བའི་རྐྱེན་མང་བས་ནམ་འཆི་ཆ་མེད་པ་ནི། སློབ་དཔོན་ཀླུ་སྒྲུབ་ཀྱི་ཞལ་ [328] ནས། འཆི་བའི་རྐྱེན་ནི་མང་བས་ཏེ། །གསོན་པའི་རྐྱེན་ནི་ཉུང་ཟད་ཅིག །དེ་དག་ཉིད་ཀྱང་འཆི་བའི་རྐྱེན། །དེ་བས་རྟག་ཏུ་ཆོས་མཛོད་ཅིག

།ཅེས་གསུངས་སོ། །ཐ་མ་སྲོག་ལ་སྙིང་པོ་མེད་པས་ནམ་འཆི་ཆ་མེད་པ་ནི། ལུང་ལས། རྩ་མཆོག་དག་གི་ཟིལ་པའི་ཐིགས། །ཉི་མ་ཡོངས་སུ་བབ་པ་ན། །ཡུད་ཙམ་ཞིག་གིས་མེད་པར་འགྱུར། །མི་ཡི་སྲོག་ཀྱང་དེ་བཞིན་ནོ། །ཞེས་པ་དང་། བཤེས་སྤྲིང་ལས། ཚེ་འདི་གནོད་མང་རླུང་གིས་བཏབ་པ་ཡི། །ཆུ་ཡི་ཆུ་བུར་བས་ཀྱང་མི་རྟག་ན། །དབུགས་དབྱུང་དབུགས་རྔུབ་གཉིད་ཀྱིས་ལོག་པ་ལས། །སད་ཁོམ་གང་ལགས་དེ་ནི་ངོ་མཚར་ཆེ། །ཞེས་གསུངས་སོ། །རིགས་པས་བརྟགས་ཀྱང་རང་རང་གི་ཉེ་བ་དང་འབྲེལ་བ་དང་ཡུལ་མི་རྣམས་ལ་བརྟགས་ན། རང་བས་རྒན་པ་དང་། གཞོན་པ་དང་། ན་མཉམ་པ་ཤི་བ་མཐོང་བ་དང་། འཆི་བའི་རྐྱེན་སངས་རྒྱས་དང་བྱང་ཆུབ་སེམས་དཔའ་ཀྱང་བསྲུང་གིས་མི་ལང་བར་གསུངས་ཏེ། [329] ཕྱིའི་རྐྱེན་ནི་དངོས་པོ་ཅི་ཡོད་པ་ཐམས་ཅད་ལ་འཆི་རྐྱེན་དུ་མ་གྱུར་པ་མེད་པ་དང་། ནང་གི་འཆི་རྐྱེན་ནི། ལུས་འབྱུང་བ་ཆེན་པོ་བཞི་ལས་གྲུབ་པས་སྦྲུལ་དུག་ཅན་དང་འདྲ་སྟེ། ཆ་མཉམ་པའི་ཚེ་ཡུད་ཙམ་བདེ་བ་ཡང་། ཆ་མི་མཉམ་པའི་ཚེ་ན། ཆུང་ན་ན་ཚ་འབྱུང་། ཆེ་ན་འཆིའོ། །ལུས་འདི་ལ་སྲ་སྲའོ་དང་བརྟན་བརྟན་པོ་ཡང་མེད་དེ། རྩ་རྟ་རྡ་ཙམ་ཅིག་ཆད་དམ། རྨ་ཁབ་མིག་ཙམ་ཞིག་བྱུང་ཡང་འཆིའོ། །ཅེས་ཀྱང་མི་སྡོངས་པ་ལ་གསུམ་སྟེ། དང་པོ་བསགས་པའི་ནོར་གྱིས་མི་སྡོངས་པ་ནི། སློབ་དཔོན་ཞི་བ་ལྷའི་ཞལ་ནས། རྙེད་པ་མང་པོ་རྙེད་གྱུར་ཏེ། །ཡུན་རིང་དུས་སུ་བདེ་སྤྱད་ཀྱང་། །ཆོམས་པོས་ཕྲོགས་པ་ཇི་བཞིན་དུ། །སྒྲེན་མོ་ལག་པ་སྟོང་པར་འགྲོ། །ཞེས་པ་དང་། ལུང་གཞན་ལས་ཀྱང་། ཁྲིད་ཀྱིས་འཁྱེར་པ་དུག་ཅན་ཟས་བཞིན་དུ། །སྤྱངས་ནས་གཅིག་པུ་གཞན་དུ་གཤེགས་འཚལ་ན། །གྲོགས་བཟང་འདིར་མེད་དགེ་བའང་ [330] དེ་འདྲའི་ཕྱིར། །ཐུགས་ནི་རྣམ་པར་སྤྱོང་བ་ཅེས་མི་མཛད། །ཅེས་གསུངས་སོ། །གཉིས་པ་ཉེ་བ་དང་འབྲེལ་བས་མི་སྡོངས་ཏེ། ལུང་ལས། འཆི་བའི་དུས་ལ་བབ་པ་ན། །བུ་རྣམས་སྐྱབས་སུ་མི་འགྱུར་ལ། །ཕ་མ་མ་ཡིན་གཉེན་འདུན་མིན། །སུ་ཡང་སྐྱབས་སུ་གྱུར་པ་མེད། །ཅེས་གསུངས་སོ། །ཐ་མ་རང་གི་ལུས་ཀྱིས་ཀྱང་མི་སྡོངས་ཏེ། བཤེས་སྤྲིང་ལས། ལུས་མཐའ་ཐལ་བ་མཐར་སྐམ་མཐར་འདྲུལ་ཞིང་། །ཐ་མར་མི་གཙང་སྙིང་པོ་མ་

མཆིས་པས། །རྣམ་པར་འཇིག་དང་སྨུགས་པར་གྱུར་པ་སྟེ། །སོ་སོར་འགྲེས་ཆོས་ཅན་དུ་འགྱུར་ཤེས་མཛོད། །ཅེས་པ་དང་། སྤྱོད་འཇུག་ལས། ལྷན་ཅིག་སྐྱེས་པའི་ཤ་རུས་དག །ཞིག་སྟེ་སོ་སོར་འགྲེས་འགྱུར་ན། །མཛའ་བ་གཞན་ལྟ་སྨོས་ཅི་དགོས། །ཞེས་གསུངས་སོ། །རིགས་པས་བརྟགས་ཀྱང་སྟོང་གསུམ་རིན་པོ་ཆེ་སྣ་བདུན་གྱིས་བཀང་བ་ཡོད་ན་ཡང་། འཆི་བའི་དུས་སུ་ཨ་ཡང་རྩེ་གཅིག་ཀྱང་འཁྱེར་དབང་མེད་པར་ [331] ལུས་པ་དང་། གཞན་དག་ནོར་གྱི་ཕྱིར་རྩོད་པ་དང་། དམ་པ་རྣམས་ཀྱིས་ནོར་དེ་ཙམ་བསགས་ནས། ཅི་བྱེད་ཞེས་མི་སྙན་པ་བརྗོད་དུ་འོང་བ་དང་། བུ་དང་ཚ་བོ་བྱེ་བ་ཙམ་ཡོད་ཀྱང་འཆི་བའི་དུས་སུ་གཅིག་ཀྱང་ཁྲིད་དབང་མེད་པར་མཐོང་བ་དང་། ཉེ་དུའི་ཆེད་དུ་སྡིག་བསགས་པ་དང་། རང་འཆི་ཁའི་དུས་སུ་ཉེ་དུ་རྣམས་ཀྱིས་མྱ་ངན་བྱས་པ་དང་། རང་གི་ཕྱིར་སྡིག་བྱས་པས་རང་ལ་གནོད་པ་དང་། རང་གི་ལུས་ལ་རང་བཞིན་གྱིས་དྲི་ང་བ་འབྱུང་བ་དང་། ན་ཚ་བྱུང་བས་ལྟེབ་པ་ཡང་མཐོང་། ཚུལ་དེ་རྣམས་ཡང་ནས་ཡང་དུ་བསྒོམ་མོ། །གཞན་ཡང་འཆི་བ་མིག་གིས་མཐོང་བ་དང་། རྣ་བས་ཐོས་པ་དང་། སེམས་ཀྱིས་དྲན་པའི་ཚེ་བདག་ཀྱང་དེ་བཞིན་དུ་འཆི་བ་ཡིན་བསམ་པའོ། །ཕྱི་རོལ་གྱི་དངོས་པོ་རྣམས་མི་རྟག་ཅིང་འགྱུར་བ་མཐོང་བའི་ཚེ་ཡང་བདག་ཀྱང་འདི་བཞིན་དུ་མི་རྟག་ཅིང་འཆི་བ་ཡིན་བསམ་པའོ། །ཇོ་སྣམ་པོ་པའི་ཞལ་ནས་ཀྱང་། འཆི་ [332] བ་བསྒོམ་པ་ནི། དང་པོར་གལ་ཆེ་སྟེ། ཆོས་ལ་འཇུག་པའི་རྒྱུ་ཡིན། བར་དུ་གལ་ཆེ་སྟེ། བརྩོན་འགྲུས་ཀྱི་ལྕགས་ཡིན། ཐ་མར་གལ་ཆེ་སྟེ། ཆོས་ཀྱི་སྐུའི་གསལ་འདེབས་ཡིན། ཞེས་གསུངས་སོ། །དེ་བས་ན་འཆི་བ་བསྒོམ་པ་གལ་ཆེའོ། །འཆི་བ་བསྒོམས་པའི་ཡོན་ཏན་ནི། དད་པའི་གསལ་འདེབས། བརྩོན་འགྲུས་ཀྱི་གྲོགས་བྱེད། ཆགས་སྡང་དང་མྱུར་དུ་འབྲལ། ཆོས་མཉམ་པ་ཉིད་མྱུར་དུ་རྟོགས་པའོ། །དེ་ལྟར་མ་བྱུང་ན་འཆི་བ་མ་བསྒོམས་པའོ། །བསྒོམས་ཀྱང་རྒྱུད་ལ་མ་སྐྱེས་པ་ཡིན་གསུང་ངོ་། ཤིན་ཏུ་སྲ་མཁྲེགས་རི་རབ་ལྷུན་པོ་ཡང་། །དུས་མཐའི་མེ་ཡིས་འཇིག་པར་འགྱུར་ལགས་ན། །སྲིན་ཆུང་ཆུ་བུར་ལྟ་བུའི་ཕུང་པོ་འདི། །རང་དབང་མེད་པར་རྐྱེན་གྱི་འཇིག་པར་ངེས། །ཞེས་པ་ནི་འཐད་པའི་དོན་བསྡུས་ཏེ་གདམས་པའོ།

།དེ་ལྟར་དལ་འབྱོར་རྙེད་དཀའ་དང་འཆི་བ་བསྒོམས་པས་ཚེ་འདི་ལ་བློ་ལྡོག་སྟེ། དཔེར་ན་མི་ཞིག་སང་ལའི་ཕ་རོལ་ཏུ་འགྲོ་ནས་ [333] ཚུར་མི་ལྡོག་ན། ཚུར་དོན་ཀྱི་འདུག་ཆོས་མི་བྱེད་པར་ཕར་དོན་སུ་གང་ཕན་བྱེད་པ་བཞིན་དུ། ཚེ་འདི་ཡི་ཅི་ཙམ་འདུག་ཆོས་བྱས་ཀྱང་བཞག་ནས་དབང་མེད་དུ་འཇིག་རྟེན་ཕ་རོལ་ཏུ་འགྲོ་དགོས་པས། ཕ་རོལ་ཏུ་གང་ཕན་བྱེད་པའི་བློ་འབྱུང་ངོ་། །སངས་རྒྱས་ཀྱི་བསྟན་པ་ལ་རིམ་གྱིས་འཇུག་པའི་ཚུལ་ལས། འཆི་བ་རྗེས་སུ་དྲན་པའི་ལེའི་སྟེ་བཞི་པའོ།།

།།རྙེད་པར་དཀའ་ཞིང་འཇིག་པར་སླ་བའི་དལ་འབྱོར་གྱི་ལུས་ལ་བརྟེན་ནས་ཐར་པ་མ་བསྒྲུབས་ན། རྟག་ཏུ་འཁོར་བར་འཁོར་ཞིང་སྡུག་བསྔལ་མྱོང་བས་འཁོར་བ་ལས་སྐྱོ་བ་བསྐྱེད་ཅིང་། ཐར་པ་བསྒྲུབ་པའི་བློ་གྲོས་བསྐྱེད་པའི་དོན་དུ། འཁོར་བའི་ཉེས་དམིགས་བསྒོམ་པ་ནི། ཁམས་གསུམ་འཁོར་བའི་ཉེས་དམིགས་བསྒོམ་པར་བྱ། དེས་ནི་འཁོར་བ་ལས་ནི་བློ་ལྡོག་ཅིང་། ཐར་པ་བསྒྲུབ་པའི་འདུན་པ་སྐྱེ་བར་འགྱུར། ཞེས་པའོ། དེ་ལ་གཉིས་ཏེ། འཁོར་བའི་ཉེས་དམིགས་དངོས་བསྟན་པ་ [334] དང་། དེའི་དུས་སུ་ཉམས་སུ་བླང་བྱ་སྐྱབས་འགྲོའི་སྡོམ་པ་བསྟན་པའོ། །དང་པོ་ལ་གཉིས་ཏེ། ངན་སོང་གསུམ་གྱི་སྡུག་བསྔལ་བསྟན་པ་དང་། མཐོ་རིས་ཀྱི་སྡུག་བསྔལ་བསྟན་པའོ། །དང་པོ་ངན་སོང་གི་སྡུག་བསྔལ་ལས་དམྱལ་བའི་སྡུག་བསྔལ་བརྟག་མི་བཟོད་པ་རྒྱུན་རིང་སྟེ། བཤེས་སྤྲིང་ལས། འདི་ནི་ཉིན་གཅིག་མདུང་ཐུང་སུམ་བརྒྱ་ཡིས། །རབ་ཏུ་དྲག་བཏབ་སྡུག་བསྔལ་མི་ཟད་པ། །དེས་ནི་དམྱལ་བའི་སྡུག་བསྔལ་ཆུང་ངུ་ལ། །འོལ་ཡང་མི་བྱ་ཆར་ཡང་མི་ཕོད་དོ། །ཞེས་གསུངས་སོ། །ཡུན་རིང་སྟེ་སློབ་དཔོན་དབྱིག་གཉེན་གྱི་ཞལ་ནས། ཏིལ་བརྫང་གང་ལ་ལོ་བརྒྱ་ཞིང་། །ཏིལ་གཅིག་ཕྱུང་པས་ཟད་གྱུར་པ། །ཆུ་བུར་ཅན་གྱི་ཚེ་ཡིན་ཏེ། །གཞན་གྱི་ཚེ་ནི་ཉི་ཤུར་འགྱུར། །ཞེས་གསུངས་སོ། །རང་རང་གི་རྒྱུད་ལ་དཔགས་ཀྱང་། གྲང་བའི་དམྱལ་བ་བརྒྱད་ཀྱི་སྡུག་བསྔལ་ཆུ་བུར་ཅན་དང་། ཆུ་བུར་རྡོལ་བ་ཅན་དང་། ཨ་ཆུ་ཟེར་བ་དང་། ཀྱི་ཧུད་ [335] ཟེར་བ་དང་། སོ་ཐམ་ཐམ་པ་དང་། པད་མ་ལྟར་གས་པ་དང་། པད་

མ་ཆེན་པོ་ལྟར་གསལ་པ་དང་། ཨུཏྤལ་ལྟར་གསལ་པའི་སྡུག་བསྔལ་ལ་བཟོད་གླག་མེད་དོ། །ཚ་བའི་དམྱལ་བ་བརྒྱད་ནི། ཡང་སོས་དང་། ཐིག་ནག་དང་། བསྡུས་འཇོམས་དང་། ངུ་འབོད་དང་། ངུ་འབོད་ཆེན་པོ་དང་། ཚ་བ་དང་། རབ་ཏུ་ཚ་བ་དང་། མནར་མེད་པའོ། དེ་ལ་ཡང་སོས་ནི། ཕན་ཚུན་གཅིག་གིས་གཅིག་གསོད་ཅིང་ཡང་སོས་པར་གྱུར་ཅིག་པའི་སྒྲ་གྲགས་པ་ཙམ་གྱིས་ཕྱིར་སོས་ནས། ཡང་གསོད་ཅིང་སོས་པས་དུས་རྟག་ཏུ་སྡུག་བསྔལ་བའོ། །ཐིག་ནག་ནི། ཐིག་ནག་པོ་འདེབས་ཤིང་གཤིན་རྗེའི་སྐྱེས་བུས་དུས་རྟག་ཏུ་མཚོན་གྱིས་གཤག་པའོ། །བསྡུས་འཇོམས་ནི། རི་ཆེན་པོའི་བར་དུ་བཙོམ་པའོ། །ངུ་འབོད་ནི། སྡུག་བསྔལ་མ་བཟོད་ནས་དུས་རྟག་ཏུ་ངུ་བའོ། ངུ་འབོད་ཆེན་པོ་ནི། །དེ་བས་ཀྱང་ཆེ་བའི་སྡུག་བསྔལ་མ་བཟོད་ནས་ངུ་འབོད་ [336] ཆེན་པོ་བྱེད་པའོ། །ཚ་བ་ནི། ལྕགས་བསྲེགས་ཀྱིས་གཞི་ལ་འགྲེ་ལྡོག་བྱེད་པའོ། །རབ་ཏུ་ཚ་བ་ནི། འགྲེ་ལྡོག་དབང་མེད་པར་དུས་རྟག་ཏུ་འབྱུར་ནས་འདུག་པའོ། །མནར་མེད་ནི། ཕྱོགས་བཅུ་ནས་མེའི་ཕུང་པོ་བཅུ་རང་གི་ནང་ནས་མེ་ཕྱིར་འབར་བ་དང་། བཅུ་གཅིག་གིས་བསྲེགས་ཅིང་དེ་བས་སྡུག་བསྔལ་བ་མེད་པས་མནར་མེད་པའོ། །དེ་རྣམས་ཀྱི་ཚེ་ཚད་ནི། མིའི་ལོ་ལྔ་བཅུ་ལ་ལྷ་རྒྱལ་ཆེན་རིགས་བཞིའི་ཉིན་ཞག་གཅིག །ཞག་སུམ་བཅུ་ལ་ཟླ་བ་ཅིག །ཟླ་བ་བཅུ་གཉིས་ལ་ལོ་གཅིག་ཏུ་རྩིས་པའི་རང་ལོ་ལྔ་བརྒྱ་ཐུབ་བོ། །དེ་ལ་དམྱལ་བ་ཡང་སོས་ཀྱི་ཉིན་ཞག་གཅིག །ཞག་སུམ་ཅུ་ལ་ཟླ་བ་ཅིག །ཟླ་བ་བཅུ་གཉིས་ལ་ལོ་གཅིག་ཏུ་རྩིས་པའི་རང་ལོ་ལྔ་བརྒྱ་ཐུབ་བ། དེ་བཞིན་དུ་མིའི་ལོ་བརྒྱད་དང་། ཉིས་བརྒྱ་དང་། བཞི་བརྒྱ་དང་། བརྒྱད་བརྒྱ་དང་། སྟོང་དྲུག་བརྒྱ་ལ་གོ་རིམ་བཞིན་དུ་ སུམ་ཅུ་རྩ་གསུམ་ནས་གཞན་འཕྲུལ་དབང་བྱེད་ཀྱི་བར་ཉིན་ཞག་རེའོ། །དེས་ [337] རྩིས་པའི་ལོ་སྟོང་དང་ཉིས་སྟོང་དང་། བཞི་སྟོང་དང་། བརྒྱད་སྟོང་དང་། ཁྲི་དྲུག་སྟོང་ཐུབ་པོ། དེ་ལ་དམྱལ་བ་ཐིག་ནག་ནས་ཚ་བའི་བར་གྱི་གོ་རིམས་བཞིན་དུ་ཉིན་ཞག་རེ་རེའོ། །དེས་རྩིས་པའི་དམྱལ་བའི་རང་ལོ་སྟོང་དང་། ཉིས་སྟོང་དང་། བཞིས་སྟོང་དང་། བརྒྱད་སྟོང་དང་། ཁྲི་དྲུག་སྟོང་ཐུབ་བོ། །རབ་ཏུ་ཚ་བས་ནི་བར་གྱི་བསྐལ་པ་ཕྱེད་ཐུབ་པོ། །མནར་མེད་པས་ནི་བར་གྱི་བསྐལ་པ་ཆེན་པོ་གཅིག་ཐུབ་སྟེ་

ཐར་པའི་དུས་མེད་དོ། །གཞན་ཡང་མི་རི་འབར་བའི་གནས་ཀྱི་རྟོག་པ་ལས་དམ་ཚིག་དམྱལ་བར་གནས་པ་ཡིས། །ལས་རྣམས་མ་ལུས་ཀུན་སྤྱོད་ཀྱང་། །ལས་དེས་འབྲས་བུ་འདོད་པ་མེད། །འབྲས་བུ་མི་འདོད་ཐམས་ཅད་དུ། །འཇིག་རྟེན་འདི་ཡི་ལོངས་སྤྱོད་དང་། །བུ་དང་ཆུང་མ་གཉེན་འདུན་རྣམས། །མྱུར་དུ་དབྱེ་ཞིང་འདུ་མི་འགྱུར། །ཚེ་ཡི་འདུ་བྱེད་འདིས་བསྐུལ་ནས། །དམྱལ་བར་བསྲེག་ཅིང་སྡུག་བསྔལ་བྱེད། །ཕྱིས་ནི་ [338] ཐར་པའི་དུས་དག་ནི། །སྲིད་པ་ཐམས་ཅད་སྟོང་པའམ། །ཡང་ན་སངས་རྒྱས་ཐམས་ཅད་ཀྱི། །ཐུགས་རྗེས་འབྲས་བུ་ཟད་ན་ཐར། །ཞེས་པ་དང་། སྒྱུ་འཕྲུལ་དྲ་བ་ལས་ཀྱང་། དབང་བསྐུར་སོགས་ཐོབ་སློབ་དཔོན་ལ། །སྨོངས་པར་གྱུར་པའི་སློབ་མ་ཡིས། །སྦྱོར་བ་དངོས་གཞི་རབ་རྫོགས་པས། །རྩ་བ་ཡན་ལག་ཉམས་གྱུར་ན། །བློ་ལྡན་སློབ་མས་བཤགས་པར་བྱ། །གལ་ཏེ་བཤགས་པ་དུས་འདས་ན། །ཕྱི་ཡི་རྒྱ་མཚོ་ཆེན་པོ་ཡི། །ཆུ་དེ་སྐྲ་ཡིས་གཏོར་ནུས་པ། །དེ་ཡི་ཚད་དུ་སྡུག་བསྔལ་མྱོང་། །རྡོ་རྗེ་དམྱལ་བར་གྲགས་པ་ཡིན། །ཞེས་གསུངས་པའོ། །ཉེ་འཁོར་བ་ནི། ཚ་བའི་དམྱལ་བ་བརྒྱད་ཀྱི་ཕྱོགས་བཞི་ན། རོ་མྱགས་ཀྱི་འདམ་དང་། སྤུ་གྲི་གཏམས་པའི་ལམ་དང་། ཐལ་ཚན་གྱི་ཆུ་བོ་རབ་མེད་དང་། ལོ་མ་རལ་གྲི་ལྟ་བུའི་ནགས་ཚལ་ལ་རྟག་ཏུ་འགྲོ་དགོས་པས་སྡུག་བསྔལ་ལོ། །ཉི་ཚེ་བ་ནི། །ཕྱུགས་མ་ལྟ་བུ་ལ་སོགས་པའི་སེམས་ཅན་ཀྱང་ངོ་། །དེ་
[339] རྣམས་ཀྱི་སྡུག་བསྔལ་ཡང་བརྟག་མི་བཟོད་ལ་རྒྱུན་རིང་ངོ་། ཡི་དྭགས་ཀྱི་སྡུག་བསྔལ་བརྟག་མི་བཟོད་ལ་རྒྱུན་རིང་བ་ནི། བཤེས་སྤྲིང་ལས། ཡི་དྭགས་ན་ཡང་འདོད་པས་ཕོངས་པ་ཡིས། །བསྐྱེད་པའི་སྡུག་བསྔལ་རྒྱུན་ཆགས་མི་ཟད་པ། །བཀྲེས་སྐོམ་གྲང་དྲོ་ངལ་དང་འཇིགས་པ་ཡིས། །བསྐྱེད་པ་ཤིན་ཏུ་མི་ཟད་བསྟེན་འཚལ་ལོ། །ཁ་ཅིག་ཁ་ནི་ཁབ་ཀྱི་མིག་ཙམ་ལ། །ལྟོ་བ་རི་ཡི་ལྟོས་ཙམ་བཀྲེས་པས་ཉེན། །མི་གཙང་གྱི་ནར་བོར་བ་ཆུང་ངུ་ཡང་། །འཚལ་བའི་མཐུ་དང་ལྡན་པ་མ་མཆིས་སོ། །ཞེས་སོ། །རྒྱུན་རིང་སྟེ། ཡང་དེ་ཉིད་ལས། བར་ཆད་མེད་པར་སྡུག་བསྔལ་ལྡན་གྱུར་པ། །ཉེས་པར་སྤྱོད་པའི་ལས་ཀྱི་ཞགས་པ་ནི། །སྲ་བས་བཅིངས་པའི་ལུས་ཅན་ཁ་ཅིག་ལོ། །ལྔ་

སྟོང་དག་དང་ཁྲིར་ཡང་འཆི་མི་བཏུབ། །ཅེས་གསུངས་སོ། །ཡི་དྭགས་ལ་བཞི་སྟེ། ཕྱི་ཡི་སྒྲིབ་པ་ཅན། བཟའ་བཏུང་ཅི་མཐོང་བ་རྣག་དང་། ཆུ་སེར་ [340] དང་། ཁྲག་ལ་སོགས་པ་ཁོས་གང་མི་འདོད་པ་མཐོང་བ་དང་། ནང་གི་སྒྲིབ་པ་ཅན། ཁ་ཁབ་མིག་ཙམ། སྐེ་གཉའ་རྒྱུད་སྐྲ་བུ། ལྟོ་བ་རི་ཙམ་དུ་གནས་པ། ཕལ་ཆེར་བཟའ་རྒྱུ་མི་རྙེད་ལ། ངར་སྣབས་ལ་སོགས་པ་ཙུང་ཟད་རྙེད་ཀྱང་། ཁ་དང་མགྲིན་པར་མ་ཐར་ཞིང་། ལྟོ་བ་མི་ཁེངས་ལ་ཡན་ལག་གིས་མི་བཏེན་པའོ། །སྒོ་དགུའི་སྒྲིབ་པ་ཅན། ཁར་ཅི་ཚུད་པ་ཐམས་ཅད་ལྕགས་བསྲེགས་འབར་བ་དང་། ཁྲོ་ཆུ་ཁོལ་མར་གྱུར་ཏེ་ཐུར་ལ་འབྱུང་བའོ། །སྤྱི་མཐུན་གྱི་སྒྲིབ་པ་ཅན་ནི། དུར་ཁྲོད་ཀྱི་ཤ་ཟ་རྣམས་ལ་ཡང་བཟའ་བཏུང་མཐོང་ཡང་། གཞན་གྱིས་བསྲུངས་པར་མཐོང་ནས་རང་དགར་བཟའ་བཏུང་གི་དབང་མེད་པའོ། །དེ་རྣམས་ཀྱི་ཚེ་ཚད་ནི། མིའི་ཟླ་བ་གཅིག་ལ་དེ་རྣམས་ཀྱི་ཞག་གཅིག་ཡིན་ཏེ། དེས་རྩིས་པའི་རང་ལོ་ལྔ་བརྒྱ་ཐུབ་པས་མིའི་ལོ་ཁྲི་ལྔ་སྟོང་ཐུབ་པོ། །དུད་འགྲོའི་སྡུག་བསྔལ་ཡང་བརྣག་མི་བཟོད་ལ་རྒྱུན་རིང་བ་ནི། བཤེས་སྤྲིང་ལས། དུད་འགྲོའི་སྐྱེ་ [341] གནས་ན་ཡང་གསོད་པ་དང་། །བཅིང་དང་རྡེག་སོགས་སྡུག་བསྔལ་སྣ་ཚོགས་པ། །ཞི་འགྱུར་དགེ་བ་སྤངས་པ་རྣམས་ལ་ནི། །གཅིག་ལ་གཅིག་ཟ་ཤིན་ཏུ་མི་བཟད་པ། །ཁ་ཅིག་མུ་ཏིག་བལ་དང་རུས་པ་ཁྲག །ཤ་དང་ལྤགས་པའི་དོན་དུ་འཆི་འགྱུར་ཏེ། །དབང་མེད་གཞན་དག་ལག་པས་བརྡེག་པ་དང་། །ལྕགས་དང་ལྕགས་ཀྱུས་བཏབ་པས་བཏབ་སྟེ་བཀོལ། །ཞེས་གསུངས་སོ། །རང་རང་གི་ཉམས་ལ་དཔགས་ན་ཡང་། རྒྱ་མཚོའི་ནང་ན་ཆང་དར་མའི་སྣང་མ་ཙམ་གནས་པ་རྣམས་གཅིག་ལ་གཅིག་ཟ་བ་ལ་སོགས་ཉིང་ཤ་ཉིང་གིས་ཟ་བའི་སྡུག་བསྔལ་དང་། ཕག་ལ་སོགས་པ་ཁ་འཁོར་བ་རྣམས་བསད་བཅད་ཀྱི་སྡུག་བསྔལ་དང་། མཛོ་རྟ་ལ་སོགས་པ་རྣམས་བཀོལ་སྤྱོད་ཀྱི་སྡུག་བསྔལ་ལ་སོགས་པ་བཟོད་པའི་གླགས་མེད་དོ། །སླར་སྡུག་བསྔལ་ཆེན་པོར་འགྱུར་བ་ནི། སྤྱོད་འཇུག་ལས། དེ་ཙམ་ཁོན་མྱོང་གྱུར་ནས། །དེ་ནི་རྣམ་ཐར་མི་འགྱུར་ཏེ། །འདི་ [342] ལྟར་དེ་ནི་མྱོང་བཞིན་དུ། །སྡིག་པ་གཞན་དག་རབ་ཏུ་སྐྱེ། །ཞེས་གསུངས་པ་བཞིན་དུ། དུད་འགྲོ་རྣམས་ཕལ་ཆེར་སྡིག་པ་རང་ཤུགས་

གྱིས་བྱེད་ལ། དགེ་བ་ནི་བྱ་ཐབས་མེད་པས་ཐར་པའི་ཐབས་དཀའ་འོ། །ངན་སོང་གསུམ་གྱི་སྡུག་བསྔལ་གྱིས་འཇིགས་ཏེ། ཐར་བར་འདོད་ནས་དེའི་རྒྱུ་སྡིག་པ་སྤོང་བ་ནི། སྐྱེས་བུ་ཆུང་ངུའི་བློ་སྐྱེས་པའོ། །འོ་ན་མཐོ་རིས་ན་སྐྱིད་པ་ཡོད་དམ་སྙམ་ན་སྐྱིད་མེད་དེ། མིའི་སྡུག་བསྔལ་བཅུ་གཅིག་སྟེ། འགྲོ་བ་གཞན་ལའང་ཡོད་མོད་ཀྱི། སྐྱེ་རྒ་ན་འཆི་བཞི་དང་། དགྲ་སྡང་བ་དང་འཕྲད་པ་དང་། ཕྲད་ཀྱིས་དོགས་པ་དང་། གཉེན་བྱམས་པ་དང་བྲལ་བ་དང་། བྲལ་གྱིས་དོགས་པ་དང་། ཡོད་པ་འཚོ་སྐྱོང་མི་ཐུབ་པ་དང་། མེད་པ་བཙལ་གྱིས་མ་རྙེད་པ་དང་། འགྱུར་བའི་སྡུག་བསྔལ་དང་། འདུ་བྱེད་ཀྱི་སྡུག་བསྔལ་དང་། སྡུག་བསྔལ་གྱི་སྡུག་བསྔལ་ལོ། །དེ་ལ་དགྲ་སྡང་བ་དང་ཕྲད་པའི་སྡུག་བསྔལ་ནི། སྲོག་གཅོད་པ་དང་། ནོར་འཕྲོག་པ་ལ་ [343] སོགས་པའོ། ཕྲད་ཀྱིས་དོགས་པ་ནི། སོ་སོ་ཐོན་བྱེད་པའམ་རྗེག་ཆོས་བྱེད་པ་ལ་སོགས་པའོ། །གཉེན་བྱམས་པ་དང་བྲལ་བའི་སྡུག་བསྔལ་ནི། སྐད་ཅིག་འབྲལ་མི་ཕོད་པ་རྣམས་ཤི་ནས་མྱ་ངན་གྱིས་སེམས་གདུང་བས་སོ། །བྲལ་གྱིས་དོགས་པ་ནི། དེ་རྣམས་ཤི་ཡིས་དོགས་པའི་སྡུག་བསྔལ་གྱིས། སེམས་གདུངས་ནས་བོན་ཆོག་ལ་སོགས་བྱེད་པའོ། །ཡོད་པ་འཚོ་སྐྱོང་མི་ཐུབ་པའི་སྡུག་བསྔལ་ནི། ཡོ་བྱད་ཙང་ཟད་ཡོད་པ་ཡང་དཀའ་ལ། ཡོད་པ་དེ་ཤོར་གྱིས་དོགས་པའི་སྡུག་བསྔལ་གྱིས་སེམས་གདུངས་ནས། བསྲུང་བྲན་རྒྱབ་འཚོལ་བ་ལ་སོགས་པའོ། །མེད་པ་བཙལ་གྱིས་མི་རྙེད་པའི་སྡུག་བསྔལ་ནི། ལྟོ་རྒྱབ་བསྒྲུབ་པའི་ཕྱིར་ཉིན་དང་མཚན་དུ་འབད་ཀྱང་འདོད་པའི་དོན་མི་འགྲུབ་པས་སོ། །འགྱུར་བའི་སྡུག་བསྔལ་ནི། །བདེ་འཕྲོ་ལ་སྡུག་བསྔལ་དུ་འགྱུར་བས་ཏེ། དགྲ་དང་ནད་མེད་པ་ལ་འཕྲལ་དུ་འགྱུར་བས་ཏེ། ལོངས་སྤྱོད་ཡོད་པ་ལ་ [344] འཕྲལ་དུ་ཤོར་བ་ལ་སོགས་པའོ། །འདུ་བྱེད་ཀྱི་སྡུག་བསྔལ་ནི། ཕྱི་མའི་སྡུག་བསྔལ་གྱི་རྒྱུ་མི་དགེ་བ་ལ་སྤྱོད་པའོ། །སྡུག་བསྔལ་གྱི་སྡུག་བསྔལ་ནི། ན་བའི་སྟེང་དུ་དགྲ་བྱུང་བ་ལ་སོགས་པའོ། །སླར་སྡུག་བསྔལ་ཆེན་པོར་འགྱུར་བ་ནི། ཤི་ནས་ཕལ་ཆེར་སྔར་བས་སྡུག་པ་ངན་སོང་གསུམ་ལ་སོགས་པར་སྐྱེ་སྟེ། བཤེས་སྤྲིང་ལས། འཁོར་ལོས་བསྒྱུར་བ་ཉིད་དུ་སྐྱེས་ནས་ཀྱང་། །སླར་ཡང་འཁོར་བར་ཡང་བྲན་ཉིད་དུ་འགྱུར། །ཞེས་སོ། །ལྷ་

མ་ཡིན་དུ་སྐྱེས་ཀྱང་བདེ་སྐྱིད་མེད་དེ། ང་རྒྱལ་ཆེ་ཞིང་འཐབ་རྩོད་ལ་དགའ་བས། ལྷའི་དཔལ་ལ་སྡང་ཞིང་ལྷ་དང་འཐབ་པའི་སྡུག་བསྔལ་དང་། ཁོང་དག་ཕན་ཚུན་འཐབ་པའི་སྡུག་བསྔལ་གྱིས། དུས་རྟག་ཏུ་ལུས་རྨ་ར་སོང་ཞིང་སེམས་ཞེ་སྡང་དུ་སོང་བས་སྡུག་བསྔལ་བཟོད་པའི་གླགས་མེད་དེ། སླར་སྡུག་བསྔལ་ཆེན་པོར་འགྱུར་བ་ནི། ཕལ་ཆེར་ངན་སོང་གསུམ་དུ་སྐྱེ་བར་འགྱུར་རོ། །ལྷ་ལ་བདེ་སྐྱིད་ཡོད་དམ་མེད་སྙམ་ན་ [345] མེད་དེ། འདོད་པས་མ་ངོམས་པའི་སྡུག་བསྔལ་དང་། ལྷ་མ་ཡིན་དང་འཐབ་རྩོད་ཀྱི་སྡུག་བསྔལ་དང་། འདོད་ཁམས་པ་རྣམས་ལ་རིམས་ནད་རབ་ཏུ་ཚ་བའི་སྡུག་བསྔལ་དང་། ཞག་བདུན་ནས་འཆི་ལྟས་འོང་བའི་སྡུག་བསྔལ་ནི་ཉ་བྱེ་ཚན་ལ་བསྐྱུར་བའམ། རྒྱ་མཚོའི་དབུས་སུ་གཟིངས་ཞིག་པ་ལྟ་བུའི་སྡུག་བསྔལ་ཡོང་སྟེ། དམྱལ་བ་ཡང་སོས་ཀྱི་སྡུག་བསྔལ་བས་བཅུ་དྲུག་འགྱུར་གྱི་སྡུག་བསྔལ་ཆེ་བ་ཡོད་དོ། རྒྱུན་ཡང་རིང་སྟེ། ཡ་ཏ་བའི་ཞག་བདུན་ལ་མིའི་ཚེ་ལོ་བགྲང་གིས་མི་ལང་བ་ཡོད་པས་སོ། །སླར་སྡུག་བསྔལ་ཆེན་པོར་འགྱུར་བས་ནི། གཙང་མའི་གནས་ལྔ་མ་གཏོགས་པ་ཕལ་ཆེར་ཐུར་ལ་ལྷུང་སྟེ། བཤེས་སྤྲིང་ལས། བརྒྱ་བྱིན་མཆོད་འོས་ཉིད་དུ་གྱུར་ནས་ཀྱང་། །ལས་ཀྱི་དབང་གིས་སླར་ཡང་ས་སྟེང་ལྷུང་། །ཞེས་པ་དང་། ལྷ་ཡུལ་འདོད་བདེ་ཤིན་ཏུ་ཆེན་པོ་དང་། །ཚངས་ཉིད་ཆགས་བྲལ་བདེ་བ་ཐོབ་ནས་སླར། །མནར་མེད་མེ་ [346] ཡི་བུད་ཤིང་འགྱུར་བ་ཡི། །སྡུག་བསྔལ་རྒྱུན་མི་འཆད་པ་བརྟེན་འཚལ་ལོ། །ཞེས་པ་དང་། ཉི་མ་ཟླ་བ་ཉིད་ཐོབ་རང་ལུས་ཀྱི། །འོད་ཀྱིས་འཇིག་རྟེན་མཐའ་དག་སྣང་བྱེད་པའང་། །སླར་ཡང་མུན་ནག་སྨག་ཏུ་ཕྱིན་གྱུར་ནས། །རང་གི་ལག་པ་བརྐྱང་བའང་མི་མཐོང་འགྱུར། །ཞེས་གསུངས་པས་སོ། །དེ་ལྟར་འཁོར་བའི་ཉེས་དམིགས་བསྒོམས་པས་འཁོར་བ་ལ་སྐྱོ་བ་སྐྱེས་ནས་ཞི་ཐག་པ་ནས་ཐར་པར་འདོད་དེ། དེ་རྒྱུ་སྤོང་ཞིང་ཐར་པ་བསྒྲུབ་པར་འདོད་པ་ནི་སྐྱེས་བུ་འབྲིང་གི་བློ་སྐྱེས་པའོ། །ལོ་ཟླ་འགའ་ཙམ་སྡུག་བསྔལ་ཤ་བཙོན་ཡང་། །དཀའ་ཐབས་དུ་མས་རང་ཡུལ་འབྲོས་ལགས་ན། །རྟག་ཏུ་སྡུག་བསྔལ་འཁོར་བའི་བཙོན་དོང་ནས། །རང་ཡུལ་ཐར་པའི་གྲོང་དུ་འབྲོས་པར་རིགས། །ཞེས་པ

ནི། འཐད་པའི་དོན་བསྡུས་ཏེ་བསྟན་པའོ། །སངས་རྒྱས་ཀྱི་བསྟན་པ་ལ་རིམས་ཀྱིས་འཇུག་པའི་ཚུལ་ལས། འཁོར་བའི་ཉེས་དམིགས་བསྒོམ་པའི་ལེའུ་སྟེ་ལྔ་པའོ།། [347]

།།འོ་ན་འཁོར་བ་དེ་ལས་གང་གིས་སྐྱོབ་པར་ནུས་སྙམ་ན། གཞན་གྱིས་མི་ནུས་པར་སྟོན་པ་ནི། འཁོར་ལོས་བསྒྱུར་དང་བརྒྱ་བྱིན་ཚངས་སོགས་ཀྱིས། །སྐྱོབ་པར་མི་ནུས་དཀོན་མཆོག་གསུམ་གྱིས་སྐྱོབ། །ནུས་སོ་སྙམ་པའི་ཡིད་ཆེས་བསྐྱེད་མཛོད་ལ། །དེ་ཡི་ལག་ལེན་སྐྱབས་འགྲོའི་སྡོམ་པ་བླང་། །ཞེས་པ་སྟེ། འཁོར་བ་དེ་ལས་འཁོར་ལོས་བསྒྱུར་བ་དང་། བརྒྱ་བྱིན་དང་ཚངས་པ་ལ་སོགས་པས་ཀྱང་སྐྱོབ་པར་མི་ནུས་ཏེ། དེ་རྣམས་ཀྱང་འཁོར་བ་ལས་མ་རྒྱལ་བའི་ཕྱིར་རོ། །དེས་ན་སྐྱབས་དཀོན་མཆོག་གསུམ་གྱིས་སྐྱོབ་པར་ནུས་པས་སྐྱབས་འགྲོ་སྟོན་ཏོ། །དེ་ལ་དོན་བརྒྱད་དེ། ངོ་བོ་དང་། ངེས་ཚིག་དང་། དབྱེ་བ་དང་། ཁྱད་པར་དང་། ཕན་ཡོན་དང་། ཚིག་དང་། བསླབ་བྱ་དང་། གཏོང་ཐོབ་ཀྱི་དུས་སོ། །དང་པོ་ངོ་བོ་ལ་གསུམ་སྟེ། ཡོན་ཏན་ཤེས་པ་དང་། ཁས་ལེན་པ་དང་། གཞན་དུ་མི་སྨྲ་བའོ། །དང་པོ་ནི། སྐྱབས་ [348] གནས་ཀྱི་ཡོན་ཏན་རིག་པས་ཏེ། སངས་རྒྱས་ནི་རྐང་གཉིས་རྣམས་ཀྱི་མཆོག་ཡིན་པ་དང་། ཆོས་ནི་འདོད་ཆགས་དང་བྲལ་བ་རྣམས་ཀྱི་མཆོག་ཡིན་པ་དང་། དགེ་འདུན་ནི་ཚོགས་རྣམས་ཀྱི་མཆོག་ཡིན་པ་དང་། ཞེས་བྱ་བ་ལ་སོགས་པར་ཤེས་པར་བྱའོ། །ཁས་ལེན་པ་ནི། དམ་འཆའ་བ་སྟེ། མདོ་སྡེ་བརྒྱན་ལས། འདི་ནི་དེ་དངོས་འདོད་པས་ཁས་ལེན་དེ་ཡང་སྙིང་རྗེ་ལས་རིག་བྱ། །ཞེས་ཏེ། སངས་རྒྱས་ཐོབ་པར་འདོད་པས་གཞན་གྱི་རྒྱུད་ལ་གྲུབ་ཟིན་པའི་དཀོན་མཆོག་གསུམ་ལ་སྟོན་པ་དང་། ལམ་དང་། ལམ་བསྒྲུབ་པའི་གྲོགས་སམ་རྒྱུར་དམ་འཆའ་ཞིང་ཁས་ལེན་པ་དང་། རང་གི་རྒྱུད་ལ་འབྱུང་བར་འགྱུར་བའི་དཀོན་མཆོག་གསུམ་ལ་འབྲས་བུ་དམ་འཆའ་ཞིང་ཁས་ལེན་པའོ། །དེ་ཡང་རྒྱུ་ནི་རིགས་ཅན་གསུམ་པོ་ཐམས་ཅད་ཀྱིས་ཀྱང་ཁྱད་མེད་པར་འཛིན་ཏོ། །འབྲས་བུ་ནི་གང་ཟག་གསུམ་གྱིས་སངས་རྒྱས་ལ་སོགས་པ་གསུམ་ལས། སོ་སོ་རིམ་པ་བཞིན་དུ་འབྲས་བུར་ [349] འཛིན་ཏོ། །རྒྱུ་དང་

འབྲས་བུའི་སྐྱབས་སུ་འགྲོ་བ་འདི་གཉིས་ཀ་ཡང་། དུས་ཅིག་ཆར་དུ་བྱ་བ་ཡིན་ཏེ། གཅིག་ཡོད་པས་གཉིས་པ་མི་དགོས་པ་མ་ཡིན་ནོ། །འབྲས་བུ་ཡང་གང་ཟག་གསུམ་ལ་གཙོ་བོ་ལ་ཐ་དད་པར་གསུངས་ཀྱང་། ཐེག་པ་ཆེན་པོ་བས་ནི་ཐམས་ཅད་ཀྱང་འབྲས་བུར་དམ་འཆའ་སྟེ། བདག་མངོན་པར་རྫོགས་པར་སངས་རྒྱས་ནས་ཆོས་ཀྱི་འཁོར་ལོ་བསྐོར་ཞིང་ཚོགས་བསྡུའོ། །ཞེས་ཁས་ལེན་པའི་ཕྱིར་རོ། །དེ་ཉིད་ཀྱི་ཕྱིར་སེམས་བསྐྱེད་པ་དང་ཁྱད་པར་མེད་པ་ཡང་མ་ཡིན་ཏེ། སེམས་བསྐྱེད་དེ་ནི་བྱང་ཆུབ་ཁོ་ན་ལ་འདུན་པའི་ཕྱིར་རོ། །གཞན་དུ་མི་སྨྲ་བ་ནི། སྟོན་པ་སངས་རྒྱས་ལས་གཞན་ལྷ་ཆེན་པོ་དང་། སེར་སྐྱ་ལ་སོགས་པ་དང་། ལམ་སངས་རྒྱས་ཀྱི་ཆོས་ལས་གཞན་པ་དང་། གྲོགས་གཅེར་བུ་པ་ལ་སོགས་པ་གཞན་དུ་མི་སྨྲ་བ་དང་། འབྲས་བུ་སངས་རྒྱས་ལ་སོགས་པ་ལས་གཞན་དུ་མི་སྨྲ་བའོ། །ངེས་ཚིག་ནི། སྐྱབས་སུ་སོང་ [350] ཞེས་བྱ་བ་སྟེ། རང་གཞན་གྱི་སྡུག་བསྔལ་གྱི་སྒྲིབ་པའི་འཇིགས་པ་ཆེན་པོ་ལས་ཐར་པའི་དོན་དུ་དཀོན་མཆོག་གསུམ་རྟེན་དུ་གཟུང་བའི་ཕྱིར་ཏེ། རྒྱུ་འདི་ལ་བརྟེན་ནས་འཇིགས་པ་ཆེན་པོ་ལས་ཐར་བར་བྱའོ། །ཞེས་རྒྱུ་ལ་དཔུང་གཉེན་དུ་གཟུང་བ་ནི་རྒྱུ་ལ་སྐྱབས་སུ་སོང་བ་ཡིན་ལ། འབྲས་བུ་འདི་མངོན་དུ་བྱས་པ་ལ་བརྟེན་ནས་འཇིགས་པ་འདི་ལས་འདའ་བར་བྱའོ། ཞེས་འབྲས་བུ་ལ་དཔུང་གཉེན་དུ་འཛིན་པ་ནི་འབྲས་བུ་ལ་སྐྱབས་སུ་སོང་བ་ཡིན་ནོ། །དབྱེ་བ་ལ་གཉིས་ཏེ། ཐུན་མོང་དང་ཁྱད་པར་ཅན་ནོ། །དང་པོ་ནི་ཐེག་པ་ཆུང་ངུའི་ཡིན་ལ། གཉིས་པ་ནི་ཐེག་པ་ཆེན་པོའི་འོ། །ཁྱད་པར་ལ་བཞི་སྟེ། རྒྱུ་དང་། ཡུལ་དང་། དུས་དང་། ཆེད་དུ་བྱ་བའོ། །དང་པོ་རྒྱུ་ལ། ཐུན་མོང་གི་རྒྱུ་ནི། འདོད་པའི་དད་པ་སྟེ། རང་འཁོར་བ་ལས་ཐར་བར་འདོད་པའོ། །ཁྱད་པར་ཅན་གྱི་ནི་སྙིང་རྗེའོ། །ཡུལ་ཁྱད་པར་ནི། ཐུན་མོང་བས་སངས་རྒྱས་སྐུ་གསུམ། ཆོས་ལ་ལུང་གི་ཆོས་དང་ [351] རྟོགས་པའི་ཆོས་གཉིས། དགེ་འདུན་འཕགས་པའི་གང་ཟག་ཟུང་བཞི་ཡ་བརྒྱད་ལ་སྐྱབས་སུ་འགྲོ་བར་འདོད་ལ། ཁྱད་པར་གྱི་སངས་རྒྱས་ཆོས་ཀྱི་སྐུ། ཆོས་དོན་དམ་པའི་ཆོས། བྱང་ཆུབ་སེམས་དཔའི་དགེ་འདུན་ལ་སྐྱབས་སུ་འགྲོ་བའོ། །གཞན་ཀུན་རྫོབ་ཀྱི་ཆོས་དང་། སློབ་པའི་དགེ་འདུན་ལ་སོགས་པ་ནི་ཚོགས་བསགས་པའི་ཞིང་དུ་འདོད་ཀྱི། གཏན་གྱི་སྐྱབས་སུ་

མི་འདོད་དོ། །དེ་ཡང་རྒྱུད་བླ་མ་ལས། སྤང་ཕྱིར་བསླུ་བའི་ཆོས་ཅན་ཕྱིར། །མེད་ཕྱིར་
འཇིགས་དང་བཅས་པའི་ཕྱིར། །ཆོས་རྣམས་གཉིས་དང་འཕགས་པའི་ཚོགས། །གཏན་
གྱི་སྐྱབས་མཆོག་མ་ཡིན་ནོ། །དམ་པའི་དོན་དུ་འགྲོ་བ་ཡིན། །སྐྱབས་ནི་སངས་རྒྱས་
ཉག་གཅིག་ཡིན། །ཐུབ་པ་ཆོས་ཀྱི་སྐུ་ཅན་ཕྱིར། །ཚོགས་ཀྱང་དེ་ཡི་མཐར་ཐུག་ཕྱིར།
།ཞེས་གསུངས་སོ། །ཁོ་བོས་ནི་གཞུང་ལ་བལྟས་ན་འདི་ལྟར་གོ་སྟེ། ཁྱད་པར་ཅན་གྱི་
རྒྱུའི་སྐྱབས་འགྲོའི་ཡུལ་ཡང་སངས་རྒྱས་ [352] སྐུ་གསུམ། ཆོས་ལུང་གི་ཆོས་དང་རྟོགས་
པའི་ཆོས་གཉིས་ཀ །དགེ་འདུན་བྱང་ཆུབ་སེམས་དཔའ་ཕྱིར་མི་ལྡོག་པ་ཡིན་ཏེ། སངས་
རྒྱས་སྟོན་པར་བྱེད་པ་ཡང་། ཕལ་ཆེར་གཟུགས་སྐུ་གཉིས་ལ་སྟོན་པར་བྱེད་པ་ཡིན་ལ།
ཆོས་ལ་ལམ་བྱེད་པ་ཡང་། དང་པོ་ལུང་གི་ཆོས་ལ་ལམ་དུ་བྱེད་ལ། དེ་ནས་ལམ་གྱི་བདེན་
པ་ལམ་དུ་བྱེད་པ་ཡིན་ནོ། ལམ་གྱི་ཟླ་གྲོགས་ནི་ཕྱིར་མི་ལྡོག་པའི་བྱང་ཆུབ་སེམས་དཔའ་
ཡིན་ནོ། །འབྲས་བུའི་སྐྱབས་སུ་འགྲོ་བའི་ཡུལ་ནི་སངས་རྒྱས་ཁོ་ན་སྟེ། སངས་རྒྱས་ཐོབ་
པའི་དུས་ན་ལུང་གི་ཆོས་དང་། ལམ་བདེན་གྱི་ཆོས་ཡང་འདོར་བ་བྱ་བར་ཡིན་པའི་ཕྱིར་དང་།
འགོག་པའི་བདེན་པ་ནི་ཆོས་ཀྱི་སྐུ་ཡིན་ལ། དགེ་འདུན་མཐར་ཐུག་པར་གྱུར་པ་ཡང་སངས་
རྒྱས་ཡིན་ནོ། །འཕགས་པའི་གང་ཟག་གསུམ་ནི། ཁོ་རང་འཇིགས་པ་དང་བཅས་པས་
གཏན་གྱི་སྐྱབས་མ་ཡིན་ནོ། །གསུམ་པ་འབྲས་བུ་རྣམ་པར་བཞག་པ་ནི། རིགས་ཅན་གྱི་
གང་ཟག་ [353] གསུམ་གྱིས་དབང་དུ་བྱས་པའོ། །དེ་ལྟར་ཡིན་པར་ཡང་རྒྱུད་བླ་མར།
སྟོན་པ་བསྟན་པ་སློབ་དོན་གྱི། །ཐེག་པ་གསུམ་དང་བྱེད་གསུམ་ལ། །མོས་པ་རྣམས་
ཀྱིས་དབང་བྱས་ནས། །སྐྱབས་གསུམ་རྣམ་པར་བཞག་པ་ཡིན། །ཞེས་པ། སྟོན་པ་
སངས་རྒྱས་ཐོབ་བྱར་འདོད་པ་ཐེག་ཆེན་གྱི་དབང་དུ་བྱས་ནས་སངས་རྒྱས་སྐྱབས་གནས།
བསྟན་པ་དམ་ཆོས་ཐོབ་བྱར་འདོད་པ། རང་སངས་རྒྱས་ཀྱི་ཐེག་པའི་དབང་དུ་བྱས་ནས་ཆོས་
སྐྱབས་གནས། སློབ་པ་དགེ་འདུན་ཐོབ་བྱར་འདོད་པ། ཉན་ཐོས་ཀྱི་ཐེག་པའི་དབང་དུ་
བྱས་ནས། དགེ་འདུན་སྐྱབས་སུ་གཞག །སངས་རྒྱས་ཀྱིས་སྟོན་པའི་བྱ་བ་བྱེད་པ།
ཆོས་ཀྱིས་ལམ་གྱི་བྱ་བ་བྱེད་པ། དགེ་འདུན་གྱིས་གྲོགས་ཀྱི་བྱ་བ་བྱེད་པ་ལ་མོས་པ་རྣམས་

ཀྱི་དབང་དུ་བྱས་ནས་སྐྱབས་གསུམ་དུ་རྣམ་པར་གཞག་པ་ཡིན། ཞེས་པ་དང་། སྤང་ཕྱིར་བསླུ་བའི་ཆོས་ཅན་ཕྱིར། ཞེས་པ་ལ་སོགས་པ་དང་། དམ་པའི་ [354] དོན་དུ་འགྲོ་བ་ཡི། ཞེས་པ་ལ་སོགས་པས་ཤེས་སོ། །དུས་ནི་ཐུན་མོང་བ་ཇི་སྲིད་འཚོའི་བར་དུ་སྐྱབས་སུ་འགྲོ་ལ། ཁྱད་པ་ཅན་ནི་སྙིང་པོ་བྱང་ཆུབ་ལ་ཐུག་གི་བར་དུའོ། །ཆེད་དུ་བྱ་བ་ལ་ཐུན་མོང་བ་ནི་རང་གི་དོན་དུ་ཡིན་ལ། ཁྱད་པར་ཅན་ནི། སྙིང་རྗེས་ཀུན་ནས་བླངས་ནས་གཞན་གྱི་དོན་དུའོ། །ཕན་ཡོན་ལ་གྲངས་སུ་ཆད་པ་དང་། མ་ཆད་པའོ། །གྲངས་སུ་ཆད་པ་ལ་བརྒྱད་དེ། སྐྱབས་འགྲོ་ཡོད་ན་ནང་པ་སངས་རྒྱས་པར་ཚུད་པའི་ཕན་ཡོན་དང་། སྡོམ་པ་ཐམས་ཅད་ཀྱི་རྟེན་དུ་རུང་བ་དང་། སྡིག་པ་དང་ཉོན་མོངས་པ་བསྲབས་ཤིང་ཟད་པ་དང་། བསམ་པ་ཐམས་ཅད་ཡིད་བཞིན་དུ་འགྲུབ་པ་དང་། བསོད་ནམས་ཀྱི་ཚོགས་རྒྱ་ཆེན་པོ་འཐོབ་པ་དང་། འཇིག་རྟེན་གྱི་མི་དང་མི་མ་ཡིན་པའི་གནོད་པས་མི་ཚུགས་པ་དང་། མྱུར་དུ་མངོན་པར་རྫོགས་པར་འཚང་རྒྱ་བ་དང་། སངས་མ་རྒྱས་ཀྱི་བར་དུ་ཡང་ངན་སོང་གསུམ་དུ་མི་སྐྱེ་བའོ། །སྡོམ་པ་ཐམས་ཅད་ཀྱི་རྟེན་དུ་རུང་བའི་ [355] ཕན་ཡོན་ནི། སློབ་དཔོན་ཟླ་གྲགས་ཀྱིས། །གང་ཞིག་གསུམ་ལ་སྐྱབས་འགྲོ་བ། །དེ་ནི་སྡོམ་བརྒྱད་རྩ་བ་ཡིན། །སངས་རྒྱས་ཆོས་དང་དགེ་འདུན་ནི། །ཐར་པ་འདོད་པ་རྣམས་ཀྱི་སྐྱབས། །ཞེས་གསུངས་པ་འམ། སློབ་དཔོན་དབྱིག་གཉེན་གྱིས། བསྙེན་གནས་ཀུན་ལ་ཡོད་མོད་ཀྱི། །སྐྱབས་སུ་མ་སོང་བ་ལ་མེད། །ཅེས་གསུངས་པ་བཞིན་ནོ། །གྲངས་སུ་མ་ཆད་པ་ནི། བགྲང་བས་མི་ལང་སྟེ། སློབ་དཔོན་སུ་ར་ཧའི་ཞལ་ནས། སྐྱབས་སོང་བསོད་ནམས་གཟུགས་ཡོད་ན། །ཁམས་གསུམ་འདི་ཡང་སྣོད་དུ་ཆུང་། །ཞེས་གསུངས་སོ། །ཡང་ཕན་ཡོན་བཞི་སྟེ། བསོད་ནམས་རྒྱ་ཆེན་པོ་དང་། སེམས་དགའ་བ་དང་། མཆོག་ཏུ་དགའ་བ་རྒྱ་ཆེན་པོ་དང་། ཏིང་ངེ་འཛིན་རྣམ་པར་དག་པ་ཐོབ་པའོ། །ཡང་བཞི་སྟེ། བསྲུང་བ་ཆེན་པོ་དང་ལྡན་པ་དང་། ལོག་པར་མོས་པའི་སྒྲིབ་པ་ཐམས་ཅད་བསྲབས་པ་དང་། ཟད་པ་དང་གཏུགས་བར་འགྱུར་བ་ [356] དང་། དམ་པ་རྣམས་ཀྱིས་གྲངས་སུ་བགྲང་བ་དང་། སྟོན་པ་དང་། ཚངས་པ་མཚུངས་པར་སྤྱོད་པ་དང་།

བསྟན་པ་དད་པའི་ལྷ་རྣམས་ཀྱིས་ཡིད་དུ་འོང་ཞིང་དགའ་བ་དང་། ཆེད་དུ་བརྗོད་པ་རྣམས་ཀྱིས་ཆེད་དུ་བརྗོད་པར་འགྱུར་བའོ། །ཚིག་ལ། དང་པོའི་ཚིག་ནི། བླ་མའམ་དཀོན་མཆོག་གི་སྤྱན་སྔར་ཚིག་ནས་བྱུང་བ་བཞིན་དུ་ཐུན་མོང་བ་དང་། ཁྱད་པར་གྱི་སྐྱབས་འགྲོ་བླང་བའོ། །རྒྱུན་གྱི་སྐྱབས་འགྲོ་ནི། ཐ་ན་ཉིན་ལན་གསུམ་མཚན་ལན་གསུམ་དུ་སྐྱབས་སུ་འགྲོ་བའོ། །བསླབ་བྱ་ལ་ཐུན་མོང་གི་བསླབ་བྱ་བཞི། ཐུན་མོང་མ་ཡིན་པའི་བསླབ་བྱ་གསུམ། ཆ་མཐུན་གྱི་བསླབ་བྱ་གསུམ་གསུངས་སོ། །ཐུན་མོང་བའི་བཞི་ནི། ཕན་ཡོན་དྲན་པར་བྱ་ཞིང་། ཡང་དག་ཡང་དུ་སྐྱབས་སུ་འགྲོ་བ་ལ་བསླབ་པ་དང་། མཆོད་པ་ལ་བསླབ་པ་དང་། སྲོག་གམ་བྱ་བ་དགའི་ཕྱིར་ཡང་ལྷ་དཀོན་མཆོག་གསུམ་མི་སྤོང་བ་ལ་བསླབ་པ་དང་། དོན་གལ་ཅན་ཅི་བྱུང་ཡང་ཐབས་གཞན་མི་ [357] བཙལ་བ་ལ་བསླབ་བོ། །མཆོད་པ་ལ་བསླབ་པ་གསུམ་སྟེ། བཟའ་བཏུང་ཅི་བྱེད་པའི་ཕུད་ཀྱིས་མཆོད་པ་དང་། ནུས་པ་ཅི་ཡོད་ཀྱིས་རྒྱུན་དུ་མཆོད་པ་དང་། དུས་ཁྱད་པར་ཅན་ལ་མཆོད་པའོ། །ཐུན་མོང་མ་ཡིན་པའི་བསླབ་བྱ་གསུམ་ནི། སངས་རྒྱས་ལ་སྐྱབས་སུ་སོང་ནས་འཇིག་རྟེན་པའི་ལྷ་གཞན་ལ་ཕྱག་མི་འཚལ་ཞིང་སྐྱབས་སུ་མི་འགྲོ་བ་དང་། ཆོས་ལ་སྐྱབས་སུ་སོང་བས་སེམས་ཅན་ལ་གནོད་འཚེ་སྤོང་བ་དང་། དགེ་འདུན་ལ་སྐྱབས་སུ་སོང་བས་མུ་སྟེགས་ཅན་ལ་མི་བསྟེན་པའོ། །ཆ་མཐུན་གྱི་བསླབ་བྱ་གསུམ་ནི། སངས་རྒྱས་ལ་སྐྱབས་སུ་སོང་བས་སངས་རྒྱས་དཀོན་མཆོག་གི་རྟེན་ལུགས་སུ་བླུགས་པ་དང་། རིས་སུ་བྲིས་པ་དང་། འབུར་དུ་དོད་པ་རྣམས་ལ་མ་གུས་པ་སྤང་ཞིང་གུས་པ་རྒྱ་ཆེན་པོ་བྱ་བ་དང་། ཆོས་ལ་སྐྱབས་སུ་སོང་བས་ཆོས་དཀོན་མཆོག་གི་རྟེན་པོ་ཏི་དང་། གླེགས་བམ་ཐ་ན་ཡི་གེ་ཀ་གཅིག་ཡན་ཆད་ལ་མ་གུས་པ་སྤང་ཞིང་ [358] གུས་པ་རྒྱ་ཆེན་པོ་བྱ་བ་དང་། དགེ་འདུན་ལ་སྐྱབས་སུ་སོང་བས་དགེ་འདུན་དཀོན་མཆོག་གི་རྟེན་སོ་སོ་སྐྱེ་བོའི་དགེ་འདུན་གོས་སེར་པོ་གྱོན་པ་ཡན་ཆད་ལ་མ་གུས་པ་སྤང་ཞིང་གུས་པ་རྒྱ་ཆེན་པོ་བྱ་བ་ལ་བསླབ་པའོ། གཞན་ཡང་བསླབ་བྱ་བཞི་སྟེ། སྐྱེས་བུ་དམ་པ་ལེགས་པར་བསྟེན་པ་དང་། དམ་པའི་ཆོས་ཉན་པ་དང་། ཚུལ་བཞིན་དུ་ཡིད་ལ་བྱ་བ་དང་། ཆོས་ཀྱི་རྗེས་སུ་མཐུན་པའི་ཆོས་སྒྲུབ་པའོ། ཡང་བཞི་སྟེ།

དབང་པོ་མི་རྒོད་པ་དང་། བསླབ་པའི་བཞི་ཡང་དག་པར་བླང་བ་དང་། དུས་དུས་སུ་དཀོན་མཆོག་གི་མཆོད་པ་ལ་བརྩོན་པར་བྱ་བ་དང་། སེམས་ཅན་ལ་སྙིང་རྗེ་དང་ལྡན་པར་བྱ་བའོ། །གཏོང་ཐོབ་ཀྱི་དུས་ལ། རང་ཉིད་འཁོར་བའི་སྡུག་བསྔལ་གྱིས་འཇིགས་ནས་དེ་ལས་སྐྱོབ་པའི་དོན་དུ་སྙིང་ཐག་པ་ནས་དཀོན་མཆོག་གསུམ་ལ་བསྙེན་ན་པར་འདོད་པས། སྐྱབས་འགྲོ་བྱས་པའི་བརྗོད་པ་གསུམ་གྱི་ཐ་མ་ལ་ཐུན་མོང་གི་སྐྱབས་འགྲོ་འཐོབ། དེའི་སྟེང་དུ་བྱམས་པ་ [359] དང་སྙིང་རྗེ་ལས་སུ་རུང་ནས་གཞན་གྱི་སྡུག་བསྔལ་མ་བཟོད་དེ། གཞན་སྡུག་བསྔལ་ལས་སྐྱོབ་པའི་དོན་དུ་བསམ་པ་ཐག་པ་ནས་དཀོན་མཆོག་གསུམ་ལ་བསྙེན་པར་འདོད་པའི་སྐྱབས་འགྲོ་བྱས་པའི་བརྗོད་པ་གསུམ་གྱི་ཐ་མ་ལ་སྐྱབས་འགྲོ་ཁྱད་པར་ཅན་འཐོབ་བོ། གཏོང་བའི་དུས་ནི། ལོག་ལྟ་སྐྱེས་ན་གཏོང་། སྐྱབས་དཀོན་མཆོག་གསུམ་སྤངས་ན་གཏོང་། བསླབ་པ་ཉམས་ན་གཏོང་ངོ་། །གཞན་གྱི་གནོད་པ་ཅུང་ཞིག་བྱུང་དོགས་ནས། །བཙན་པོའི་རྗེ་ལ་བསྙེན་པར་བྱེད་ལུགས་ན། །བདུད་བཞིའི་དགྲ་ཡིས་འཇིགས་པའི་སྐྱེས་བུ་རྣམས། །སྐྱབས་ཆེན་དཀོན་མཆོག་གསུམ་ལ་བསྙེན་པར་རིགས། །ཞེས་བྱ་བ་ནི་འཐད་པའི་དོན་བསྡུས་ཏེ་བསྟན་པའོ། །སངས་རྒྱས་ཀྱི་བསྟན་པ་ལ་རིམ་གྱིས་འཇུག་པའི་ཚུལ་ལས། སྐྱབས་སུ་འགྲོ་བའི་ལེའུ་སྟེ་དྲུག་པའོ།།

།།འོ་ན་འཁོར་བ་སྡུག་བསྔལ་གྱི་རང་བཞིན་ཡིན་པ་དང་། དེ་ལས་སྐྱོབ་པའི་སྐྱབས་དཀོན་མཆོག་ [360] གསུམ་ཡིན་པ་དང་། འཁོར་བ་ལས་ཐར་པའི་ཐབས་ཡོད་པ་ནི། བདེན་པའི་ངེས་པ་མེད་དོ་སྙམ་ན། དེ་ལ་ཡིད་ཆེས་པར་བྱ་བའི་དོན་དུ་ལས་རྒྱུ་འབྲས་སྟོན་པ་ནི། འཁོར་འདས་རྒྱུ་མེད་མ་ཡིན་མི་མཐུན་པའི། །རྒྱུ་ལས་མ་བྱུང་དེ་ཕྱིར་རྒྱུ་འབྲས་བསྒོམ། །ཞེས་པ་སྟེ་དེ་ལ་གསུམ། ལས་དང་འབྲས་བུའི་དབྱེ་བ་དང་། སོ་སོའི་རང་བཞིན་བསྟན་པ་དང་། དེའི་སྒྲུབ་བྱེད་བསྟན་པ་དང་། དེ་ལ་བརྟེན་པའི་སོ་སོ་ཐར་པའི་སྡོམ་པ་བསྟན་པའོ། །དགེ་བ་ལ་གཉིས་ཟག་བཅས་ཀྱི་ལས་འབྲས་དང་། ཟག་མེད་ཀྱི་ལས་འབྲས་སོ། །ཟག་བཅས་ཀྱི་ལས་འབྲས་ལ་གསུམ། བསོད་ནམས་མ་ཡིན་པའི་ལས་འབྲས་དང་། བསོད་

ནམས་ཀྱི་ལས་འབྲས་དང་། མི་གཡོ་བའི་ལས་འབྲས་སོ། དང་པོ་ལ་གསུམ། བསོད་ནམས་མ་ཡིན་པའི་ལས་འབྲས་ནི། ངན་སོང་གསུམ་དུ་སྐྱེ་བའི་ལས་སམ་རྒྱུ་སྟེ་མི་དགེ་བའོ། །བསོད་ནམས་ཀྱི་ལས་ནི། འདོད་ཁམས་ཀྱི་མི་དང་། ལྷ་མ་ཡིན་དང་། ལྷར་སྐྱེ་བའི་རྒྱུ་ [361] དགེ་བ་ཟག་པ་དང་བཅས་པ་སྟེ། གཙོ་བོར་སྦྱིན་པ། ཚུལ་ཁྲིམས། བཟོད་པའོ། མི་གཡོ་བའི་ལས་ནི། གཟུགས་ཁམས་དང་གཟུགས་མེད་ཀྱི་ལྷར་སྐྱེ་བའི་རྒྱུ་ཞི་གནས་ཀྱི་ཏིང་ངེ་འཛིན་ནོ། །དེ་བས་ན་བསོད་ནམས་མ་ཡིན་པའི་ལས་ནི་ཕལ་ཆེར་མི་དགེ་བ་བཅུར་འདུས་སོ། །དེའི་འབྲས་བུ་ལ་གསུམ་སྟེ། རྣམ་པར་སྨིན་པའི་འབྲས་བུ་དང་། རྒྱུ་མཐུན་གྱི་འབྲས་བུ་དང་། དབང་གི་འབྲས་བུའོ། །རྣམ་པར་སྨིན་པའི་འབྲས་བུ་ནི། མི་དགེ་བ་བཅུ་ཡོངས་སུ་རྫོགས་ཤིང་། ཡོངས་སུ་སྨིན་པའི་འབྲས་བུ་ངན་སོང་གསུམ་ཡིན་ཏེ་དེ་ཡང་སྲོག་གཅོད་པ་དང་། ཕྲ་མ་དང་། ཚིག་རྩུབ་དང་། གནོད་སེམས་བཞི་ཡི་འབྲས་བུ་དམྱལ་བར་གསུངས། མ་བྱིན་པར་ལེན་པ་དང་། འདོད་པས་ལོག་པར་གཡེམ་པ་དང་། བརྣབ་སེམས་གསུམ་གྱི་འབྲས་བུ་ཡི་དྭགས། རྫུན་དང་། ངག་འཁྱལ་དང་། ལོག་ལྟ་གསུམ་གྱི་འབྲས་བུ་དུད་འགྲོ་ཡིན་པར་གསུངས། ཡང་ [362] མི་དགེ་བ་བཅུ་རེ་རེ་ལ་ཡང་། ཡུལ་གྱི་ལྡི་ཡང་དང་། ཉོན་མོངས་པའི་ལྡི་ཡང་དང་། གྲངས་ཀྱི་ལྡི་ཡང་གི་ཁྱད་པར་གྱིས་ངན་སོང་གསུམ་དུ་སྐྱེ་སྟེ། དེ་ལ་ཡུལ་གྱི་ལྡི་ཡང་ནི། ཡུལ་ཁྱད་པར་ཅན་དཀོན་མཆོག་གསུམ་ལ་སོགས་པ་ལ་མི་དགེ་བ་བཅུ་གང་བྱས་ཀྱང་རྣམ་པར་སྨིན་པ་ལྡི་སྟེ། སྲོག་གཅོད་པ་རྣམས་ཀྱི་ནང་ནས་ཕ་ཡང་ཡིན་ལ་རང་སངས་རྒྱས་ཀྱང་ཡིན་པ་དང་། མ་དང་དགྲ་བཅོམ་པ་གསོད་པ་དང་། མ་བྱིན་པར་ལེན་པའི་ནང་ནས་དཀོན་མཆོག་གི་དཀོར་ལ་མ་བྱིན་པར་ལེན་པ་དང་། འདོད་པས་ལོག་པར་གཡེམ་པའི་ནང་ནས། མ་ཡང་ཡིན་ལ་དགྲ་བཅོམ་མ་ཡང་ཡིན་པ་ལ་སྤྱོད་པ་དང་། རྫུན་གྱི་ནང་ནས་མཁན་པོ་དང་སློབ་དཔོན་གྱི་དབུ་སྐོར་བ་དང་། ཕྲ་མའི་ནང་ནས་དགེ་འདུན་ལ་དབྱེན་བྱེད་པ་དང་། ཚིག་རྩུབ་ཀྱི་ནང་ནས་དགེ་འདུན་ལ་ངན་དུ་སྨྲ་བ་དང་། ངག་འཁྱལ་གྱི་ནང་ནས་དགེ་སློང་བསམ་གཏན་པའི་བློ་དཀྲུག་པ་དང་། བརྣབ་སེམས་ཀྱི་ནང་

ནས་དཀོན་ [363] མཆོག་གི་དཀོར་ལ་བརྐབ་པ་དང་། གནོད་སེམས་ཀྱི་ནང་ནས་མཚམས་མེད་པའི་ལས་ཕྲོམ་པ་དང་། ལོག་པར་ལྟ་བ་རྣམས་ཀྱི་ནང་ནས་ལས་རྒྱུ་འབྲས་ལ་བསྐུར་བ་འདེབས་པ་སྡིག་ཆེ་བས། དེ་རྣམས་ལ་སོགས་པ་ཡུལ་ཁྱད་པར་ཅན་དཀོན་མཆོག་གསུམ་ལ་སོགས་པ་ལ་མི་དགེ་བ་གང་བྱས་ཀྱང་དམྱལ་བར་སྐྱེའོ། །མི་ཐ་མལ་པ་ལ་མི་དགེ་བ་བཅུ་གང་བྱས་ཀྱང་ཡི་དྭགས་སུ་སྐྱེ་བ་ཤས་ཆེའོ། །འགྲོ་བ་དམན་པ་དུད་འགྲོ་ལ་སོགས་ལ་མི་དགེ་བཅུ་གང་བྱས་ཀྱང་དུད་འགྲོར་སྐྱེ་བ་ཤས་ཆེའོ། །ཉོན་མོངས་པ་ཞེ་སྡང་གིས་ཀུན་ནས་བླངས་པས་དམྱལ་བར་སྐྱེ་བ་ཤས་ཆེའོ། །འདོད་ཆགས་ཀྱིས་ཀུན་ནས་བླངས་པས་ཡི་དྭགས་སུ་སྐྱེ་བ་ཤས་ཆེའོ། །གཏི་མུག་གི་ཀུན་ནས་བླངས་པས་དུད་འགྲོར་སྐྱེ་བ་ཤས་ཆེའོ། །གྲངས་དཔག་ཏུ་མེད་པས་དམྱལ་བ། འབྲིང་པོས་ཡི་དྭགས། ཆུང་བས་དུད་འགྲོར་སྐྱེའོ། །རྒྱུ་མཐུན་གྱི་འབྲས་བུ་ལ་གཉིས་ཏེ། བྱེད་པ་རྒྱུ་ [364] མཐུན་དང་། མྱོང་བ་རྒྱུ་མཐུན་ནོ། །བྱེད་པ་རྒྱུ་མཐུན་གྱི་འབྲས་བུ་ནི། སྲོག་གཅོད་པ་ལ་དགའ། སྲོག་གཅོད་སྙིང་འདོད། སྲོག་གཅོད་པའི་ཕྱོགས་སུ་གཞོལ་བ། དེ་ལས་བཟློག་པར་དཀའ་སྟེ། འོག་མ་རྣམས་ལ་ཡང་དེ་བཞིན་དུ་ཤེས་པར་བྱའོ། །མྱོང་བ་རྒྱུ་མཐུན་གྱི་འབྲས་བུ་ནི། ངན་སོང་གསུམ་ལས་ཐར་སྲིད་ན་ཡང་། སྲོག་གཅོད་པས་ཚེ་ཐུང་ཞིང་ནད་མང་བར་འགྱུར། མ་བྱིན་པར་ལེན་པས་དབུལ་པོར་འགྱུར། འདོད་པས་ལོག་པར་གཡེམ་པས་ཟླ་གྲོགས་ངན་པ་དང་འགྲོགས་པའམ། མ་མཛེ་མོའམ་མ་རབས་ཀྱི་མངལ་དུ་སྐྱེའོ། །རྫུན་གྱིས་གཞན་གྱིས་བདག་གི་མགོ་སྐོར་ཞིང་བསླུ་བར་འགྱུར། ཕྲ་མས་འཁོར་སྙིང་རིང་ཞིང་དབེན་པར་འགྱུར། ཚིག་རྩུབ་ཀྱིས་ངག་མི་སྙན་ཞིང་གཏམ་མི་སྙན་པ་ཐོས་པར་འགྱུར། ངག་འཁྱལ་གྱིས་ངག་མི་བཙུན་པར་འགྱུར། བརྣབ་སེམས་ཀྱིས་བདག་གི་ནོར་ལ་གཞན་གྱིས་འཁྲུན་འདེབས་པར་འགྱུར། གནོད་སེམས་ཀྱིས་བྱས་པ་ [365] མེད་པར་མི་ཁ་སྡང་པར་འགྱུར། ལོག་ལྟས་སྐྱབས་དཀོན་མཆོག་གསུམ་དང་མི་ཕྲད་པར་འགྱུར་བའོ། །དབང་གི་འབྲས་བུ་ནི། ངན་སོང་གསུམ་ལས་བརྒྱ་ལ་ཐར་སྲིད་ཀྱང་། སྲོག་གཅོད་པས་ཡུལ་བཀྲ་མི་ཤིས་ཤིང་གཟི་མདངས་ཆུང་བར་སྐྱེ། མ་བྱིན་པར་ལེན་པས་ཡུལ་སད་དང་སེར་བ་

མོད་པར་སྐྱེ། འདོད་པས་ལོག་པར་གཡེམ་པས་ཡུལ་ཚད་གདུང་ཅན་དུ་སྐྱེ། རྫུན་གྱིས་
ཁ་ཟས་མི་ཞིམ་པའི་ཡུལ་དུ་སྐྱེ། ཕྲ་མས་བ་ཚྭ་ཅན་དང་སྐམ་སར་སྐྱེ། ཚིག་རྩུབ་ཀྱིས་
ངམ་གྲོག་དང་གཡང་ས་ཅན་དུ་སྐྱེ། ངག་འཁྱལ་གྱིས་དབྱར་དགུན་ལོག་པའི་ཡུལ་དུ་སྐྱེ།
བརྣབ་སེམས་ཀྱིས་འབྲུ་ཕྱུང་བའི་ཡུལ་དུ་སྐྱེ། གནོད་སེམས་ཀྱིས་འབྲུ་ཁ་བའི་ཡུལ་དུ་སྐྱེ།
ལོག་ལྟས་འབྲུ་མེད་པའི་ཡུལ་དུ་སྐྱེའོ། །བསོད་ནམས་ཀྱི་ལས་ཀྱི་འབྲས་བུ་ནི། འདོད་
པའི་ཁམས་ཀྱི་མི་དང་ལྷ་མ་ཡིན་དང་ལྷ་ཡིན་ཏེ། དེ་ཡང་ཉོན་མོངས་པ་ཞེ་སྡང་དང་གཏི་མུག་
དང་འདོད་ཆགས་ཆེ་བས་ [366] དགེ་བ་ཟག་བཅས་བྱས་ན་གོ་རིམས་བཞིན་དུ་མི་དང་ལྷ་མ་
ཡིན་དང་ལྷར་སྐྱེའོ། མི་གཡོ་བའི་ལས་ཀྱི་འབྲས་བུ་ནི། གཟུགས་དང་གཟུགས་མེད་ཀྱི་
ལྷའོ། ཟག་མེད་ཀྱི་ལས་འབྲས་ནི། ཆོས་མངོན་པ་སྡེ་སྣོད་དང་བསྟན་ནས་གང་ཟག་གི་
བདག་མེད་བསྒོམ་པ་དང་། ཐབས་ཀྱི་དགེ་བའི་འབྲེལ་བར་སྤྱད་ན། ཉན་ཐོས་ཀྱི་བྱང་
ཆུབ། དེའི་སྟེང་དུ་གཟུང་བའི་ཡུལ་རང་བཞིན་མེད་པར་བསྒོམ་པ་དང་། ཐབས་ཀྱི་དགེ་
བ་འབྲེལ་བར་སྤྱད་ན། རང་སངས་རྒྱས་ཀྱི་བྱང་ཆུབ། དེའི་སྟེང་དུ་ནང་འཛིན་པའི་སེམས་
རང་བཞིན་མེད་པར་བསྒོམ་པ་དང་། ཐབས་ཀྱི་དགེ་བ་འབྲེལ་བར་སྤྱད་ན། བླ་ན་མེད་
པའི་བྱང་ཆུབ་འཐོབ་བོ། །དེའི་སྒྲུབ་བྱེད་ལ་གཉིས་ཏེ། ལུང་གིས་སྒྲུབ་པ་དང་།
རིགས་པས་སྒྲུབ་པའོ། །ལུང་གིས་སྒྲུབ་པ་ལ་ལྔ་ལས། དང་པོ་ལས་དང་འབྲས་བུ་ཡོད་
པར་གསུངས་ཏེ། ཇི་ལྟར་ཕྱུགས་དར་རྣམས་ལ་རླུང་། །བབ་ན་ཡང་དག་འཕོར་བྱེད་
ལྟར། །ལས་འགྲོའི་སྐྱེས་བུ་དེ་བཞིན་ནོ། [367] །དངོས་མེད་ནམ་མཁའ་འདྲ་བར་འགྱུར།
།ཞེས་གསུངས་སོ། །གཉིས་པ་ལས་དང་འབྲས་བུ་ཐ་དད་དུ་ངེས་པ་ནི། ས་བོན་ཚ་བ་
རྣམས་ལ་ནི། །འབྲས་བུ་ཚ་བ་སྨིན་པར་འགྱུར། །ས་བོན་མངར་བ་རྣམས་ལ་ནི།
།འབྲས་བུ་མངར་བ་སྨིན་པར་འགྱུར། །སྡིག་པའི་ལས་ཀྱི་སྡུག་བསྔལ་དང་། །དགེ་བའི་
ལས་ཀྱི་བདེ་བའོ། །ཞེས་གསུངས་སོ། །གསུམ་པ་ལས་དེ་ཡང་གཉེན་པོ་དང་མ་ཕྲད་ཀྱི་
བར་དུ་ཆུད་མི་ཟ་བར་ངེས་པ་ནི། ལུས་ཅན་རྣམས་ཀྱི་ལས་རྣམས་ནི། །བསྐལ་པ་བརྒྱར་
ཡང་ཆུད་མི་ཟ། །ཚོགས་ཤིང་དུས་ལ་བབས་པ་ན། །འབྲས་བུ་ཉིད་དུ་སྨིན་པར་འགྱུར།

།ཞེས་གསུངས་སོ། །བཞི་པ་རང་ཁོ་ནས་སྨྱོང་ངེས་པ་ནི། རྒྱལ་པོ་ལ་གདམས་པ་ལས། དུས་ཀྱིས་མནར་ཏེ་རྒྱལ་པོ་འཆི་འགྱུར་ན། ལོངས་སྤྱོད་མཛའ་བཤེས་གཉེན་རྣམས་ཕྱིར་མི་འབྲང་། །སྐྱེས་བུ་ཆེན་པོ་གང་དང་གར་འགྲོ་ཡང་། །ལས་ནི་གྲིབ་མ་བཞིན་ [368] དུ་རྗེས་སུ་འབྲང་། །ཞེས་གསུངས་སོ། །ཐ་མ་ལས་དེ་ཡང་རྒྱུ་ཆུང་ངུ་ལས་འབྲས་བུ་ཆེན་པོ་འབྱིན་ངེས་པ་ནི། སྡིག་པ་ཆུང་ངུ་རྣམས་ལ་ཡང་། །མི་གནོད་སྙམ་དུ་བརྙས་མི་བྱ། །མེ་སྟག་ཆུང་ངུ་ཙམ་ཞིག་གིས། །རྩྭ་ཕུང་རི་ཙམ་བསྲེག་པར་བྱེད། །དགེ་བ་ཆུང་ངུ་ཙམ་གྱིས་ཀྱང་། །མི་ཕན་སྙམ་དུ་བརྙས་མི་བྱ། །ཆུ་ཡི་ཐིགས་པ་བསགས་པ་ཡིས། །སྣོད་ཆེན་ཁད་ཀྱིས་གང་བ་བཞིན། །ཞེས་གསུངས་སོ། །དེ་གསུངས་པའི་སངས་རྒྱས་དེ་རང་རྫུན་ནམ་བདེན་པ་ཅི་ཆ་ཡོད་སྙམ་ན། དེ་བདེན་པར་བསྒྲུབ་པ་ནི། སངས་རྒྱས་ཀྱི་བཀའ་གསུང་རབ་ཀྱིས་མངོན་སུམ་ཐམས་ཅད་མངོན་སུམ་དང་མི་འགལ། ལྐོག་གྱུར་ཐམས་ཅད་རྗེས་དཔག་དང་མི་འགལ། ཤིན་ཏུ་ལྐོག་ཏུ་གྱུར་པ་ཐམས་ཅད་ལུང་ནང་ཕན་ཚུན་མི་འགལ་བར་སྟོན་པས། ཟབ་ཅིང་རྒྱ་ཆེ་ལ་དངོས་སམ་བརྒྱུད་པའི་སྒོ་ནས་སེམས་ཅན་ལ་ཕན་ཞིང་བདེ་བའི་ཐབས་སྟོན་གྱི། གནོད་པའི་ཐབས་མི་སྟོན་ནོ། །ད་ལྟ་སུ་འཚོས་སུ་རེམ་པས་སངས་རྒྱས་ཀྱི་བཀའ་ལྟར་འཚོས་པ་བྱས་ཀྱང་དེ་དང་ཟུར་ཙམ་འདྲ་བ་ཡང་མི་ཤེས་སོ། དེས་ན་བཀའ་དེ་ [369] ལ་གསུང་པ་པོ་ཉེས་པ་ཐམས་ཅད་ཟད་པ་དང་། བརྩེ་བ་དང་ལྡན་པ་དང་། དོན་ཕྱིན་ཅི་མ་ལོག་པར་སྟོན་པའི་སངས་རྒྱས་ཡོད་པར་ངེས་སོ། །རིགས་པས་བརྟགས་ཀྱང་ལས་རྒྱུ་འབྲས་བདེན་ངེས་ཏེ། ཤི་ནས་གཞན་ཡུལ་དུ་འགྲོ་ཟེར་བ་ཡང་། འདིར་སྐྱེས་པ་ཀུན་སྐྱེ་བ་སྔ་མ་ནས་འོངས་སམ་མ་འོངས། འོངས་སོ་ཞེ་ན། སྔ་མ་ནས་འོངས་པ་ན་འདིར་སྐྱེས་བཞིན་དུ། འདི་ནས་ཤི་འཕོས་ནས་ཀྱང་གཞན་དུ་ཅི་སྟེ་སྐྱེ་བར་མི་འགྱུར། མ་འོངས་སོ་ཞེ་ན། སྔར་རྒྱུ་མེད་ལས་སྐྱེས་པ་དེ་ཤི་ནས་གཞན་ཡུལ་དུ་འགྲོ་རྒྱུ་ག་ལ་ཡོད། གཞན་ཡང་སྔ་བའི་ལས་ཟ་འཐུང་དང་། འགྲོ་འདུག་དང་། ངུ་བ་ལ་སོགས་པ་ནི་མ་བསླབས་པར་ཡང་དང་པོ་ནས་ཤེས་པར་འདུག་ལ། བྱ་དཀའ་བའི་ལས་ཆོས་ལ་སོགས་པ་ནི་ཡུན་རིང་དུ་བསླབས་ཀྱང་ཤེས་པར་དཀའ་བ་ནི། སྔར་གོམས་མ་

གོམས་ཀྱི་དབང་གིས་ཡིན་ཏེ། ད་ལྟར་ཡང་འོ་སྐོལ་སྔར་གོམས་པའི་ལས་ལ་འཇུག་པར་[370] སླ་ལ། མ་གོམས་པའི་ལས་ལ་འཇུག་པར་དཀའ་བ་ཡང་མཐོང་བས། དེས་ན་སྔོན་གྱི་ལས་འཕྲོ་ཡིན་ངེས་སོ། །ཤི་ནས་མེད་པར་མི་འགྲོ་སྟེ། བརྒྱལ་བ་དང་། གཉིད་ལོག་པ་སད་པའི་ཚེ་ཤེས་པ་སྔ་མའི་རྒྱུན་ལ་བརྟེན་ཏེ་ཕྱི་མ་འབྱུང་བ་བཞིན་དུ། ཤི་བའི་དུས་སུ་ཡང་ཤེས་པ་སྔ་མའི་རྒྱུན་ལ་བརྟེན་ཏེ། ཕྱི་མ་འབྱུང་ངེས་སོ། །དགེ་སྡིག་གི་ལས་ལ་འབྲས་བུ་བདེ་སྡུག་འབྱུང་བ་ནི། ད་ལྟ་མངོན་སུམ་གྱིས་གྲུབ་སྟེ། ད་ལྟ་ཕར་ལ་ཕན་གནོད་བྱས་པའི་ལན་དུ་ཚུར་ལ་ཕན་གནོད་བྱེད་པ་ཡང་རྒྱུ་འབྲས་ཡིན་ནོ། དེ་ལྟར་ལས་རྒྱུ་འབྲས་བདེན་ངེས་པས། སྔར་བྱས་པའི་དགེ་བའི་ལས་ལ་དགའ་བ་བསྒོམ་ཞིང་ཕྱིས་དགེ་བའི་ལས་ལ་འབད་པས་འཇུག་པར་བྱའོ། །སྔར་བྱས་པའི་སྡིག་པ་རྣམས་བཤགས་ཤིང་ཕྱིན་ཆད་མི་བྱེད་པའི་སྡོམ་པ་གཟུང་བ་ལ། ལག་ལེན་སོ་སོ་ཐར་པའི་སྡོམ་པ་བླང་། །དེ་ལ་བརྒྱད་དེ། སོ་སོ་ཐར་བའི་སྡོམ་པའི་ངོ་བོ་དང་། དབྱེ་བ་དང་། བླང་བའི་ཡུལ་དང་། [371] བླང་བའི་ཆོ་ག་དང་། དགོས་པ་དང་། བསླབ་བྱ་དང་། གཏོང་ཐོབ་ཀྱི་དུས་དང་། ཉམས་ན་ཕྱིར་གསོ་བའི་ཐབས་སོ། །དེ་ལ་ངོ་བོ་ནི། ཉན་ཐོས་སྡོམ་པ་རྫས་སུ་གྲུབ་པར་འདོད་དེ། རྒྱུ་རྣམ་པར་རིག་བྱེད་ཀྱིས་བསྐྱེད་ལ། རང་གི་ངོ་བོ་རྣམ་པར་རིག་བྱེད་མ་ཡིན་པའི་གཟུགས་བསྟན་དུ་མེད་པ། ཐོགས་པ་མེད་པ། སྤྱོང་བ་བཞིའམ། བདུན་འཁོར་དང་བཅས་པ་ལ་འདོད་དོ། །ཐུན་མོང་དུ་སེམས་ཅན་ལ་གནོད་པ་བཞི་དང་བཅས་པ་ལས་ལོག་པ་ལ་འདོད་དོ། །གཉིས་པ་དབྱེ་བ་ནི། རྫས་སུ་བཞི་སྟེ། དགེ་སློང་གི་དང་། དགེ་ཚུལ་གྱི་དང་། དགེ་བསྙེན་གྱི་དང་། བར་སློབ་མའི་འོ། །རྟེན་ཕོ་མོའི་སྒོ་ནས་བདུན་ཏེ། དགེ་སློང་ཕོ་མོ་གཉིས། དགེ་ཚུལ་ཕོ་མོ་གཉིས། དགེ་བསྙེན་ཕོ་མོ་གཉིས། བར་སློབ་མའི་འོ། གསུམ་པ་བླང་བའི་ཡུལ་ནི། སྡོམ་པ་དང་ལྡན་པ་དང་། ཚོགས་སུ་གྲུབ་པ་དང་། དབང་པོ་རང་བཞིན་དུ་གནས་པ་སྟེ། [372] བརྟན་པའི་ཡན་ལག་ཡིན་པའི་ཕྱིར་རོ། །བཞི་པ་བླང་བའི་ཆོ་ག་ལ། མངོན་དུ་གྱུར་པ་བཅུ་མངོན་དུ་གྱུར་ཅིང་། བསམ་པ་གསུམ་དང་ལྡན་དགོས་ཏེ། མངོན་དུ་གྱུར་པ་བཅུ་ནི། སངས་

རྒྱས་མདོར་དུ་གྱུར་པ་དང་། ཆོས་མདོར་དུ་གྱུར་པ་དང་། དགེ་འདུན་མདོར་དུ་གྱུར་པ་དང་། མཁན་པོ་མདོར་དུ་གྱུར་པ་དང་། སློབ་དཔོན་མདོར་དུ་གྱུར་པ་དང་། གང་ཟག་མདོར་དུ་གྱུར་པ་དང་། ཡོ་བྱད་མདོར་དུ་གྱུར་པ་དང་། གསོལ་བ་བཏབ་པ་དང་། བར་ཆད་མེད་པ་དང་། ལས་བརྗོད་པའོ། །བསམ་པ་གསུམ་ནི། མྱ་ངན་ལས་འདས་པའི་བསམ་པ་བརྟན་པོ་དང་། དུས་ཆད་པ་མེད་པར་བསྲུང་བའི་བསམ་པ་དང་། དངོས་པོ་མ་ལུས་པ་ལེན་པའི་འོ། །ལྔ་པ་དགོས་པ་ལ་བཅུ་གཅིག་སྟེ། ཚུལ་ཁྲིམས་དང་ལྡན་ན་ཟས་དང་གོས་ལ་སོགས་པ་ཚོགས་མེད་པར་རྙེད་པར་འགྱུར་བ་དང་། ཚུལ་ཁྲིམས་ཀྱི་བརྒྱན་དང་ལྡན་པས་སྙན་པའི་བ་དན་ཕྱོགས་བཅུར་གྲགས་པ་དང་། ལྷ་རྣམས་ཀྱིས་ [373] ལུས་ལ་གཟི་མདངས་འཇུག་པ་དང་། འགྲན་ཟླ་མེད་པའི་འོས་སུ་གྱུར་པ་དང་། གནོད་པའི་སེམས་ཅན་གནོད་པ་ལས་ལོག་ནས་ཕན་འདོགས་པ་དང་། ཏིང་ངེ་འཛིན་ཁྱད་པར་ཅན་རྒྱུད་ལ་སྐྱེ་བ་དང་། སངས་རྒྱས་ཀྱི་ཆོས་ཐམས་ཅད་རྒྱུད་ལ་སྨིན་པ་དང་། བདེ་བར་གཉིད་ཀྱིས་ལོག་ཅིང་རྨི་ལམ་བཟང་པོ་རྨི་བ་དང་། འཆི་བའི་དུས་སུ་འགྱོད་པ་མེད་ཅིང་ཚོར་བ་བདེ་བ་དང་བཅས་ནས་འཆི་བ་དང་། མངོན་པར་མཐོ་བ་ལྷ་དང་མིའི་ཕུན་སུམ་ཚོགས་པ་ཐོབ་པ་དང་། ངེས་པར་ལེགས་པ་བྱང་ཆུབ་རྣམ་པ་གསུམ་ཐོབ་པའོ། །སྡོམ་པ་བླངས་པ་ཙམ་ལ་དགོས་པ་དེ་རྣམས་ཡོད་དམ་སྙམ་ན་མེད་དེ། བླངས་ནས་བསླབ་བྱ་མ་ཉམས་པར་བསྲུངས་པ་ལ་ཡོད་པས། དྲུག་པ་བསླབ་བྱ་སྟོན་པ་ནི། དགེ་སློང་ལ་ཉིས་བརྒྱ་བཅུ་རྩ་གསུམ་འཁོར་དང་བཅས་པ། དགེ་སློང་གི་སྤང་བྱའི་སྐོར་ལ། སྲོག་གཅོད། མ་བྱིན་ལེན། མི་ཚངས་སྤྱོད། མི་ཆོས་བླ་མའི་རྫུན་སྨྲ་བ་སྟེ་ཕམ་པ་བཞི། བསམ་བཞིན་དུ་ཁུ་བ་འབྱིན་པ། ཆགས་སེམས་ཀྱིས་བུད་མེད་ [374] ལ་རེག་པ། འཁྲིག་ཚིག་སྨྲ་བ། དེའི་སྒོ་ནས་བསྙེན་བཀུར་གྱི་མཆོག་ཡིན་ཞེས་ཟེར་བ། ཕན་ཚུན་གཉེན་གྱི་བྱ་བ་བྱེད་པ། གཞི་མི་རུང་བའི་ཕྱོགས་སུ་ཁང་ཆེན་བརྩིགས་པ། དེ་ལྟ་བུར་རང་གི་ཁང་པ་བརྩིགས་པ། དགེ་སློང་རྣམ་དག་ལ་ཕམ་པའི་སྒོ་ནས་དངོས་སུ་སྐུར་བ་འདེབས་པ། དེ་ལ་དེ་ཡི་སྒོ་ནས་ཤུགས་ལ་སྐུར་བ་འདེབས་པ། དགེ་འདུན་དབྱེན་བྱེད་པ། དེའི་རྗེས་སུ་ཕྱོགས་པར་བྱེད་པ། ཁྱིམ་པ་སུན་འབྱིན། བཀའ་བློ་མི་བདེ་བ་སྟེ་ལྷག་མ་བཅུ་གསུམ་མོ། སྣམ་སྦྱར་དང་ཞག་ཏུ་འབྲལ་བ་ལ་སོགས་སྤང་ལྟུང་སུམ་ཅུ། དུད་འགྲོ་གསོད་པ་དང་། ཕྱི་དྲོའི་ཁ་ཟས་

དང་། ཆང་ལ་སོགས་ལྟུང་བྱེད་འབའ་ཞིག་པ་དགུ་བཅུ། གྲོང་དུ་རྒྱུ་བ་ན་དགེ་སློང་མ་ཉེ་དུ་མ་ཡིན་པ་ལ། བསོད་སྙོམས་སྦྱིར་བ་ལ་སོགས་པ་སོར་བཤགས་བཞི། ཤམ་ཐབས་ཟླུམ་པོར་བགོ་བར་བྱ་བ་ལ། དེ་ལས་འདས་ན་ཉེས་བྱས་ཡིན་པ་ལ་སོགས་ཉེས་བྱས་བརྒྱ་དང་བཅུ་གཉིས། བར་སློབ་མ་ལ་ཉི་ཤུ་རྩ་གཉིས་འཁོར་དང་བཅས་པ། དགེ་ཚུལ་མའི་བསླབ་བྱ་བཅུའི་སྟེང་དུ། གཅིག་པུར་ལམ་དུ་འགྲོ་མི་བྱ་ལ་སོགས་རྩ་བའི་ཆོས་དྲུག་དང་རྗེས་སུ་མཐུན་པའི་ཆོས་དྲུག་བསྣན་པས་བར་སློབ་མའི་ཉི་ཤུ་རྩ་གཉིས། དགེ་ཚུལ་ཕོ་མོ་ལ་བཅུ་འཁོར་དང་བཅས་པ། གོང་གི་རྩ་བཞིའི་སྟེང་དུ། ཆང་གར་སོགས། ཕྲེང་སོགས་མལ་ཆེན་མཐོ་སོགས། ཕྱི་དྲོའི་ཁ་ཟས། གསེར་དངུལ་ལེན་པ་སྟེ་དྲུག་བསྣན་པས་དགེ་ཚུལ་གྱི་སྲུང་བྱ་བཅུ། དགེ་བསྙེན་ལ་རྩ་བཞི་ཆང་དང་ལྔ་འཁོར་དང་བཅས་པ། བསྙེན་གནས་ལ་ཡན་ལག་བརྒྱད་འཁོར་དང་བཅས་པ་སྟེ་ བཅུ་པོ་དེ་ལ་གར་སོགས་ཕྲེང་སོགས་གཅིག་ཏུ་བྱས། གསེར་དངུལ་ལེན་པ་དོར་བས་བསྙེན་གནས་ཀྱི་སྲུང་བྱ་བརྒྱད། འདུལ་བ་ལས་ཞིབ་པར་ [375] བྱའོ། །བདུན་པ་གཏོང་ཐོབ་ཀྱི་དུས་ནི། ལྷ་དཀོན་མཆོག་གསུམ་ལ་སྐྱབས་སུ་སོང་ཞིང་ལས་འབྲས་ལ་ཡིད་ཆེས་ནས་བསམ་པ་གསུམ་དང་ལྡན་ཞིང་། མངོན་དུ་གྱུར་པའི་ལས་བརྗོད་པ་གསུམ་གྱི་ཆ་ཐ་མ་ལ་འཐོབ་བོ། གཏོང་བའི་དུས་ནི། བསླབ་པ་ཕུལ་དང་འཆི་འཕོས་དང་། །རྩ་བ་ཆད་དང་མཚན་མོ་འདས། །མཚན་གཉིས་དག་ནི་བྱུང་བ་ནི། །སོ་སོ་ཐར་པའི་སྡོམ་པ་གཏོང་། །ཞེས་པ་ལ། བསྙེན་གནས་ནི་མཚན་མོ་འདས་ནས་གཏོང་ལ། གཞན་རྣམས་ནི་གཏོང་བའི་རྒྱུ་ཐུན་མོང་བའོ། །གཞན་ཡང་རྩ་བཞི་ཡན་ལག་ཚང་ན་ཕམ་པ་ཡིན་པས། གཏོང་བར་འགྱུར་རོ། །ཉམས་པ་ཕྱིར་གསོ་བའི་ཐབས་ལ་གཉིས། རྩ་བ་ཉམས་པ་དང་། ཡན་ལག་ཉམས་པའོ། །རྩ་བ་ཉམས་པ་ལ་གསུམ་གྱི། དང་པོ་ཕུལ་ལ་མ་ཉམས་པ་ནི་གཞི་ནས་ལེན་དགོས། གཉིས་པ་ཕུལ་ལ་ཉམས་པ་ཡང་དེ་བཞིན་ནོ། །ཐ་མ་མ་ཕུལ་ལ་ཉམས་པ་ལ་འཆབ་སེམས་ཡན་ [376] ལག་ཏུ་འདོད་པའི་ལུགས་ཀྱིས་འཆབ་སེམས་མ་སྐྱེས་ན་ཆད་པའི་ལས་ཀྱིས་ཕྱིར་བཅོས་སོ། །འཆབ་སེམས་སྐྱེས་ན་གླང་དུ་མེད་པས་སྟོབས་བཞིའི་སྒོ་ནས་སྡིག་པ་བཤགས་པར་བྱའོ། །ཡན་ལག་རྣམས་ལ་བཤགས་པ་བྱས་པས་མི་འདག་པ་མེད་དོ། །ཙུང་ཟད་ན་ཚ་བྱུང་བར་དོགས་པ་ཡིས། །མི་མཐུན་ཟས་ལ་འཛེམ་པར་བྱེད་ལགས་ན། །རྟག་ཏུ་སྡུག་བསྔལ་རྒྱུར་གྱུར་མི་དགེའི་ལས། །སྤོང་ཞིང་དགེ་བ་བསྒྲུབ་ལ་འབད་པར་རིགས། །ཞེས་པ་ནི་འཐད་པའི་དོན་བསྡུས་ཏེ་གདམས་

པའོ། །སངས་རྒྱས་ཀྱི་བསྟན་པ་ལ་རིམ་གྱིས་འཇུག་པའི་ཚུལ་ལས། ལས་རྒྱུ་འབྲས་དང་སོ་སོ་ཐར་པའི་སྡོམ་པ་བསྟན་པའི་ལེའུ་སྟེ་བདུན་པའོ།།

།།འོ་ན་སོ་སོ་ཐར་པའི་སྡོམ་པ་བསྲུང་ཞིང་རང་གཅིག་པུའི་དོན་བསྒྲུབས་པས་ཆོག་གམ་སྙམ་པ་ལ་མི་ཆོག་པར་བསྟན་པ་ནི། སོ་སོ་ཐར་པའི་སྡོམ་པ་བསྲུང་བྱ་སྟེ། །རང་དོན་གཅིག་པུ་འབད་པས་བསྒྲུབས་ན་ཡང་། །བླ་མེད་བྱང་ཆུབ་འཐོབ་པར་ [377] མི་འགྱུར་ཏེ། །ཉན་ཐོས་རང་རྒྱལ་མྱང་འདས་ངལ་གསོའི་ས། །དྲང་བའི་དོན་དུ་ཟབ་པའི་མདོ་ལས་གསུངས། །ཞེས་པ་སྟེ། སོ་སོ་ཐར་པའི་སྡོམ་པ་བསྲུངས་ནས་རང་གཅིག་པུའི་དོན་བསྒྲུབས་ཀྱང་། མཐར་ཐུག་གི་མྱ་ངན་ལས་འདས་པ་མི་འཐོབ་སྟེ། དེས་ན་སངས་རྒྱས་མ་ཐོབ་བར། མྱ་ངན་འདས་པ་མི་འཐོབ་སྟེ། འོད་དང་འོད་ཟེར་སྤྱངས་ནས་ནི། །ཉི་མ་ལྟ་བར་མི་ནུས་བཞིན། །ཞེས་གསུངས་སོ། །འོ་ན་ཉན་ཐོས་དང་རང་སངས་རྒྱས་ལ་མྱ་ངན་ལས་འདས་པ་ཡོད་པར་གསུངས་པའི་དགོངས་པ་ཇི་ལྟར་ཡིན་ཞེ་ན། འདི་ནི་ཇི་སྐད་དུ་ དཔལ་ཕྲེང་གི་ མདོ་ལས། དགྲ་བཅོམ་པ་དང་རང་སངས་རྒྱས་ཀྱིས་མྱ་ངན་ལས་འདས་པའི་དབང་དུ་མཛད་ནས། བཅོམ་ལྡན་འདས་མྱ་ངན་ལས་འདས་པ་ཞེས་བགྱི་བ་འདི་ནི། དེ་བཞིན་གཤེགས་པ་རྣམས་ཀྱི་ཐབས་ལགས་སོ། །ཞེས་གསུངས་པ་ཡིན་ཏེ། འདི་ནི་ལམ་རིང་པོས་དུབ་པ་རྣམས་ལ་འབྲོག་ [378] དགོན་པའི་དབུས་སུ་ དེད་དཔོན་ཐབས་ལ་མཁས་པས་ གྲོང་ཁྱེར་སྤྲུལ་པ་བཞིན་དུ། འདི་ནི་ཆོས་ཀྱི་དབང་ཕྱུག་དམ་པ་ཡང་དག་པར་རྫོགས་པའི་སངས་རྒྱས་ཀྱིས་ སེམས་ཅན་དམན་པ་རྣམས་ལམ་ལས་ ཕྱིར་མི་ལྡོག་པའི་ཐབས་ཡིན་ནོ་ཞེས་བསྟན་པ་ཡིན་ནོ། །དགྲ་བཅོམ་པ་དང་རང་སངས་རྒྱས་དེ་དག་ཀྱང་གཞི་ནས་ཐེག་ཆེན་གྱི་ལམ་ལ་སློབ་དགོས་པར་གསུངས་ཏེ། ཞི་བའི་ལམ་ལ་ཞུགས་གྱུར་པ། །མྱ་ངན་འདས་ཐོབ་འདུ་ཤེས་ཅན། །དམ་ཆོས་པདྨ་དཀར་ལ་སོགས། །ཆོས་ཀྱི་དེ་ཉིད་བསྟན་པ་ཡིས། །དེ་དག་སྔར་འཛིན་ལས་བཟློག་སྟེ། །ཐབས་དང་ཤེས་རབ་ཡོངས་གཟུང་བས། །ཐེག་པ་མཆོག་ལ་སྨིན་མཛད་དེ། །བྱང་ཆུབ་མཆོག་ཏུ་ལུང་བསྟན་ཏོ། །ཞེས་གསུངས་སོ། །ཐེག་པ་གསུམ་གྱི་རྣམ་བཞག་ནི། ཉན་ཐོས་པས་

བདེན་བཞི་གང་ཟག་གི་བདག་མེད་ཙམ་དུ་རྟོགས་པ་དང་། གང་ཟག་གི་བདག་ཏུ་འཛིན་པས་བསྡུས་པའི་སྒྲིབ་པ་ཙམ་སྤོང་བར་ནུས་པ་ཡིན་ལ། རང་སངས་རྒྱས་ཀྱི་ཐེག་པས་ནི་གང་ཟག་གི་བདག་མེད་དང་། ཕྱི་རོལ་གྱི་དོན་རང་བཞིན་མེད་པའི་གཟུང་བ་ཆོས་ཀྱི་བདག་མེད་ཙམ་རྟོགས་པ་དང་། ཉོན་སྒྲིབ་དང་། [379] །ཤེས་སྒྲིབ་ཀྱི་ནང་ཚན་གཟུང་རྟོག་ཙམ་སྤོང་ནུས་ཡིན་ཞིང་། རང་རྒྱལ་ལ་དབྱེ་ན། རང་ཉིད་གཅིག་པུར་གནས་པ་བསེ་རུ་ལྟ་བུ་དང་། སློབ་མའི་ཚོགས་དང་། ལྡན་ཅིག་ཏུ་སྤྱོད་པའི་ཚོགས་སྤྱོད་གཉིས་སུ་དབྱེར་ཡོད་ལ། ཐེག་ཆེན་པས་གང་ཟག་གི་བདག་གཟུང་འཛིན་གྱིས་བསྡུས་པའི་ཆོས་ཐམས་ཅད་རང་བཞིན་མེད་པའི་ཆོས་ཀྱི་བདག་མེད་གཉིས་ཀ་རྟོགས་པས་ཉོན་སྒྲིབ་དང་གཟུང་རྟོག་དང་འཛིན་རྟོག་གཉིས་ཀྱིས་བསྡུས་པའི་ཤེས་སྒྲིབ་མ་ལུས་པ་སྤོང་ནུས་སོ།། །དེ་བས་ན་ཆུ་འབོག་ཐེངས་གཅིག་ལ་རྗེ་བཙད་ལན་གཉིས་མི་འོང་བས། དང་པོ་ནས་བྱང་ཆུབ་བསྒྲུབ་དགོས་པར་སྟོན་པ་ནི། དེ་བས་གཞན་དོན་བླ་མེད་བྱང་ཆུབ་བསྒྲུབས། །ཞེས་པ་སྟེ། དང་པོ་ཉིད་ནས་གཞན་གྱི་དོན་དུ་བླ་ན་མེད་པའི་བྱང་ཆུབ་བསྒྲུབ་པར་བྱའོ། །དེའི་རྒྱུ་དང་རྐྱེན་གང་ཡིན་སྙམ་ན། རྒྱུ་དང་རྐྱེན་སྟོན་པ་ནི། དོན་གཉིས་ཕུན་ཚོགས་ཐམས་ཅད་མཁྱེན་པ་ནི། །བྱང་ཆུབ་སེམས་ཀྱི་རྒྱུ་ལས་འབྱུང་འགྱུར་ཞིང་། །སྙིང་རྗེའི་རྩ་བ་ཐབས་ཀྱིས་མཐར་ཕྱིན་བྱ། །ཞེས་པ་སྟེ། མདོ་ལས་ཀྱང་། རྣམ་པ་ཐམས་ཅད་མཁྱེན་པ་ཉིད་ནི་བྱང་ཆུབ་ཀྱི་སེམས་ཀྱི་རྒྱུ་ [380] ལས་བྱུང་བ་སྙིང་རྗེའི་རྩ་བ་ཅན། ཐབས་ཀྱིས་མཐར་ཕྱིན་པར་བྱས་པའོ། །ཞེས་གསུངས་སོ། །དེས་ན་གཞན་དོན་དུ་བྱང་ཆུབ་བསྒྲུབ་པ་ལ་སེམས་བསྐྱེད་དགོས་པས། དེའི་རྒྱུ་ནི་བྱམས་པ་དང་སྙིང་རྗེ་ཡིན་པས་དེ་བསྒོམ་པ་ནི། དེ་ཕྱིར་བྱམས་དང་སྙིང་རྗེ་བསྒོམ་པར་བྱ། །ཞེས་པའོ། །དེ་ལ་བྱམས་པའི་ངོ་བོ་ནི། གཞན་གྱི་རྒྱུད་ལ་ཕན་བདེ་བསྒྲུབ་པར་འདོད་པའོ། །དེ་བསྒོམ་པ་ནི་དང་པོ་རྩ་བའི་མ་ལ་བསྒོམ་སྟེ། དེ་དྲིན་ཆེ་བ་ནི། དལ་འབྱོར་གྱི་ལུས་གཟུང་བའི་གཞི་ས་བྱས་པས་དྲིན་ཆེ་སྟེ། ཟླ་བ་བཅུ་མངལ་ན་གནས་པའི་ཚེ་བསམ་པ་ཡང་འདི་མ་ཤི་བར་བུ་ཕོ་ཅིག་བཙས་ན་ཅི་མ་རུང་། དེ་ཡང་གཟུགས་བཟང་ཞིང་མཛེས་ལ་ཡོན་ཏན་ཕུན་སུམ་ཚོགས་པ་དང་ལྡན་པ་ཞིག་སྐྱེས་ན་ཅི་མ་རུང་སྙམ་དུ་སེམས་ལ། སྐྱེར་བས་ཀྱང་དེ་ལ་ཕན་འདོགས་པའི་མོ་བོན་དང་རྩིས་དང་གློག་འདོན་ལ་སོགས་པ་སྣ་ཚོགས་བྱེད། བག་ཟོས་ཀྱི་སྒོ་ནས་དེ་ལ་གནོད་པའི་ཟས་སྐོམ་དང་སྤྱོད་ལམ་ལ་སོགས་ [381] པ་སྤོང་ཞིང་ཕན་པ་བྱེད་དོ། །དེ་ནས་བཙས་མ་ཐག་ཏུ་མི་གཙང་བའི་ཕྲུམ་པོ་ཀམ་པ་ཙམ་ཤི་མིན་གསོན་མིན་དེ་ལ་ངའི་

བྱ་ཟེར་ནས། ཤ་རྡོད་དང་ལག་མཐིལ་དུ་འཚོ། ནུ་ཞོ་དང་ཟས་སྐོམ་ལ་སོགས་པ་ཅི་འདྲོད་པ་སྟེར་ཞིང་། སྟབས་ལུད་ངན་སྐྱུགས་ལ་སོགས་པ་ཁ་དང་ལག་པས་ཕྱི་བར་བྱེད། མོ་རང་གི་དོན་དུ་ཚ་གྲང་བཀྲེས་སྐོམ་ལ་སོགས་པ་ཆུང་ངུ་ཡང་མི་བཟོད་པ་ཐམས་ཅད་བུའི་དོན་དུ་བཟོད། དེ་ནས་ཆེར་སྐྱེས་ནས་ཀྱང་རང་ཉིད་ཀྱི་བྲེ་ཁ་དང་། སྒང་ཁ་ལ་སོགས་པ་ལ་འཐམ་རྩིག་བྱས་ཤིང་། བདེ་སྡུག་སྣ་ཚོགས་ཀྱི་སྒོ་ནས་ནོར་བསགས་པ་ཐམས་ཅད་ཀྱང་བུ་ལ་འཕངས་པ་མེད་པར་བུ་ལ་སྦྱིན་ནུས་ལ། དེ་བས་མོ་ལ་ནུས་པ་ཡོད་ན་འཁོར་ལོས་བསྒྱུར་བའི་རྒྱལ་སྲིད་ཀྱང་བུ་ལ། ཕངས་ཤིང་ཆེས་སླམ་པའི་བསྲི་བ་དང་ཕངས་པ་མེད་ལ། དེ་བས་མོ་ལ་ནུས་པ་ཡོད་ན་སངས་རྒྱས་ཀྱི་ཡོན་ཏན་མཐའ་ཡས་པ་ཡང་འདི་ལ་ཕངས་ཤིང་ཆེས་སླམ་པར་མེད་ [382] པས། བདག་ལ་བྱམས་པའི་མིག་གིས་བལྟས་ལ་བརྩེ་བའི་སེམས་ཀྱིས་སེམས་ཤིང་ཕན་པ་དང་བདེ་བ་ཐམས་ཅད་བསྒྲུབས། གནོད་པ་དང་སྡུག་བསྔལ་ཐམས་ཅད་ལས་སྐྱབས་པས། དེ་ལྟ་བུའི་དྲིན་ཅན་ཡིན་སླམ་དུ་བསམ་པ་ཉེ་དུང་གིས་བཏང་སྟེ། མིག་མཆི་མས་གང་བའམ་ལུས་ཀྱི་བ་སྤུ་ལྡང་བ་ཙམ་དུ་བསམ། བསམ་པ་ཉེ་དུང་གིས་ཅི་སྐྱེ་བྱ། དེ་ཡང་མ་འདིས་སྐྱེ་བ་འདིར་མ་བྱས་པར་མ་ཟད་དེ། མ་ཡི་ཐུག་མཐའ་རྒྱ་ཤུག་ཚིག་གུ་ཙམ། །རིལ་བུར་བགྲངས་ཀྱང་ས་ཡིས་ལང་མི་འགྱུར། །ཞེས་པས། འཁོར་བ་ཐོག་མ་མེད་པ་ནས་སྐྱེ་བ་གཞན་དུ་ཡང་། ཡང་དང་ཡང་དུ་མ་དང་ཕ་ལ་སོགས་པ་བྱས་ནས་ཕན་པ་དང་བདེ་བ་སྒྲུབས། གནོད་པ་དང་སྡུག་བསྔལ་ལས་སྐྱབས་པའི་དྲིན་ཅན་ཡིན་ཏེ། བཟའ་བཏུང་འདི་ཙམ་བྱིན་གྱི་ཚད་གཟུང་དུ་མེད་དེ། ད་ལྟར་འཛིག་རྟེན་གྱི་ཁམས་ན་བཟའ་བཏུང་ཇི་སྙེད་ཡོད་པ་བས་མང་བ་བྱིན། གོས་འདི་ཙམ་བསྒོན་གྱི་ཚད་གཟུང་དུ་མེད་དེ། [383] ད་ལྟ་འཛིག་རྟེན་གྱི་ཁམས་ན་གོས་ཇི་སྙེད་ཡོད་པ་བས་མང་དུ་བསྒོན། གཡོག་འདི་ཙམ་བྱས་ཀྱི་ཚད་མེད་དེ། ད་ལྟ་འཛིག་རྟེན་གྱི་ཁམས་ན་ལས་ཅི་བྱེད་པ་བས་མང་བའི་གཡོག་བྱས། དེར་མ་ཟད་བཤེས་གཉེན་བསྟེན་པ་དང་། དེར་མ་ཟད་འཆི་བའི་སྲོག་ལས་སྐྱབས་པ་ལ་སོགས་པ་བགྲང་གིས་མི་ལང་ངོ་། དེ་ལྟར་དྲིན་ཆེ་བའི་མ་དེ་ལ་དྲིན་ལ་ལན་གྱིས་སླན་པར་བྱ་སྟེ། དེ་ཡང་མོ་ལ་ཕན་ཐོགས་སུ་བཏུབ་ན་བདག་ཅི་ཙུག་སོང་ཡང་རུང་སྟེ། ལུས་ཀྱིས་ཕན་ཐོགས་སུ་བཏུབ་ན་ཡན་

ལག་གི་དང་པོ་མགོ་དང་། དབང་པོའི་དྭངས་མ་མིག་དང་། ཁྱོད་པའི་ནང་གི་སྙིང་དང་། ཤ་ཁྲག་དང་ལོངས་སྤྱོད་ཡོད་པ་ཐམས་ཅད་དང་། དུས་གསུམ་དུ་སྐྱེས་པའི་དགེ་བའི་རྩ་བ་ཐམས་ཅད་ཀྱིས་ཀྱང་དེ་ལ་ཕན་གདགས་པར་བྱ་སྟེ། དེ་ཡང་ལན་ལ་རེ་བ་མེད་པའི་སེམས་ཀྱིས་ཕན་གདགས་པར་བྱ། ཕངས་པ་དང་བསྒྲི་བ་མེད་པའི་སེམས་ཀྱིས་ཕན་གདགས་པར་བྱ། [384] ཚམ་ཚོམ་མེད་པའི་སེམས་ཀྱིས་ཕན་གདགས་པར་བྱ། བདེ་བ་ལ་བཀོད་པར་བྱའོ་སྙམ་དུ་བསམ་པའོ། །དེ་ལྟར་ད་རེས་ཀྱི་མས་ཕན་བཏགས་པ་དེ་བཞིན་དུ། ཕྱོགས་བཅུའི་སེམས་ཅན་ཐམས་ཅད་ཀྱིས་ཀྱང་བདག་གི་ཕ་དང་མ་དང་ཉེ་དུ་འབྲེལ་བ་ལ་སོགས་བྱས་ནས་བདག་ལ་ཕན་བཏགས་པ་ཡིན་ཏེ། དེ་ལྟར་ཡིན་པར་ཡང་། སེམས་ཅན་རྣམས་ནི་རེ་རེས་ཀྱང་། །ཡང་དང་ཡང་དུ་མ་བྱས་ནས། །ནུ་ཞོ་འཐུངས་པ་གང་ཡིན་པ། །རྒྱ་མཚོ་བཞི་ཡི་ཆུ་བས་མང་། །ཞེས་དང་། གཞན་ཡང་། སེམས་ཅན་རེ་རེས་ཕ་བྱས་ནས། །རྟ་དང་གླང་པོ་བྱིན་པ་ཡང་། །སྟོང་གསུམ་སྟོད་དུ་ཆུང་གྱུར་ན། །ཆང་འགྲོས་གཞན་ཡང་དེ་དང་མཚུངས། །ཞེས་གསུངས་སོ། །དེ་བཞིན་དུ་ཟས་དང་གོས་ལ་སོགས་པས་ཀྱང་ཕན་བཏགས་སོ། །དེ་བཞིན་དུ་བདག་ལ་ཁྱོད་གིས་ཕན་པ་དང་བདེ་བ་ནི་བསྒྲུབས། གནོད་པ་དང་སྡུག་བསྔལ་ལས་ནི་སྐྱབས། བརྩེ་བའི་སེམས་ཀྱིས་བསམ། བྱམས་པའི་མིག་ [385] གིས་བལྟས་པའི་དྲིན་ཅན་ཡིན་སྙམ་དུ་ལུས་ཀྱི་བ་སྤུ་ལྡང་བའམ། མིག་མཆི་མས་གང་བ་ཙམ་དུ་བསམ་པ་ཉེ་དུང་གིས་བཏང་ལ། ཁྱོད་གིས་ཇི་ལྟར་ཕན་བཏགས་པ་དེ་བཞིན་དུ། བདག་གིས་ཀྱང་ཁྱོད་ལ་དྲིན་ལན་གྱིས་གླན་དགོས་པ་ཡིན་ཏེ། དེ་ཡང་ད་ལྟ་གཞན་གྱིས་ཟས་གོས་ལ་སོགས་བག་ཙམ་ཕན་འདོགས་བྱས་པ་ལ་ཡང་། ངའི་བཤེས་ཡིན་ཟེར་ནས་སྲོག་ཀྱང་གཏོང་ཡོད་ན། ཁྱོད་གིས་དེ་ཙམ་ཕན་བཏགས་པ་ལ། ད་བདག་གིས་ཀྱང་ཅི་སྟེ་མི་འདོགས། དེ་ཡང་ཁྱོད་ལ་ཕན་ཐོགས་སུ་བཏུབ་ན། བདག་ཇི་ལྟར་སོང་ཡང་བླ་སྟེ། ལུས་དང་ལོངས་སྤྱོད་དགེ་བའི་རྩ་བ་ཐམས་ཅད་ཀྱིས་ཕན་གདགས་པར་བྱ་སྟེ། དེ་ཡང་ལན་ལ་རེ་བ་མེད་པ་དང་། ཕངས་པ་དང་བསྒྲི་བ་མེད་པ་དང་། ཚམ་ཚོམ་མེད་པའི་སེམས་ཀྱིས་ཕན་བཏགས་པར་བྱ། བདེ་བ་ལ་བཀོད་པར་བྱ། གཏན་

དུ་མི་འབྲལ་བའི་མྱ་ངན་ལས་འདས་པའི་བདེ་བ་ལ་བཀོད་པར་བྱ་སྙམ་དུ་ [386] བསམ། དེ་ནི་བྱམས་པ་ཅིག་ཆར་དུ་བསྒོམ་པའོ། །རིམས་ཀྱིས་བསྒོམ་པ་ནི་རྩ་བའི་མ་ལ་བྱམས་པ་བསྒོམས་ལ། དེ་ཚད་དུ་ལོངས་པ་བྱུང་བ་དང་། དེས་དཔགས་ནས་སེམས་ཅན་གཞན་གཅིག་དང་། གཉིས་དང་། བཞི་དང་བརྒྱད་ལ་སོགས་པ་ནས་འཛམ་བུའི་གླིང་དང་། སྟོང་གསུམ་དང་། མཐར་སེམས་ཅན་ཐམས་ཅད་ལ་ཁྱབ་པར་བསྒོམ་མོ། །སེམས་ཅན་ཐམས་ཅད་ལ་སྙིང་ཐག་པ་ནས་ཕན་བདེ་བསྒྲུབ་པའི་བསམ་པ་བྱུང་ན་བྱམས་པ་ཚད་མེད་པའོ། །དེ་ལྟར་སེམས་ཅན་རྣམས་ལ་ཕན་བདེ་བསྒྲུབ་པར་འདོད་ཀྱང་སེམས་ཅན་རྣམས་ལ་བལྟས་ན། བདེ་བའི་གེགས་སྡུག་བསྔལ་གྱིས་གདུངས་པར་འདུག་པས་དེ་དང་མ་བྲལ་བར་དུ་བདེ་བ་མེད་པས། སྡུག་བསྔལ་དང་བྲལ་བའི་སྙིང་རྗེ་སྒོམ་དགོས་སོ། །དེ་ལ་ཡང་ཅིག་ཆར་བསྒོམ་པ་དང་། རིམ་གྱིས་བསྒོམ་པ་གཉིས་ལས། ཅིག་ཆར་བསྒོམ་པ་ནི། དེ་ཡང་ད་ལྟའི་མ་ལ་སྙིང་རྗེ་བསྒོམས་ཏེ། ད་ལྟའི་མ་དེ་རྒྱལ་པོའི་ཆད་ [387] པས་ཕོག་ནས་མེར་བསྲེག་པའམ། འཁྲུགས་དོང་དུ་བསྐྱུར་བའམ། ཚེར་ལྕུག་གིས་འབྲབ་པའམ། ཚེར་ཟླུངས་ཀྱིས་འཐོག་པའམ། མིག་འབྱིན་པའམ། ཡན་ལག་ཉིང་ལག་གཅོད་པ་ལ་སོགས་བྱེད་ན་མ་དེ་སྙིང་རྗེའམ་མི་རྗེ་ན་སྙིང་རྗེ། དེ་སྡུག་བསྔལ་ལས་སྐྱོབ་པ་བདག་ལ་འབབ་བམ་མི་འབབ་ན་འབབ། མ་སྐྱབས་ན་མ་ཡི་སྨུག་གམ་མི་སྨུག་ན་སྨུག མ་སྐྱབས་ན་གཞན་གྱིས་འཕྱ་འམ་མི་འཕྱ་ན་འཕྱ། རང་དགའ་འམ་མི་དགའ་ན་མི་དགའ། དེ་ཙམ་ལ་ཡང་སྙིང་རྗེ་ཞེར་ན་མ་དེ་སེམས་ཅན་ཚ་བའི་དམྱལ་བའམ། སེམས་ཅན་གྲང་བའི་དམྱལ་བ་ལ་སོགས་པར་སྐྱེས་ན། དེ་བས་སྡུག་བསྔལ་འབུམ་འགྱུར་ལ་སོགས་པས་ཆེ་བས་སྡུར་བས་ཀྱང་འབུམ་འགྱུར་གྱིས་སྙིང་རྗེ་བས། དེ་སྡུག་བསྔལ་ལས་སྐྱོབ་པ་བདག་ལ་བབ་བོ། །དེ་བཞིན་དུ་ད་ལྟའི་མ་དེ་རྗེ་དཔོན་གདུག་རྩུབ་ཅན་གྱི་དབང་དུ་སོང་བས། དུས་རྟག་ཏུ་བརྡུངས་བཙོག་བྱེད་ཅིང་ཀིག་ངན་ [388] གྱིས་བསྐྱད་ནས་སྐད་ཅིག་ཙམ་ཡང་མི་དལ་བར་བཀོལ་ན། སྙིང་རྗེའམ་མི་རྗེ་ན་རྗེ་ཞེས་པ་ལ་སོགས་པ་སྔ་མ་བཞིན་ནོ། །དེ་ཙམ་ལ་སྙིང་རྗེ་ཞེར་ན་མ་དེ་དུད་འགྲོར་སྐྱེས་ན་སྔ་མ་བས་སྡུག་བསྔལ་འབུམ་འགྱུར་གྱིས་ཆེ་བས་སྔ་མ་པས་སྙིང་རྗེ་ལ། དེ་སྡུག

བསྔལ་དེ་ལས་སྐྱོབ་པ་བདག་ལ་བབ་བོ། །མ་དེ་མིར་སྐྱེས་ཀྱང་སོ་ནམ་དང་བྲེལ་ཕོངས་ལ་སོགས་པའི་སྡུག་བསྔལ་གྱིས་གདུངས་པས་དེ་སྙིང་རྗེ་ལ། དེ་སྡུག་བསྔལ་ལས་སྐྱོབ་པ་བདག་ལ་བབ་བོ། །མ་དེ་ལྷ་མ་ཡིན་དུ་སྐྱེས་ཀྱང་ང་རྒྱལ་དང་འཐབ་རྩོད་ལ་སོགས་པའི་སྡུག་བསྔལ་གྱིས་རྟག་ཏུ་གཟིར་བས་ཤིན་ཏུ་སྙིང་རྗེ་ལ། དེ་སྡུག་བསྔལ་ལས་སྐྱོབ་པ་བདག་ལ་བབ་བོ། །མ་དེ་ལྷར་སྐྱེས་ཀྱང་འཆི་འཕོ་དང་ལྟུང་བྱེད་ལ་སོགས་པའི་སྡུག་བསྔལ་གྱིས་གཟིར་བས། ཤིན་ཏུ་སྙིང་རྗེ་སྟེ། དེ་སྡུག་བསྔལ་ལས་སྐྱོབ་པ་བདག་ལ་བབ་བོ། །དེ་ལྟར་མ་དེ་སྡུག་བསྔལ་དེ་རྣམས་ཀྱི་རྒྱུ་ལས་དང་ཉོན་མོངས་པ་ལ་ཡང་རྟག་ཏུ་སྤྱོད་ཅིང་། དེའི་ [389] འབྲས་བུ་འགྲོ་བ་རིགས་དྲུག་ན་སྡུག་བསྔལ་ཆེན་པོས་རྟག་ཏུ་གཟིར་བས་དེ་ཤིན་ཏུ་སྙིང་རྗེ་ཞིང་། སྡུག་བསྔལ་དེ་ལས་སྐྱབས་པ་བདག་ལ་བབ་བོ་སྙམ་དུ་བསྒོམ་པར་བྱའོ། །དེ་ལྟར་བསྒོམས་པས་སྙིང་ཐག་པ་ནས་མ་དེའི་སྡུག་བསྔལ་མི་བཟོད་ཅིང་། སྡུག་བསྔལ་དེ་ལས་སྐྱོབ་པར་འདོད་པའི་བསམ་པ་བྱུང་ན། སེམས་ཅན་ལ་སྙིང་རྗེ་བསྒོམ་པ་ནི། ནམ་མཁའི་མཐར་གཏུགས་པའི་སེམས་ཅན་ལ་ཕན་པ་དང་། བདེ་བ་སྒྲུབ་པར་བྱེད་པའི་འགྲོ་བ་མ་རྒན་རྣམས་ལ་བལྟས་ན། འགྲོ་བ་རིགས་དྲུག་ན་སྡུག་བསྔལ་རྒྱུ་འབྲས་གཉིས་ཀྱིས་རྟག་ཏུ་སྡུག་བསྔལ་ཏེ། དེ་ཡང་སྡུག་བསྔལ་གྱི་རྒྱུའི་དབང་དུ་བྱས་ན། ད་ལྟའི་དུས་ཀྱི་སེམས་ཅན་བསམ་རྒྱུ་ཉོན་མོངས་པ་ལས་མེད། བྱ་རྒྱུ་ལས་ངན་ལས་མེད་པས། ཉོན་མོངས་པས་ཀུན་ནས་བླངས་ནས་མི་དགེ་བ་བཅུ་དང་། མཚམས་མེད་པ་ལྔ་དང་། དེ་དང་ཉེ་བ་ལྔ་དང་། སོ་སོ་ཐར་པའི་སྡོམ་པ་དང་། བྱང་ཆུབ་སེམས་དཔའི་[390]སྡོམ་པ་དང་། གསང་སྔགས་ཀྱི་དམ་ཚིག་དང་འགལ་བ་འབའ་ཞིག་བྱེད་པས་རང་ལ་རང་དགྲར་ལངས། རང་མགོ་རང་གིས་བསྐོར། མི་དགེ་བ་ལ་རྩལ་འདོན་པས་ངན་འགྲོ་ལས་འགྲོ་ས་མེད་པ་གཅིག་ཡིན་ལ། ཁྱད་པར་དུ་ཡང་ཡི་དྭགས་རྣམས་ནི་ལས་ངན་གྱིས་ལུས་ངན་བླངས་ཏེ། སེམས་ཅན་ཐམས་ཅད་ཁོའི་ཉོན་མོངས་པ་སྐྱེ་བའི་ཡུལ་དུ་གྱུར་པས་ལས་ངན་འབའ་ཞིག་བསོགས། ངན་སོང་ནས་ཐོན་པའི་དུས་མི་འོང་བས་འདི་རྣམས་སྙིང་རྗེ་སྙམ་དུ་བསམ་མོ། །ལས་ངན་དེའི་འབྲས་བུ་ནི་དམྱལ་བར་སྐྱེས་པ་རྣམས་ཚ་གྲང་གཅད་གཏུབ་བཙོ་བསྲེག་ལ་སོགས་པས་སྡུག་བསྔལ། ཡི་དྭགས་

སུ་སྐྱེས་པ་རྣམས་བཀྲེས་སྐོམ་ལ་སོགས་པས་རྟག་ཏུ་སྡུག་བསྔལ། བྱོལ་སོང་དུ་སྐྱེས་པ་རྣམས་བླུན་རྨོངས་པས་བཀོལ་སྤྱོད་ལ་སོགས་པས་སྡུག་བསྔལ། མིར་སྐྱེས་པ་རྣམས་སོ་ནམ་དང་བྲེལ་འཕོངས་ལ་སོགས་པས་རྟག་ཏུ་སྡུག་བསྔལ། ལྷ་མ་ཡིན་དུ་སྐྱེས་པ་རྣམས་ང་རྒྱལ་དང་འཐབ་རྩོད་ལ་སོགས་ [391] པས་རྟག་ཏུ་སྡུག་བསྔལ། ལྷར་སྐྱེས་པ་རྣམས་འཆི་འཕོ་དང་ལྟུང་བྱེད་ལ་སོགས་པས་རྟག་ཏུ་སྡུག་བསྔལ། འདི་རྣམས་སྙིང་རེ་རྗེ་སྙམ་དུ་ལུས་ཀྱི་བ་སྤུ་ལྡང་བའམ། མིག་མཆི་མས་འཁྲུགས་པ་ཙམ་དུ་བསམ་སྟེ། འདི་རྣམས་སྡུག་བསྔལ་ལས་བསྒྲལ་བ་བདག་ལ་འབབ་པས། འདི་རྣམས་སྡུག་བསྔལ་ལས་བསྒྲལ་ལ་གཏན་དུ་མི་འབྲལ་བའི་བླ་ན་མེད་པའི་བྱང་ཆུབ་ལ་བཀོད་པར་བྱ་སྙམ་དུ་བསམ་མོ། །དེ་ནི་སྙིང་རྗེ་ཅིག་ཆར་བསྒོམ་པའོ། །རིམ་གྱིས་བསྒོམ་པ་ནི། དང་པོ་ད་ལྟའི་མ་ལ་སྙིང་རྗེ་བསྒོམ་པ་ཚད་དུ་ལོངས་པ་དང་། གཞན་གཅིག་དང་། གཉིས་དང་། བཞི་དང་། བརྒྱད་ལ་སོགས་པ་ནས་འཛམ་བུའི་གླིང་གི་སེམས་ཅན་དང་། སྟོང་གསུམ་གྱི་སེམས་ཅན་ལ་སྙིང་རྗེ་བསྒོམ་མོ། །སེམས་ཅན་ཐམས་ཅད་ཀྱི་སྡུག་བསྔལ་མི་བཟོད་ཅིང་དེ་རྣམས་སྙིང་ཐག་པ་ནས་སྡུག་བསྔལ་ལས་སྒྲོལ་བར་འདོད་པའི་བློ་སྐྱེས་ནས། དེ་ནི་སྙིང་རྗེ་ཚད་མེད་པའོ། [392] །སྙིང་རྗེ་ལ་ཡང་གསུམ་སྟེ། སེམས་ཅན་ལ་དམིགས་པ་དང་། ཆོས་ལ་དམིགས་པ་དང་། དམིགས་པ་མེད་པའི་སྙིང་རྗེའོ། །དང་པོ་ནི་སྙིང་རྗེ་བསྒོམ་མཁན་བདག་ཀྱང་བདེན་ཞེན་དང་མ་བྲལ་བས་བདེན་པའི་རང་བཞིན་གྱིས་སེམས་ཅན་རྣམས་བདེན་པའི་རང་བཞིན་གྱིས་སྡུག་བསྔལ་དང་བྲལ་བར་འདོད་པའོ། །དེ་ནི་མུ་སྟེགས་བྱེད་ཀྱི་བདག་ཉིད་ཆེན་པོ་རྣམས་ལ་ཡང་ཡོད་དུ་རུང་ངོ་། །གཉིས་པ་ནི། སྙིང་རྗེ་བསྒོམ་མཁན་བདག་ཀྱང་རྟེན་ཅིང་འབྲེལ་བར་འབྱུང་བའི་ཆོས་ཙམ་དུ་གོ་ལ། ཆོས་ཙམ་གྱི་སེམས་ཅན་རྣམས་ཆོས་ཙམ་གྱི་སྡུག་བསྔལ་དང་བྲལ་བར་འདོད་པའོ། །དེ་ནི་ཉན་ཐོས་དང་རང་སངས་རྒྱས་རྣམས་ལ་ཡོད་དོ། །གསུམ་པ་ནི། བདག་ཉིད་ཀྱང་ཅི་ཡང་མ་གྲུབ་པ་ནམ་མཁའ་ལྟ་བུར་གོ་ཡང་གཉིས་སུ་སྣང་གི་བར་དུ་སེམས་ཅན་ཅིར་ཡང་མ་གྲུབ་པ་ཡིན་ཡང་འཁྲུལ་པའི་སྣང་བ་སྒྱུ་མ་ལྟ་བུའི་སེམས་ཅན་རྣམས། སྒྱུ་མ་ལྟ་བུའི་སྡུག་བསྔལ་དང་བྲལ་བར་འདོད་པ་ནི་སློབ་པའི་ [393] དམིགས་

པ་མེད་པའི་སྙིང་རྗེའོ། །མི་སློབ་པའི་སངས་རྒྱས་ཀྱི་ཐུགས་རྗེ་ནི། སྔོན་གྱི་འཕེན་པའི་
དབང་གིས་ལྷུན་གྱིས་གྲུབ་པ་དང་། རྒྱུན་ཆད་མེད་པའི་འཕྲིན་ལས་ཀྱིས་སེམས་ཅན་རྣམས་
འཁོར་བ་ལས་སྒྲོལ་བའོ། །དེ་ནི་ཐེག་པ་ཆེན་པོ་ཁོ་ནའི་འོ། །དེ་ལྟར་བྱམས་པ་དང་སྙིང་
རྗེ་སྒོམ་པས་རང་དོན་བྱེད་པ་ལས་བློ་ལྡོག་ཅིང་། གཞན་དོན་བྱེད་པའི་བློ་འབྱུང་བར་སྟོན་པ་
ནི། བྱམས་དང་སྙིང་རྗེ་ལས་སུ་རུང་ཙ་ན། །རང་དོན་བྱེད་པའི་བློ་ནི་ལོག་འགྱུར་ཞིང་།
།གཞན་དོན་བྱང་ཆུབ་བསྒྲུབ་པའི་སེམས་སྐྱེ་འགྱུར། །ཞེས་པ་སྟེ། སྙིང་ཐག་པ་ནས་
སེམས་ཅན་ལ་ཕན་བདེ་བསྒྲུབ་པར་འདོད་པ་དང་། སྡུག་བསྔལ་ལས་སྒྲོལ་བར་འདོད་པ་ནི་
བྱམས་པ་དང་སྙིང་རྗེ་ལས་སུ་རུང་བའོ། །དེས་རང་དོན་གཅིག་པུ་བསྒྲུབས་པ་ལས་བློ་
ལྡོག་པ་ནི། རང་ཉིད་གཅིག་པུ་འཁོར་བ་ལས་ཐར་བར་མི་ཆོག་པས་རིགས་དྲུག་གི་སེམས་ཅན་
འཁོར་བ་ལས་སྒྲོལ་ [394] ཞིང་། བླ་ན་མེད་པའི་བདེ་བ་ལ་བཀོད་པ་བདག་ལ་འབབ་བོ་
སྙམ་པའི་བློ་འབྱུང་བའོ། །གཞན་དོན་དུ་བྱང་ཆུབ་བསྒྲུབ་པའི་སེམས་སྐྱེ་བར་འགྱུར་བ་ནི།
འོ་ན་ཐབས་གང་གིས་སེམས་ཅན་རྣམས་སྡུག་བསྔལ་ལས་སྒྲོལ་ཞིང་བདེ་བ་ལ་བཀོད་པ་ནུས་
སྙམ་ན། བརྒྱ་བྱིན་དང་ཚངས་པ་ལ་སོགས་དང་ཉན་ཐོས་དང་རང་རྒྱལ་བའི་བྱང་ཆུབ་ཐོབ་
ཀྱང་སེམས་ཅན་གྱི་དོན་མི་ནུས་ལ། ཉན་ཐོས་དང་རང་རྒྱལ་བའི་བྱང་ཆུབ་མ་ཐོབ་ཀྱང་
སངས་རྒྱས་ཐོབ་ན་ནུས་སོ། །སངས་རྒྱས་ཐོབ་ན་སེམས་ཅན་གྱི་དོན་ནུས་པའི་རྒྱུ་མཚན་ཇི་
ལྟར་ཡིན་སྙམ་ན། སངས་རྒྱས་དང་པོ་བྱང་ཆུབ་ཀྱི་མཆོག་ཏུ་སེམས་བསྐྱེད་པ་ན་ཡང་གཞན་
གྱི་དོན་དུ་སེམས་བསྐྱེད་ལ། བར་དུ་བསྐལ་པ་གྲངས་མེད་པ་གསུམ་དུ་ཚོགས་བསགས་པ་
ཡང་གཞན་དོན་དུ་ཡིན་ལ། ཐ་མར་མངོན་པར་རྫོགས་པར་སངས་རྒྱས་པ་ཡང་གཞན་དོན་
དུ་ཡིན་ཞིང་། མཛད་པ་ཡང་གཞན་དོན་ཁོ་ན་མཛད་པ་ཡིན་ནོ། །གཞན་ཡང་ཤེས་བྱ་
ཐམས་ [395] ཅད་མངོན་སུམ་དུ་མཁྱེན་པ་ཡིན་ཏེ། མདོ་སྡེ་བརྒྱན་ལས། སོ་སོར་ཀུན་
རྟོག་ཡེ་ཤེས་ནི། །ཤེས་བྱ་ཀུན་ལ་རྟག་མི་ཐོགས། །ཞེས་གསུངས་པས་སེམས་ཅན་
ཐམས་ཅད་ཀྱི་དོན་ནུས་སོ། །ཐུགས་རྗེ་ཆེན་པོ་དང་ལྡན་པས་མ་བུ་གཅིག་པོ་ལ་སེམས་པ་
བཞིན་དུ་ཉེ་རིང་དང་དབྲི་བསྙོལ་མེད་པར་སེམས་ཅན་ཐམས་ཅད་ཀྱི་དོན་མཛད་པའི་ཕྱིར་ན་ཡང་

སེམས་ཅན་གྱི་དོན་ནུས་སོ། །དེ་ཡང་རྒྱན་ལས། འཇིག་རྟེན་ཀུན་ལ་ཉིན་མཚན་དུ། །ལན་དྲུག་ཏུ་ནི་སོ་སོར་གཟིགས། །ཐུགས་རྗེ་ཆེན་པོ་དང་ལྡན་པའི། །ཕན་དགོངས་ཁྱོད་ལ་ཕྱག་འཚལ་ལོ། །ཐབས་ལ་མཁས་པས་གང་ལ་གང་གིས་འདུལ་བ་དེ་དང་དེའི་སྐུར་བསྟན་ནས་དོན་མཛད་པའི་ཕྱིར་ན་ཡང་སེམས་ཅན་ཐམས་ཅད་ཀྱི་དོན་ནུས་ཏེ། དེ་ལྟར་ཡང་། གང་ལ་ཅིས་འདུལ་དེ་ལ་དེར་སྟོན་པའི། །བཙུན་པ་སྤྲུལ་རས་གཟིགས་ལ་ཕྱག་འཚལ་ལོ། །ཞེས་གསུངས་པ་བཞིན་ནོ། །དེས་ན་སངས་རྒྱས་ཀྱི་ཡོན་ཏན་ཚད་མེད་ [396] དེ། སངས་རྒྱས་གཅིག་གི་ཡོན་ཏན་ཡང་སངས་རྒྱས་ཀྱིས་བསྐལ་པའི་མཐའི་བར་དུ་བརྗོད་ཀྱང་རྫོགས་པར་མི་ནུས་ཏེ། དེ་ལྟར་ཡང་། ཤིན་ཏུ་རྟག་པའི་རང་བྱུང་གི །ཡོན་ཏན་རྣམས་ཀྱི་ཆ་ཙམ་ཞིག །མི་རྟོགས་སངས་རྒྱས་རྣམས་དང་ནི། །ཆོས་རྣམས་བསམ་གྱིས་མི་ཁྱབ་པའོ། །ཞེས་གསུངས་སོ། །དེ་བས་ན་སངས་རྒྱས་ཐོབ་ན་སེམས་ཅན་གྱི་དོན་བྱེད་ནུས་སོ། །དེ་ལྟར་སངས་རྒྱས་ཀྱི་ཡོན་ཏན་བསམས་པ་དེ་ལ་ཡིད་ཆེས་ནས་སངས་རྒྱས་ཐོབ་ན། སེམས་ཅན་ཐམས་ཅད་ཀྱི་དོན་བྱེད་ནུས་པར་འདུག་པས། སེམས་ཅན་ཐམས་ཅད་ཀྱི་དོན་དུ་བྱང་ཆུབ་བསྒྲུབ་པར་བྱའོ་སྙམ་པའི་བློ་གྲོས་སྐྱེ་བར་འགྱུར་རོ། །ཟས་གོས་ལ་སོགས་ཅུང་ཟད་ཕན་བྱས་ལའང་། དྲིན་ཅན་ཟེར་ནས་ལན་གྱིས་གླན་དགོས་ན། །ཡུན་རིངས་དུས་ནས་ཕན་བཏགས་སེམས་ཅན་ལ། །བདེ་བསྒྲུབ་སྡུག་བསྔལ་སྤང་བས་ཕན་འདོགས་རིགས། །ཞེས་བྱ་བ་ནི་འཐད་པའི་དོན་བསྡུས་ཏེ་གདམས་པའོ། །སངས་ [397] རྒྱས་ཀྱི་བསྟན་པ་ལ་རིམ་གྱིས་འཇུག་པའི་ཚུལ་ལས། བྱམས་པ་དང་སྙིང་རྗེ་བསྒོམ་པའི་ལེའུ་སྟེ་བརྒྱད་པའོ།།

།།དེ་ལྟར་བྱམས་པ་དང་སྙིང་རྗེ་ལས་སུ་རུང་བས་གཞན་དོན་བྱང་ཆུབ་བསྒྲུབ་པར་འདོད་པ་དེ་ལ་བྱང་ཆུབ་སེམས་དཔའི་སྡོམ་པ་སྐྱེ་བས་སེམས་བསྐྱེད་དགོས་པར་སྟོན་པ་ནི། དེའི་ལག་ལེན་བྱང་སེམས་སྡོམ་པ་བླང་། །ཞེས་པའོ། །དེ་ལ་དོན་བཅུ་གཅིག་སྟེ། སེམས་བསྐྱེད་པའི་ངོ་བོ་དང་། དབྱེ་བ་དང་། ཁྱད་པར་དང་། ཕན་ཡོན་དང་། རྟེན་གྱི་གང་ཟག་དང་། བླང་བའི་ཡུལ་དང་། ཆོ་ག་དང་། མི་ལྡན་པའི་ཉེས་དམིགས་དང་།

བསླབ་བྱ་དང་། གཏོང་ཐོབ་ཀྱི་དུས་དང་། ཉམས་ན་ཕྱིར་གསོ་བའི་ཐབས་སོ། །དེ་ལ་ངོ་བོ་ནི། མངོན་རྟོགས་བརྒྱན་ལས། སེམས་བསྐྱེད་པ་ནི་གཞན་དོན་ཕྱིར། །ཡང་དག་རྫོགས་པའི་བྱང་ཆུབ་འདོད། །ཅེས་པ་སྟེ་གཞན་གྱི་དོན་དུ་བླ་ན་མེད་པའི་བྱང་ཆུབ་ཐོབ་པར་འདོད་པ་སེམས་པ་ས་བོན་དང་བཅས་པའོ། [398] །དབྱེ་བ་ལ། ངོ་བོའི་སྒོ་ནས་དབྱེ་བ་ལ་གཉིས་ཏེ། སྤྱོད་འཇུག་ལས། བྱང་ཆུབ་སེམས་དེ་མདོར་བསྡུས་ན། །རྣམ་པ་གཉིས་སུ་ཤེས་བྱ་སྟེ། །བྱང་ཆུབ་སྨོན་པའི་སེམས་དང་ནི། །བྱང་ཆུབ་འཇུག་པ་ཉིད་ཡིན་ནོ། །ཞེས་གསུངས་པས་སྨོན་པ་སེམས་བསྐྱེད་དང་། འཇུག་པ་སེམས་བསྐྱེད་དོ། །ས་མཚམས་ཀྱི་སྒོ་ནས་དབྱེ་བ་ནི། རྒྱན་ལས། སེམས་བསྐྱེད་དེ་ནི་ས་རྣམས་ལ། །མོས་དང་ལྷག་བསམ་དག་པ་དང་། །རྣམ་པར་སྨིན་པ་གཞན་དུ་འདོད། །དེ་བཞིན་ སངས་རྒྱས་ཀྱི་སའི་སྐབས་ སྒྲིབ་པ་སྤངས་པའོ། །ཞེས་གསུངས་པས། བྱང་ཆུབ་སེམས་དཔའ་རྣམས་ཀྱི་སེམས་བསྐྱེད་པ་ནི་བཞི་སྟེ། ཚོགས་སྦྱོར་ ཚོགས་ལམ་དང་སྦྱོར་ལམ་ ལ་ནི་མོས་ འབད་རྩོལ་གྱིས་ཐོབ་པ་སྨོན་ལམ་གྱི་རང་བཞིན་དུ་གྱུར་པ་ པས་སྤྱོད་པའི་སེམས་བསྐྱེད་པའོ། ས་དང་པོ་ནས་ །ས་བདུན་ པའི་བར་ལ་ནི་ བདག་གཞན་ཐ་མི་དད་པར་བལྟ་བས་ ལྷག་པའི་བསམ་པ་རྣམ་པར་དག་པའོ། །ས་བརྒྱད་པ་ ཡོན་ཏན་གྱི་མཛོད་དུ་གྱུར་པ་ ལ་སོགས་པ་ནི་རྣམ་པར་སྨིན་པའོ། །སངས་ [399] རྒྱས་ཀྱི་ས་ལ་ བག་ཆགས་མ་ལུས་པར་གཏན་ནས་བཅོམ་པས་ སྒྲིབ་པ་མེད་པའོ། །ཁྱད་པར་ལ་འདོད་ལུགས་མང་ཡང་། །ཇོ་བོའི་བཞེད་པ་སྨོན་པ་ནི་འབྲས་བུ་ལ་དམ་བཅའ་བ་ཡིན་ལ། འཇུག་པ་ནི་རྒྱུ་ལ་དམ་བཅའ་བའོ། །དེའི་གོ་བ་ནི། སྨོན་པ་འབྲས་བུ་ལ་དམ་བཅའ་བ་ནི། འབྲས་བུ་གཞན་དོན་དུ་བྱང་ཆུབ་ཐོབ་པར་བྱའོ་ཞེས་དམ་བཅའ་བའོ། །འཇུག་པ་རྒྱུ་ལ་དམ་བཅའ་བ་ནི། གཞན་དོན་དུ་བྱང་ཆུབ་ཐོབ་པར་བྱ་བའི་ཕྱིར། རྒྱུ་བྱང་ཆུབ་སེམས་དཔའི་བསླབ་པ་ལ་བསླབ་པར་བྱའོ་ཞེས་དམ་བཅའ་བའོ། །ཁོ་བོས་ནི་གཞུང་ལ་བལྟས་ན་འདི་ལྟར་གོ་སྟེ། གཞན་དོན་དུ་བྱང་ཆུབ་ཐོབ་པར་འདོད་པ་ནི་སྨོན་པ་ཡིན་ལ། གཞན་དོན་བྱང་ཆུབ་ཐོབ་པར་བྱ་བའི་དོན་དུ་བསླབ་པ་ལ་སློབ་པར་འདོད་པ་འཇུག་པ་ཡིན་ནོ། །དེ་ཡང་བསླབ་པ་ལ་སློབ་པར་འདོད་པ་རྐྱང་པ་ནི་མ་ཡིན་ཏེ། བྱང་ཆུབ་ནི་ཆེད་དུ་བྱ་བའི་དམིགས་པ་ཡིན་ལ། བསླབ་པ་ནི་

དངོས་ཀྱི་དམིགས་པ་ཡིན་པས་ [400] གཉིས་ཀ་ཐོབ་པ་དང་སློབ་པར་འདོད་པའོ། །སློབ་
དཔོན་ཞི་བ་ལྷ་དང་། ཇོ་བོའི་བཞེད་པ་ཡང་དེ་ལྟར་ཡིན་པར་གོ །ཕན་ཡོན་ལ་གཉིས་ཏེ།
གྲངས་སུ་ཆད་པ་དང་། གྲངས་སུ་མ་ཆད་པའོ། །གྲངས་སུ་ཆད་པ་ལ་བདུན།
སེམས་བསྐྱེད་ཡོད་ན་ཐེག་པ་ཆེན་པོའི་ཁོངས་སུ་གཏོགས་པ་དང་། སྡིག་པ་དང་ཉོན་མོངས་
པ་ཐམས་ཅད་རྩད་ནས་གཅོད་པ་དང་། བསོད་ནམས་མི་ཟད་པ་རྒྱ་ཆེན་པོ་ཐོབ་པ་དང་།
དགེ་བའི་རྩ་བ་ཡོངས་སུ་རྫོགས་པ་གཞིར་འགྱུར་བ་དང་། སངས་རྒྱས་དང་བྱང་ཆུབ་སེམས་
དཔའ་ཐམས་ཅད་ཀྱིས་སྲུང་ཞིང་སྐྱོབ་པ་དང་། འཆི་བའི་དུས་སུ་འགྱོད་པ་མེད་པར་འཆི་བའི་
དུས་བྱེད་པ་དང་། མྱུར་དུ་མངོན་པར་རྫོགས་པར་སངས་རྒྱ་བ་དང་། སངས་མ་རྒྱས་ཀྱི་
བར་དུ་ཡང་ཐེག་པ་ཆེན་པོའི་ཆོས་དང་མི་འབྲལ་བའི་ཕན་ཡོན་ནོ། །གྲངས་སུ་མ་ཆད་པ་ནི།
གསང་བ་བསམ་གྱིས་མི་ཁྱབ་པའི་མདོ་ལས། བྱང་ཆུབ་སེམས་ཀྱི་བསོད་ནམས་གང་། །དེ་ལ་
གལ་ཏེ་ [401] གཟུགས་མཆིས་ན། ནམ་མཁའི་ཁམས་ནི་ཀུན་བཀང་སྟེ། །དེ་ནི་དེ་བས་
ལྷག་པར་འགྱུར། །ཞེས་པ་དང་། དཔལ་སྦྱིན་གྱིས་ཞུས་པ་ལས། གང་གཱའི་བྱེ་མ་
གྲངས་སྙེད་ཀྱི། །སངས་རྒྱས་ཞིང་རྣམས་མི་དག་གིས། །རིན་ཆེན་དག་གིས་ཀུན་
བཀང་སྟེ། །འཇིག་རྟེན་མགོན་ལ་ཕུལ་བ་བས། །གང་གིས་ཐལ་མོ་སྦྱར་བགྱིས་ཏེ།
།བྱང་ཆུབ་ཏུ་ནི་སེམས་བཏུད་ན། །མཆོད་པ་དེ་ནི་ཁྱད་པར་འཕགས། །དེ་ལ་མཐའ་ནི་
མ་མཆིས་སོ། །ཞེས་གསུངས་སོ། །གཞན་ཡང་སྤྱོད་འཇུག་ལས། །སྲིད་པའི་སྡུག་
བསྔལ་བརྒྱ་ཕྲག་གཞོམ་འདོད་ཅིང་། །སེམས་ཅན་མི་བདེ་བསལ་བར་འདོད་པ་དང་།
།བདེ་མང་བརྒྱ་ཕྲག་སྤྱོད་པར་འདོད་པས་ཀྱང་། །བྱང་ཆུབ་སེམས་ཉིད་རྟག་ཏུ་བཏང་མི་བྱ།
།བྱང་ཆུབ་སེམས་སྐྱེས་གྱུར་ན་སྐད་ཅིག་གིས། །འཁོར་བའི་བཙོན་རར་བསྡམས་པའི་ཉམ་
ཐག་རྣམས། །བདེ་གཤེགས་རྣམས་ཀྱི་སྲས་ཞེས་བརྗོད་བྱ་ [402] ཞིང་། །འཇིག་རྟེན་ལྷ་
མིར་བཅས་པས་ཕྱག་བྱར་འགྱུར། །གསེར་འགྱུར་རྩིའི་རྣམ་པ་མཆོག་ལྟ་བུ། །མི་གཙང་
ལུས་འདི་བླངས་ནས་རྒྱལ་བའི་སྐུ། །རིན་ཆེན་རིན་ཐང་མེད་པར་བསྒྱུར་བས་ན། །བྱང་
ཆུབ་སེམས་ཞེས་བྱ་བ་རབ་བརྟན་གཟུང་། །འགྲོ་བའི་དེད་དཔོན་ཅིག་པུ་ཚད་མེད་བློས།

།ལེགས་པར་ཡོངས་སུ་བརྟག་ན་རིན་ཆེ་བས། །འགྲོ་བའི་གནས་དང་བྲལ་བར་འདོད་པ་རྣམས། །རིན་ཆེན་བྱང་ཆུབ་སེམས་ལེགས་རབ་བརྟན་གཟུང་། །དགེ་བ་གཞན་ཀུན་ཆུ་ཤིང་བཞིན་དུ་ནི། །འབྲས་བུ་བསྐྱེད་ནས་ཟད་པར་འགྱུར་བ་ཉིད། །བྱང་ཆུབ་སེམས་ཀྱི་ལྗོན་ཤིང་རྟག་པར་ཡང་། །འབྲས་བུ་འབྱིན་པས་མི་ཟད་འཕེལ་བར་འགྱུར། །སྡིག་པ་ཤིན་ཏུ་མི་བཟད་བྱས་ན་ཡང་། །དཔའ་ལ་བསྟེན་ན་འཇིགས་པ་ཆེན་པོ་ལྟར། །གང་ལ་བསྟེན་ན་ཡུད་ཀྱིས་སྒྲོལ་འགྱུར་བ། །དེ་ལ་བག་ཅན་རྣམས་ཀྱིས་ཅིས་མི་བསྟེན། །དེས་ནི་དུས་མཐའི་མེ་བཞིན་སྡིག་ཆེན་རྣམས། །སྐད་ [403] ཅིག་གཅིག་གིས་ངེས་པར་བསྲེག་པར་བྱེད། །དེ་ཡི་ཕན་ཡོན་དཔག་ཏུ་མེད་པ་དག །བྱམས་མགོན་བློ་དང་ལྡན་པས་ནོར་བཟང་བཤད། །ཅེས་པ་དང་། སྡོང་པོ་བཀོད་པའི་མདོ་ལས། རིགས་ཀྱི་བུ་བྱང་ཆུབ་ཀྱི་སེམས་ནི། སངས་རྒྱས་ཀྱི་ཆོས་ཐམས་ཅད་ཀྱི་ས་བོན་ལྟ་བུའོ། །འགྲོ་བ་ཐམས་ཅད་ཀྱི་ཆོས་དཀར་པོ་རྣམ་པར་འཕེལ་བར་བྱེད་པས་ཞིང་ལྟ་བུའོ། །འཇིག་རྟེན་ཐམས་ཅད་བརྟེན་པས་ས་ལྟ་བུའོ། །བྱང་ཆུབ་སེམས་དཔའ་ཐམས་ཅད་ཀྱིས་ཡོངས་སུ་སྐྱོང་བས་ཕ་ལྟ་བུའོ། །དབུལ་བ་ཐམས་ཅད་གཅོད་པས་རྣམ་ཐོས་ཀྱི་བུ་ལྟ་བུའོ། །དོན་ཐམས་ཅད་ཡང་དག་པར་སྒྲུབ་པས་ཡིད་བཞིན་གྱི་ནོར་བུའི་རྒྱལ་པོ་ལྟ་བུའོ། །བསམ་པ་ཐམས་ཅད་ཡོངས་སུ་རྫོགས་པར་བྱེད་པས་བུམ་པ་བཟང་པོ་ལྟ་བུའོ། །ཉོན་མོངས་པའི་དགྲ་ཕམ་པར་བྱ་བ་ལ་མདུང་ཐུང་ལྟ་བུའོ། །ཚུལ་བཞིན་མ་ཡིན་པ་ཡིད་ལ་བྱེད་པ་འགེགས་པས་གོ་ཆ་ལྟ་བུའོ། །ཉོན་མོངས་པའི་མགོ་ལྷུང་ [404] བར་བྱེད་པས་རལ་གྲི་ལྟ་བུའོ། །ཉོན་མོངས་པའི་ཤིང་གཅོད་པས་སྟ་རེ་ལྟ་བུའོ། །འཚེ་བ་ཐམས་ཅད་ལས་བཟློག་པས་མཚོན་ཆ་ལྟ་བུའོ། །འཁོར་བའི་ཆུ་ནང་ན་གནས་པ་སྟེང་དུ་འདྲེན་པས་མཆིལ་བ་ལྟ་བུའོ། །སྒྲིབ་པ་དང་ཁེངས་པའི་རྩ་བ་ཐམས་ཅད་རྣམ་པར་འཐོར་བས་རླུང་གི་དཀྱིལ་འཁོར་ལྟ་བུའོ། །བྱང་ཆུབ་སེམས་དཔའི་སྤྱོད་པ་དང་སྨོན་ལམ་ཐམས་ཅད་བསྡུས་པའི་ཕྱིར་མདོར་བསྟན་པ་ལྟ་བུའོ། །ལྷ་དང་མི་དང་ལྷ་མ་ཡིན་དུ་བཅས་པའི་འཇིག་རྟེན་ལ་མཆོད་སྡོང་ལྟ་བུ་སྟེ། རིགས་ཀྱི་བུ་དེ་ལྟར་བྱང་ཆུབ་ཀྱི་སེམས་ནི་ཡོན་ཏན་དེ་དག་དང་། ཡོན་ཏན་གྱི་བྱེ་བྲག་གཞན་དང་ཡང་ལྡན་ནོ། །ཞེས

བརྗོད་དོ། །སྨོན་འཇུག་སོ་སོའི་ཕན་ཡོན་ལ། སྨོན་པའི་ཕན་ཡོན་ནི། སྡོང་པོ་བཀོད་པའི་མདོ་ལས། རིགས་ཀྱི་བུ་འདི་ལྟ་སྟེ་དཔེར་ན། རྡོ་རྗེ་རིན་པོ་ཆེ་ནི་ཆག་ཀྱང་གསེར་གྱིས་བརྒྱན་ཁྱད་པར་དུ་འཕགས་པ་ཐམས་ཅད་ཟིལ་གྱིས་གནོན་ཅིང་། རྡོ་རྗེ་རིན་པོ་ཆེའི་མིང་ཡང་མི་འདོར་ལ་དབུལ་བ་ [405] ཐམས་ཅད་ཀྱང་རྣམ་པར་ཟློག་གོ །རིགས་ཀྱི་བུ་དེ་བཞིན་དུ་ཐམས་ཅད་མཁྱེན་པར་སེམས་བསྐྱེད་པའི་རྡོ་རྗེ་རིན་པོ་ཆེ་ནན་ཏན་དང་བྲལ་ཡང་། ཉན་ཐོས་དང་རང་སངས་རྒྱས་ཀྱི་ཡོན་ཏན་གྱི་རྒྱན་ཐམས་ཅད་ཟིལ་གྱིས་གནོན་ཅིང་། བྱང་ཆུབ་སེམས་དཔའི་མིང་ཡང་མི་འདོར་ལ་འཁོར་བའི་དབུལ་བ་ཐམས་ཅད་ཀྱང་བཟློག་གོ །ཞེས་གསུངས་སོ། །འཇུག་པའི་ཕན་ཡོན་ནི། སྤྱོད་འཇུག་ལས། །གང་ནས་བཟུང་སྟེ་སེམས་ཅན་ཁམས། །མཐའ་ཡས་རབ་ཏུ་སྒྲོལ་བའི་ཕྱིར། །མི་ལྡོག་པ་ཡི་སེམས་ཀྱིས་སུ། །སེམས་དེ་ཡང་དག་བླངས་གྱུར་པ། །དེ་ནས་བཟུང་སྟེ་གཉིད་ལོག་གམ། །བག་མེད་གྱུར་ཀྱང་བསོད་ནམས་ཤུགས། །རྒྱུན་མི་འཆད་པ་དུ་མ་ཞིག །ནམ་མཁའ་མཉམ་པར་རབ་ཏུ་འབྱུང་། །ཞེས་པ་དང་། ལམ་སྒྲོན་ལས། འཇུག་སེམས་བདག་ཉིད་སྡོམ་པ་མ་གཏོགས་པ། །ཡང་དག་སྨོན་པ་འཕེལ་བར་འགྱུར་མ་ཡིན། །ཞེས་གསུངས་སོ། [406] །རྟེན་གྱི་གང་ཟག་ནི་ཆོས་དྲུག་དང་ལྡན་ཏེ། ཐེག་པ་ཆེན་པོའི་ཆོས་ལ་དད་ཅིང་མོས་པ་དང་། ཐོས་ཤིང་ཤེས་པ་དང་། རིགས་དང་ལྡན་པ་དང་། བླ་མ་ལ་གུས་པ་དང་། སྨོན་པ་བརྟན་པ་དང་། ཇོ་བོའི་ལུགས་ཀྱི་སོ་སོར་ཐར་པ་རིགས་བདུན་གང་རུང་ཞིག་དང་ལྡན་པའོ། །རིགས་དང་ལྡན་པ་ནི། མདོ་སྡེའི་རྒྱན་ལས། སྦྱོར་བའི་སྔོན་དུ་སྙིང་རྗེ་དང་། །མོས་པ་དང་ནི་བཟོད་པ་དང་། །དགེ་ལ་ཡང་དག་སྤྱོ་བ་ནི། །རིགས་ཀྱི་རྟགས་སུ་ངེས་པར་བཤད། །ཅེས་པ་སྟེ། སྦྱོར་བའི་སྔོན་རོལ་ནས། སེམས་ཅན་ལ་སྙིང་རྗེ་བ་དང་། ཐེག་པ་ཆེན་པོའི་ཆོས་ལ་མོས་པ་དང་། དཀའ་བ་སྤྱད་པ་དག་ལ་ཇི་མི་སྙམ་པའི་དོན་གྱི་བཟོད་པ་དང་། ཕ་རོལ་ཏུ་ཕྱིན་པའི་རང་བཞིན་གྱི་དགེ་བའི་རྩ་བ་ལ་ཡང་དག་པར་སྤྱོ་བས་ཏེ་བཞིའོ། །བླ་མ་ལ་གུས་པ་ནི། གོང་དུ་བསྟན་པ་བཞིན་དུ་སངས་རྒྱས་ཀྱི་འདུ་ཤེས་སྐྱེ་བའོ། །བླང་བའི་ཡུལ་ལ་གཉིས་ཏེ། ཡུལ་དངོས་སུ་ཡོད་པ་དང་མེད་

པའོ། [407] །དངོས་སུ་ཡོད་པའི་བླ་མའི་མཚན་ཉིད་ནི། གོང་དུ་བཤད་མེད་ཀྱིས།
སློབ་དཔོན་ཙནྡྲ་གོ་མིས་ཆོས་གསུམ་ལྡན་ཡོད་དེ། བླ་མ་སྡོམ་ལ་གནས་ཤིང་མཁས།
།ནུས་དང་ལྡན་ལ་བླང་བར་བྱ། །ཞེས་གསུངས་སོ། །ཇོ་བོས་དེའི་སྟེང་དུ་སྙིང་རྗེ་བསྣན་
པས་ཆོས་བཞི་ལྡན་འདོད་དེ། ལམ་སྒྲོན་ལས། སྡོམ་པའི་ཆོ་ག་ལ་མཁས་དང་།
།བདག་ཉིད་གང་ཞིག་སྡོམ་ལ་གནས། །སྡོམ་པ་འབོགས་བཟོད་སྙིང་རྗེར་ལྡན། །བླ་མ་
བཟང་པོར་ཤེས་པར་བྱ། །ཞེས་གསུངས་སོ། །ཡུལ་དངོས་སུ་མེད་པ་ནི། དེ་ལྟ་བུའི་
བླ་མ་སྙོག་གམ། དགེ་སྦྱོར་རམ། སྡོམ་པའི་བར་ཆད་དུ་མི་འགྱུར་གྱི་བར་དུ་བཙལ།
དེ་མ་རྙེད་ན་དཀོན་མཆོག་གི་སྤྱན་སྔར་ཅི་འབྱོར་པའི་མཆོད་པ་བཤམས་ལ་བླང་བར་ལུང་ལས་
གསུངས་སོ། །ཆོ་ག་ལ་སྦྱོར་བ་དང་། དངོས་བཞི་དང་། རྗེས་ཀྱི་ཆོ་ག་གསུམ་མོ།
།དང་པོ་ལ་གཉིས་ཏེ། ཚོགས་བསག་པ་དང་། སྐྱབས་འགྲོ་ཁྱད་པར་ཅན་བྱ་ [408] བའོ།
།དང་པོ་ལ་གསུམ་སྟེ། དགེ་འདུན་ལ་ཚོགས་བསགས་པ་ནི། བཞི་སྟེ་ཡན་ཆད་ལ་ཆོས་
སྟོན་ཡོན་དང་བཅས་པ་ཅི་འབྱོར་བྱའོ། །བླ་མ་བསྙེན་པ་ལ་བཞི་སྟེ། ཕྱག་འཚལ་བ་དང་།
མཆོད་པ་འབུལ་བ་དང་། ཞབས་ལ་གཏུགས་ཏེ་ཡོན་འབུལ་བ་དང་། གསོལ་བ་གདབ་
པའོ། །དཀོན་མཆོག་ལ་བརྟེན་ཏེ་ཚོགས་བསགས་པ་ལ་གཉིས་ཏེ། ཕྱག་འཚལ་བ་དང་།
མཆོད་པ་འབུལ་བའོ། །དངོས་གཞིའི་ཆོ་ག་དང་རྗེས་ཀྱི་ཆོ་ག་གཉིས་ནི་གཞན་དུ་ཤེས་པར་
བྱའོ། །མི་ལྡན་པའི་ཉེས་དམིགས་ནི། ཕན་ཡོན་ལས་ལྡོག་པའོ། །དེ་ཡང་ལུང་ལས།
ཐེག་ཆེན་འདི་ནི་མཆོག་ཡིན་པར། །བྱང་ཆུབ་སེམས་སུ་བཤད་པས་ན། །མཉམ་པར་
བཞག་ཅིང་འབད་པ་ཡིས། །བྱང་ཆུབ་སེམས་ནི་བསྐྱེད་པར་བྱ། །སེམས་འདི་བསྐྱེད་
པར་མ་བྱས་ན། །སངས་རྒྱས་ནམ་ཡང་མི་འཐོབ་ཅིང་། །འཁོར་བར་བདག་གཞན་ཕུན་
ཚོགས་པའི། །རྒྱུ་གཞན་ནམ་ཡང་ཡོད་མ་ཡིན། །ཞེས་གསུངས་སོ། [409] །གཞན་
ཡང་དམ་བཅའ་ཉམས་པའི་ཉེས་དམིགས་ནི། སྤྱོད་འཇུག་ལས། གལ་ཏེ་དེ་ལྟར་དམ་
བཅས་ནས། །ལས་ཀྱིས་བསྒྲུབ་པ་མ་བྱས་ན། །སེམས་ཅན་དེ་དག་ཀུན་བསླུས་པས།
།བདག་གི་འགྲོ་བ་ཅི་འདྲར་འགྱུར། །དངོས་པོ་ཕལ་པ་ཙུང་ཟད་ལའང་། །ཡིད་ཀྱིས་

སྦྱིན་པར་བསམ་བྱས་ནས། ། མི་གང་སྦྱིན་པར་མི་བྱེད་པ། ། དེ་ཡང་ཡི་དྭགས་འགྱུར་གསུངས་ན། ། ཟླ་ན་མེད་པའི་བདེ་བ་ལ། ། བསམ་པ་ཐག་པས་འགྲོན་གཉེར་ནས། ། འགྲོ་བ་ཐམས་ཅད་བསླུས་བྱས་ན། ། བདེ་འགྲོར་ཇི་ག་འགྲོར་འགྱུར་རམ། ། མི་གང་བྱང་ཆུབ་སེམས་གཏོང་བ། ། དེ་ནི་བྱང་ཆུབ་སེམས་དཔའ་ལ། ། ལྟུང་བའི་ནང་ནས་ལྕི་བ་སྟེ། ། འདི་ལྟར་དེ་ནི་བྱུང་གྱུར་ན། ། སེམས་ཅན་ཀུན་གྱི་དོན་ལ་དམན། ། ཞེས་པ་དང་། དེ་ཉིད་ལས། སེམས་ཅན་གཅིག་གི་བདེ་བ་ཡང་། ། བཤིག་ན་བདག་ཉིད་ཉམས་གྱུར་ན། ། ནམ་མཁའ་མ་ལུས་མཐའ་ཀླས་པའི། ། ལུས་ཅན་བདེ་ [410] བཤིག་སྨོས་ཅི་དགོས། ། ཞེས་གསུངས་སོ། ། སེམས་བསྐྱེད་ནས་བསླབ་བྱ་ལ་སློབ་དགོས་པར་སྟོན་པ་ནི། བསླབ་བྱ་བསླབ་པ་གསུམ་ལ་གུས་པར་བསླབ། ཞེས་པ་སྟེ། དེ་ལ་གཉིས། སྨོན་པའི་བསླབ་བྱ་དང་། འཇུག་པའི་བསླབ་བྱའོ། ། དང་པོ་ལ་ལྔ་སྟེ་བྱང་ཆུབ་ཀྱི་སེམས་ཀྱི་ཕན་ཡོན་མཐོང་བ་གོམས་པ་ལ་བསླབ་པ་དང་། བྱང་ཆུབ་ཀྱི་སེམས་སྦྱང་བ་ལ་འབད་པ་ནི་ནན་ཏན་གྱི་བསླབ་པ་དང་། ཚོགས་གཉིས་བསགས་པ་ལ་འབད་པ་ནན་གྱིས་བསླབ་པ་དང་། ནག་པོའི་ཆོས་བཞི་སྤང་ཞིང་དཀར་པོའི་ཆོས་བཞི་ལ་བསླབ་པ་དང་། སེམས་ཅན་བློས་མི་སྤང་བ་ལ་བསླབ་པའོ། ། དང་པོ་ནི་གོང་དུ་བཤད་པའི་ཕན་ཡོན་རྣམས་རྟག་ཏུ་བསམ་པའོ། ། དེའི་དགོས་པ་ནི་རང་གི་རྒྱུད་ལ་ཚོགས་བསགས་པ་དང་། ཕན་ཡོན་ལ་སྦྱོ་བ་སྐྱེས་ནས་དེའི་རྒྱུ་བྱང་ཆུབ་སེམས་ལ་ནན་གྱིས་འཇུག་པའོ། ། གཉིས་པ་བདག་གིས་གཞན་གྱི་དོན་དུ་ཅི་ནས་ཀྱང་བྱང་ཆུབ་ཐོབ་པར་བྱ་སྙམ་དུ་བསམ་པ་དང་། བྱང་ཆུབ་ལ་
[411] འདུན་པ་དང་། དད་པ་དང་། དོན་དུ་གཉེར་བ་དང་། སྨོན་པ་དང་། དགེ་བའི་རྩ་བ་ཅི་བྱེད་པ་བྱང་ཆུབ་ཀྱི་སེམས་ཀྱི་ཀུན་ནས་བླངས་པ་སྟེ། སེམས་ཅན་ཐམས་ཅད་ཀྱི་དོན་དུ་སངས་རྒྱས་ཐོབ་པར་བྱ་བའི་ཕྱིར། ཡན་ལག་བདུན་པ་བྱ་སྙམ་དུ་བསམ་པ་ལ་སོགས་པ་ལྔ་བུའོ། ། དེ་ཡང་རྒྱལ་པོ་ལ་གདམས་པའི་མདོ་ལས། རྒྱལ་པོ་ཆེན་པོ། འདི་ལྟར་ཁྱོད་ནི་བྱ་བ་མང་བྱེད་པ་མང་སྟེ། ཉིན་མཚན་ཐམས་ཅད་དུ། རྣམ་པ་ཐམས་ཅད་དུ། ཐམས་ཅད་སྦྱིན་པའི་ཕ་རོལ་ཏུ་ཕྱིན་པ་ལ་བསླབས་ནས། ཤེས་རབ་ཀྱི་ཕ་རོལ་

ཏུ་ཕྱིན་པའི་བར་ལ་བསླབ་པར་མི་ནུས་ཏེ། དེ་བས་ན་རྒྱལ་པོ་ཆེན་པོ་ཁྱོད་ཡང་དག་པར་རྫོགས་པའི་བྱང་ཆུབ་ལ་འདུན་པ་དང་། དད་པ་དང་། དོན་དུ་གཉེར་བ་དང་། སྨོན་པ་འགྲོ་ཡང་རུང་། འདུག་ཀྱང་རུང་། ཉལ་ཀྱང་རུང་། སད་ཀྱང་རུང་། ཟ་ཡང་རུང་། འཐུང་ཡང་རུང་། རྟག་པར་རྒྱུན་དུ་དྲན་པར་གྱིས་ལ་ཡིད་ལ་ [412] གཟུང་ལ་སྒོམས་ཤིག སངས་རྒྱས་དང་། བྱང་ཆུབ་སེམས་དཔའ་དང་། འཕགས་པ་ཉན་ཐོས་དང་། རང་སངས་རྒྱས་དང་། སོ་སོ་སྐྱེ་བོ་ཐམས་ཅད་དང་། བདག་གིས་འདས་པ་དང་། མ་འོངས་པ་དང་། ད་ལྟར་བྱུང་བའི་དགེ་བའི་རྩ་བ་ཐམས་ཅད་བསྡུས་ཏེ་གཞོལ་ནས། བློས་རྗེས་ལ་རྗེས་སུ་ཡི་རང་བར་གྱིས་ཤིག རྗེས་སུ་ཡི་རང་བའི་མཆོག་ནམ་མཁའ་དང་འདྲ་བ་དང་། མྱ་ངན་ལས་འདས་པ་དང་མཚུངས་པའི་བར་གྱི་རྗེས་སུ་ཡི་རང་བར་གྱིས་ཤིག རྗེས་སུ་ཡི་རང་བ་ནས་སངས་རྒྱས་དང་བྱང་ཆུབ་སེམས་དཔའ་དང་། འཕགས་པ་ཉན་ཐོས་དང་། རང་སངས་རྒྱས་ཐམས་ཅད་ལ་མཆོད་པ་བྱ་བར་ཕུལ་ཅིག ཕུལ་ནས་སེམས་ཅན་ཐམས་ཅད་དང་ཐུན་མོང་དུ་གྱིས་ཤིག དེ་ནས་སེམས་ཅན་ཐམས་ཅད་མཁྱེན་པའི་བར་དུ་ཐོབ་པར་འགྱུར་བ་དང་། སངས་རྒྱས་ཀྱི་ཆོས་ཐམས་ཅད་ཡོངས་སུ་རྫོགས་པར་འགྱུར་བར་ཉིན་ཅིག་བཞིན་དུ་དུས་གསུམ་དུ་བླ་ན་མེད་ [413] པ་ཡང་དག་པར་རྫོགས་པའི་བྱང་ཆུབ་ཏུ་བསྔོས་ཤིག རྒྱལ་པོ་ཆེན་པོ་ཁྱོད་དེ་ལྟར་ཞུགས་ན་རྒྱལ་སྲིད་ཀྱང་བྱེད་ལ། རྒྱལ་པོའི་བྱ་བ་ཡང་ཉམས་པར་མི་འགྱུར་ཞིང་། བྱང་ཆུབ་ཀྱི་ཚོགས་ཀྱང་མྱུར་དུ་རྫོགས་པར་འགྱུར་རོ་ཞེས་གསུངས་སོ། །ཡང་ཉིན་ལན་གསུམ་མཚན་ལན་གསུམ་དུ། སངས་རྒྱས་ཆོས་དང་ཚོགས་ཀྱི་མཆོག་རྣམས་ལ། བྱང་ཆུབ་བར་དུ་བདག་ནི་སྐྱབས་སུ་མཆི། །བདག་གིས་སྦྱིན་སོགས་བགྱིས་པའི་བསོད་ནམས་ཀྱིས། །འགྲོ་ལ་ཕན་ཕྱིར་སངས་རྒྱས་འགྲུབ་པར་ཤོག །ཅེས་བྱང་ཆུབ་ཏུ་སེམས་བསྐྱེད་པར་བྱའོ། །གསུམ་པ་ཚོགས་གཉིས་བསགས་པ་ལ་བསླབ་པ་ལ་གཉིས་ཏེ། བསོད་ནམས་ཀྱི་ཚོགས་དང་། ཡེ་ཤེས་ཀྱི་ཚོགས་སོ། །དེ་ཡང་ཕ་རོལ་ཏུ་ཕྱིན་པ་དྲུག་ཡིན་པས་དེ་ལ་ཅི་ནུས་སུ་བསླབ་པའོ། །བཞི་པ་ནག་པོའི་ཆོས་བཞི་སྤང་ཞིང་དཀར་པོའི་ཆོས་བཞི་ལ་བསླབ་པ་ལ། ནག་པོའི་ཆོས་

བཞི་ནི། དཀོན་མཆོག་བརྩེགས་པ་ [414] ལས། འོད་སྲུང་ཆོས་བཞི་དང་ལྡན་ན་བྱང་ཆུབ་ཀྱི་སེམས་བརྗེད་པར་འགྱུར་ཏེ། བཞི་གང་ཞེ་ན་འདི་ལྟ་སྟེ། མཁན་པོ་དང་། སློབ་དཔོན་དང་། བླ་མ་དང་། སྦྱིན་གནས་བསླུ་བ་དང་། གཞན་འགྱོད་པ་མེད་པ་དག་ལ་འགྱོད་པ་ཉེ་བར་བསྒྲུབ་པ་དང་། ཐེག་པ་ཆེན་པོ་ལ་ཡང་དག་པར་ཞུགས་པའི་སེམས་དཔའ་ལ་བསྔགས་པ་མ་ཡིན་པ་དང་། མི་སྙན་པ་དང་། བརྗོད་པ་མ་ཡིན་པ་དང་། ཚིགས་སུ་བཅད་པ་མ་ཡིན་པ་འབྱིན་པ་དང་། སྒྱུ་དང་གཡོས་གཞན་ལ་ཉེ་བར་སྤྱོད་ཀྱི་ལྷག་པའི་བསམ་པས་མ་ཡིན་པ་ཞེས་གསུངས་སོ། །འདི་རྣམ་པར་སྤྱངས་པ་དཀར་པོའི་ཆོས་བཞི་ཡང་། དེ་ཉིད་ལས། འོད་སྲུང་བྱང་ཆུབ་སེམས་དཔའ་ཆོས་བཞི་དང་ལྡན་ན། སྐྱེ་བ་ཐམས་ཅད་དུ་སྐྱེས་མ་ཐག་ཏུ་བྱང་ཆུབ་ཀྱི་སེམས་མངོན་དུ་འགྱུར་ཏེ། བྱང་ཆུབ་གི་སྙིང་པོ་ལ་འདུག་གི་བར་དུ་བར་མ་དོར་བརྗེད་པར་མི་འགྱུར་རོ། །བཞི་གང་ཞེ་ན་འདི་ལྟ་སྟེ། སྲོག་གི་ཕྱིར་རམ། ཐ་ན་བཞད་གད་ཀྱི་ [415] ཕྱིར་ཡང་། རྫུན་གྱི་ཚིག་མི་སྨྲ་བ་དང་། སྒྱུ་དང་གཡོ་མེད་པར་སེམས་ཅན་ཀྱི་དྲུང་ན་ལྷག་པའི་བསམ་པས་གནས་པ་དང་། བྱང་ཆུབ་སེམས་དཔའ་ཐམས་ཅད་ལ་སྟོན་པའི་འདུ་ཤེས་བསྐྱེད་ཅིང་། དེ་དག་གི་ཡང་དག་པའི་བསྔགས་པ་ཕྱོགས་བཞིར་བརྗོད་པ་དང་། སེམས་ཅན་གང་རྣམས་ཡོངས་སུ་སྨིན་པར་བྱེད་པ་དེ་དག་ཐམས་ཅད་ཀྱང་ཉེ་ཚེ་བའི་ཐེག་པ་མི་འདོད་པར་བླ་ན་མེད་པ་ཡང་དག་པར་རྫོགས་པའི་བྱང་ཆུབ་ཡང་དག་པར་འཛིན་དུ་འཇུག་པ་སྟེ། འོད་སྲུང་བཞི་པོ་དེ་དག་གོ །ཞེས་གསུངས་སོ། །ལྔ་པ་སེམས་ཅན་བློས་མི་སྤང་བ་ལ་བསླབ་པ་ནི། བྱང་ཆུབ་མཆོག་ཏུ་སེམས་བསྐྱེད་ནས་སེམས་ཅན་ཐམས་ཅད་ཀྱི་དོན་བྱེད་པར་དམ་བཅས་པ་ཡིན་པས་ང་ཁྲོད་དང་གཏན་ནས་མི་འགྲོགས་སོ། །ཞེས་སེམས་ཀྱིས་འདོར་མི་རུང་ངོ་། །དེ་དང་འགྲོགས་པས་ཁོ་ལ་མི་ཕན་གྱིས། རང་ལ་གནོད་ནས་སོ་སོར་སྡོད་དགོས་ཀྱང་ད་ལྟ་ངས་ཁྲོད་ལ་ཕན་མི་ [416] ཐོགས་པས། བྱང་ཆུབ་མ་ཐོབ་ཀྱི་བར་དུ་ཁྲོད་ཀྱི་དོན་བྱའོ་སྙམ་དུ་སེམས་ཀྱིས་མི་གཏང་ངོ་། འཇུག་པའི་བསླབ་བྱ་ནི། སྤྱོད་འཇུག་ལས། རྒྱལ་སྲས་རྣམས་ཀྱིས་མི་བསླབ་པའི། །དངོས་དེ་གང་ཡང་ཡོད་མ་ཡིན། །ཞེས་གསུངས་པས། དགེ་བའི་སྒོ་

ནས་བསྡུ་ན་གསུམ་སྟེ། སྡོམ་པའི་ཚུལ་ཁྲིམས་དང་། དགེ་བ་ཆོས་སྡུད་ཀྱི་ཚུལ་ཁྲིམས་དང་། སེམས་ཅན་དོན་བྱེད་ཀྱི་ཚུལ་ཁྲིམས་སོ། །དེ་ལ་སྡོམ་པའི་ངོ་བོ་ནི། སེམས་པ་དགེ་བ་ས་བོན་དང་བཅས་པའོ། །སྡོམ་པའི་ཚུལ་ཁྲིམས་ཀྱི་ངོ་བོ་ནི། སྤྱོད་འཇུག་ལས། སྤོང་བའི་སེམས་ནི་ཐོབ་པ་ལས། །ཚུལ་ཁྲིམས་ཕ་རོལ་ཕྱིན་པར་བཤད། །ཅེས་པ་སྟེ་བྱང་ཆུབ་སེམས་དཔའི་སྡོམ་པའི་མི་མཐུན་པའི་ཕྱོགས་སྤོང་བའི་སེམས་པ་ས་བོན་དང་བཅས་པའོ། །དགེ་བ་ཆོས་སྡུད་ཀྱི་ཚུལ་ཁྲིམས་ཀྱི་ངོ་བོ་ནི། དགེ་བའི་ཆོས་རྣམས་བསྒྲུབ་པའི་སེམས་པ་དགེ་བ་ས་བོན་དང་བཅས་པའོ། །སེམས་ཅན་དོན་བྱེད་ཀྱི་ [417] ཚུལ་ཁྲིམས་ཀྱི་ངོ་བོ་ནི། སྒོ་ཐམས་ཅད་ནས་སེམས་ཅན་གྱི་དོན་བྱེད་པའི་སེམས་པ་དགེ་བ་ས་བོན་དང་བཅས་པའོ། །སྡོམ་པའི་ཚུལ་ཁྲིམས་ལ་གཉིས་ཏེ། ཐུན་མོང་གི་སྤང་བྱ་མི་དགེ་བ་བཅུ་སྤང་བ་ལ་བསླབ་པ་དང་། ཐུན་མོང་མ་ཡིན་པའི་སྤང་བྱ་རྩ་བའི་ལྟུང་བ་དང་། ཉེས་བྱས་ཀྱི་རིགས་སྤང་བ་ལ་བསླབ་པའོ། །དེ་ལ་མི་དགེ་བ་བཅུ་ནི། བྱང་ཆུབ་སེམས་དཔའི་སྡོམ་པ་དང་ལྡན་པ་དང་། མི་ལྡན་པ་གང་གིས་བྱས་ཀྱང་། མཐོ་རིས་དང་ཐར་པའི་བར་དུ་གཅོད་ཅིང་འཁོར་བ་དང་ངན་སོང་གི་རྒྱུ་བྱེད་པས། མཐོ་རིས་དང་ཐར་པ་དོན་དུ་གཉེར་བ་ཐམས་ཅད་ཀྱིས་སྤོང་དགོས་པས་ན་ཐུན་མོང་གི་སྤང་བྱའོ། །གཉིས་པ་ནི་བྱང་ཆུབ་སེམས་དཔའི་སྡོམ་པ་དང་ལྡན་པས་བྱས་ན་རྩ་ལྟུང་དུ་འགྱུར་ལ། གཞན་གྱིས་བྱས་ན་རྩ་ལྟུང་དུ་འགྱུར་བའི་ངེས་པ་མེད་པས་ཐུན་མོང་མ་ཡིན་པའི་སྤང་བྱའོ། །མི་དགེ་བ་བཅུ་སྤང་བ་ནི། སློབ་དཔོན་རྟ་དབྱངས་ཀྱིས། མི་ [418] དགེ་ལས་ཀྱི་ལམ་བཅུ་ནི། །སྤུར་བཞིན་ཁ་ན་མ་ཐོ་བཅས། །བདེ་བ་དོན་དུ་གཉེར་བ་ཡིས། །བཅུ་པོ་འདི་རྣམས་སྤང་བར་བྱ། །ཞེས་གསུངས་སོ། །དེ་ལ་གཉིས་ཏེ། དབྱེ་བ་དང་། དེའི་གཉེན་པོ་དགེ་བ་བཅུ་བསྟན་པའོ། །དབྱེ་བ་ནི། སྲོག་གཅོད་པ་ལ་གསུམ། འདོད་ཆགས་དང་། ཞེ་སྡང་དང་། གཏི་མུག་གིས་སྲོག་གཅོད་པའོ། །དེ་བཞིན་དུ་མ་བྱིན་པར་ལེན་པ་ལ་མཐུ་དང་། འཇབ་བུས་དང་། གཡོ་སྒྱུས་མ་བྱིན་པར་ལེན་པའོ། །འདོད་པས་ལོག་པར་གཡེམ་པ་ལ། ཆོས་ཀྱིས་བསྲུངས་པ་དང་། བདག་པོས་བསྲུངས་པ་དང་། རིགས་ཀྱིས་བསྲུངས་པ་ལ་སྤྱོད་

པའོ། །རྫུན་ལ་ཕམ་པའི་རྫུན་དང་། རྫུན་ཆེན་པོ་དང་། རྫུན་ཕྲ་མོའོ། ཕྲ་མ་ལ་
བཙན་ཕྲ་དང་། གཞོགས་ཕྲ་དང་། ལྐོག་ཕྲའོ། ཚིག་རྩུབ་ལ་ཡང་རྒྱུད་ཀྱིས་རྩུབ་པ་
དང་། ལན་དུ་རྩུབ་པ་དང་། ཡོན་ཏན་དུ་བལྟ་བའི་རྩུབ་པའོ། །ངག་འཁྱལ་ལ།
འཇིག་རྟེན་པའི་དང་། མི་བདེན་པའི་དང་། ཡང་ [419] དག་པའི་ངག་འཁྱལ་ལོ། །བརྣབ་
སེམས་ལ་རང་གི་དང་། གཞན་གྱི་དང་། གཉིས་ཀ་ལ་བརྣབ་པའོ། །གནོད་སེམས་
ལ་གནོད་དུ་འཇུག་པ་དང་། ཕྱོགས་སུ་གནག་པ་དང་། སྡོང་ཟླ་འཚོལ་པའོ། །ལོག་
ལྟ་ལ་དེ་ཁོ་ན་ཉིད་ལ་སྐུར་པ་འདེབས་པ་དང་། ལས་རྒྱུ་འབྲས་ལ་བཀུར་བ་འདེབས་པ་དང་།
འཇིག་རྟེན་པའི་ལོག་ལྟའོ། །དེའི་གཉེན་པོ་དགེ་བ་བཅུ་ནི། སྲོག་གཅོད་པ་སྤོང་བའི་སྟེང་
དུ་སྲོག་འདོན་བྱ་བ་དང་། དེ་བཞིན་དུ་ལྷག་མ་ཀུན་ལ་སྦྱར་ཏེ། མ་ཆགས་པའི་སྦྱིན་པ་
བཏང་བ་དང་། ཚངས་པར་སྤྱོད་པ་ལ་གནས་པ་དང་། བདེན་པ་དང་དྲང་པོས་གཞན་
བསླུ་བ་དང་། གཞན་མི་མཐུན་པ་སྡུམ་པ་དང་། ཞི་བ་དང་། ངེས་པ་དང་། གསོང་
པོར་སྨྲ་བ་དང་། དོན་དང་ལྡན་པའི་གཏམ་སྨྲ་བ་དང་། ཆོག་ཤེས་པར་བྱ་བ་དང་།
བྱམས་པ་དང་སྙིང་རྗེ་བསྒོམ་པ་དང་། ལོག་ལྟ་སྤང་ཞིང་དེ་ཁོ་ན་ཉིད་དང་། ལས་རྒྱུ་
འབྲས་ [420] དང་། དཀོན་མཆོག་གསུམ་ལ་ཡིད་ཆེས་བསྐྱེད་ཅིང་སྐྱབས་སུ་འགྲོ་བའོ།
རྩ་བའི་ལྟུང་བ་ལ། རྒྱལ་པོའི་ལྔ་དང་། བློན་པོའི་ལྔ་ལས་བཞི་ནི་ཐུན་མོང་མ་ཡིན་ལ།
ཐུན་མོང་མ་ཡིན་པ་རེ་རེ་སྟེ་དྲུག་དང་། ལས་དང་པོ་པའི་བརྒྱད་དེ། ནམ་མཁའི་སྙིང་པོའི་
མདོ་ལས་བྱུང་བའི་བཅུ་བཞིའམ་བཅོ་བརྒྱད་དང་། བྱང་ཆུབ་ཀྱི་སེམས་འདོར་བ་དང་།
ཐོགས་མེད་ཀྱིས་གསུངས་པའི་བཞིའི་དང་པོ་ནི། ལས་དང་པོའི་ལྔ་པར་འདུས་པས་གཞན་
གསུམ་དང་། སྤྱིར་ཉི་ཤུ་རྩ་གཉིས་སོ། །དེ་དག་གི་བསྡུ་བའི་ཚིགས་སུ་བཅད་པ་ནི།
དཀོན་མཆོག་གསུམ་གྱི་དཀོར་འཕྲོག་པ། །ཕས་ཕམ་པ་ཡི་ལྟུང་བར་འདོད། །དམ་པའི་
ཆོས་ནི་སྤོང་བྱེད་པ། །གཉིས་པར་ཐུབ་པས་གསུངས་པ་ཡིན། །ཚུལ་ཁྲིམས་འཆལ་
བའི་དགེ་སློང་ལའང་། ངུར་སྨྲིག་འཕྲོག་དང་བརྡེག་པ་དང་། །བརྩོན་རང་འཇུག་པར་
བྱེད་པ་དང་། །རབ་ཏུ་བྱུང་ལས་འབེབས་པ་དང་། །མཚམས་མེད་ལྔ་པོ་བྱེད་པ་དང་།

།ཡོག་པར་ [421] བལྟ་བ་འཛིན་པ་དང་། །གྲོང་དང་གྲོང་ཁྱེར་འཇིག་པ་ཡང་། །རྩ་བའི་
ལྟུང་བར་རྒྱལ་བས་གསུངས། །བློ་སྦྱང་མ་བྱས་སེམས་ཅན་ལ། །སྟོང་པ་ཉིད་ནི་བརྗོད་
པ་དང་། །སངས་རྒྱས་ཉིད་ལ་ཞུགས་པ་དག །རྫོགས་པའི་བྱང་ཆུབ་ཟློག་པ་དང་།
།སོ་སོ་ཐར་པ་ཡོངས་སྤངས་ཏེ། །ཐེག་པ་ཆེ་ལ་སྦྱོར་བ་དང་། །སློབ་པའི་ཐེག་པས་
ཆགས་ལ་སོགས། །སྤོང་བར་འགྱུར་བ་མིན་ཞེས་འཛིན། །ཕ་རོལ་དག་ཀྱང་འཛིན་
འཇུག་དང་། །རང་གི་ཡོན་ཏན་བརྗོད་པ་དང་། །སྨོད་པ་དང་ནི་བཀུར་སྟི་དང་།
།ཚིགས་བཅད་རྒྱུ་ཡིས་གཞན་སྨོད་དང་། །བདག་ནི་ཟབ་མོ་བཟོད་པའོ་ཞེས། །ལོག་པ་
ཉིད་ནི་སྨྲ་བ་དང་། །དགེ་སྦྱོང་ཆད་པས་སྤྱོད་འཇུག་དང་། །དཀོན་མཆོག་གསུམ་གྱི་
སྦྱིན་བྱེད་དང་། །སྦྱིན་པ་ལེན་པར་བྱེད་པ་དང་། །ཞི་གནས་འདོར་བར་བྱེད་པ་དང་།
།ཡང་དག་འཇོག་གི་ལོངས་སྤྱོད་རྣམས། །ཁ་ཏོན་བྱེད་ལ་སྦྱིན་པ་རྣམས། །དེ་དག་རྩ་
བའི་ལྟུང་ [422] བ་སྟེ། །སེམས་ཅན་དམྱལ་བ་ཆེན་པོའི་རྒྱུ། །ཞེས་དང་། བྱང་ཆུབ་
སེམས་ནི་ཡོངས་འདོར་དང་། །ཆགས་དང་སེར་སྣ་མི་བཟད་པས། །སློང་ལ་སྦྱིན་པར་
མི་བྱེད་དང་། །བསྒྲིམས་ཏེ་དགའ་བར་བྱེད་པ་ན། །སེམས་ཅན་ལ་ནི་མི་བཟོད་པར།
།ཁྲོས་པས་སེམས་ཅན་བརྡེག་པ་དང་། །ཉོན་མོངས་པ་དང་གཞན་མཐུན་པས། །ཆོས་
ལྟར་བཅོས་པ་བརྗོད་པའོ། །ཞེས་པ་སྟེ། འདི་ཐམས་ཅད་ལ་ཡང་། རྟེན་གྱི་ཁྱད་པར་
དང་། རྒྱུ་དང་། ཡུལ་དང་། རང་བཞིན་དང་། གནས་སྐབས་ཀྱི་ཁྱད་པར་དང་
སྦྱར་དགོས་ཏེ། དེ་ལྟར་མ་ཡིན་ན་ཉེས་པ་གཏན་མེད་པའམ། ཉེས་པ་གཞན་ཡང་འདིར་
གཏོགས་པ་མེད་པའམ། དམན་པར་གྱུར་ཡང་དངོས་གཞི་མེད་པར་འགྱུར་བས། ཉེས་
པ་མེད་པ་ཞེས་བྱ་བར་བཞག་གོ །དང་པོ་འདི་ལ་རྟེན་གྱི་རྒྱལ་པོ་དང་བློན་པོ་བྱང་ཆུབ་
སེམས་དཔའི་སྡོམ་པ་ཅན་ཏེ། ཐུན་མོང་བའི་འོག་མ་གསུམ་ལ་ཡང་ངོ་། །རྒྱུ་འདོད་
ཆགས་སོ། །ཡུལ་དཀོན་མཆོག་ [423] གསུམ་ལ་གཞན་གྱིས་བསམ་པ་ཐག་པ་ནས་ཕུལ་
བའི་རྫས་སོ། །རང་བཞིན་ནི། རང་ཉིད་ཀྱིས་འཕྲོག་གམ། གཞན་འཕྲོག་ཏུ་འཇུག་
པའོ། །གནས་སྐབས་བསམ་པ་རང་བཞིན་དུ་གནས་པས་ཐམས་ཅད་ལ་ཡང་རིག་པར་བྱའོ།

།གཉིས་པའི་རྒྱུ་གཏི་མུག་གོ །ཡུལ་ཐེག་པ་གསུམ་གྱི་ཆོས་གང་ཡང་རུང་བའོ། །རང་
བཞིན་ནི་བདག་སྤོང་ཞིང་གཞན་སྤོང་དུ་འཇུག་པའོ། །གསུམ་པའི་རྒྱུ་ཞེ་སྡང་ངོ་། །ཡུལ་ནི་
ཆོས་འདི་པའི་རྟགས་གཟུང་བ་ཚུལ་ཁྲིམས་དང་ལྡན་པའམ། མི་ལྡན་ན་ཡང་རུང་བའོ།
རང་བཞིན་ནི་དུར་སྙིག་འཕྲོག་པ་ལ་སོགས་པའོ། །བཞི་པའི་རྒྱུ་ཞེ་སྡང་ངོ་། །ཡུལ་ཕ་མ་
དང་། དགྲ་བཅོམ་པ་དང་། དགེ་འདུན་འདུམ་པ་དང་། སངས་རྒྱས་སོ། །རང་
བཞིན་ནི། དེ་དག་གི་སྲོག་གཅོད་པ་དང་། སྟོན་པ་དང་མཆོག་ཟུང་གཅིག་དང་བཞུགས་པའི་དུས་སུ་དགེ་
འདུན་གྱི་དབྱེན་བྱེད་པ་ འཁོར་ལོའི་འབྱེན་བྱེད་པ་དང་། ངན་སེམས་ཀྱིས་ཁྲག་འབྱིན་པའོ།
།དེ་ཡང་ཀྱི་ཡ་དཔྱུང་བཟང་ [424] ལས། གང་ཞིག་དགྲ་བཅོམ་ཕ་མ་གསོད་པ་དང་། །ཐུབ་
པའི་དགེ་འདུན་དབྱེན་ནི་བྱེད་པ་དང་། །དེ་བཞིན་གཤེགས་པ་སྡང་བའི་སེམས་ཀྱིས་སུ།
།གང་ཞིག་མི་དག་སྐུ་འཚལ་འབྱིན་བྱེད་པ། །ཤིན་ཏུ་མི་བཟད་པ་ཡི་ལས་འདི་རྣམས།
།རྒྱལ་བས་མཚམས་མེད་ལྔ་པོ་ཡིན་པར་བཤད། །ཅེས་པ་དང་། ཉེ་བ་ལྔ་ནི། མཆོད་
རྟེན་བཤིག་ཅིང་བྱང་ཆུབ་སེམས་དཔའ་གསོད། །ཉོན་མོངས་ཟད་པའི་མ་ནི་སུན་འབྱིན་ཅིང་།
།སློབ་པ་གསོད་ཅིང་དགེ་འདུན་འདུ་བ་ལ། །གང་ཞིག་འདོད་པ་མང་ཙུང་རྐུ་འཕྲོག་པ།
།མཚམས་མེད་ཉེ་ལྔར་དེ་བཞིན་གཤེགས་པས་གསུངས། །ཞེས་གསུངས་སོ། །ལྔ་པའི་
རྟེན་རྒྱལ་པོ་སྟོམ་པ་ཅན་ནོ། །རྒྱུ་གཏི་མུག་གོ །ཡུལ་ལས་དགེ་མི་དགེ་རྒྱུ་དང་འབྲས་
བུའོ། །རང་བཞིན་དེ་དག་མི་བདེན་པར་རང་ཉིད་འཛིན་ཅིང་གཞན་ཡང་འཛིན་དུ་འཇུག་པའོ།
།དྲུག་པའི་རྟེན་བློན་པོ་སྟོམ་པ་ཅན་ནོ། །རྒྱུ་ཞེ་སྡང་ངོ་། ཡུལ་གཞན་གྱིས་བདག་གིར་
བྱེད་པའི་ [425] གྲོང་ལ་སོགས་པའོ། །རང་བཞིན་ནི་དེ་དག་འཇིག་པའོ། །དེ་ལྟར་ཐུན་
མོང་བ་བཞི་དང་། ཐུན་མོང་མ་ཡིན་པ་རེ་རེ་སྟེ། ལྔ་ཚན་གཉིས་ནི་རྒྱལ་བློན་གྱིའོ།
།ལས་དང་པོ་པའི་རྩ་ལྟུང་བརྒྱད་ཀྱི་རྟེན་ནི། རྒྱལ་བློན་ལས་གཞན་པའི་བྱང་ཆུབ་སེམས་
དཔའི་སྟོམ་པ་ཅན་ནོ། །དང་པོ་བཞིའི་རྒྱུ་ནི་གཏི་མུག་གོ །དང་པོའི་ཡུལ་ནི་བློ་སྦྱང་བ་
མ་བྱས་པའི་སེམས་ཅན་ནོ། །རང་བཞིན་ནི་སྟོང་པ་ཉིད་ཟབ་མོ་བསྟན་པས་སྐྲག་པར་བྱས་
ནས། བྱང་ཆུབ་ཀྱི་སེམས་ཟློག་པར་བྱེད་པའོ། །གཉིས་པ་ནི་ཡུལ་སངས་རྒྱས་ཉིད་ལ་

ཞུགས་པའོ། །རང་བཞིན་དེ་ལས་བཟློག་ནས་ཐེག་པ་ཆུང་ངུ་ལ་དགོད་པའོ། །གསུམ་པ་དང་བཞི་པའི་ཡུལ་ནི་ཐེག་པ་གཉིས་ཀྱི་གཞུང་ངོ་། །རང་བཞིན་ནི་དེ་སྤོང་བའི་ལམ་མ་ཡིན་ཞེས། བདག་ཉིད་སྤང་ཞིང་གཞན་ཡང་དེ་ལས་བཟློག་ནས་ཐེག་པ་ཆེན་པོ་ལ་འགོད་པའོ། །ལྔ་པའི་རྒྱུ་སྙེད་པ་དང་བཀུར་སྟི་ལ་ཆགས་པའོ། །ཡུལ་རང་དང་ [426] གཞན་ནོ། །རང་བཞིན་ནི་བདག་ལ་བསྟོད་ཅིང་གཞན་ལ་སྨོད་པའོ། །དྲུག་པའི་ཡུལ་ནི་དོན་གོ་བའི་མི་དང་སྟོང་པ་ཉིད་དོ། རྒྱུ་གཏི་མུག་གོ །རང་བཞིན་ནི་འདུ་ཤེས་བསྒྱུར་ནས་སྟོང་པ་ཉིད་མཐོང་ངོ་ཞེས་སྨྲ་བའོ། །བདུན་པའི་རྒྱུ་ནི་ཞེ་སྡང་ངོ་། །ཡུལ་རྒྱལ་རིགས་དང་། དགེ་སློང་དང་། དགེ་འདུན་གྱི་ནོར་ལ་སོགས་པའོ། །རང་བཞིན་ནི་དབྱིན་གྱི་རྒྱུས་དགེ་སློང་གིས་བཀུས་ནས་སྦྱིན་པ་ལེན་ཅིང་སྟེར་བར་བྱེད་པའོ། །བརྒྱད་པ་ནི་རྒྱུ་ཞེ་སྡང་ངོ་། །ཡུལ་དགེ་སློང་གི་ཞི་གནས་དང་། སྤོང་བ་ལ་བརྩོན་པའི་ལོངས་སྤྱོད་དོ། །རང་བཞིན་ནི་ཁྲིམས་ངན་པ་བཅས་པ་ལ་སོགས་པའི་སྒོ་ནས། ཞི་གནས་འདོར་ཞིང་སྤོང་བ་ལ་དགའ་བའི་ལོངས་སྤྱོད་ཁ་ཏོན་ལ་དགའ་བ་ལ་སྟེར་བའོ། །ཐམས་ཅད་ལ་ཐུན་མོང་དུ་ངེས་པའི་རྩ་ལྟུང་ནི། བྱང་ཆུབ་སེམས་ནི་ཡོངས་འདོར་དང་། །ཞེས་པ་སྟེ། རྟེན་བྱང་ཆུབ་སེམས་དཔའི་སྡོམ་པ་ཅན་ནོ། །རྒྱུ་ལེ་ལོ་ལ་སོགས་པའོ། །རང་བཞིན་ནི་དེ་དོར་ [427] ནས་ཐེག་པ་དམན་པ་ཡིད་ལ་བྱེད་པས་གནས་པའོ། །དེའི་ཉེས་དམིགས་ནི། སྡུད་པ་ལས། གལ་ཏེ་བསྐལ་པ་བྱེ་བར་དགེ་བའི་ལས་ལམ་བཅུ། །སྤྱོད་ཀྱང་རང་རྒྱལ་དགྲ་བཅོམ་ཉིད་ལ་འདོད་བསྐྱེད་ན། །དེ་ཚེ་ཚུལ་ཁྲིམས་སྐྱོན་བྱུང་ཚུལ་ཁྲིམས་ཉམས་པ་ཡིན། །སེམས་བསྐྱེད་དེ་ནི་ཕས་ཕམ་པས་ཀྱང་ཤིན་ཏུ་ལྕི། །ཞེས་པའི་ཚུལ་གྱིས། འདི་ནི་བཞི་མེད་པའི་ལྟུང་བ་གཞན་ཐམས་ཅད་པས་བྱང་ཆུབ་སེམས་དཔའ་ལ་ལྕི་བའི་རྣམ་པར་བཞག་པའོ།

།གཞན་གྱི་ལུགས་བརྗོད་པ་ལ། སྙེད་དང་བཀུར་སྟི་ཆགས་པ་ཡིས། །བདག་བསྟོད་གཞན་ལ་སྨོད་པ་ནི། །ལས་དང་པོ་པའི་ལྟ་པར་བཤད་པས། འདིར་མ་བརྗོད་དོ། །གཉིས། པ་ཆགས་དང་སེར་སྣ་མི་བཟད་པས། །སློང་ལ་སྦྱིན་པར་མི་བྱེད་དང་། །ཞེས་པའི་རྟེན་བྱང་ཆུབ་སེམས་དཔའི་སྡོམ་པ་ཅན་ཆོས་དང་ནོར་ཡོད་པའོ། །རྒྱུ་སེར་སྣའོ།

།ཡུལ་སྡུག་བསྔལ་ཞིང་མགོན་མེད་པ་སེམས་ཐག་པ་ནས་ [428] ཆོས་དང་ནོར་འདོད་པའོ། །རང་བཞིན་ནི་ཆོས་དང་ནོར་མི་སྟེར་བའོ། །གསུམ་པ་བསྒྲིམས་ཏེ་ལ་སོགས་པའི་རྒྱུ་ནི་ཞེ་སྡང་ངོ་། །ཡུལ་བདག་དང་ཁོན་ཞུགས་པས་བསམ་པ་ཐག་པ་ནས་ཆོས་དང་མཐུན་པར་བཟོད་པར་གསོལ་བའོ། །རང་བཞིན་ནི་མི་བཟོད་ཅིང་ཁྲོ་བ་ལ་སོགས་པའོ། །བཞི་པ་ཉོན་མོངས་པ་དང་། སོགས་ཀྱི་རྒྱུ་ནི་གཏི་མུག་གོ །ཡུལ་ཐེག་པ་ཆེན་པོ་དང་ཆོས་ལྟར་སྣང་བའོ། །རང་བཞིན་ནི་སྔ་མ་སྤོང་ཞིང་ཕྱི་མ་གཞུང་འཛུགས་པའོ། །གལ་ཏེ་འདིར་རྒྱལ་པོའི་ལྷ་ལ་སོགས་པར་བཞག་ཅིང་གཞན་དུ་བཞིར་བཞག་པ་རྣམ་བཞག་ཐ་དད་པ་འདི་ཇི་ལྟར་ཡིན་ཞེ་ན། འདོད་ལུགས་མི་མཐུན་པ་མང་ཡང་། འདི་ནི་མཚན་ཉིད་ཀྱིས་ཁྱབ་པའི་ལྟུང་བའི་རྣམ་པར་དབྱེ་བ་སྟེ། རྒྱལ་པོའི་ལྷ་ལ་སོགས་པ་ཐམས་ཅད་ཀྱང་འདིར་འདུས་པ་ཉིད་དོ། །བཞིར་རྣམ་པར་བཞག་པ་ཡང་ཅི་ལྟར་ཉན་ཐོས་ཀྱི་སོ་སོ་ཐར་པ་ལས། གཙོ་བོ་ཉོན་མོངས་པ་གསུམ་གྱིས་བསྐྱེད་པ་ལ་ལྟོས་ཏེ། སེམས་ [429] ཅན་དང་ཡོ་བྱད་ལ་ཆགས་པ་ལས། མི་ཚངས་པར་སྤྱོད་པ་དང་། རྐུ་བ་གཉིས་བཞག་ཅིང་། ཞེ་སྡང་ལས་སྲོག་གཅོད་པ་དང་། གཏི་མུག་ལས་རྫུན་དུ་སྨྲ་བ་བཞག་པ་བཞིན་དུ། དེ་དང་ཆ་མཐུན་པར་འདོད་ཆགས་ལས་དང་པོ་གཉིས་དང་། ཞེ་སྡང་ལས་གསུམ་པ་དང་། གཏི་མུག་ལས་བཞི་པར་རྣམ་པར་བཞག་གོ །ཞེས་གསུངས་ཡང་། སློབ་དཔོན་ཞི་བ་ལྷའི་བཞེད་པ་དེ་ལྟར་ཡིན་པའི་ངེས་པ་མེད་དེ། དེ་ལྟར་བཞེད་ན་ལུགས་གཉིས་ཀ་བྲི་བར་མི་རིགས་སོ། །བཞི་པོ་བསྡུངས་པས་མདོ་ནས་བྱུང་བ་རྣམས་པ་བསྡུང་བར་མི་འགྱུར་ལ། མདོ་ནས་རྩ་ལྟུང་དུ་བཤད་པ་རྣམས་ཀྱང་ངེས་པ་ཁོ་ནར་བསྡུང་དགོས་སོ། །རྒྱུ་དུག་གསུམ་གྱིས་བསྐྱེད་པ་ལ་ལྟོས་ཏེ། མདོ་ནས་བཤད་པ་རྣམས་བཞི་པོར་འདུར་ནི་བཏུབ་བོ། །ཁ་ཅིག་ན་རེ། སྨུམ་ཁྲུར་དང་དབྱུག་པའི་རིགས་པས་སོ་སོ་ཐར་པའི་ཐུན་མོང་བ་བཞི་དང་། དེ་བཞིན་དོན་གྱིས་གོ་བར་འགྱུར་ཏེ། རྙེད་ [430] པ་དང་བཀུར་སྟི་ལ་ཆགས་པས་བདག་ལ་བསྟོད་ཅིང་གཞན་ལ་སྨོད་པ་དང་། སེར་སྣས་བདག་གི་ནོར་གཞན་ལ་མ་བྱིན་པ་དང་། ཁྲོས་པས་གཞན་ལ་འཚོག་པ་དང་། རྨོངས་པས་ཆོས་ལྟར་བཅོས་པར་སྨྲ་ན་ཡང་ལྟུང་བར་འགྱུར་ན། རིམ་པ་བཞིན་

དུ་གཞན་ལ་ཆགས་པས་མི་ཚངས་པར་སྤྱོད་པ་དང་། གཞན་གྱི་ནོར་བརྐུས་པ་དང་།
གཞན་གྱི་སྲོག་གཅོད་པ་དང་། རྫུན་དུ་སྨྲ་བ་རྣམས་ལྔ་སྨོས་སུ་ཡང་མེད་དོ་ཞེས་གསུངས་པ་
དེ་ནི་རིགས་སུ་གསུང་ངོ་། འོན་ཀྱང་ཐམས་ཅད་དུ་ཉན་ཐོས་དང་ཚུལ་བསྟུན་པ་ནི། བྱང་
ཆུབ་སེམས་དཔའ་ལ་མི་བཞག་སྟེ། སྲོག་གཅོད་པ་ལ་སོགས་པ་ཉན་ཐོས་ལ་རྩ་ལྟུང་དུ་
འགྱུར་ལ། བྱང་ཆུབ་སེམས་དཔའ་ལ་ལྟུང་བ་གཏན་མེད་དུ་བཞག་པའོ། །དཀོན་མཆོག་
གསུམ་ལ་གསུམ་མི་མཆོད་ཞེས་པ་ལ་སོགས་ཉེས་བྱས་ཀྱི་རིགས་རྣམས་ནི་གཞན་དུ་ཤེས་པར་
བྱའོ། །དགེ་བ་ཆོས་སྡུད་ཀྱི་ཚུལ་ཁྲིམས་ནི་ཕ་རོལ་ཏུ་ཕྱིན་པ་དྲུག་གོ །དེ་ལ་དོན་ [431]
བཅུ་སྟེ། ངོ་བོ་དང་། ངེས་ཚིག་དང་། བསྒོམ་པ་དང་། མཚན་ཉིད་དང་།
དབྱེ་བ་དང་། ཡང་དག་དང་། གཙོ་བོའི་དོན་བསྟན་པ་དང་། ཁྱད་པར་དང་།
འབྲས་བུ་དང་། གྲངས་ངེས་པ་དང་། གོ་རིམས་ངེས་པའོ། །དེ་ལ་སྦྱིན་པའི་ངོ་བོ་ནི་
མདོ་སྡེའི་རྒྱན་ལས། དོན་རྣམས་གཏོང་བར་བྱེད་པ་དང་། ཞེས་པ་སྟེ། ལེན་པ་པོ་
རྣམས་གང་འདོད་པའི་དོན་གཏོང་བའོ། །ཚུལ་ཁྲིམས་ཀྱི་ངོ་བོ་ནི། སྤྱོད་འཇུག་ལས།
སྤོང་བའི་སེམས་ནི་ཐོབ་པ་ལ། །ཚུལ་ཁྲིམས་ཕ་རོལ་ཕྱིན་པར་བཤད །ཅེས་སྟེ། ཁས་
བླངས་པའི་སྡོམ་པའི་མི་མཐུན་ཕྱོགས་སྤོང་བའོ། །བཟོད་པའི་ངོ་བོ་ནི། དེ་ཉིད་ལས།
ཁྲོ་བའི་སེམས་ནི་གཅིག་བཅོམ་པས། །ཞེས་པ་སྟེ། ཁྲོ་བ་ཉེ་བར་ཞི་བའོ། །བརྩོན་
འགྲུས་ཀྱི་ངོ་བོ་ནི། རྒྱན་ལས། དགེ་ལ་ཡང་དག་སྤྲོ་བ་དང་། །ཞེས་པ་སྟེ། བྱང་
ཆུབ་འཐོབ་པའི་དོན་དུ་དགེ་བ་ལ་སྤྲོ་བའོ། །བསམ་གཏན་གྱི་ངོ་བོ་ནི། རྒྱན་ [432] ལས།
སེམས་ནི་ནང་དུ་གནས་པ་དང་། །ཞེས་པ་སྟེ། དགེ་སེམས་ནང་དུ་གནས་པའོ།
།ཤེས་རབ་ཀྱི་ངོ་བོ་ནི། དེ་ཉིད་ལས། ཤེས་བྱ་ཡང་དག་རབ་རྣམ་འབྱེད། །ཅེས་
པའམ། ཤེས་རབ་ལྡན་ཕྱིར་དེ་ཉིད་རིག །ཅེས་པ་སྟེ། ཤེས་བྱ་ཕྱིན་ཅི་མ་ལོག་པར་
རྣམ་པར་འབྱེད་པའམ། དེ་ཁོ་ན་ཉིད་རིག་པའོ། །ངེས་ཚིག་ནི། མདོ་སྡེ་རྒྱན་ལས།
དབུལ་བ་འདོར་བར་བྱེད་པ་དང་། །བསིལ་བ་འཐོབ་དང་ཁྲོ་བཟོད་དང་། །མཆོག་སྦྱོར་
བ་དང་ཡིད་འཛིན་དང་། །དོན་དམ་ཤེས་པའི་ཕྱིར་བཤད་དོ། །ཅེས་པས། དབུལ་བ་

འདོར་བར་བྱེད་པ་ནི་སྦྱིན་པའོ། །བསིལ་བ་འཐོབ་པར་བྱེད་པ་ནི་ཚུལ་ཁྲིམས་ཏེ། དེ་དང་ལྡན་པ་ལ་ཡུལ་གྱི་མཚན་མའི་ཡོངས་སུ་གདུང་བ་མེད་པའི་ཕྱིར་རོ། །གཞན་གྱི་ཁྲོ་བོ་བཟོད་པས་ན་བཟོད་པའོ། །མཆོག་ལ་སྦྱོར་བར་བྱེད་པས་ན་བརྩོན་འགྲུས་སྟེ། དགེ་བའི་ཆོས་ལ་སྦྱོར་བར་བྱེད་པའི་ཕྱིར་རོ། །ཡིད་ནང་དུ་འཛིན་པར་བྱེད་པས་ན་ [433] བསམ་གཏན་ནོ། །འདིས་དོན་དམ་པ་ཤེས་པས་ན་ཤེས་རབ་བོ། །བསྒོམ་པ་ནི་དེ་བཞིན་ཡིད་ལ་བྱེད་པ་དང་། ཞེས་པ་སྟེ། འདི་ལ་བཞི་སྟེ། མོས་པ་ཡིད་ལ་བྱེད་པ་ནི། ཕ་རོལ་ཏུ་ཕྱིན་པའི་མདོ་སྡེ་ཐམས་ཅད་ལ་མོས་པ་ཡིན་ནོ། །རོ་མྱོང་བ་ཡིད་ལ་བྱེད་པ་ནི། ཕ་རོལ་ཏུ་ཕྱིན་པ་དག་ལ་ཡོན་ཏན་དུ་བལྟ་བའི་ཚུལ་གྱིས་རོ་མྱོང་བར་བྱེད་པ་ཡིན་ནོ། །རྗེས་སུ་ཡི་རང་བ་ཡིད་ལ་བྱེད་པ་ནི། འཇིག་རྟེན་གྱི་ཁམས་ཐམས་ཅད་ན་སེམས་ཅན་ཐམས་ཅད་ཀྱི་སྦྱིན་པ་ལ་སོགས་པ་ལ་རྗེས་སུ་ཡི་རང་བ་ཡིན་ནོ། །མངོན་པར་དགའ་བ་ཡིད་ལ་བྱེད་པ་ནི། བདག་ཉིད་དང་སེམས་ཅན་རྣམས་ཀྱི་ཕ་རོལ་ཏུ་ཕྱིན་པའི་ཁྱད་པར་མ་འོངས་པ་ལ་མངོན་པར་དགའ་བ་ཡིན་ནོ། །མཚན་ཉིད་ནི། རྒྱན་ལས། སྦྱིན་པ་མི་མཐུན་ཕྱོགས་ཉམས་དང་། །རྣམ་པར་མི་རྟོག་ཡེ་ཤེས་ལྡན། །འདོད་པ་ཐམས་ཅད་ཡོངས་རྫོགས་བྱེད། །སེམས་ཅན་རྣམ་སྨིན་བྱེད་རྣམ་གསུམ། །ཞེས་པ། [434] དེ་བཞིན་དུ་ཤེས་རབ་ཀྱི་བར་དུའོ། །བྱང་ཆུབ་སེམས་དཔའ་རྣམས་ཀྱི་ཕ་རོལ་ཏུ་ཕྱིན་པ་རྣམ་པ་དྲུག་གི་མཚན་ཉིད་ནི་རྣམ་པ་བཞི་སྟེ། སེར་སྣ་དང་། འཆལ་བའི་ཚུལ་ཁྲིམས་དང་། ཁོང་ཁྲོ་དང་ལེ་ལོ་དང་། རྣམ་པར་གཡེང་བ་དང་། འཆལ་བའི་ཤེས་རབ་རྣམས་སྤང་བའི་ཕྱིར་མི་མཐུན་པའི་ཕྱོགས་ཉམས་པ་དང་། ཆོས་བདག་མེད་པ་རྟོགས་པ་དང་ལྡན་པའི་ཕྱིར། །རྣམ་པར་མི་རྟོག་པའི་ཡེ་ཤེས་དང་ལྡན་པ་དང་། གང་ཅི་འདོད་པ་དེ་ལ་སྦྱིན་པ་དང་། གཞན་དག་ལ་ལུས་དང་ངག་ཐམས་ཅད་ཡང་དག་པར་སྡོམ་པ་དང་། གནོད་པར་བྱེད་པ་ལ་བཟོད་པ་དང་། གཞན་གྱི་གྲོགས་བྱེད་པ་དང་། ཡིད་ལ་འཐད་པ་དང་། ཐེ་ཚོམ་གཅོད་པས་འདོད་པས་ཡོངས་སུ་རྫོགས་པར་བྱེད་པའོ། །སེམས་ཅན་ཡོངས་སུ་སྨིན་པར་བྱེད་པ་ནི། སྦྱིན་པ་ལ་སོགས་པས་བསྡུས་ནས་ཐེག་པ་གསུམ་ལ་སྐལ་བ་ཇི་ལྟ་བ་བཞིན་དུ་སྦྱོར་བའི་ཕྱིར། །སེམས་ཅན་ཡོངས་སུ་སྨིན་པར་བྱེད་པ་

རྣམ་པ་ [435] གསུམ་མོ། དབྱེ་བ་ལ་གཉིས་ཏེ། དབྱེ་བ་དངོས་དང་། བསྡུ་བའོ།
།དབྱེ་ན་སྦྱིན་པ་ལ་གསུམ། ཆོས་ཀྱི་སྦྱིན་པ་དང་། ཟང་ཟིང་གི་སྦྱིན་པ་དང་། མི་
འཇིགས་པའི་སྦྱིན་པའོ། །ཚུལ་ཁྲིམས་ལ། སྡོམ་པའི་ཚུལ་ཁྲིམས་དང་། དགེ་བ་
ཆོས་སྡུད་ཀྱི་ཚུལ་ཁྲིམས་དང་། སེམས་ཅན་དོན་བྱེད་ཀྱི་ཚུལ་ཁྲིམས་སོ། །བཟོད་པ་ལ་
གནོད་པ་བྱེད་པ་ལ་ཇི་མི་སྙམ་པའི་བཟོད་པ་དང་། སྡུག་བསྔལ་དང་དུ་ལེན་པའི་བཟོད་པ་
དང་། ཆོས་ལ་ངེས་པ་རྟོགས་པའི་བཟོད་པའོ། །བརྩོན་འགྲུས་ལ། གོ་ཆའི་བརྩོན་
འགྲུས་དང་། སྦྱོར་བའི་བརྩོན་འགྲུས་དང་། ཆོག་པར་མི་འཛིན་པའི་བརྩོན་འགྲུས་སོ།
།བསམ་གཏན་ལ། དེ་རྣམ་གསུམ་ཞེས་པ་སྟེ། རྟོག་པ་དང་བཅས་ཤིང་དཔྱོད་པ་དང་
བཅས་པ་དང་། རྟོག་པ་མེད་པ་ལ་དཔྱོད་པ་ཙམ་དང་བཅས་པ། རྟོག་པ་ཡང་མེད་ལ་
དཔྱོད་པ་ཡང་མེད་པའོ། །ཡང་གསུམ། དགའ་བ་དང་ལྡན་པ་དང་། སིམ་པ་དང་
[436] ལྡན་པ་དང་། བཏང་སྙོམས་དང་ལྡན་པའོ། །ཤེས་རབ་ལ་གསུམ། འཇིག་
རྟེན་པ་དང་། འཇིག་རྟེན་ལས་འདས་པ་དང་། འཇིག་རྟེན་ལས་འདས་པ་ཆེན་པོའོ།
།ཡང་གསུམ་སྟེ། ཐོས་པའི་ཤེས་རབ་དང་། བསམ་པའི་ཤེས་རབ་དང་། སྒོམ་པའི་
ཤེས་རབ་བོ། །ཁ་ཅིག་ཀུན་རྫོབ་ཤེས་པའི་ཤེས་རབ་དང་། དོན་དམ་ཤེས་པའི་ཤེས་རབ་
དང་། ཐ་མི་དད་པ་ཤེས་པའི་ཤེས་རབ་ལ་ཡང་འདོད་དོ། །བཅོ་བརྒྱད་པོ་རེ་རེ་ལ་ཡང་
སེམས་ཅན་གྱི་དོན་དུ་བྱེད་པ་དང་། སེམས་ཅན་ལ་མི་གནོད་པར་བྱེད་པ་དང་། དཀའ་
བའི་སྡུག་བསྔལ་བཟོད་པར་བྱེད་པ་དང་། བྱ་བ་གཞན་གྱི་བར་དུ་མ་ཆོད་ཅིང་སྦྱོར་བས་བྱེད་པ་
དང་། སེམས་མ་ཡེངས་པར་བྱེད་པ་དང་། དེ་ཐམས་ཅད་སྟོང་པ་དང་སྒྱུ་མ་ལྟ་བུར་ཤེས་
པར་བྱེད་པ་སྟེ། དྲུག་དྲུག་དང་ལྡན་པས། བརྒྱ་རྩ་བརྒྱད་དུ་ཡང་འགྱུར་རོ། །དེ་ཡང་
བསྡུ་ན་ཚོགས་གཉིས་སུ་འདུ་སྟེ། སྦྱིན་པ་དང་ཚུལ་ཁྲིམས་བསོད་ནམས་ཀྱི་ཚོགས་ཡིན་ལ།
ཤེས་ [437] རབ་ཡེ་ཤེས་ཀྱི་ཚོགས་སོ། །ལྷག་མ་གསུམ་ནི་གཉིས་ཀ་ཡིན་ནོ། །ཤེས་
རབ་ཀྱི་ཟིན་ན་ལྔ་ཆར་ཡང་ཡེ་ཤེས་ཀྱི་ཚོགས་སོ། །དེ་ཡང་བྱམས་པའི་ཞལ་ནས། མདོ་
སྡེའི་རྒྱན་ལས། སྦྱིན་དང་ཚུལ་ཁྲིམས་བསོད་ནམས་ཀྱི། །ཚོགས་ཡིན་ཤེས་རབ་ཡེ་

ཤེས་ཀྱི། །གསུམ་པོ་གཞན་ནི་གཉིས་ཀའི་སྟེ། །ལྔ་ཆར་ཡང་ནི་ཡེ་ཤེས་ཚོགས། །ཞེས་གསུངས་སོ། །ཇོ་བོས་ནི་ལྔ་པོ་ཐབས་ཡིན་ལ། ཤེས་རབ་དང་གཉིས་སུ་འདོད་དོ། །དེ་ཡང་། ཤེས་རབ་ཕ་རོལ་ཕྱིན་སྤྱངས་པའི། །སྦྱིན་པའི་ཕ་རོལ་ཕྱིན་ལ་སོགས། །དགེ་བའི་ཆོས་རྣམས་ཐམས་ཅད་དག །རྒྱལ་བ་རྣམས་ཀྱིས་ཐབས་སུ་བཤད། །ཅེས་གསུངས་སོ། །ཡང་དག་པར་དང་གཙོ་བོའི་དོན་བསྟན་པ་ལ་གཉིས་ཏེ། །ཡང་དག་པ་ནི། རེ་བ་མེད་པའི་སྦྱིན་པ་དང་། །ཡང་སྲིད་མི་འདོད་ཚུལ་ཁྲིམས་དང་། །ཐམས་ཅད་ལ་ནི་བཟོད་པ་དང་། །ཡོན་ཏན་ཀུན་འབྱུང་བརྩོན་འགྲུས་དང་། །དེ་བཞིན་བསམ [438] གཏན་གཟུགས་མེད་མིན། །ཤེས་རབ་ཐབས་དང་ལྡན་པ་ནི། །ཕ་རོལ་ཕྱིན་པ་དྲུག་པོ་ལ། །བརྟན་པ་རྣམས་ཀྱིས་ཡང་དག་སྦྱོར། །ཞེས་གསུངས་སོ། །གཙོ་བོ་ནི། མདོ་སྡེའི་རྒྱན་ལས། ཆོས་སྦྱིན་ཚུལ་ཁྲིམས་དག་པ་དང་། །མི་སྐྱེ་བཟོད་པ་ཐོབ་ཉིད་དང་། །ཐེག་ཆེན་བརྩོན་འགྲུས་བརྩམ་པ་དང་། །མཐའ་དང་སྙིང་རྗེ་ལྡན་གནས་དང་། །ཤེས་རབ་བློ་ལྡན་རྣམས་ཀྱི་ནི། །ཕ་རོལ་ཕྱིན་པ་གཙོ་བོར་འདོད། །ཅེས་པ་སྟེ། ཆོས་ཀྱི་སྦྱིན་པ་དང་། འཕགས་པ་དགྱེས་པའི་ཟག་པ་མེད་པའི་ཚུལ་ཁྲིམས་དང་། མི་སྐྱེ་བའི་ཆོས་ལ་བཟོད་པ་དང་། ཐེག་པ་ཆེན་པོའི་ཆོས་ལ་བརྩོན་འགྲུས་རྩོམ་པ་དང་། བསམ་གཏན་བཞི་པ་སྙིང་རྗེ་ཚད་མེད་པ་དང་ལྡན་པ་དང་། དོན་དམ་ཤེས་པའི་ཤེས་རབ་ནི། ཕ་རོལ་ཏུ་ཕྱིན་པ་རྣམས་ཀྱི་གཙོ་བོའོ། །ཁྱད་པར་ལ་གཉིས་ཏེ། མི་མཐུན་པ་དང་། གཉེན་པོའི་ཁྱད་པར་དང་། བཙོས་མ་དང་། ཡང་དག་པའི་ཁྱད་པར་རོ། །དང་པོ་ནི། ལོངས་སྤྱོད་ཆགས་ [439] དང་ཉམས་བཅས་དང་། །ང་རྒྱལ་ཉིད་དང་བསོད་ཉམས་དང་། །རོ་མྱང་བ་དང་རྣམ་རྟོག་ནི། །བསྟན་པ་རྣམས་ཀྱི་ཉམས་པའི་རྒྱུ། །དེ་དག་གཉེན་པོ་ལ་གནས་པའི། །བྱང་ཆུབ་སེམས་དཔའ་རྣམས་ཀྱིས་ནི། །དེ་ལས་བཟློག་ཕྱིར་ཁྱད་པར་གྱི། །སྐལ་ཅན་ཆོས་སུ་ཤེས་པར་བྱ། །ཞེས་གསུངས་པས། ཕ་རོལ་ཏུ་ཕྱིན་པ་དྲུག་གི་མི་མཐུན་ཕྱོགས་ནི། ཉམས་པའི་སྐལ་བ་ཅན་ཡིན་ལ། དེ་དག་གི་གཉེན་པོ་ནི་ཁྱད་པར་དུ་འགྱུར་བའི་སྐལ་པ་ཅན་ཡིན་པར་ཤེས་པར་བྱའོ། །གཉིས་པ་ནི། མདོ་སྡེའི་རྒྱན་ལས། སྤྱུལ་པ་དང་ནི་ཚུལ་

འཆོས་དང་། །བཞིན་གྱི་མཛེས་ནི་སྟོན་པ་དང་། །དེ་བཞིན་འཕྲུལ་ལ་འཇུག་པ་དང་། །ལུས་དང་ངག་ནི་ཞི་བ་དང་། །དེ་བཞིན་སྨྲ་མཁས་ཕུན་སུམ་ཚོགས། །དེ་དག་སྒྲུབ་དང་བྲལ་བ་ནི། བྱང་ཆུབ་སེམས་དཔའ་རྣམས་དག་གིས། །ཡང་དག་མིན་པ་ཉིད་དུ་བཤད། །བཟློག་པ་རབ་ཏུ་སྦྱོར་རྣམས་ཀྱིས། །དེ་དག་ཡང་དག་ཉིད་ [440] དུ་བཤད། །ཅེས་གསུངས་སོ། འབྲས་བུ་ལ་གསུམ་སྟེ། རྣམ་པར་སྨིན་པའི་འབྲས་བུ་དང་། རྒྱུ་མཐུན་གྱི་འབྲས་བུ་དང་། དབང་གི་འབྲས་བུའོ། །དང་པོ་ནི། ཕ་རོལ་ཏུ་ཕྱིན་པ་དྲུག་ལེགས་པར་སྨིན་ཞིང་། ལེགས་པར་རྫོགས་པའི་རྣམ་པར་སྨིན་པའི་འབྲས་བུ་ནི། སྐུ་གསུམ་མཛད་པ་དང་བཅས་པའོ། །རྒྱུ་མཐུན་པ་ལ་གཉིས་ཀྱི་བྱེད་པའི་འབྲས་བུ་ནི། སངས་རྒྱས་མ་ཐོབ་ཀྱི་བར་དུ་ཡང་། སྦྱིན་པ་གཏོང་སྙིང་འདོད་པ་དང་། སྦྱིན་པ་གཏོང་བ་ལ་དགའ་བ་དང་། སྦྱིན་པ་གཏོང་བའི་ཕྱོགས་སུ་གཞོལ། དེ་ལ་བཟློག་པར་དཀའ་བ་སྟེ། གཞན་ལྔ་པོ་ལ་ཡང་དེ་བཞིན་དུ་ཤེས་པར་བྱའོ། །མྱོང་བ་རྒྱུ་མཐུན་ནི། སྦྱིན་པས་ལོངས་སྤྱོད་ཕུན་སུམ་ཚོགས་པ་དང་། ཚུལ་ཁྲིམས་ཀྱིས་དལ་འབྱོར་གྱི་ལུས་དང་། བཟོད་པས་གཟུགས་ཕུན་སུམ་ཚོགས་པ་དང་། བརྩོན་འགྲུས་ཀྱིས་དཀར་པོའི་ཡོན་ཏན་ཐམས་ཅད་གོང་ནས་གོང་དུ་འཕེལ་བ་དང་། བསམ་གཏན་གྱིས་མངོན་པར་ཤེས་ [441] པ་དྲུག་ལ་སོགས་པ་འཐོབ་པ་དང་། ཤེས་རབ་ཀྱིས་ཆོས་ཐམས་ཅད་ཀྱི་རང་བཞིན་ཤེས་ནས་ཉོན་མོངས་པ་ཐམས་ཅད་སྤོང་བའོ། །དབང་གི་འབྲས་བུ་ནི། དམ་པའི་ཆོས་ཕ་རོལ་ཏུ་ཕྱིན་པ་དྲུག་སྤྱོད་དུ་ཡོད་པའི་ཡུལ་དུ་སྐྱེ་བའོ། །གྲངས་ངེས་པ་ནི། བསླབ་པ་གསུམ་གྱི་དབང་དུ་བྱས་ནས་དྲུག་ཁོ་ནར་གྲངས་ངེས་ཏེ། ཚུལ་ཁྲིམས་ནི་ལྷག་པ་ཚུལ་ཁྲིམས་ཀྱི་བསླབ་པ་དངོས་ཡིན་ལ། སྦྱིན་པས་ལོངས་སྤྱོད་ལ་མི་བལྟ་ན་ཚུལ་ཁྲིམས་ཡང་དག་པར་ལེན་ཏོ། །ཡང་དག་པར་བླངས་པ་ནི། བཟོད་པས་གཤེ་བ་ལ་སླར་མི་གཤེ་བ་ལ་སོགས་པ་བསྲུང་ནུས་ཏེ། དེ་གཉིས་ནི་ཚུལ་ཁྲིམས་ཀྱི་ཚོགས་དང་འཁོར་དུ་འགྱུར་རོ། །བསམ་གཏན་ནི། ལྷག་པ་སེམས་ཀྱི་བསླབ་པ་དངོས་ཡིན་ལ། ཤེས་རབ་ནི་ལྷག་པ་ཤེས་རབ་ཀྱི་བསླབ་པ་དངོས་ཡིན་ཞིང་། བརྩོན་འགྲུས་ནི་གསུམ་གའི་གྲོགས་ཡིན་ནོ། །དེ་ཡང་མདོ་སྡེའི་རྒྱན་ལས།

བསླབ་གསུམ་དབང་དུ་མཛད་ནས་ནི། [442] །རྒྱལ་བས་ཕ་རོལ་ཕྱིན་པ་དྲུག །ཡང་དག་བཤད་དེ་དང་པོས་གསུམ། །ཐ་མ་གཉིས་ཀྱིས་རྣམ་པ་གཉིས། །གཅིག་ནི་གསུམ་ཆར་ལ་ཡང་གཏོགས། །ཞེས་གསུངས་སོ། །གོ་རིམས་ངེས་པ་ནི། དེ་ཉིད་ལས། སྔ་མ་ལ་བརྟེན་ཕྱི་མ་སྐྱེ། དམན་དང་མཆོག་ཏུ་གནས་ཕྱིར་དང་། རགས་པ་དང་ནི་ཕྲ་བའི་ཕྱིར། །དེ་དག་རིམ་པར་བསྟན་པ་ཡིན། །ཞེས་གསུངས་ཏེ། རྒྱུ་མཚན་གསུམ་གྱིས་སྦྱིན་པ་ལ་སོགས་པ་དེ་དག་རིམ་པར་བསྟན་ཏེ། སྔ་མ་ལ་བརྟེན་ནས་ཕྱི་མ་སྐྱེ་བའི་ཕྱིར་ན། ལོངས་སྤྱོད་ལ་མི་ལྟ་བ་ནི་ཚུལ་ཁྲིམས་ཡང་དག་པར་ལེན་ཏོ། །ཚུལ་ཁྲིམས་དང་ལྡན་ན་བཟོད་པར་འགྱུར་རོ། །བཟོད་པ་དང་ལྡན་ན་བརྩོན་འགྲུས་བརྩམ་མོ། །བརྩོན་འགྲུས་བརྩམས་ན་ཏིང་ངེ་འཛིན་སྐྱེ་བར་བྱེད་དོ། །སེམས་མཉམ་པར་བཞག་ན་ཡང་དག་པ་ཇི་ལྟ་བ་བཞིན་དུ་རབ་ཏུ་ཤེས་སོ། །སྔ་མ་དམན་ལ་ཕྱི་མ་མཆོག་ཏུ་གནས་པའི་ཕྱིར་ན། སྦྱིན་པ་ནི་དམན་ལ། ཚུལ་ཁྲིམས་ནི་མཆོག་ཡིན་པ་ནས། [443] དེ་བཞིན་དུ་བསམ་གཏན་ནི་དམན་ལ། ཤེས་རབ་ནི་མཆོག་ཡིན་པའི་བར་དུ་ཡིན་ནོ། །སྔ་མ་རྣམས་ནི་རགས་ལ། ཕྱི་མ་ནི་ཕྲ་བའི་ཕྱིར་ན། སྦྱིན་པ་ནི་འཇུག་སླ་བའི་ཕྱིར་དང་། བྱ་སླ་བའི་ཕྱིར་རགས་ལ། ཚུལ་ཁྲིམས་ནི་དེ་བས་ཆེས་འཇུག་དཀའ་བའི་ཕྱིར་དང་། ཆེས་བྱ་དཀའ་བའི་ཕྱིར་ཕྲ་བ་ནས། དེ་བཞིན་དུ་བསམ་གཏན་ནི་རགས་ལ། ཤེས་རབ་ནི་ཕྲ་བའི་བར་དུ་ཡིན་ནོ། །སེམས་ཅན་དོན་བྱེད་ཀྱི་ཚུལ་ཁྲིམས། བསྡུ་བའི་དངོས་པོ་བཞི་ལ་དོན་བཞི་སྟེ། བསྡུ་བའི་དངོས་པོ་བཞིའི་ངོ་བོ་དང་། ལས་དང་། བསྡུ་ན་གང་དུ་འདུས་པ་དང་། ཉམས་སུ་ཇི་ལྟར་བླང་བའོ། །ངོ་བོ་ནི། སྦྱིན་མཚུངས་ཏེ་སྟོན་ལེན་འཇུག་དང་། །བདག་ཉིད་རྗེས་སུ་འཇུག་རྣམས་ཀྱིས། །སྙན་པར་སྨྲ་དང་དོན་སྤྱོད་དང་། །དོན་མཐུན་ཉིད་དུ་འདོད་པ་ཡིན། །ཞེས་པ་སྟེ། སྦྱིན་པའི་ངོ་བོ་ནི་ཕ་རོལ་ཏུ་ཕྱིན་པ་དྲུག་གི་སྐབས་ནས། ཇི་སྐད་དུ་བཤད་པ་བཞིན་དུ་ལེན་པ་པོ་རྣམས་ལ་གང་ [444] འདོད་པའི་དོན་གཏོང་བའོ། །སྙན་པར་སྨྲ་བའི་ངོ་བོ་ནི། ཕ་རོལ་ཏུ་ཕྱིན་པ་རྣམས་གཞན་ལ་སྟོན་པ་ཡིན་ནོ། །དོན་སྤྱོད་པའི་ངོ་བོ་ནི། ཕ་རོལ་ཏུ་ཕྱིན་པ་རྣམས་ཡང་དག་པར་ལེན་དུ་འཇུག་པའོ། །དོན་མཐུན་པའི་ངོ་བོ་ནི། ཕ་

རོལ་ཏུ་ཕྱིན་པ་རྣམས་ལ་བདག་ཉིད་རྗེས་སུ་འཇུག་པའོ། །ལས་ནི། དང་པོས་སྣོད་གྱུར་དངོས་པོ་སྟེ། །གཉིས་པ་ཡིས་ནི་མོས་པ་ཡིན། །གསུམ་པ་ཡིས་ནི་སྒྲུབ་པ་སྟེ། །བཞི་པས་རྣམ་པར་སྦྱོང་བའོ། །ཞེས་པ་སྟེ། ཟང་ཟིང་གི་སྦྱིན་པས་ནི་ཕ་རོལ་ཆོས་ཀྱི་སྣོད་དུ་རུང་བར་འགྱུར་ཏེ། གཞན་ཆོས་ཉན་དུ་བཏུབ་པར་བྱེད་པའི་ཕྱིར་རོ། །སྙན་པར་སྨྲ་བ་ནི། ཆོས་དེ་ལ་མོས་པར་བྱེད་དོ། །དེའི་དོན་བྱེ་བྲག་ཏུ་ཤེས་པར་བྱེད་པ་དང་། ཐེ་ཚོམ་གཅོད་པའི་ཕྱིར་རོ། །དོན་སྤྱོད་པས་ནི། གཞན་ཆོས་བཞིན་དུ་སྒྲུབ་པར་བྱེད་དོ། །དོན་མཐུན་པས་ནི་ཡུན་རིང་པོར་བསྒྲུབ་པའི་ཕྱིར་སྒྲུབ་པ་དེ་རྣམས་སྦྱོང་བར་བྱེད་དོ། །བསྡུ་ན་གང་དུ་འདུས་པ་ནི། སྦྱིན་པའི་ཕ་རོལ་ [445] ཏུ་ཕྱིན་པའི་ནང་དུ་འདུས་ཏེ། སྦྱིན་པས་བསྡུ་བ་ཟང་ཟིང་གི་སྦྱིན་པའི་ནང་དུ་འདུས། སྙན་པར་སྨྲ་བ་དང་། དོན་སྤྱོད་པ་ཆོས་ཀྱི་སྦྱིན་པའི་ནང་དུ་འདུས། དོན་མཐུན་པས་བསྡུ་བ་མི་འཇིགས་པའི་སྦྱིན་པའི་ནང་དུ་འདུས་སོ། །ཁ་ཅིག་ཚུལ་ཁྲིམས་ཀྱི་ཕ་རོལ་ཏུ་ཕྱིན་པའི་སེམས་ཅན་དོན་བྱེད་ཀྱི་ཚུལ་ཁྲིམས་ཀྱི་དངོས་གཞི་ཡིན་ཞེས་ཟེར་རོ། །ཉམས་སུ་ཇི་ལྟར་བླང་བ་ནི། བཞི་པོ་དེ་རེ་རེ་ལ་ཡང་ཐམས་ཅད་ཀྱི་སྒོ་ནས་བསྡུ་བ་དང་། དཀའ་བའི་སྒོ་ནས་བསྡུ་བ་དང་། སྒོ་ཀུན་ནས་བསྡུ་བ་དང་། སྐྱེས་བུ་དམ་པའི་བསྡུ་བ་བཞི་བཞིས་ཤེས་པར་བྱ། དེ་ཡང་སྦྱིན་པ་ལ་བཞི་སྟེ། ཐམས་ཅད་དུ་སྦྱིན་པས་བསྡུ་བ་དང་། དཀའ་བའི་སྦྱིན་པས་བསྡུ་བ་དང་། སྒོ་ཀུན་ནས་སྦྱིན་པས་བསྡུ་བ་དང་། སྐྱེས་བུ་དམ་པའི་སྦྱིན་པས་བསྡུ་བའོ། །དེ་ལ་ཐམས་ཅད་དུ་སྦྱིན་པས་བསྡུ་བ་ནི། རང་ལ་ཅི་ཡོད་པ་སྦྱིན་པའོ། །དཀའ་བའི་སྦྱིན་པ་ལ་གསུམ་སྟེ། ཉུང་ངུ་ལས་མེད་ཀྱང་ [446] སྦྱིན་པ་དང་། ཚོགས་ཆེན་པོས་བསྒྲུབས་ཀྱང་སྦྱིན་པ་དང་། ཡིད་དུ་འོང་ཀྱང་སྦྱིན་པའོ། །སྒོ་ཐམས་ཅད་ནས་སྦྱིན་པ་ནི། ཡོད་ཚད་ཀྱི་སྟེང་དུ་གཞན་ལས་བླངས་པ་ཡང་སྦྱིན་པའོ། །སྐྱེས་བུ་དམ་པའི་སྦྱིན་པ་ནི། སེམས་ཅན་ཐམས་ཅད་ཕན་བདེའི་དོན་དུ་བསྔོ་ཞིང་སྦྱིན་པའོ། །སྙན་པར་སྨྲ་བ་ལ་བཞི་སྟེ། ཐམས་ཅད་སྒོར་སྨྲ་བ་དང་། དཀར་བར་སྨྲ་བ་དང་། སྒོར་ཀུན་ནས་སྨྲ་བ་དང་། སྐྱེས་བུ་དམ་པའི་སྙན་པར་སྨྲ་བའོ། །ཐམས་ཅད་སྒོར་སྨྲ་བ་ལ་གསུམ་སྟེ། བཞིན་ཁྲོ་གཉེར་དང་གདོང་སྔོག་མེད་

ཅིང་སྙན་པར་སྨྲ་བ་དང་། གཞན་གྱི་རྙེད་གྲགས་ལ་ཕྲག་དོག་མེད་ཅིང་སྙན་པར་སྨྲ་བ་དང་། མཆོག་གི་གཏམ་སྨྲ་བརྗོད་ཅིང་སྙན་པར་སྨྲ་བའོ། །དཀའ་བར་སྨྲ་བ་ལ་གསུམ་སྟེ། བླ་མ་དང་མཆོད་པར་འོས་པ་བསླུ་བ་ཞིག་ཡིན་ཡང་སྙན་པར་སྨྲ་བ་དང་། བདག་དང་བདག་གི་ཕྱོགས་ལ་དགྲ་བྱེད་པ་ཞིག་ཡིན་ཡང་ངས་ཁྱོད་ཀྱི་དོན་བྱའོ་ཟེར་ནས་སྙན་པར་སྨྲ་བ་དང་། གང་ཟག་དབང་ [447] པོ་རྟུལ་པོ་ལ་མི་སྐྱོ་བར་སྙན་པར་སྨྲ་བའོ། །སྒོ་ཀུན་ནས་སྨྲ་བ་ལ་གསུམ་སྟེ། དང་པོ་ཕ་རོལ་གྱི་སྡིག་པ་སྟོབས་བཞིའི་སྒོ་ནས་བཤགས་སུ་བཅུག་པ་དང་། བར་དུ་བདེན་པ་བཞི་ལ་བློ་གཏད་དུ་བཅུག་པ་དང་། དགྲ་ལ་བྱམས་པའི་སྒོ་ནས་སྙན་པར་སྨྲ་བ་དང་། ཐ་མ་རྩ་བ་བཞི་ལ་སོགས་པ་སྤང་བར་བྱ་བ་འདི་ལྟར་ཡིན་ནོ། །སྦྱིན་པ་ལ་སོགས་པ་སླང་བར་བྱ་བ་འདི་ལྟར་ཡིན་ཞེས་སྙན་པར་སྨྲ་བའོ། །སྐྱེས་བུ་དམ་པའི་སྙན་པར་སྨྲ་བ་ནི། སེམས་ཅན་ཐམས་ཅད་ཕན་བདེ་ཐོབ་པར་བྱ་བའི་དོན་དུ་སྙན་པར་སྨྲ་བའོ། །དོན་སྤྱོད་པ་ལ་བཞི་སྟེ། ཐམས་ཅད་ཀྱི་སྒོ་ནས་དོན་སྤྱོད་པ་དང་། དཀའ་བའི་སྒོ་ནས་དོན་སྤྱོད་པ་དང་། སྒོ་ཀུན་ནས་དོན་སྤྱོད་པ་དང་། སྐྱེས་བུ་དམ་པའི་དོན་སྤྱད་པའོ། །དང་པོ་ལ་གཉིས་ཏེ། མ་སྨིན་པ་སྨིན་པར་བྱེད་པ་དང་། སྨིན་པ་གྲོལ་བར་བྱེད་པའོ། །གཉིས་པ་ལ་བཞི་སྟེ། སྔོན་ཚོགས་མ་བསགས་པ་བསགས་པ་ལ་བསྐུལ་བ་ [448] དང་། ཞེན་པ་ཅན་ཡེ་གཏོང་མི་ནུ་བ་སྦྱིན་གཏོང་ལ་སྦྱོར་བ་དང་། ཕྱི་རོལ་པ་ནང་པའི་ཆོས་ལ་སྦྱོར་བ་དང་། ཤེས་རབ་འཆལ་པ་ཡང་དག་པའི་ཤེས་རབ་ལ་སྦྱོར་བའོ། །སྒོ་ཀུན་ནས་དོན་སྤྱོད་པ་ནི། ཕྲིན་ལས་དུ་མའི་སྒོ་ནས་སེམས་ཅན་གྱི་དོན་སྤྱད་པའོ། །སྐྱེས་བུ་དམ་པའི་དོན་སྤྱོད་པ་ནི་གོང་དང་མཐུན་ནོ། །དོན་མཐུན་པ་ནི་རང་གིས་ཆོས་དང་མཐུན་པར་བྱ་བ་ནི། གཞན་དོན་སྤྱོད་པ་རྣམས་ཕྱིར་མི་ལྡོག་པར་བྱ་བའི་དོན་དུ་རང་གིས་ཀྱང་ཆོས་བཞིན་དུ་བྱེད་པའོ། །གཏོང་ཐོབ་ཀྱི་དུས་ལ་གཉིས་ཀྱི་ཐོབ་པའི་དུས་ནི། ཚོགས་བསགས་པ་དང་། སྐྱེས་བུ་གསུམ་གྱི་ལམ་གྱི་རིམ་པས་རྒྱུད་སྦྱང་པ་དང་། བྱམས་པ་དང་སྙིང་རྗེ་ལས་སུ་རུང་བས་བསམ་པ་རྒྱས་པ་དང་། དེ་ནས་སྦྱོར་བ་དང་དངོས་གཞིའི་ཆོ་ག་ཚུལ་བཞིན་དུ་བྱས་པའི་ལས་བརྗོད་པ་གསུམ་གྱི་ཆ་ཐམ་ལ་ཐོབ་པའོ། །གཏོང་བའི་དུས་ནི། ལོག་ལྟ་སྐྱེས་ན་གཏོང་། སྐྱབས་དཀོན་མཆོག་

གསུམ་སྤྲངས་ན་གཏོང་། སྨོན་པ་བཏང་ [449] ན་འཇུག་པ་ཡང་གཏོང་། བསླབ་བྱ་
ཉམས་ན་གཏོང་བ་ལ། སྨོན་པ་ནི་ནག་པོའི་ཆོས་བཞི་དང་། སེམས་ཅན་བློས་སྤོང་གིས་
གཏོང་གསུང་ངོ་། །འཇུག་པ་ནི་ནམ་མཁའི་སྙིང་པོའི་མདོ་ལས་འབྱུང་བ་རྣམས་ཡན་ལག་
ཚང་ན་རྩ་ལྟུང་ཡིན་པ་དང་། ཐོགས་མེད་ཀྱི་ལུགས་ཀྱི་བཞི་པོ་ཀུན་ནས་དཀྲིས་པ་ཆེན་པོས་
ཀུན་ནས་བསླངས་པའི་རྩ་ལྟུང་བྱུང་ན་གཏོང་། ཆེན་པོ་གང་ཞེ་ན། བྱང་ཆུབ་སེམས་
དཔའ་ཐ་མལ་པའི་གནས་ལྟ་བུའི་སྙེད་དང་བཀུར་སྟི་ཆགས་པ་ལ་སོགས་པའི་ཆོས་བཞི་པོ་འདི་
དག་རྒྱུན་དུ་མ་ཆད་པར་ཀུན་ཏུ་སྤྱོད་པ་དང་། ངོ་ཚ་ཤེས་པ་དང་ཁྲེལ་ཡོད་པ་ཆུང་ངུ་ཙམ་
ཡང་མི་བསྐྱེད་པ་དང་། དེས་མགུ་པར་བྱེད་ཅིང་དེ་ལ་དགའ་བ་དང་། དེ་ཉིད་ལ་ཡོན་
ཏན་དུ་བལྟ་བ་ཅན་དུ་གྱུར་པ་ནི། ཀུན་ནས་དཀྲིས་པ་ཆེན་པོའོ། །སོ་སོར་ཐར་པའི་སྡོམ་
པ་ལས་ཕམ་པ་བྱུང་བ་བཞིན་དུ། ཚེ་འདི་ཉིད་ལ་ཡང་དག་པར་བླང་བའི་སྐལ་བ་མེད་པ་
ཡིན་ནམ་ཞེ་ན་ [450] མ་ཡིན་ཏེ། སྡོམ་པ་སླར་ཡང་བླང་བར་བྱ། །ཞེས་གསུངས་པས།
ཉམས་པ་ཕྱིར་གསོ་བའི་ཐབས་བསྟན་ཏོ། །དེ་ཡང་འཕགས་པ་ནམ་མཁའི་སྙིང་པོའི་མདུན་
དུ་འདུག་སྟེ། བཤགས་པར་བྱ་ཞེས་པ་དང་། ཉིན་དང་མཚན་མོ་ལན་གསུམ་དུ།
།ཕུང་པོ་གསུམ་པ་གདོན་བྱ་ཞིང་། །རྒྱལ་དང་བྱང་ཆུབ་སེམས་བརྟེན་པས། །ལྟུང་བའི་
ལྷག་མ་དེས་ཞི་བྱ། །ཞེས་གསུངས་པས། ནམ་མཁའ་སྙིང་པོའི་མདོ་ནས་འབྱུང་བ་དང་།
གཞན་ནས་བཤད་པ་བཞིན་དུ། དམ་བཅའ་ཉམས་པའི་སྒྲིབ་པ་སྟོབས་བཞིའི་སྒོ་ནས་བཤག
པར་བྱའོ། །སླར་བླང་བ་ནི། གོང་དུ་བཤད་པའི་མཚན་ཉིད་དང་ལྡན་པའི་བླ་མ་རྙེད་ན་
དེའི་སྤྱན་སྔར་ཆོ་ག་ནས་ཇི་ལྟར་བྱུང་བ་བཞིན་དུ་བླང་བར་བྱའོ། །གལ་ཏེ་བླ་མ་ཚད་ལྡན་མ་
རྙེད་ན། བྱང་ཆུབ་སེམས་དཔའི་ས་ལས། གལ་ཏེ་དེ་ལྟ་བུའི་ཡོན་ཏན་དེ་དག་དང་ལྡན་
པའི་གང་ཟག་མེད་པར་གྱུར་ན། བྱང་ཆུབ་སེམས་དཔའ་དེ་བཞིན་གཤེགས་པའི་སྐུ་
གཟུགས་ཀྱི་སྤྱན་ [451] སྔར་བདག་ཉིད་ཀྱིས་བྱང་ཆུབ་སེམས་དཔའི་ཚུལ་ཁྲིམས་ཀྱི་སྡོམ་པ་ཡང་
དག་པར་བླང་བར་བྱ་སྟེ། འདི་ལྟར་བླ་གོས་ཕྲག་པ་གཅིག་ཏུ་གཟར་ནས་པུས་མོ་གཡས་
པའི་ལྷ་ང་ས་ལ་བཙུགས་སམ་ཙོག་པུར་འདུག་སྟེ། བདག་མིང་འདི་ཞེས་བགྱི་བས་ཕྱོགས་

བཅུའི་དེ་བཞིན་གཤེགས་པ་དང་། ས་ཆེན་པོ་ལ་ཞུགས་པའི་བྱང་ཆུབ་སེམས་དཔའ་ཆེན་པོ་ཐམས་ཅད་ལ་གསོལ་བ་འདེབས་ཏེ། དེ་དག་གི་སྤྱན་སྔར་བྱང་ཆུབ་སེམས་དཔའི་བསླབ་པའི་གཞི་ཐམས་ཅད་དང་། བྱང་ཆུབ་སེམས་པའི་ཚུལ་ཁྲིམས་ཐམས་ཅད་དེ་སྡོམ་པའི་ཚུལ་ཁྲིམས་དང་། དགེ་བ་ཆོས་སྡུད་ཀྱི་ཚུལ་ཁྲིམས་དང་། སེམས་ཅན་དོན་བྱེད་ཀྱི་ཚུལ་ཁྲིམས་གང་ལ། འདས་པའི་བྱང་ཆུབ་སེམས་དཔའ་ཐམས་ཅད་ཀྱིས་གང་བསླབས་པ་དང་། མ་འོངས་པའི་བྱང་ཆུབ་སེམས་དཔའ་ཐམས་ཅད་ཀྱིས་བསླབ་པར་འགྱུར་བ་གང་ཡིན་པ་དང་། ཕྱོགས་བཅུ་ན་ད་ལྟར་བྱུང་བའི་བྱང་ཆུབ་སེམས་དཔའ་ [452] ཐམས་ཅད་ད་ལྟར་སློབ་པ་རྣམས་བདག་གིས་ཡང་དག་པར་བླང་ངོ་། །ཞེས་བརྗོད་པར་བྱ་སྟེ། ལན་གཉིས་ལན་གསུམ་དུ་བརྗོད་ནས་ལྡང་བར་བྱའོ། །སྦྱོར་བའི་ཚིག་དང་ལྷག་མ་ཐམས་ཅད་ནི་སྔ་མ་བཞིན་དུ་རིགས་པར་བྱའོ། །ཞེས་འབྱུང་ངོ་། །ཉོན་མོངས་པ་འབྲིང་ལས་བྱུང་བ་ནི། ཀུན་ནས་དཀྲིས་པའི་མཚན་ཉིད་བཞི་ལྡན་ཅིག་ཙམ་མ་ཚང་བ་ཡིན་པས་དེ་རྣམས་ཇི་ལྟར་བྱ་ཞེ་ན། ཟག་པ་འབྲིང་ནི་གསུམ་ལ་བཤགས། །ཞེས་སྨྲས་ཏེ། གལ་ཏེ་བྱང་ཆུབ་སེམས་དཔའ་ཀུན་ནས་དཀྲིས་པ་འབྲིང་གིས་ཕམ་པའི་གནས་ལྟ་བུའི་ཆོས་བྱས་པར་གྱུར་ན། དེ་ནི་ཉེས་བྱས་ཀྱི་ཉེས་པ་ཡིན་ཏེ། དེ་ཉན་ཐོས་ཀྱི་ཐེག་པ་ཡང་རུང་། བྱང་ཆུབ་སེམས་དཔའི་ཐེག་པ་ཡང་རུང་སྟེ། གང་ཟག་གསུམ་མམ་དེ་ལས་ལྷག་པ་ཡང་རུང་བ་གང་དག་ཀིག་དེ་བརྡ་འཕྲོད་ཅིང་འཛིན་པར་ནུས་པ་རྣམས་ལ་བཤགས་པར་བྱ་སྟེ། མདུན་དུ་འདུག་ནས་ཐོག་མར་དངོས་པོ་དེ་བརྗོད་དེ། འདི་སྐད་ཅེས། ཚེ་དང་ལྡན་པ་ [453] རྣམས་དགོངས་སུ་གསོལ། བདག་མིང་འདི་ཞེས་བགྱི་བ་ལ་འདི་སྐད་དུ་བརྗོད་པའི་གཞི་ལས་བྱང་ཆུབ་སེམས་དཔའི་འདུལ་བ་དང་འགལ་བའི་ཉེས་བྱས་ཀྱི་ཉོངས་པ་བྱུང་སྟེ། དེ་དག་ཚེ་དང་ལྡན་པ་རྣམས་ལ་བདག་འཆགས་ཤིང་མཐོལ་ཏེ་མི་འཆབ་བོ། །བཤགས་ཤིང་མཐོལ་བས་བདག་བདེ་བ་ལ་རེག་པར་གནས་པར་འགྱུར་གྱིས། མ་བཤགས་མ་མཐོལ་ན་བདག་བདེ་བར་གནས་པར་མི་འགྱུར་རོ། །ཁྱེད་ཀྱིས་འདི་རྣམས་ཉེས་པར་མཐོང་ངམ་ཞེས་སྨྲས་ནས་མཐོང་ཞེས་སྨྲ་བར་བྱའོ། །ཕྱིས་ཀྱང་སྡོམ་པར་བྱེད་དམ་ཞེས་སྨྲས་ནས་ཆོས་བཞིན་འདུལ་བ་བཞིན་དུ་ཤིན་ཏུ་ལེགས་པར་སྒྲི་

ཐོས་ནོད་པར་བགྱིའོ། །ཞེས་དེ་ལྟར་ལན་གཉིས་ལན་གསུམ་དུ་བརྗོད་པར་བྱའོ། །དེ་སྟེ་ཀུན་ནས་དཀྲིས་པ་ཆུང་ངུས་གང་ཕམ་པའི་གནས་ལྟ་བུའི་ཆོས་བྱས་པར་གྱུར་ན། དེ་ཇི་ལྟར་བྱ་ཞེ་ན། གཅིག་གི་མདུན་དུ་ལྷག་མ་རྣམས། །ཞེས་སྨོས་ཏེ། ལྷག་མ་རྣམས་ནི་ཟག་པ་ [454] ཆུང་ངུས་བྱས་པ་ལ་སོགས་པ་སྟེ་ཉེས་བྱས་སུ་གཏོགས་པ་ཉིད་དོ། །དེ་དག་ནི་གང་ཟག་གཅིག་གི་མདུན་དུ་སྔ་མ་བཞིན་དུ་བཤགས་པར་བྱའོ། །ཉོན་མོངས་པ་ཅན་དང་ཉོན་མོངས་པ་མེད་པ་ཉེས་བྱས་སུ་གཏོགས་པ། དཀོན་མཆོག་གསུམ་ལ་མཆོད་པ་མ་བྱས་པ་ལ་སོགས་པ་དེ་དག་ཇི་ལྟར་བྱ་ཞེ་ན། ཉོན་མོངས་མི་མོངས་བདག་སེམས་བཞིན། །ཞེས་བྱ་བ་སྨོས་ཏེ། འདི་ལྟར་རྗེས་སུ་མཐུན་པའི་གང་ཟག་མེད་ན། བདག་གི་སེམས་ཀྱི་མདུན་དུ་བཤགས་པར་བྱ་སྟེ། བདག་གི་སེམས་ཁྲེལ་ཡོད་པ་དང་། ངོ་ཚ་ཤེས་པ་དང་། དུལ་བ་དང་། ཞི་བ་དང་། ཕྱིས་མི་བྱ་བའི་བསམ་པ་ཅན་གྱི་དབང་དུ་བྱས་ལ། བཤགས་པར་བྱ་བ་དེ་བཞིན་དུ་གང་ཟག་ཡོད་ན་གཅིག་གི་དྲུང་དུ་བཤགས་པར་བྱའོ། །ཞེས་བྱ་བའི་ཐ་ཚིག་གོ །གང་ཟག་མེད་ན་བདག་གི་མདུན་དུ་བཤགས་པར་བྱ་བའི་ཐབས་འདི་ནི། ཟག་པ་འབྲིང་དང་ཆུང་ངུ་ལས་བྱུང་བའི་ཉེས་པ་རྣམས་ལ་ཡང་ཤེས་པར་བྱའོ། །རང་གི་ཉེ་ [455] འཁོར་དགའི་དོན་བྱེད་པའང་། །དཀའ་བ་དུ་མས་རྟག་ཏུ་འབད་ལགས་ན། །གཞན་གྱི་དོན་དུ་བྱང་ཆུབ་སེམས་བསྐྱེད་ནས། །བསླབ་པ་བསྒྲུབ་ལ་ཤིན་ཏུ་འབད་པར་རིགས། །ཞེས་པ་ནི་འཐད་པའི་དོན་བསྡུས་ཏེ་བསྟན་པའོ། །སངས་རྒྱས་ཀྱི་བསྟན་པ་ལ་རིམ་གྱིས་འཇུག་པའི་ཚུལ་ལས། སེམས་བསྐྱེད་པའི་ལེའུ་སྟེ་དགུ་པའོ།།

།།བྱང་ཆུབ་སེམས་དཔའ་སྒོམ་པའི་བསླབ་བྱ་བསླབ་པ་གསུམ་མམ། ཕ་རོལ་ཏུ་ཕྱིན་པ་དྲུག་གི་གཙོ་བོ་བསམ་གཏན་དང་ཤེས་རབ་ནི། སྟོང་པ་ཉིད་དང་སྙིང་རྗེ་དབྱེར་མེད་པར་བསྒོམ་པ་ཡིན་ནོ། །དེ་ཡང་། ཏིང་ངེ་འཛིན་དང་ཤེས་རབ་བསླབ་པ་ནི། །སྟོང་ཉིད་སྙིང་རྗེ་དབྱེར་མེད་བསྒོམ་པ་ཡིན། །ཞེས་པ་སྟེ། དེ་ལྟར་ཡང་ལུང་རིགས་པ་དང་། བླ་མའི་གདམས་ངག་གིས་གཏན་ལ་འབེབས་པ་ལས། རིགས་པས་གཏན་ལ་འབེབས་པ་ནི་ཐོས་

བསམ་ལས་ཤེས་པར་བྱ། གདམས་ངག་གིས་གཏན་ལ་འབེབས་པ་ནི་བླ་ [456] མའི་ཞལ་ལས་ཤེས་པར་བྱ། ལུང་གིས་གཏན་ལ་དབབ་པ་ལ་ལྔ་སྟེ། ཆོས་ཐམས་ཅད་སྟོང་པ་ཉིད་ཡིན་པར་གསུངས་པ་དང་ཡིན་པས་མི་ཆོག། རྟོགས་དགོས་པར་གསུངས་པ་དང་། དེ་ལ་བསྒོམ་དགོས་པ་དང་། དེ་ཡང་ཐབས་ཤེས་རབ་ཟུང་དུ་འབྲེལ་དགོས་པ་དང་། དེ་ཡང་སྔོན་དུ་ཐབས་བསྒོམས་ནས་ཕྱིས་ཤེས་རབ་བསྒོམ་དགོས་པའོ། །དང་པོ་སྟོང་པ་ཉིད་ཡིན་པར་གསུངས་པ་ནི། ཤེར་སྙིང་ནས། ཆོས་ཐམས་ཅད་སྟོང་པ་ཉིད། མཚན་ཉིད་མེད་པ། མ་སྐྱེས་པ། མ་འགགས་པ། དྲི་མ་མེད་པ། དྲི་མ་དང་བྲལ་བ་མེད་པ། བྲི་བ་མེད་པ། གང་བ་མེད་པའོ། །ཞེས་པ་དང་། གཞན་ཡང་། སྣང་སྲིད་ཐམས་ཅད་སེམས་ལས་བྱུང་བ་སྟེ། སེམས་ཀྱི་སེམས་ཉིད་ནམ་ཡང་བསྟན་དུ་མེད། །མཁས་པ་དེས་ནི་སེམས་ཀྱི་ཆོས་ཉིད་འཚོལ། །སེམས་ཀྱིས་སེམས་ཉིད་ནམ་ཡང་མཐོང་བ་མེད། །ཅེས་པ་དང་། དབུ་མ་རྩ་བ་ཤེས་རབ་ནས། གང་ཕྱིར་རྟེན་འབྲེལ་མ་ཡིན་པའི། །ཆོས་འགའ་ [457] ཡོད་པ་མ་ཡིན་པས། །དེ་ཕྱིར་སྟོང་པ་མ་ཡིན་པའི། །ཆོས་འགའ་ཡོད་པ་མ་ཡིན་ནོ། །ཞེས་གསུངས་སོ། །ཡིན་པ་ཙམ་གྱིས་མི་ཆོག་པར་དེ་རྟོགས་དགོས་པ་ནི། ཚད་མ་རྣམ་འགྲེལ་ལས། བྱམས་སོགས་རྨོངས་དང་འགལ་མེད་ཕྱིར། །ཉེས་པ་ཤིན་ཏུ་ཚར་གཅོད་མིན། །སྟོང་ཉིད་བལྟ་བས་གྲོལ་འགྱུར་གྱི། །བསྒོམ་པ་ལྷག་མ་དེ་དོན་ཡིན། །ཞེས་པ་དང་། སེམས་ཅན་རང་བཞིན་བྱང་ཆུབ་ཉིད་དུ་གསུངས། །བྱང་ཆུབ་རང་བཞིན་སེམས་ཅན་ཐམས་ཅད་དེ། །སེམས་ཅན་རྣམས་དང་བྱང་ཆུབ་གཉིས་མ་ཡིན། །དེ་ལྟར་རྟོགས་ན་སྐྱེས་བུ་མཆོག་ཏུ་གྱུར། །ཞེས་གསུངས་སོ། །དེ་ལ་བསྒོམ་དགོས་པ་ནི། ཕུང་པོ་ལྔ་པོ་དེ་དག་ཀྱང་རང་བཞིན་གྱིས་སྟོང་པར་ཡང་དག་པར་རྗེས་སུ་བལྟའོ། ཞེས་པ་དང་། ཉོན་མོངས་ཤེས་བྱའི་སྒྲིབ་པ་ཡི། །མུན་པའི་གཉེན་པོར་སྟོང་པ་ཉིད། །མྱུར་དུ་ཐམས་ཅད་མཁྱེན་འདོད་པས། །དེ་ནི་ཅི་ཕྱིར་བསྒོམ་མི་བྱེད། །ཅེས་ [458] པ་དང་། ཇི་ལྟར་བུ་རམ་མངར་བའི་རོ། །བཤད་པས་རོ་ནི་མྱོང་མི་འགྱུར། །ནམ་ཞིག་བུ་རམ་བཟོས་པ་ན། །མངར་བའི་རོ་ནི་མྱོང་བ་བཞིན། །སྟོང་པ་ཉིད་ཀྱིས་དོན་དེ་དག །བཤད་པས་རོ་

ནི་སྨྱོང་མི་འགྱུར། །གང་ཞིག་དཀྱིལ་འཁོར་བཏུད་བསྒོམས་ན། །རང་རིག་དེ་ལ་སྐྱེ་བར་འགྱུར། །ཞེས་གསུངས་སོ། །དེ་ཡང་ཐབས་ཤེས་རབ་ཟུང་དུ་འབྲེལ་དགོས་པ་ནི། ཇོ་བོས། ཐབས་དང་བྲལ་བའི་ཤེས་རབ་དང་། །ཤེས་རབ་བྲལ་བའི་ཐབས་དག་ཀྱང་། །གང་ཕྱིར་འཆིང་བ་ཞེས་གསུངས་པས། །དེ་བས་གཉིས་ཀ་སྤང་མི་བྱ། །ཞེས་པ་སྟེ། དྲི་མ་མེད་པར་གྲགས་པས་བསྟན་པའི་མདོ་ལས། ཐབས་དང་བྲལ་བའི་ཤེས་རབ་ནི་འཆིང་བའོ། །ཐབས་དང་བཅས་པའི་ཤེས་རབ་ནི་ཐར་པའོ། །ཤེས་རབ་དང་བྲལ་བའི་ཐབས་ནི་འཆིང་བའོ། །ཤེས་རབ་དང་བཅས་པའི་ཐབས་ནི་ཐར་པའོ། །ཞེས་པ་དང་། དོ་ཧ་མཛོད་ལས། སྙིང་རྗེ་དང་བྲལ་སྟོང་པ་ཉིད་ཞུགས་གང་། །དེས་ནི་ལམ་ [459] མཆོག་རྙེད་པ་མ་ཡིན་ནོ། །འོན་ཏེ་སྙིང་རྗེ་འབའ་ཞིག་བསྒོམས་ན་ཡང་། །འཁོར་བ་འདི་ལས་ཐར་པ་ཐོབ་མི་འགྱུར། །གང་ཡང་གཉིས་པོ་སྦྱོར་བར་ནུས་པ་དེས། །འཁོར་བ་མི་གནས་མྱ་ངན་འདས་མི་གནས། །ཞེས་པའོ། །དེ་ཡང་དང་པོ་ཐབས་བསྒོམ་དགོས་པ་ནི། སྤྱོད་པ་ལས། ཐབས་དང་ལྡན་པས་ཤེས་རབ་ཕ་རོལ་ཕྱིན་ལ་སྦྱོར། །འདྲེན་པའི་ཤེས་རབ་མེད་ན་ཐོབ་པར་འགྱུར་མ་ཡིན། །ཞེས་གསུངས་སོ། །དེ་ལྟར་ཆོས་ཐམས་ཅད་སྟོང་པ་ཉིད་དུ་ལུང་དང་རིགས་པས་གཏན་ལ་འབེབས་པའི་གོ་བ་ནི། ཐོས་བསམ་གྱི་ལྟ་བ་དོན་སྤྱིའི་གོ་བ་ཡིན་པས། དོན་རང་གི་མཚན་ཉིད་མངོན་སུམ་དུ་རྟོགས་པ་ལ་བླ་མ་དམ་པའི་སྙན་རྒྱུད་ཀྱི་གདམས་ངག་སྒོམ་དགོས་ཏེ། དོ་ཧ་ལས། གང་ཞིག་བླ་མའི་གདམས་ངག་བདུད་རྩིའི་རྒྱུ། །གདུང་སེལ་བསིལ་བ་རྔམས་པར་མི་འཐུང་བ། །དེ་ནི་བསྟན་བཅོས་དོན་མང་མྱ་ངན་གྱི། །ཐང་ལ་སྐོམ་པས་གདུངས་ཏེ་ [460] འཆི་བར་ཟད། །ཞེས་གསུངས་སོ། །དེ་ལྟར་ཆོས་ཐམས་ཅད་ལུང་དང་རིགས་པས་གཏན་ལ་ཕབ་ནས། བླ་མའི་གདམས་ངག་བསྒོམས་པས་བདག་གཞན་གཉིས་ཀྱིས་སྟོང་པ། གཟུང་འཛིན་གཉིས་ཀྱིས་སྟོང་པའི་སྟོང་ཉིད་སྙིང་རྗེ་དབྱེར་མེད་པ་རྟོགས་པར་འགྱུར་རོ། །དེ་རྟོགས་པས་གཟུང་འཛིན་ལས་ལྡོག་པར་སྟོན་པ་ནི། དེས་ནི་གཟུང་འཛིན་གཉིས་ལས་བློ་ལྡོག་འགྱུར། །ཞེས་པ་སྟེ། དེ་རྟོགས་པས་བདག་གཞན་གཉིས་དང་། གཟུང་འཛིན་གཉིས་མེད་པར་གོ་བས། དེ་

གཉིས་ལས་གློ་ལྡོག་པར་འགྱུར་རོ། །བདག་འཛིན་གྱི་རྩ་བ་མ་ཆོད་པའི། །ཆོས་བྱས་སོ་བསམ་ཡང་རྩོལ་བ་ཡིན། བསྒོམས་སོ་བསམ་ཡང་བློས་བྱས་ཡིན། །གོ་འོ་བསམ་ཡང་སྒྲོ་བཏགས་ཡིན། །རྟོགས་སོ་བསམ་ཡང་རློམ་སེམས་ཡིན། །བདག་འཛིན་གྱི་རྩ་བ་ཆོད་ཙམ་ན། །བདག་གཞན་གཉིས་མེད་དུ་གོ་བ་ཡིན། །བདག་མེད་རྣམ་གཉིས་གོ་ཞེས་བྱ། །དེ་སྟོང་ཉིད་སྙིང་རྗེ་དབྱེར་མེད་ཡིན། །ས་དང་ལམ་ [461] གྱི་རིམ་པ་ཡང་། །སྟོང་ཉིད་སྙི་རྗེའི་ནང་དུ་འདུས། །དེས་ན་སྟོང་ཉིད་སྙིང་རྗེ་བསྒོམ། །རྗེ་བྲམ་ཟེ་ཆེན་པོའི་དོ་ཧ་ལས། །ས་ལམ་སངས་རྒྱས་རོ་ཅིག་པ། །གཉུག་མའི་ཡེ་ཤེས་ཉིད་ལ་དྲིས། །བདེ་བར་གཤེགས་པའི་དགོངས་པ་ཡིན། །མདོ་རྒྱུད་ཟབ་མོའི་བརྗོད་བྱ་ཡིན། །སྒོམ་ཆེན་རྣམས་ཀྱི་ཉམས་མྱོང་ཡིན། །དེས་ན་བླ་མ་སྤྱི་བོར་བཀུར། །སྙིང་ནས་སངས་རྒྱས་ཀྱི་འདུ་ཤེས་བསྐྱེད། །སྙན་རྒྱུད་ཀྱི་གདམས་ངག་བདུད་རྩི་འཐུང་། །ཚེ་འདིའི་བྱ་བ་རྒྱབ་ཏུ་བོར། །སྒྲུབ་ལ་བརྩོན་འགྲུས་མི་བཞིན་སྤོར། །ཚུལ་བཞིན་དེ་ལྟར་བསྒྲིམས་ལགས་ན། །སྙིང་ནས་ངེས་ཤེས་སྐྱེ་བར་མཆི། །བདག་འཛིན་གྱི་རྩ་བ་ཆོད་པར་མཆི། །བདག་གཞན་གཉིས་མེད་དུ་གོ་བར་མཆི། །སྟོང་ཉིད་སྙིང་རྗེ་འདྲེས་པར་མཆི། །ལྷུན་གྲུབ་ཀྱི་རང་ས་ཟིན་པར་མཆི། །གཏན་གྱི་སོ་ནམ་འགྲུབ་པར་མཆི། །འཁོར་འདས་ཀྱི་ཤན་ཐང་བྱེད་པར་མཆི། །བུ་སྙིང་གཏམ་ཡིན་ནོ་ [462] སེམས་ལ་ཆོངས། །དེ་ལྟར་སྟོང་ཉིད་སྙིང་རྗེ་དབྱེར་མེད་པ་བསྒོམས་པས། ཚོགས་གཉིས་རྫོགས་ཤིང་སྒྲིབ་པ་གཉིས་དག་ནས། འབྲས་བུ་སྐུ་གསུམ་ཐོབ་པར་བསྟན་པ་ནི། སྟོང་ཉིད་སྙིང་རྗེ་གོམས་པ་མཐར་ཕྱིན་པས། །ཉིས་པའི་སྐྱོན་དག་སྐུ་གསུམ་འཐོབ་པར་འགྱུར། །ཞེས་པ་སྟེ། སྟོང་ཉིད་སྙིང་རྗེ་དབྱེར་མེད་བསྒོམས་པས། ཆོས་ཉིད་རང་བཞིན་གྱིས་རྣམ་པར་དག་པ་ནམ་མཁའ་ལྟ་བུ་ལ་གློ་བུར་གྱི་དྲི་མ་ཉེས་པའི་སྐྱོན་སྒྲིབ་པ་གཉིས་སྤྲིན་ལྟ་བུ་བྱུང་བ་དེ་དག་པར་འགྱུར་རོ། །སྒྲིབ་པ་གཉིས་ལ་ཡང་བཤད་ལུགས་མང་ཡང་། རྒྱུད་བླ་མ་ནས། འཁོར་གསུམ་རྣམ་པར་རྟོག་པ་གང་། །དེ་ནི་ཤེས་བྱའི་སྒྲིབ་པར་འདོད། །སེར་སྣ་ལ་སོགས་རྣམ་རྟོག་གང་། །དེ་ནི་ཉོན་མོངས་སྒྲིབ་པར་འདོད། །ཅེས་གསུངས་པས། ཕ་རོལ་ཏུ་ཕྱིན་པ་དྲུག་འཁོར་གསུམ་དུ་རྟོག་པ་ནི།

ཤེས་བྱའི་སྒྲིབ་པ་སྟེ། དོན་གཟུང་འཛིན་གྱི་རྣམ་རྟོག་ཡིན་ནོ། །ཕ་རོལ་ཏུ་ཕྱིན་པ་དྲུག་གི་མི་མཐུན་པའི་ [463] ཕྱོགས་སེར་སྣ་ལ་སོགས་པའི་རྣམ་རྟོག་ནི། ཉོན་མོངས་པའི་སྒྲིབ་པ་ཡིན་ནོ། །དེའི་སྤོང་ལུགས་ཀྱང་སྔོན་དུ་ཉོན་མོངས་པའི་སྒྲིབ་པ་སྤངས་ནས། དེ་ནས་ཤེས་བྱའི་སྒྲིབ་པ་སྤོང་། ཞེས་པ་ལ་སོགས་པ་འདོད་ལུགས་མི་མཐུན་པ་ཡོད་ཀྱང་། ཤེས་བྱའི་སྒྲིབ་པ་མ་སྤངས་པར་ཉོན་མོངས་པ་མངོན་དུ་རྒྱུ་ནི་མི་སྡུག་པ་ལ་སོགས་པ་བསྒོམས་པས་སྔོན་དུ་སྤོང་དུ་བཏུབ་མོད་ཀྱི། རྩ་བ་ནས་སྤོང་བ་ནི་དུས་མཉམ་དུ་སྤོང་བ་ཡིན་ཏེ། དེའི་རྩ་བ་རྣམ་རྟོག་ཡིན་ལ། རྣམ་རྟོག་རྩ་བ་ཆོད་ནས་རང་སར་དག་པའི་དུས་སུ་གཉིས་པོ་གཅིག་དག་ལ་གཅིག་མི་དག་པ་མི་སྲིད་དོ། །ཆོས་ཉིད་རང་བཞིན་གྱིས་རྣམ་པར་དག་པ་ལ། གློ་བུར་གྱི་དྲི་མ་དག་པ་དེ་ལ་དག་པ་གཉིས་ལྡན་ཞེས་ཀྱང་ཟེར། དེ་ཡང་མདོ་སྡེའི་རྒྱན་ལས། དེ་བཞིན་ཉིད་ནི་ཐམས་ཅད་ལ། །ཁྱད་པར་མེད་ཀྱང་དག་གྱུར་པ། །དེ་བཞིན་གཤེགས་ཉིད་དེ་ཡི་ཕྱིར། །འགྲོ་ཀུན་དེ་ཡི་སྙིང་པོ་ཅན། [464] །ཞེས་གསུངས་སོ། །དེ་ཡང་མདོ་སྡེའི་རྒྱན་ལས། སྐུ་གསུམ་དག་གིས་སངས་རྒྱས་ཀྱི། །སྐུ་བསྡུས་པར་ནི་ཤེས་བྱ་སྟེ། །སྐུ་གསུམ་དག་གིས་རང་གཞན་གྱི། །དོན་འདི་རྟེན་དང་བཅས་པར་བསྟན། །ཞེས་གསུངས་པས་དག་པ་གཉིས་ལྡན་དེ་ཆོས་ཀྱི་སྐུ་ཡིན་ནོ། །ཆོས་ཀྱི་སྐུ་དེ་ནི་རྒྱུད་བླ་ནས། འདུས་མ་བྱས་ཤིང་ལྷུན་གྱིས་གྲུབ། །གཞན་གྱི་རྐྱེན་གྱིས་རྟོགས་མིན་པས། །ཞེས་པ་དང་། ཐོག་མ་དབུས་མཐའ་མེད་པ་ཡི། །རང་བཞིན་ཡིན་ཕྱིར་འདུས་མ་བྱས། །ཞི་བ་ཆོས་ཀྱི་སྐུ་ཅན་ཕྱིར། །ལྷུན་གྱིས་གྲུབ་ཅེས་བྱ་བར་བརྗོད། །སོ་སོ་རང་གི་རྟོགས་བྱའི་ཕྱིར། །གཞན་གྱི་རྐྱེན་གྱིས་རྟོགས་མིན་པ། །ཞེས་པ་སྟེ། དེའི་འགྲེལ་པ་ལས་འདུས་མ་བྱས་ནི་འདུས་བྱས་ལས་བཟློག་པར་ཤེས་པར་བྱའོ། །དེ་ལ་འདུས་བྱས་ནི་གང་ལ་སྐྱེ་བ་ཡང་རབ་ཏུ་ཤེས་ཤིང་གནས་པ་དང་འཇིག་པ་ཡང་རབ་ཏུ་ཤེས་པ་ནི་འདུས་བྱས་ཞེས་བརྗོད་ལ། དེ་མེད་པའི་ཕྱིར། སངས་རྒྱས་ཉིད་ཐོག་ [465] མ་དང་དབུས་དང་ཐ་མ་མེད་པ། འདུས་མ་བྱས་ལ། ཆོས་ཀྱི་སྐུས་རབ་ཏུ་ཕྱེ་བར་བལྟ་བར་བྱའོ། །སྤྲོས་པ་དང་རྣམ་པར་རྟོག་པ་ཐམས་ཅད་ཉེ་བར་ཞི་བའི་ཕྱིར་ལྷུན་གྱིས་གྲུབ་པའོ། །རང་བྱུང་གི་ཡེ་ཤེས་ཀྱིས་རྟོགས་པར་

བྱ་བའི་ཕྱིར། གཞན་གྱི་རྐྱེན་གྱིས་རྟོགས་པ་མ་ཡིན་པའོ། །ཞེས་སོ། །དེ་ཡང་སངས་རྒྱས་ཐམས་ཅད་ཀྱི་ཡུལ་ལ་འཇུག་པ་ཡེ་ཤེས་སྣང་བ་རྒྱན་གྱི་མདོ་ལས། ཇི་སྐད་དུ། འཇམ་དཔལ་སྐྱེ་བ་མེད་ཅིང་འགག་པ་མེད་པ་ཞེས་བྱ་བ་འདི་ནི། དེ་བཞིན་གཤེགས་པ་དགྲ་བཅོམ་པ་ཡང་དག་པར་རྫོགས་པའི་སངས་རྒྱས་ཀྱི་ཚིག་བླ་དྭགས་ཏེ། ཞེས་གསུངས་པ་ཡིན་ཏེ། འདི་ནི་རེ་ཞིག་དེ་བཞིན་གཤེགས་པ་ནི་འདུས་མ་བྱས་པའི་མཚན་ཉིད་དོ། ཞེས་བསྟན་ཏོ། །དེའི་རྗེས་ཐོགས་ཉིད་ལ་བཻ་ཌཱུརྱའི་ས་གཞི་དག་པ་ལ། བརྒྱ་བྱིན་གྱི་གཟུགས་བརྙན་སྣང་ཡང་གཡོ་བར་མི་བྱེད་པ་ལ་སོགས་པ་དེ་བཞིན་དུ། དེ་བཞིན་གཤེགས་པ་དགྲ་བཅོམ་པ་ཡང་ [466] དག་པར་རྫོགས་པའི་སངས་རྒྱས་ཀྱང་། སྐུ་ གཡོ་བར་མི་མཛད། གསུང་ སེམས་པར་མི་མཛད། ཐུགས་ སྤྲོ་བར་མི་མཛད། རྟོག་པར་མི་མཛད། ལོག་པར་སྣང་བའི་འཛིན་དང་བྲལ་བས་ རྣམ་པར་རྟོག་པར་མི་མཛད། ལོག་པར་འཛིན་པ་ཞི་བས་ རྟོག་པ་མེད་པ། དུས་གསུམ་ལས་འདས་པའི་ངོ་བོ་དྲན་པ་མི་འཇུག་པར་ རྣམ་པར་རྟོག་པ་མེད་པ། ད་ལྟ་བ་མངོན་སུམ་དུ་ཕྱོགས་པ་མེད་པས་ སེམས་པ་མེད་པ། མ་འོངས་པ་ལ་ཐོབ་པར་འདུན་པ་མེད་པས་ ཡིད་ལ་བྱེད་པ་མེད་པ། བསིལ་བར་གྱུར་བ། སྒྱུ་དང་འཕྲུལ་ལ་རྣམ་པར་ཆད་པ་མེད་པ། དེ་ལས་བྱུང་བའི་འབྲས་བུ་ སྐྱེ་བ་མེད་པ། སྡུག་བསྔལ་གྱི་ཐ་མ་ འགག་པ་མེད་པ། ཤེས་པར་བྱ་བ་མེད་པ་ལས་མིག་གིས་ བལྟར་མེད་པ། རྣ་བས་ མཉམ་དུ་མེད་པ། སྣས་ བསྣམ་དུ་མེད་པ། ལྕེས་ མྱང་དུ་མེད་པ། ལུས་ཀྱིས་ རེག་ཏུ་མེད་པ། རྟགས་ཀྱིས་དཔག་པར་མི་ནུས་པས་ མཚན་མ་མེད་པ། མཚན་ཉིད་དང་བྲལ་བར་ཤེས་པའི་ངོ་བོ་མ་ཡིན་པ་སྟེ། རྣམ་པར་རིགས་པ་མེད་པ། ཤེས་བྱའི་ངོ་བོ་མ་ཡིན་པས་ རྣམ་པར་རིག་བྱ་མ་ཡིན་པ། ཞེས་གསུངས་ཏེ། འདིས་ནི་རང་གི་ སངས་རྒྱས་ཀྱི་མཛད་པ་ ཕྲིན་ལས་དག་ལ་རྣམ་པར་རྟོག་པ་དང་། སྤྲོས་པ་ཐམས་ཅད་ཞི་བའི་ཕྱིར། [467] དེ་བཞིན་གཤེགས་པ་ལྷུན་གྱིས་གྲུབ་པ་ཉིད་བསྟན་ཏོ། །ཞེས་སོ། །དེས་ན་རང་དོན་ཆོས་ཀྱི་སྐུ་དང་། དོན་དམ་པའི་སྐུའོ། །དེ་ཡང་རྒྱུད་བླ་ནས། བདག་ཉིད་ཀྱི་ནི་འབྱོར་པའི་གནས། །དམ་པའི་དོན་གྱི་སྐུ་ཡིན་ཏེ། །ཞེས་གསུངས་སོ། །དེ་ལས་གཞན་དོན་གཟུགས་སྐུ་གཉིས་འབྱུང་བའི་ཚུལ་ནི། སངས་རྒྱས་ཀྱིས་ལམ་གྱི་གནས་སྐབས་སུ་གདུལ་བྱའི་དོན་དུ་ཚོགས་བསགས་ཤིང་སྨོན་ལམ་བཏབ་པ་དང་། བསོད་ནམས་ཀྱི་ཚོགས་བསགས་ཤིང་སངས་རྒྱས་དང་མཇལ་བའི་

སྨོན་ལམ་བཏབ་པ་དང་དད་པ་ཙམ་གྱི་སྣང་བ་ལས་བྱུང་བའོ། །དེ་ཡང་། དེ་བཞིན་དང་སོགས་དྲི་མེད་ཅན། །དད་སོགས་ཡོན་ཏན་བསྒོམས་པ་ཡིས། །སྣང་བ་རྫོགས་པའི་སངས་རྒྱས་ཀྱི། ཁྱད་པར་ཇི་ལྟ་བུ་དང་ལྡན་པའི་སངས་རྒྱས་མཐོང་སྙམ་ན་དེའི་ཁྱད་པར །མཚན་དང་དཔེ་བྱད་དང་ལྡན་པར། །འཆག་པ་དང་ནི་བཞེངས་པ་དང་། །བཞུགས་པ་དང་ནི་གཟིམས་པ་དང་། །སྤྱོད་ལམ་སྣ་ཚོགས་མཛད་པ་ [468] དང་། །ཞི་བའི་ཆོས་ནི་གསུང་པ་དང་། །མི་གསུང་མཉམ་པར་བཞག་གྱུར་པ། །ཆོ་འཕྲུལ་རྣམ་པ་སྣ་ཚོགས་དག །མཛད་པ་གཟི་མདངས་ཆེན་པོ་ཅན། །སེམས་ཅན་རྣམས་ཀྱིས་མཐོང་བར་འགྱུར། །དེ་མཐོང་ནས་ཀྱང་འདོད་ལྡན་པ། །སངས་རྒྱས་ཉིད་ཕྱིར་ ཐོབ་པར་བྱ་བའི་ཕྱིར་རབ་སྨོན་སྟེ། །དེ་རྒྱུ་ཡང་དག་བླངས་ནས་ནི། །འདོད་པའི་གོ་འཕང་ཐོབ་པར་བྱེད། །སྣང་བ་དེ་ནི་ཤིན་ཏུ་ཡང་། །རྟོག་པ་མེད་ཅིང་གཡོ་བ་མེད། །དེ་ལྟ་ན་ཡང་འཇིག་རྟེན་ན། །དོན་ཆེན་པོས་ནི་ཉེ་བར་གནས། །འདི་ནི་རང་སེམས་སྣང་བ་ སངས་རྒྱས་ཀྱི་སྐུ་སྣང་བ་ཞེས། །སོ་སོ་སྐྱེ་བོས་མི་ཤེས་མོད། །དེ་ལྟ་ན་ཡང་གཟུགས་མཐོང་སྟེ། །དེ་དག་ལ་ནི་དོན་ཡོད་འགྱུར། །རིམ་གྱིས་དེ་མཐོང་ལ་བརྟེན་ནས། །ཐེག་པ་འདི་ལ་གནས་པ་རྣམས། །ནང་གི་དམ་པའི་ཆོས་སྐུ་ནི། །ཡེ་ཤེས་མིག་གིས་མཐོང་བར་འགྱུར། །ཞེས་རྒྱུད་བླ་མར་གསུངས། དེ་ལ་ལོངས་སྤྱོད་རྫོགས་པའི་སྐུ་ནི། གདུལ་བྱ་དག་པ་ཉེ་བ་ས་ [469] བཅུའི་བྱང་ཆུབ་སེམས་དཔའི་སྣང་བ་ལ་འབྱུང་སྟེ། མཚན་སུམ་ཅུ་རྩ་གཉིས་དང་དཔེ་བྱད་བརྒྱད་བཅུའི་བདག་ཉིད་ཅན་གྱི་སྐུ་ཁྱད་པར་དུ་འཕགས་པའོ། །དེ་ཡང་མངོན་རྟོགས་རྒྱན་ལས། མཚན་ནི་སུམ་ཅུ་རྩ་གཉིས་དང་། །དཔེ་བྱད་བརྒྱད་ཅུའི་བདག་ཉིད་འདི། །ཐེག་ཆེན་ཉེ་བར་ལོངས་སྤྱོད་ཕྱིར། །ཐུབ་པའི་ལོངས་སྤྱོད་རྫོགས་སྐུར་བཞེད། །ཅེས་གསུངས་སོ། །དེ་ནི་ནམ་མཁའི་ཟླ་བ་ལྟ་བུའོ། །སྤྲུལ་པའི་སྐུ་ནི་ལོངས་སྐུའི་གཟུགས་བརྙན་ཏེ། མངོན་རྟོགས་རྒྱན་ལས། གང་གིས་སྲིད་པ་ཇི་སྲིད་པར། །འགྲོ་ལ་ཕན་པ་སྣ་ཚོགས་དང་། །མཉམ་དུ་མཛད་པའི་སྐུ་དེ་ནི། །ཐུབ་པའི་སྤྲུལ་སྐུ་རྒྱུན་མི་འཆད། །ཅེས་གསུངས་པས། འཁོར་བ་མ་སྟོངས་ཀྱི་བར་དུ་གང་དང་གང་གིས་འདུལ་བ་ལ་དེ་དང་དེ་ཡི་སྐུར་བསྟན་ནས། ཐབས་སྣ་ཚོགས་ཀྱིས་ཉེ་རིང་

མེད་པར་སེམས་ཅན་ཐམས་ཅད་ཀྱི་དོན་མཛད་པའོ། །དེ་ཡང་གདུལ་བྱ་མ་དག་པ་རིང་བ་བྱང་ཆུབ་ [470] སེམས་དཔའ་མོས་སྤྱོད་ཀྱི་ས་པ་དང་། ཉན་ཐོས་དང་རང་སངས་རྒྱས་རྣམས་ལ་མཆོག་གི་སྤྲུལ་པ་མཛད་པ་བཅུ་གཉིས་སུ་སྣང་བའོ། །དེ་མཐོང་བའི་སྐལ་བ་མེད་པས་ང་རྒྱལ་དུ་བྱེད་པ་དྲི་ཟའི་རྒྱལ་པོ་རབ་དགའ་འདུལ་བའི་དོན་དུ། རབ་དགའ་གཉིས་པར་བསྟན་པ་ལྟ་བུའི་བཟོའི་སྤྲུལ་པ་དང་། སྐྱེ་བ་སྤྲུལ་པ་ཐུབ་པ་དྲུག་ལ་སོགས་པར་སྣང་བའོ། །དེ་ཡང་མདོ་སྡེའི་རྒྱན་ལས། བཟོ་དང་སྐྱེ་དང་བྱང་ཆུབ་ཆེ། །མྱ་ངན་འདས་པ་རྟག་སྟོན་པས། །སངས་རྒྱས་སྤྲུལ་པའི་སྐུ་འདི་ནི། །རྣམ་པར་གྲོལ་བའི་ཐབས་ཆེན་པོ། །ཞེས་གསུངས་པ་དང་། དེ་ནི་ནམ་མཁའི་ཟླ་བའི་གཟུགས་བརྙན་ཆུ་ནང་གི་ཟླ་བ་ལྟ་བུ་སྟེ། དེ་ཡང་རྒྱུད་བླ་མར། དག་པས་རིང་དང་ཉེ་རྣམས་ལ། །འཇིག་རྟེན་རྒྱལ་བའི་དཀྱིལ་འཁོར་དུ། །ཆུ་དང་ནམ་མཁའ་ཟླ་གཟུགས་བཞིན། །དེ་མཐོང་བ་ནི་རྣམ་པ་གཉིས། །ཞེས་གསུངས་སོ། །དེ་ཡང་སངས་རྒྱས་རྟོག་པ་མི་མངའ་བར་ལྷུན་གྱིས་གྲུབ་ཅིང་རྒྱུན་ [471] མི་འཆད་པའི་ཕྲིན་ལས་ཀྱིས་གཞན་གྱི་དོན་མཛད་པའི་སྐུའི་ཕྲིན་ལས་ནི། རྒྱུད་བླ་མར། ཇི་ལྟར་བཻ་ཌཱུརྱའི་ས་གཞི་གཙང་མ་ལ། །ལྷ་དབང་ལུས་ཀྱི་གཟུགས་བརྙན་སྣང་བ་ལྟར། །དེ་བཞིན་འགྲོ་སེམས་ས་གཞི་གཙང་མ་ལ། །ཐུབ་པའི་དབང་པོའི་སྐུའི་གཟུགས་བརྙན་འཆར། །འགྲོ་བར་གཟུགས་བརྙན་འཆར་ནུབ་རྙོག་མེད་དང་། །རྙོག་པའི་རང་སེམས་རབ་འཇུག་དབང་གིས་འཇུག །ཅེས་གསུངས་ཏེ། སངས་རྒྱས་ལ་རྣམ་པར་རྟོག་པ་མེད་ཀྱང་དཔེར་ན་ས་གཞི་ནི་བཻ་ཌཱུརྱ་དག་པའི་རང་བཞིན་དུ་གྱུར་ལ། དེ་ལ་ལྷའི་དབང་པོ་བརྒྱ་བྱིན་འཁོར་དང་བཅས་པ་རྣམ་པར་རྒྱལ་བའི་ཁང་བཟང་ལ་སོགས་པ་དང་། ལྷ་རྫས་ཀྱི་ལོངས་སྤྱོད་སྣ་ཚོགས་དང་བཅས་པའི་གཟུགས་བརྙན་འཆར་བ་དེ། བརྒྱ་བྱིན་ལ་གཟུགས་བརྙན་བསྐྱེད་བསམ་པའི་རྟོག་པ་མེད་ཀྱང་གཟུགས་བརྙན་འཆར་བ་བཞིན་དུ། དད་པའི་སེམས་རྣམ་པར་དག་པ་ལ་སངས་རྒྱས་ཀྱི་སྐུར་སྣང་བའོ། [472] །འདས་པ་ལ་སོགས་པར་མཐོང་ནས་མི་སྣང་བའི་དུས་སུ་ཡང་མེད་པ་ནི་མ་ཡིན་ཏེ། བཻ་ཌཱུརྱའི་ས་གཞི་མེད་པས་བརྒྱ་བྱིན་གཟུགས་བརྙན་མི་སྣང་བ་བཞིན་ད་དད་པའི་སེམས་དང་བ་མེད་པ་ལ་མི་སྣང་བ་ཡིན་ནོ། །གསུང་གི་ཕྲིན་ལས་

ནི། རྒྱུད་བླ་མར། ཇི་ལྟར་ལྷ་ནང་ལྷ་རྣམས་ཀྱི། །ཇ་སྒྲ་ལྷ་ཡི་ལས་ལས་བྱུང་། །དེ་བཞིན་འཇིག་རྟེན་ཐུབ་པའི་ཆོས། །གསུངས་པའང་རང་གི་ལས་ལས་བྱུང་། །འབད་གནས་ལུས་དང་སེམས་བྲལ་བའི། །སྒྲ་དེ་ཇི་ལྟར་ཞི་སྒྲུབ་ལྟར། །དེ་བཞིན་འབད་སོགས་དང་བྲལ་བའི། །ཆོས་དེ་ཞི་བ་སྒྲུབ་པར་བྱེད། །ཅེས་པ་སྟེ། འབད་རྩོལ་དང་བྱེད་པའི་ཚོགས་དང་། ལུས་དང་སེམས་དང་བྲལ་བའི་སྒྲས། ལྷ་རྣམས་ཀྱིས་ཞི་བ་སྒྲུབ་པ་ལྟར། དེ་བཞི་དང་བྲལ་བའི་སངས་རྒྱས་ཀྱི་གསུང་གིས་ཀྱང་གདུལ་བྱའི་ཞི་བ་སྒྲུབ་པར་བྱེད་དོ། །ཐུགས་ཀྱི་ཕྲིན་ལས་ནི། རྒྱུད་བླ་མར། ཇི་ལྟར་དབྱར་གྱི་དུས་ན་སྤྲིན། །ལོ་ཏོག་ཕུན་སུམ་ཚོགས་པའི་རྒྱུ། །ཆུ་ཡི་ཕུང་ [473] པོ་འབད་མེད་པར། །ས་ལ་རྒྱུན་དུ་འབེབས་པ་ལྟར། །དེ་བཞིན་ཐུགས་རྗེའི་སྤྲིན་ལས་ནི། །རྒྱལ་བའི་དམ་ཆོས་ཆུ་ཡི་ཆར། །འགྲོ་བའི་དགེ་བའི་ལོ་ཏོག་རྒྱུ། །རྣམ་པར་རྟོག་པ་མེད་པར་འབེབས། ཞེས་པ་སྟེ། སྤྲིན་ལ་རྣམ་རྟོག་མེད་པར་ཆར་པ་འབེབས་པ་བཞིན་དུ། སངས་རྒྱས་ལ་རྣམ་པར་རྟོག་པ་མེད་པར་ཐུགས་རྗེའི་སྤྲིན་ལས་འགྲོ་བའི་དགེ་བའི་ལོ་ཏོག་གི་རྒྱུ། དམ་པའི་ཆོས་ཀྱི་ཆར་འབེབས་སོ། །སངས་རྒྱས་ཀྱི་སའི་རྣམ་གཞག་འདི་ལ་སྤང་བཅས་ཀྱི་ཡེ་ཤེས་མངའ་བ་དང་། མི་མངའ་བར་འདོད་པའི་ལུགས་གཉིས་ཏེ། དང་པོ་ནི་ཆོས་ཉིད་རང་བཞིན་གྱིས་རྣམ་པར་དག་པ་ལ་གློ་བུར་གྱི་དྲི་མ་དང་བྲལ་བ་དེ། ཟག་པ་མེད་པའི་དབྱིངས་ཞེས་ཀྱང་བྱ། ཆོས་ཀྱི་སྐུ་ཞེས་ཀྱང་བྱའོ། །དེ་ལ་བརྟེན་ནས་ཡེ་ཤེས་བཞི་འབྱུང་སྟེ། ཀུན་གཞིའི་གནས་གྱུར། ཉོན་མོངས་ཀྱི་ཡིད་གནས་གྱུར་པ། ཡིད་ཀྱི་རྣམ་ཤེས་གནས་གྱུར་པ། སྒོ་ལྔའི་རྣམ་ཤེས་གནས་གྱུར་པ། མེ་ལོང་ལྟ་བུའི་ཡེ་ཤེས་དང་། མཉམ་པ་ཉིད་ཀྱི་ཡེ་ [474] ཤེས་དང་། སོ་སོར་རྟོགས་པའི་ཡེ་ཤེས་དང་། བྱ་བ་གྲུབ་པའི་ཡེ་ཤེས་སོ། །མེ་ལོང་ལྟ་བུའི་ཡེ་ཤེས་ནི། རྟེན་ཡིན་ཏེ་མི་གཡོ་བའོ། །ཡེ་ཤེས་གསུམ་པོ་ནི་དེ་ལ་བརྟེན་པ་དང་གཡོ་བའོ། །དེ་ཡང་མདོ་སྡེའི་རྒྱན་ལས། མི་ལོང་ཡེ་ཤེས་མི་གཡོ་བ། །ཡེ་ཤེས་གསུམ་པོ་དེ་ལ་བརྟེན། །མཉམ་པ་ཉིད་དང་སོ་སོར་རྟོགས། །བྱ་བ་གྲུབ་པ་ཁོ་ནའོ། །ཞེས་གསུངས་སོ། །དེ་ལ་མེ་ལོང་ལྟ་བུའི་ཡེ་ཤེས་ནི། །མེ་ལོང་ཡེ་ཤེས་ང་ཡིར་མེད། །ཡོངས་སུ་མ་ཆད་རྟག་ཏུ་ལྡན། །ཤེས་བྱ་ཀུན་

ལ་མ་རྨོངས་ལ། །རྟག་ཏུ་དེ་ལ་མངོན་ཕྱོགས་མིན། །མི་འོང་ལྟ་བུའི་ཡེ་ཤེས་རྟག་ཏུ་ང་
ཡིར་མེད་པ་དང་། ཡུལ་ཐམས་ཅད་དུ་འཇུག་པས་ཡུལ་གྱི་སྒོ་ནས་ཡོངས་སུ་མ་ཆད་པ་དང་།
དུས་ཀྱི་སྒོ་ནས་རྟག་ཏུ་ལྡན་པ་དང་། རྟག་ཏུ་སྒྲིབ་པ་དང་བྲལ་བའི་ཕྱིར། ཤེས་བྱ་ཐམས་
ཅད་ལ་མ་རྨོངས་པ་ཡང་ཡིན་ལ། ཉམས་པ་མེད་པའི་ཕྱིར། དེ་དག་ལ་མངོན་དུ་ཕྱོགས་
པ་ཡང་མ་ཡིན་པའོ། །དེ་ཡང་། [475] ཡེ་ཤེས་ཀུན་གྱི་རྒྱུ་མཚན་ཕྱིར། །ཡེ་ཤེས་འབྱུང་
གནས་ཆེན་པོ་འདྲ། །ཡོངས་སྤྱོད་རྫོགས་པའི་སངས་རྒྱས་ཉིད། །ཡེ་ཤེས་གཟུགས་
བརྙན་འབྱུང་བའི་ཕྱིར། །ཞེས་གསུངས། མཉམ་པ་ཉིད་ཀྱི་ཡེ་ཤེས་ལ་སོགས་པ་དེ་དག
གི་རྒྱུ་ཡིན་པའི་ཕྱིར། ཡེ་ཤེས་ཐམས་ཅད་ཀྱི་འབྱུང་གནས་ལྟ་བུའོ། །དེ་ནི་ལོངས་སྤྱོད་
རྫོགས་པའི་སངས་རྒྱས་ཀྱང་ཡིན་ལ། མཉམ་པ་ཉིད་ལ་སོགས་པའི་ཡེ་ཤེས་ཀྱི་གཟུགས་
བརྙན་འབྱུང་བའི་ཕྱིར། དེ་ལ་མི་ལོང་ལྟ་བུའི་ཡེ་ཤེས་ཞེས་བྱའོ། །མཉམ་པ་ཉིད་ཀྱི་ཡེ་
ཤེས་ནི། བསྒོམ་པ་དག་པས་སེམས་ཅན་ལ། །མཉམ་ཉིད་ཡེ་ཤེས་འབྱུང་བར་འདོད། འཁོར་
འདས་ཀྱི་མཐའ་ལ་ །མི་གནས་ཞི་བར་ཞུགས་པ་ནི། །མཉམ་ཉིད་ཡེ་ཤེས་ཡིན་པར་འདོད།
།བྱང་ཆུབ་སེམས་དཔས་ ས་དང་པོའི་བདེན་པ་ མངོན་པར་རྟོགས་པའི་དུས་ན་སེམས་ཅན་རྣམས་ལ་
མཉམ་པ་ཉིད་ཀྱི་ཤེས་པ་ཐོབ་པ་གང་ཡིན་པ་དེ། བསྒོམ་པ་དག་པའི་སྒོ་ནས་བྱང་ཆུབ་ཐོབ་པ་
[476] ནི། མི་གནས་པའི་མྱ་ངན་ལས་འདས་པར་ཞུགས་པ་ནི་མཉམ་ཉིད་ཡེ་ཤེས་སུ་འདོད་
དོ། །མཉམ་པ་ཉིད་ཀྱི་ཡེ་ཤེས་དེ་ཡང་། དུས་རྣམས་རྟག་ཏུ་བྱམས་པ་དང་། །ཐུགས་
རྗེ་ཆེན་པོ་དག་དང་ལྡན། །སེམས་ཅན་རྣམས་ལ་མོས་པ་བཞིན། །སངས་རྒྱས་སྐུ་ནི་
ངེས་པར་སྟོན། །དུས་ཐམས་ཅད་དུ་བྱམས་པ་ཆེན་པོ་དང་། ཐུགས་རྗེ་ཆེན་པོ་དང་ལྡན་
པ་དང་། སེམས་ཅན་རྣམས་ལ་མོས་པ་ཇི་ལྟ་བ་བཞིན་དུ་སངས་རྒྱས་ཀྱི་སྐུ་ངེས་པར་སྟོན་
པར་མཛད་པ་ཡིན་ཏེ། འདི་ལྟར་སེམས་ཅན་ཁ་ཅིག་གིས་ནི་དེ་བཞིན་གཤེགས་པ་ཁ་དོག
སྔོན་པོར་མཐོང་ངོ་། །ཁ་ཅིག་གིས་ཁ་དོག་སེར་པོར་མཐོང་ངོ་། །ཞེས་བྱ་བ་དེ་ལྟ་བུ་ལ་
སོགས་པའོ། །སོ་སོར་རྟོགས་པའི་ཡེ་ཤེས་ནི། དུས་གསུམ་གྱི་ །ཤེས་བྱ་ཀུན་ལ་རྟག་མི་
ཐོགས། པས་མཁྱེན་པའོ། དཔའ་བར་འགྲོ་ལ་སོགས་པའི་ །ཏིང་ངེ་འཛིན་དང་གཟུངས་ ཚིག་གི་གཟུངས་ལ་

སོགས་པ་ རྣམས་ཀྱི། །གཏེར་དང་འདྲ་བ་ཁོན་ཡིན། །འཁོར་གྱི་དཀྱིལ་འཁོར་རྣམས་སུ་ནི།
།འབྱོར་པ་ [477] ཐམས་ཅད་སྟོན་མཛད་པ། །ཐེ་ཚོམ་ཐམས་ཅད་གཅོད་པ་ཡི། །ཆོས་
ཆེན་ཆར་ནི་རབ་ཏུ་འབེབས། །ཞེས་གསུངས་སོ། །བྱ་བ་བསྒྲུབ་པའི་ཡེ་ཤེས་ནི།
ཁམས་རྣམས་ཀུན་ཏུ་སྣ་ཚོགས་ཤིང་། །དཔག་མེད་བསམ་པས་སྤྲུལ་པ་ཡིས། །སེམས་
ཅན་ཀུན་དོན་སྒྲུབ་པའོ། །བྱ་བ་གྲུབ་པའི་ཡེ་ཤེས་ནི། འཇིག་རྟེན་གྱི་ཁམས་ཐམས་ཅད་
དུ་སྤྲུལ་པ་རྣམ་པ་སྣ་ཚོགས་པ། དཔག་ཏུ་མེད་པ་བསམ་གྱིས་མི་ཁྱབ་པ་དག་གིས་སེམས་
ཅན་གྱི་དོན་མཛད་པའོ། །ཡེ་ཤེས་བཞི་པོ་དེའི་རྒྱུ་ནི། མདོ་སྡེའི་རྒྱན་ལས། འཛིན་
པའི་ཕྱིར་དང་སེམས་མཉམ་ཕྱིར། །ཡང་དག་ཆོས་རབ་སྟོན་ཕྱིར་དང་། །བྱ་བ་སྒྲུབ་པ་
ཉིད་ཀྱི་ཕྱིར། །ཡེ་ཤེས་བཞི་པོ་ཡང་དག་འབྱུང་། །ཞེས་གསུངས་ཏེ། ཐོས་པས་ཆོས་
རྣམས་འཛིན་པ་དང་། སེམས་ཅན་ཐམས་ཅད་ལ་བདག་གཞན་མཉམ་པ་ཉིད་དུ་གོམས་པ་
དང་། ཆོས་ཕྱིན་ཅི་མ་ལོག་པར་སྟོན་པ་དང་། སེམས་ཅན་གྱི་དོན་ [478] བསྒྲུབས་པ་
བཞི་ལས། གོ་རིམ་བཞིན་དུ་ཡེ་ཤེས་བཞི་འབྱུང་ངོ་། །སྤང་བཅས་ཀྱི་ཡེ་ཤེས་མི་མངའ་
བར་འདོད་པ་ལྟར་ན། ཆོས་ཉིད་རང་བཞིན་གྱིས་རྣམ་པར་དག་པ་ལ་གློ་བུར་གྱི་དྲི་མ་དང་
བྲལ་བ་ནི། རང་དོན་ཆོས་ཀྱི་སྐུ་ཡིན་ལ། གཟུགས་སྐུ་གཉིས་ནི་གཞན་གྱི་སྣང་བ་སྟེ།
སངས་རྒྱས་ཀྱིས་ལམ་གྱི་གནས་སྐབས་སུ། ཚོགས་བསགས་ཤིང་གཞན་དོན་དུ་སྨོན་ལམ་
བཏབ་པ་ནི། གདུལ་བྱས་ཚོགས་བསགས་ཤིང་སངས་རྒྱས་དང་ཕྲད་པར་སྨོན་ལམ་བཏབ་
པའི་སྣང་བ་ལས་འབྱུང་བའོ། །དེ་ཡང་། དེ་བཞིན་དད་སོགས་དྲི་མེད་ཅན། །ཞེས་
པ་ལ་སོགས་པ་དང་། དག་ལས་ཉི་དང་རིང་རྣམས་ལ། །ཞེས་པ་ལ་སོགས་པས་ཤེས་
སོ། །རང་བཞིན་རྣམ་པར་དག་པ་ལ། །དྲན་རིག་གློ་བུར་དྲི་མ་དག །ཡེ་ཤེས་ཡོད་
མེད་མཐའ་དང་བྲལ། །བསམ་བརྗོད་མེད་པའི་ཡེ་ཤེས་སོ། །དཔྱིད་དུས་ཡུད་ཙམ་སོ་
ནམ་བྱས་པ་ཡང་། །སྟོན་དུས་ལོ་ཏོག་ཕུན་སུམ་ཚོགས་སྣང་ན། །ཡུན་རིང་དུས་ [479]
ནས་གུས་པས་ཚོགས་བསགས་ན། །དོན་གཉིས་ཕུན་ཚོགས་སྐུ་གསུམ་ཐོབ་པར་ངེས།

།ཞེས་པ་ནི་འཐད་པའི་དོན་བསྡུས་ཏེ་གདམས་པའོ། །སངས་རྒྱས་ཀྱི་བསྟན་པ་ལ་རིམ་གྱིས་
འཇུག་པའི་ཚུལ་ལས། འབྲས་བུ་སྐུ་གསུམ་བསྟན་པའི་ལེའུ་སྟེ་བཅུ་པའོ།།

།།ཐུབ་པའི་བསྟན་ལ་རིམ་གྱིས་འཇུག་པའི་ཚུལ། །བླ་མའི་གསུང་དང་ལུང་ལ་བརྟེན་ནས་
བྲིས། །དེ་ལས་བྱུང་བའི་དགེ་བ་གང་ཐོབ་དེས། །འགྲོ་རྣམས་ལོག་པའི་ལམ་དུ་མི་འགྲོ་
ཞིང་། །ཡང་དག་ལམ་ཞུགས་སྐུ་གསུམ་འཐོབ་པར་ཤོག །བདག་ཀྱང་ཐུབ་པའི་བསྟན་
པ་རྒྱས་བྱེད་ཅིང་། །ཡང་དག་ལམ་ཞུགས་སྐུ་གསུམ་ཐོབ་ནས་ཀྱང་། །ལྷུན་གྲུབ་རྒྱུན་
ཆད་མེད་པའི་འཕྲིན་ལས་ཀྱིས། །ནམ་མཁའ་མཉམ་པའི་འགྲོ་བ་སྒྲོལ་བར་ཤོག
།སངས་རྒྱས་ཀྱི་བསྟན་པ་ལ་རིམ་གྱིས་འཇུག་པའི་ཚུལ་དཔལ་ལྡན་ཕག་མོ་གྲུ་པས་མཛད་པ་
རྫོགས་སོ།། །།མངྒ་ལཾ།

In einem kleineren Schriftgrad gesetzte Passagen zeigen Text an, der dem tibetischen Originaltext zu einer späteren Zeit als Kommentar oder Lesehilfe hinzugefügt wurde und darin ebenfalls in einer kleineren Schrift gehalten ist. Die arabischen Ziffern in Klammern geben die Seitenzahlen des Originaltextes an.

DIE GESCHICHTE VOM LEBEN UND VON DER BEFREIUNG PHAGMODRUPAS, DES SCHÜTZERS DER WESEN

Aus der Dharma-Historie der Drikung,
verfasst von Dagpo Cännga Rinpoche

Tibetischer Text

༄༅། །འགྲོ་མགོན་ཕག་གྲུའི་རྣམ་ཐར།

རྒྱལ་བ་རྒྱ་མཚོའི་གཙོ་དང་རྣམ་དབྱེར་བྲལ།
སེམས་དཔའ་རྒྱ་མཚོའི་དབུས་ན་མངོན་འཕགས་པ།
མཁས་གྲུབ་རྒྱ་མཚོའི་གཙུག་ན་ལྷམ་མེ་བ།
འགྲོ་ཁམས་རྒྱ་མཚོའི་མཛད་བཞེས་སྲིད་ན་རྒྱལ། །

ཆོས་ཀྱི་རྒྱལ་པོ་འཛམ་གླིང་གྲགས་པའི་ཐུགས་སྲས་རྟོགས་པ་ནམ་མཁའ་དང་མཉམ་པར་གྱུར་ཅིང་། འདུས་པ་རྒྱ་མཚོའི་གྲལ་གྱི་དབུ་ལ་བཞུགས་སུ་གསོལ་ཞིང་གསུང་དུ་ཡང་དགེ་བཤེས་ཁམ་པ་ཆེན་པོ་གྲལ་གྱི་དཀྱུང་ལ་བཞུགས་ཞེས་བྱ་བ་སོགས་རྒྱ་ཆེར་བསྔགས་ཏེ་བཀའ་བརྒྱུད་ཐམས་ཅད་ཀྱི་རིགས་ཀྱི་བདག་པོར་བཀའ་ཡི་མངོན་པར་དབང་བསྐུར་བ། ཉིད་དང་དབྱེར་མེད་དུ་བལྟ་བར་རྡོ་རྗེ་གསུང་གིས་བསྔད་པའི་དཔལ་ཕག་མོ་གྲུ་པ་ཞེས་འཇིག་རྟེན་གསུམ་དུ་སྙན་པས་ཁྱབ་པ་དེ་ཉིད་ཀྱི་ཡོན་ཏན་རྒྱ་མཚོའི་ཀློང་ལས་ཀུ་ཤའི་རྩེ་མོས་བླངས་པ་ཆ་ཤས་ཙམ་བསྔད་ན་གསུམ་སྟེ། དབང་རབ་ལ་སངས་རྒྱས་སུ་བསྟན་པ། འབྲིང་ལ་གྲུབ་པའི་སྐྱེས་བུ་ཉིད་དུ་བརྒྱུད་པར་གྱུར་པ། ཐ་མ་ལ་སྐལ་བ་དང་ལྡན་པའི་སོ་སོ་སྐྱེ་བོ་རིམ་གྱིས་སྦྱངས་པའི་ས་ལ་གནས་པའི་སེམས་དཔའ་ཆེན་པོར་བསྟན་པའི་ཚུལ་ལོ། །

དང་པོ་ནི་བསྐལ་བ་བཟང་པོ་འདིའི་ཉིན་བྱེད་བརྒྱ་ཕྲག་བཅུས་སྲིད་མཚོ་སྐེམ་པར་མཛད་པའི་དང་པོར་གྱུར་པ་བདེ་གཤེགས་འཁོར་བ་འཇིག་དང་། མ་འོངས་པའི་དུས་ན་ཤར་ཕྱོགས་མི་རྟོག་བཀྲམ་པའི་འཇིག་རྟེན་དུ་བཅོམ་ལྡན་འདས་མི་བསྐྱོད་རྡོ་རྗེར་གྱུར་ནས་བྱང་སེམས་གྲངས་མེད་པས་བསྐོར་ནས་ཐེག་ཆེན་གྱི་ཆོས་འཁོར་བསྐོར་བར་འགྱུར་བ་དང་། ད་ལྟ་ཚོད་ལྡན་སྙིགས་མ་

ལྔ་བདོ་བའི་དུས་སུ་རྒྱལ་བ་གཞན་ལས་ཕུལ་བྱུང་ཐུགས་རྗེས་སྙིགས་འགྲོར་རྗེས་སུ་ཆགས་པའི་འཕྲིན་ལས་ཅན་བསྟན་པའི་བདག་པོ་ཤཱཀྱའི་དབང་པོ་ཉིད་ཀྱང་ཁོ་བོ་ཉིད་ཡིན་ནོ། །ཞེས་གསང་མཐོན་པོས་གསུངས་ཤིང་། རྗེ་འབྲི་གུང་པ་དེ་ཉིད་སློབ་དཔོན་ཀླུ་སྒྲུབ་ཀྱི་ངོ་བོ་ཉིད་དགེ་བསྙེན་གྱི་ཆ་བྱད་དུ་བྱས་ནས་དྲུང་དུ་ལྷགས་པ་ན། དགེ་བསྙེན་ཁྱོད་ལ་ངེད་རང་ལ་རེ་ཆེ་བར་འདུག་སྟེ། ངས་ཁྱེད་རྣམས་ཀྱི་དོན་དུ་བསྐལ་པ་མང་པོར་དཀའ་བ་སྤྱད་པ་ཡིན། གསུངས་པ་དེ་ཡང་དོན་གྱིས་སངས་རྒྱས་ཉིད་དུ་ཞལ་གྱིས་བཞེས་པ་ཡིན་ནོ། །

གཉིས་པ་གྲུབ་པའི་སྐྱེས་བུའི་བརྒྱུད་ཚུལ་ནི་གདུལ་བྱའི་ངོར་ཁྱབ་བདག་རྡོ་རྗེ་འཆང་གིས་གསང་འཛིན་ཕྱག་ན་རྡོ་རྗེར་ཨུ་རྒྱན་ཆོས་ཀྱི་གན་མཛོད་ཀྱི་མངའ་བདག་ཏུ་ལུང་བསྟན་པ་ཉིད་དང་། གཞན་ཡང་སྐྱེས་རབས་ལྷར་སངས་རྒྱས་མ་ཆགས་པད་མའི་སྤྱན་གྱི་བསྟན་པ་ལ་ཁྱིམ་བདག་དཔལ་གྱི་འཁོར་ལོ། །དགེ་སློང་དགེ་བའི་བློ་གྲོས་ཆོས་ཀྱི་དཔལ་བཟང་པོ། །སྤྲེའུ་བྱང་ཆུབ་སེམས་དཔའ། རྒྱལ་སྲས་གྲགས་པ་རྒྱལ་པོ་དྲུང་གི་བློན་པོ་སོགས་དང་། འཕགས་ཡུལ་དུ་ནི་ཛེ་སྐད་དུ། པཎྜ་པ་ནས་གསང་བ་དགྲོལ། ས་ར་ཧ་པས་རིག་པ་བརྟོལ། བིརྺ་པ་ཡིས་ཡོག་རྟོག་གཞོམ། ཕྱོགས་ཀྱི་གླང་པོས་རྩོལ་བ་བཟློག ཨིནྡྲ་བྷུ་ཏིས་རྒྱལ་སྲིད་སྐྱོང་། ཐོགས་མེད་གྲགས་པས་མདོ་སྡེ་བཀྲོལ། ལ་བ་པ་ཡིས་ཐབས་ལམ་བསྟན། པདྨ་རྒྱལ་པོས་དྲེགས་པ་བཏུལ། ཞེས་སོ། །སྟག་ལུང་ཆོས་འབྱུང་དུ་ཀླུ་སྒྲུབ་ཀྱི་རྣམ་རོལ་ཏུ་བཤད་པ་དེ་འབྲི་གུང་ཆོས་རྗེ་ཀླུ་སྒྲུབ་ཀྱི་སྤྲུལ་པར་བཤད་པ་ལ་བསྒོན་འདིང་བའོ། །གཞན་ཕྱོགས་བཞིའི་རྒྱལ་པོར་སྐྱེ་བ་བརྒྱུད་པ་དང་བོད་དུ་ཨ་མི་ཆེན་པོ་སོགས་སུ་སྐྱེ་བ་བརྒྱུད་པའོ། །

གསུམ་པ་ཐ་མ་སོ་སྐྱེ་ལམ་རིམ་གྱིས་གྲོལ་བར་བསྟན་པ་ནི། མདོ་ཁམས་ལྡོ་རྒྱུད་སྡེ་དགེ་འབྲི་ལུང་རྩེ་ཤོད་ཀྱི་སའི་ཐིག་ལེ་སྟག་ངོས་སབ་ཁང་བྱ་བར། གདུང་དབའས་ཀྱི་བརྒྱུད་ལས་ཡབ་ཕྱེན་ཨ་ཐར་དང་། ཡུམ་རེ་འབྲེ་བཟའ་བཙུན་ནེ་བྲུ་བའི་སྲས་སུའོ། །ཐོག་མར་དྲུང་

དཀར་གཡས་འཁྱིལ་སྒྲ་དང་ལྡན་པ་ཞིག་གི་རྣམ་པས་ལྷུམས་སུ་ཞུགས། ཡུམ་གྱི་མནལ་ལམ་དུ་གསེར་གྱི་རྡོ་རྗེ་རྩེ་དགུ་པ་འོད་འཕྲོ་བ་ཞིག་པང་དུ་བཞག་པ་རྨིས། འདས་རྗེས་ཅིག་སྟོང་དྲུག་བརྒྱ་དང་བཞི་པ་རྣམ་འགྱུར་ཞེས་པ་ལྕགས་སྟག་ལོར་སྐུ་བལྟམས། ཞལ་སྔ་ནས་སྐྱེ་བའི་སྡུག་བསྔལ་འཇུར་མིག་ནས་ཕྱུང་བ་ལྟ་བུ་གསུངས་ཀྱང་། ཁོ་བོ་ནི་ཟོ་བ་སྟོང་པ་ཞབས་རྗོལ་ཞིག་ནས་ཕྱུང་བའི་སྣང་བ་ཙམ་ལས་མ་བྱུང་གསུངས། ལོ་གཉིས་ནས་གནས་པ་རང་འབྲུངས་སུ་བྱུང་། བྱིས་པ་རོགས་གཅིག་གཡང་ལ་ལྷུང་བས་ཁོ་བོ་ཡིན་ན་སླམ་པའི་བདག་གཞན་བརྗེ་བའི་ཐུགས་རྗེ་འཁྲུངས། དེ་ལ་བརྟེན་ནས་འོད་སྲུང་གི་བསྟན་པར་སྤྲེའུར་སྐྱེས་པ་སོགས་སྐྱེ་བ་འགའ་དྲན་པ་ཡང་ཕ་མས་དམི་ཤ་བྱིན་པས་བརྗེད།

དེ་ནས་ཡབ་ཡུམ་འདས་པས་ཕའི་གཅུང་བཙུན་ནེ་ཙན་དུ་བཞུགས་པས་ཁུ་བོས་གྲོགས་བྱས་ཏེ་དགུང་ལོ་དགུ་པ་ལ་བྲ་ཁྲི་ལྷ་ཁང་བྲ་བར་མང་ཐོས་ཚུལ་ལྡན་གྱི་མཁན་ཆེན་ཡན་ཐུབ་ཚུལ་ཁྲིམས་དང་། སློབ་དཔོན་ལྷིང་ངེ་བ་འོད་ཟེར་རྒྱལ་མཚན་ལས་བསྙེན་པའི་རབ་བར་རབ་ཏུ་བྱུང་སྟེ་མཚན་རྡོ་རྗེ་རྒྱལ་པོར་གསོལ། བྲིས་ཀློག་དང་། གསོ་དཔྱད། རི་མོའི་འདུ་བྱེད་ལ་སོགས་པ་བསླབས་པ་ལ་མ་བལྟོས་པར་རང་བྱུང་དུ་མཁྱེན་ཏེ་མཁན་པོས་དངུལ་འབུམ་ཞིག་བཞེངས་པས་པོད་གཅིག་གི་ཡིག་མཁན་དང་དབུ་ལྷའི་ལྷ་བྲིས་ཀྱང་མཛད། ཅིར་ཡང་མི་ཞུམ་པའི་སྙིང་སྟོབས་དང་རབ་བརྗིད་སྐུ་ལ་ཚན་པོ་ཆེའི་སྟོབས་མངའ་བས་གནས་གཞིའི་ཞིང་གི་དཀྱིལ་དུ་རྡོ་ཆེན་ཤིང་རྟས་འདྲེན་མི་བཟོད་པ་སྐུ་རྒྱབ་ཏུ་བསྣམས་ཏེ་དོར། བླ་མ་རྒྱ་ཆེན་པོ་ལས། འཇམ་དཔལ་གཤིན་རྗེ་གཤེད་ཀྱི་དབང་བསྐུར་ཞུས་པའི་ཚོགས་གྲལ་དུ་ཆང་ཚོགས་ཀྱི་རྫས་ཙམ་མིན་པ་གཏན་ནས་མི་གསོལ་བའི་དམ་བཅའ་མཛད་པས་བླ་མ་འང་མཉེས། དེ་ནས་སྤྱོད་འཇུག་ལ་སོགས་པར་གསན་པ་མཛད། དབུ་རིང་རྒྱལ་འབར་བྱ་བ་གཞན་ངོར་ཐ་མལ་བའི་གཙོ་བོར་སྣང་ཡང་དོན་ལ་བཅུ་པར་རྣམ་དཔྱོད་ཀྱིས་གཟིགས་ནས་ཆོས་གསན་པ་སོགས་མདོར་ན་ཁམས་ཉིད་དུ་དགེ་བའི་བཤེས་གཉེན་བཅུ་དྲུག་ཙམ་

བསྙེན་ནས་གསར་རྙིང་རིས་སུ་མ་ཆད་པར་གསན་སྦྱང་བཞེས་ཏེ་སྐྱེས་སྦྱངས་ཀྱི་ཤེས་རབ་ཕུན་སུམ་ཚོགས་པས་གཞུང་མན་ངག་མང་པོ་ཁོང་དུ་ཆུད་དེ་སྤྱོད་འཇུག་ལ་བཤད་པ་འགའ་ཡང་མཛད་དོ།

།མཁན་སློབ་མཉེས་ནས་དབུས་སུ་རྫོང་བར་འདུན་ཡང་ཆས་གཡུ་འགའ་ལས་མེད་པས་ན། དབའས་ཆེན་པོ་དང་སྟབས་སུ་བྱོན་པས་ཁོང་ལ་རྫས་མང་དུ་མཆིས་པས་མཉམ་དུ་སྦྱུད་ཚོག་གསུང་ནས་ཕན་པར་མཛད། སོག་གི་མེར་ནག་ཁར་ཕེབས་སྐབས་དབུས་གཙང་གི་ཕྱོགས་སུ་ནག་པོ་ར་རི་གཅིག་གིས་ཁེངས་འདུག་པ་ལ། ཁྲོ་བོ་མི་གཡོ་བའི་ཡེ་ཤེས་ཀྱི་རལ་གྲིས་རྣམ་པར་བཅད་པས་སྐྲ་སང་སོང་བའི་སྣང་བ་བྱུང་གསུངས། དགུང་ལོ་བཅུ་དགུ་པར་དབུས་སུ་བྱོན་པས་ཐོག་མར་སྟོད་ལུང་རྒྱ་དམར་གྱི་སར་ཧ་ཤ་ཕོག་གོ །སྟག་ལུང་ཆོས་འབྱུང་དུ་དགུང་ལོ་ཉེར་གཉིས་པར་དབུས་སུ་བྱོན་པར་བཤད་པ་ནི་མ་དག་པས་ཁུངས་དཔྱད། དེར་ཐོས་བསམ་སྦྱོར་ཞུགས་ནས། དམ་པའི་ཆོས་འདུལ་བ་དང་མངོན་པ་ཤེར་ཕྱིན་གྱི་ཕྱོགས་དབུ་མའི་གཞུང་། རྟོག་གེའི་རིགས་གཞུང་ཚད་མ་སོགས་ལ་ཉན་སེམས་དང་དབུ་ཚད་ཉན་པར་ཞར་ཆོས་པ་དགེ་བཤེས་གཡོར་ཉན་ལ་ཡང་ཞུས། དེ་དག་གི་སྐབས་སུ་བཀའ་གདམས་པའི་བཤེས་གཉེན་ཡང་གང་བ། དོན་སྟེང་བ། བྱ་ཡུལ་བ་སོགས་ལས་སྨོན་འཇུག་གི་སེམས་བསྐྱེད་རིན་པོ་ཆེ་ཞུས་ཤིང་བསྟན་པའི་ལམ་རིམ་དག་ལེགས་པར་མཉན། རྒྱ་དམར་པའི་ཞབས་དྲུང་དུ་བཞུགས་སྐབས་ཁམས་པའི་གྲྭ་བས་གཡག་བཀུས་པའི་ཚེ་དགེ་བའི་བཤེས་གཉེན་ཕྱ་པར་སྡིག་བསགས་པ་ལོ་བརྒྱད་དུ་འབྱུང་མ་ཉན་གསུངས།

དགུང་ལོ་ཉེར་ལྔར་ཕེབས་པ་འདས་རྗེས་ཅིག་སྟོང་དྲུག་བརྒྱ་དོན་བརྒྱད་པ་ཀུན་དགའ་ཞེས་པ་ཤིང་སྟག་ལོར་ཟླ་ཕུའི་ཆོས་གྲྭ་ཆེན་པོར་མཁན་པོ་བརྟན་མཁས་གཉིས་ལྡན་བྱ་འདུལ་བ་འཛིན་པ་བརྩོན་འགྲུས་འབར་དང་། སློབ་དཔོན་རྒྱ་དམར་བ། དགེ་བཤེས་ཆེན་པོ་ཨར་གྱིས་གསང་སྟོན་མཛད་དེ་ཡོངས་རྫོགས་དགེ་སློང་གི་དངོས་པོ་བཞེས་སོ། །ཕྱ་པ་དང་ཉང་བྲན་པ་སོགས་ལས་སྤྱོད་ཕྱོགས་སོགས་མང་དུ་གསན། མཚན་ཉིད་ཀྱི་གྲྭ་སར་བཞུགས་པའི་ཚེ་ཐུན་བཞིའི་རྣལ་

འབྲོར་མ་ཆག་པར་མཛད། མཁྱེན་པ་ཤིན་ཏུ་ཆེ་བས་འཆད་རྩོད་རྩོམ་གསུམ་ལ་ཟླ་དང་བྲལ་བར་གྱུར་ཀྱང་། ཕུ་རངས་ལོ་ཆུང་གི་དངོས་སློབ་དམར་ཆོས་ཀྱི་རྒྱལ་མཚན་ལས་བདེ་མཆོག་གི་རྒྱུད་དང་དབང་བཀའ་བཤད་བཀའ་ཁྲིད་བཀའ་སོགས་གསང་སྔགས་མང་དུ་གསན། དཔལ་ཆེན་ཀ་ལོ་ཙྪ་བ་དང་མཇལ་ནས་ཆོས་དང་གདམས་པ་མང་དུ་གསན།

དེ་ནས་གཙང་དུ་བྱོན་ནས་བྲག་དཀར་པོ་པ་ལ་ཨ་རོའི་གདམས་པ་ཞུས། འགོས་དང་བ་རིའི་སློབ་མ་འཛང་བྲག་རྟག་པ་དང་དེའི་དཔོན་པོ་རྗོག་སྨུ་ནེ་ལ་འཕགས་སྐོར་དང་མངོན་པ་གསན། དེ་ནས་བུར་སྒོམ་ནག་པོའི་སར་བྱོན་ནས་ལོ་རོ་བའི་གདམས་པ་རྣམས་ཞུས་པས་ལེགས་པར་གནང་། བུར་གྱི་དྲུང་དུ་ཟླ་བ་བརྒྱད་བསྒོམ་པས་སྐུ་ལུས་བདེ་བས་གང་སྐྱེ་ཞབས་ལ་ཆོར་མ་བྱུང་ཡང་བདེ་བ་བྱུང་། དེ་ནས་ས་སྐྱར་ཕེབས་ཏེ་ས་ཆེན་ཀུན་སྙིང་ལས་ལམ་འབྲས་ལ་སོགས་པའི་གདམས་པ་མང་དུ་གསན། ཆོས་དྲི་ཚད་ལ་ལན་ལེགས་པར་ཕུལ་བས་ཁམས་པ་ཤེས་རབ་ཅན་ཞེས་མཉེས། དཔོན་སློབ་ལྷན་དུ་རྡོ་རྗེ་ཕུག་ཏུ་བསྒོམ་པས་རྩ་རླུང་དྲོད་རྟགས་ལེགས་པར་བྱུང་བས་བླ་མས་མཐོང་ལམ་གྱི་རྟོགས་པ་ཤར་བར་ངོ་སྤྲད། འབྲིམ་ལོ་ཙྪ་ཀུ་མ་ར་བུ་དྡྷའི་དྲུང་དུ་ཐིམ་པ་རྣམ་གསུམ་སོགས་གསང་སྔགས་ཀྱི་གདམས་པ་མང་དུ་གསན། བྱང་སེམས་ཟླ་བ་རྒྱལ་མཚན་ལས་ཐུགས་རྗེ་ཆེན་པོ་སྨོན་འཇུག་སེམས་བསྐྱེད་ཀྱི་ལག་ལེན་ཞུས། ཁོང་ནས་ཟླ་བ་མར་ངོ་ལ་མཚམས་བཅད། ཡར་ངོར་ཆོས་བཤད། དབང་བསྐུར་དང་བྱིན་རླབས་མ་བྱས་ན་གཞན་ལ་ཕན་ཆེ་བ་འོང་གསུངས། ཁ་རག་སྒོམ་ཆུང་གི་སློབ་མའི་སློབ་མ་སྨྱང་སྒོམ་རྒོད་པོ་ལ་ཁ་རག་སྐོར་གསུམ་སོགས་གསན། བླ་མ་མང་མཁར་བ་ལས་མང་མཁར་བའི་ཁྲིད་ཆོས་རྣམ་བརྒྱད་སོགས་གསན། སྟོད་ལུང་དུ་སྟོན་འཛམ་དང་ལྷན་དུ་སངས་རྒྱས་གཉན་ཆུང་མཇལ་དུ་ཕེབས་ནས་ཆོས་ཞུས་པར་རྨི་ལམ་བརྟག་གསུངས་ནང་པར་ཁམས་པ་སྟོན་པ་ཁྱོད་ཀྱི་རྗེས་སུ་མཁའ་འགྲོ་མ་གསེར་གྱི་རྒྱན་ཅན་བཞི་འབྲང་བ་འདུག ངམ་ཤོད་རི་ནག་གི་དྲུང་དུ་འགྲོ་བ་མང་པོ་ལ་ཕན་ཐོགས་པ་ཅིག་འོང་བ་འདུག་པས་ཆོས་བཤད་གསུངས་

ཐབས་ལམ་གྱི་གདམས་པ་ཟབ་མོ་ལག་ལེན་འཁྲུལ་འཁོར་དང་བཅས་པ་གནང་། གཞན་ཡང་མ་གཅིག་ཞ་མ་སོགས་རྣལ་འབྱོར་མའི་བླ་མ་བཅུ་གསུམ་ཙམ་ལ་གཏུགས།

རྒྱ་ཡོའི་ཆོས་ལྷག་སྡེ་གནས་ལུགས་རང་བཞིན་གྱི་མགོན་པོ། སྒྲུབ་བྱ་ལམ་གྱི་མགོན་པོ། ལྷུན་གྲུབ་འབྲས་བུའི་མགོན་པོ་གསུམ་གྱི་ཉམས་ལེན་བཀའ་དག་པ་སངས་རྒྱས་ནས་བརྒྱུད་པ། བྱིན་རླབས་དག་པ་མཁའ་འགྲོ་མ་ནས་བརྒྱུད་པ། ལུང་བསྟན་དག་པ་གཏེར་ནས་བརྒྱུད་པ་གསུམ་གྱི་ཆུ་བོ་གཅིག་ཏུ་འདུས་པའི་བསྟན་སྲུང་མཧཱ་ཀ་ལ་བྱ་རོག་གདོང་ཅན་གྱི་མན་ངག་བེའུ་བུམ་ཐམས་ཅད་ཨ་སེང་དབང་ཕྱུག་བྱ་བ་དེ་ལ་ཞུས། ཛ་མ་སྐྱེས་པའི་ཡོག་རྟོག་སྐྱེས་པར་ཉིད་དེ་འཛིན་གྱི་དབང་བརྒྱ་རྩ་མཛད་པས་སོས་གསུངས། སླར་ས་སྐྱར་བྱོན་ནས་སླན་པ་རྒྱས་པས་ཞང་གིས་གུས་པས་བཏུད། ལམ་འབྲས་དཔེ་མཛོད་མ་དེ་དུས་མཛད་དོ།

མདོར་ན་དབུས་གཙང་ཁམས་གསུམ་དུ་བླ་མ་ཆོས་མཁས། གདམས་པ་ཆེ་ཟེར་ཚད་ལ་ནོར་བཟང་གི་བུ་ལྟར་ཕ་ཇོ་དང་མ་ཇོ་སོགས་ཡོན་ཏན་ཅན་ལ་གདམས་ངག་མེད་པར་གཏུགས་ནས་སྒྲ་ཚད་སོགས་རིག་གནས་སྤྱི་དང་ཁྱད་པར་ནང་པའི་ཅན་གྱི་གཞི་ཅི་གྲགས་པར་གྱུར་པ་ལ་འདི་མ་གསན་དང་མི་མཁྱེན་བྱ་བ་མེད་པའི་ཐོས་བསམ་སྒོམ་གསུམ་སྤྱུགས་སུ་མཛད་པས་ཕྱིས་ཀྱི་དཔྱོད་ལྡན་དག་གིས་འགྲོ་མགོན་ལ་མངའ་བའི་གདམས་ངག་གི་བེའུ་བུམ་དཔལ་ཕག་མོ་གྲུ་ནས་ཆུ་བོ་རིའི་བར་དུ་སྤྲིང་ཀྱང་མི་ཟད་དོ་ཞེས་བཤད་པ་ནི་དོན་མཐུན་ནོ། །དེ་ལྟར་བསོད་སྙོམས་པ་ཆེན་པོ་སྦྱིན་ཡོན་གྱི་མངའ་བདག་དེ་ཉིད་ཞང་གིས་སྤྱན་དྲངས་པ་ལྟར་བྱོན་ནས་ཁོང་གིས་བྱ་ས་གཙང་པོ་ལ་སོགས་པར་ཡོན་མཆོད་དུ་གྱུར་སླམ་བཞུགས་སུ་བཅུག་པས་འོན་གྲོང་ཆུང་དུ་དགོན་པ་མཛད། དེ་དུས་འདན་མ་དགེ་བཤེས་ལ་གདམས་པ་མང་དུ་གསན། ཁམས་སུ་མི་འབྱོན་པའི་ཞལ་ལྟ་མཛད།

དགུང་ལོ་ཞེ་གཉིས་སུ་སོན་པ་ན་གཉལ་བ་འདུལ་འཛིན་གྲོངས་བའི་ཁག་ཞང་ལ་མ་ཉེས་པའི་བསྐྱུར་བ་བྱུང་བ་སངས་ཕྱིར་དྭགས་པོར་ཕེབས་པར་བགྲོས་ནས་སྐབས་སུ་བྱོན་པ་ན། སྦྱང་

ཅིག་ཏུ་རྒྱ་སྒོམ་གྱིས་དགོན་པ་ཕུལ་ནས་འབྱོན་པར་ཞུས་པས་ཅི་མིང་གསུངས། ཕག་མོ་གྲུ་ལགས་ཞུས་པས། ཕག་ནི་སྐྱེ་མེད་ཆོས་ཀྱི་སྐུ། གྲུ་ནི་འགྲོ་བ་མ་ལུས་སྒྲོལ། སེམས་ཅན་ལ་ཕན་པར་འདུག ཅེས་ཀྱང་འོང་གསུང་ངོ། ཞང་གིས་ཡེ་དམ་གྱི་མཚམས་འདི་འཛིན་དཀའ་བས་མི་ཟིན་གསུང་བ་ལ། ངས་ཡེ་དམ་མི་དགོས་འཁོར་འདས་ཀྱི་ས་མཚམས་ཀྱང་ཟིན་པ་ཡིན་གསུང་ཕྱི་ནངས་དགོན་པ་གཟིགས་པས་མཉེས་སོ། །དེ་ནས་སླམ་པོར་བྱོན་པས་རྗེ་ཉིད་སྐུ་མ་སློམས་པས་ཞག་བཞི་མཇལ་ཁ་མ་བྱུང་། དེ་དུས་དགུང་ལོ་ཞེ་གཉིས་པ་འདས་རྗེས་ཅིག་སྟོང་དྲུག་བརྒྱ་གོ་ལྔ་པ་སྐྱེས་བདག་ཅེས་པ་ལྕགས་ལུག་ལོ་ཡིན་ནོ།

།དེ་ནས་རིན་པོ་ཆེ་མཇལ་བས་བཅོས་མ་མ་ཡིན་པའི་སངས་རྒྱས་སུ་མཐོང་། ཆོས་ཀྱི་ལོ་རྒྱུས་མང་དུ་གསུངས། ཉིན་གཅིག་དགེ་བཤེས་ཁམས་པ་དང་ཁྱེད་རྣམས་ཁྲིད་སོ་སོར་བྱ་དགོས་པར་འདུག་གསུངས་གཞན་ཕྱིར་ཐོན་པ་དང་འགྲོ་མགོན་ལ་སྤྱན་སྔར་བྱོན་གསུང་བས་ཕེབས་པས། ཁྲིད་སྔར་ཆོས་ཅི་འདྲ་ཐོས། ཉམས་ལེན་ཅི་འདྲ་བྱས་གསུངས་པས་གདམས་པ་མང་དུ་གསན་ཚུལ་དང་ཉམས་ལེན་བྱས་ཚུལ་ཞུས་པས། ཉམས་མྱོང་ཅི་འདྲ་སྐྱེས་གསུངས། མཐོང་ལམ་རྣམ་པར་མི་རྟོག་པའི་ཡེ་ཤེས་སྐྱེས་ཚུལ་ཞུས་པས། དེ་ལ་མཐོང་ལམ་དུ་འཛིན་ནམ་གསུངས་པ་ལ། ལམ་འབྲས་རྡོ་རྗེའི་ཚིག་རྐང་གི་ལུང་དང་སྦྲར་ནས་ཡིན་ཚུལ་ཞུས་པས། ཨ་ཀྱང་དེ་ལ་མཐོང་ལམ་དུ་འཛིན་ནམ་གསུངས་པ་ལ་རྗེ་ས་སྐྱ་བས། བཅོས་མིན་སེམས་ཀྱི་ངོ་བོ། གཉུག་མ་སེམས་ཀྱི་རང་མགོ་ཉམས་བདེ་སྟོང་ལ་རྒྱུན་ཆད་མེད། ཤེས་པའི་སྤྱི་རིས་ཐོན་པའི་མཐོང་ལམ་རྣམ་པར་མི་རྟོག་པའི་ཡེ་ཤེས་ཡིན་ཞེས་ངོ་སྤྲོད་པས་ཅེས་ཀྱང་ཡིན་ཞུས། ཨ་བ་ཞེ་ནས་དེ་ལ་མཐོང་ལམ་དུ་འཛིན་ནམ་གསུངས་པ་ལ་མདོ་རྒྱུད་མན་ངག་ཉམས་མྱོངས་ཐམས་ཅད་ཀྱིས་གྲུབ་པའི་མཐོང་ལམ་ཡིན་ཞུས་པས་ཁྱེད་ཀྱི་མཐོང་ལམ་བཟང་པོ་དེ་ལས་ངའི་འདི་མི་དགའ་རེ་གསུངས་ཕྱག་ཏུ་ཟན་ཞིག་ཆང་ཆང་མཛད་པས་ཐུགས་སྐྱོག་གི་སོང་ལ། སླམ་པོ་པས་ཁྲིད་རང་

ཤར་གྱི་དེའུ་ཕ་གིར་སྐྱོ་སངས་ལ་བྱོན། ཁོང་འགའི་ཆོས་ཟིན་ནས་འོ་སྐོལ་གླིང་མོ་བྱ་གསུངས་པས་དེའུ་ཤར་མའི་ཁར་བྱོན་ནས་མནོ་བསམ་མཛད་པས། ཧེ་ཞིག་ན་སྔར་གྱི་ཉམས་བཟང་པོ་དེ་ཁྲུལ་གྱིས་ཞིག་ནས་ཕྱི་ཤུན་དང་སྙུན་པ་ལྷ་བུར་སོང་། ཡང་དག་པའི་རྟོགས་པ་བློ་འདས་ཕྱག་རྒྱ་ཆེན་པོའི་རང་ངོ་གཤའ་མ་རྟོགས། ཐུགས་རབ་ཀྱང་ནམ་མཁའ་ལ་གདུང་སྐོར་བ་ལྟར་གྱུར་ཏེ་སྔར་གྱི་བླ་མ་དེ་རྣམས་ཅི་རེད་ན་ཨང་བྱ་བ་གཅིག་ཀྱང་ཤོར།

དེ་ནས་སྤྱན་སྔར་བྱོན་པས་སྒམ་པོ་པས་མཁྱེན་ནས་ང་ལ་ཡང་དེ་བས་ལྷག་པ་བསྟན་རྒྱུ་མེད། འོན་ཀྱང་ང་རང་ལུགས་ཀྱི་ཁྲིགས་སྐད་དེ་བ་གཅིག་ཡོད་པ་དེ་བྱ་གསུང་ལྷན་ཅིག་སྐྱེས་སྦྱོར་གནང་། ངོ་བོའི་ཕྱོགས་ཀྱི་དྲི་བ་འགའ་མཛད་པར་དགེ་བཤེས་པ་ཁྱོད་ཀྱིས་ཆོས་ལེགས་པར་གོ་བར་འདུག་པས་ངས་བཤད་དོ་གསུངས་ཟབ་རྒྱས་ཀྱི་གནད་དཔྱིས་ཕྱིན་པར་གསུངས། གདམས་ངག་མཐའ་དག་བུམ་པ་གང་བྱོར་གྱི་ཚུལ་གྱིས་གཏད། རེ་ཞིག་ན་ཁམས་པ་མི་གསུམ་གྱི་ཆོས་བཙུ་མཛད་པས་ཆང་ཁྲིམས་ཡོད་པས་གནས་དབྱུང་བྱས་པ་ན་བླ་མ་བྱོན་ནས་ཡར་ཤོག་གི་མགྲུར་གསུངས། ཁོང་གསུམ་ནས་ཡར་འགྲོའི་མགྲུར་ཕུལ་ནས་བླ་སློབ་ཀུན་བྲོ་བཀྱབས་པས་ཕ་བོང་གོང་འོག་གཉིས་ཀར་ཞབས་རྗེས་གྱིས་བཀང་བ་ད་ལྟའང་མཆིས་སོ།

།མྱུ་ངན་འདས་ཁར་དགེ་བཤེས་ཁམས་པ་དང་འོ་སྐོལ་གཉིས་ལ་སྐྱ་ཉག་བཀྲུར་གཤགས་པའི་ཆ་ཙམ་ཡང་ཁྱད་མེད་པས་ཁྱེད་སྒོམ་ཆེན་གདམས་ངག་ཞུ་དགོས་པ་དང་སྒྲོ་འདོགས་གཅོད་དགོས་པ་ཐམས་ཅད་ཀྱང་ཁོང་ལ་ཞུས་ཤིག་གསུངས། བླ་མ་གཤེགས་ནས་སྐུ་འབུམ་གྱི་བྱ་བ་དང་། སློབ་དཔོན་སྒོམ་པའི་ཕྱག་གྲོགས་མཛད་དེ་བཞུགས་ཤིང་དུས་ཀྱི་རྒྱལ་པོ་བྱ་ལོ་ཤར་བའི་ཚེ་སོགས་གདུང་དབྱངས་བཞེངས། ཆོས་ཞུ་མི་འགའ་བྱུང་བར་གདམས་པ་བསྟན། ང་ཤེས་རབ་འདི་ལྟ་བུ་སྐྱེས་པས་མཉེས་པར་ངེས་སྙམ་ས་སྐྱུར་བྱོན་པས་ད་རེས་དྲི་བ་ཙམ་ཡང་མི་མཛད་པར་སྤྱན་རྩ་འགྱུར་འདུག་པས་ཕྱིར་བཞུད་ལམ་དུ་མྱང་རོ་རྩིས་ཀྱི་ལྷ་ཁང་དུ་མནལ་ལམ་དུ་དམ་པ་དང་མཇལ

ནས་ཞི་བྱེད་རྨ་ང་ལམ་མ་གསན། ཕྱིར་འོན་དུ་ཕེབས་ནས་མཚལ་སྒང་དུ་བཞུགས་པས་དེར་སློབ་མ་མང་དུ་བྱུང་།

ལོ་ངོ་ལྔ་ཙམ་ལ་དྲུག་པོའི་གདམས་པ་གཙོར་བྱས་ནས་གང་འདུལ་གྱིས་ཆིམ་པར་མཛད་པས་སྙན་གྲགས་ཅུར་གྱི་འཕེལ། གར་གྱི་ཉམས་དགུའི་མགུར་བཞེངས་ཏེ་གྲོང་ཡུལ་དང་ཉེ་བ་ནི་མི་ལེགས་པས་དབེན་པར་ཐུགས་གཏད་དེ། ནགས་ཁྲོད་དབེན་པ་རྟེན་དབང་གིས། །སྒྲུབ་ཅིང་རང་དབང་བསྟེན་མཛད་གསོལ། །ཞེས་པའི་གསོལ་བ་ཡང་བཏབ། དེ་ནས་ནང་ཅིག་དགེ་འདུན་ལ་གྲོས་མེད་མར་གདན་ས་རིན་པོ་ཆེར་འབྱོན་དགོངས་ལམ་དུ་ཚ་རོང་བཙད་པོའི་སྒོ་དྲུང་དུ་བྱོན་ནས་དར་ཞམ་གཅིག་བསྐྱུར། ཁོ་བོ་མཚལ་སྒང་དུ་སྡོད་པ་དེ་ལགས། ད་ཕག་མོ་གྲུའི་ཕུའི་ནགས་ཕ་གིར་སྡོད་སྙམ་པས་སྤྱན་རས་ཀྱིས་བཙའ་བར་ཞུ་བྲ་བའི་ལན་བསྐྱུར་བས་ཁོ་རང་སྒོར་བྱོན་ནས་འཕྲོད་པའི་གཏམ་མཛད།

དེ་ནས་ཕག་མོ་གྲུའི་གྲོང་དང་ཉེ་བའི་ལུང་པའི་ནང་དུ་བྱོན་ནས་དགུང་ལོ་བཞི་བཅུ་རྩ་དགུ་པ་འདས་རྗེས་ཆིག་སྟོང་བདུན་བརྒྱ་དང་ཉག་མ་གཉིས་པ་འབྲུ་མང་པོ་ཞེས་པས་སྟག་ལོར་ཀུན་ཏུ་བཟང་པོའི་ནགས་ཁྲོད་མཐའ་རྩ་དཔལ་གྱི་ཆོས་འབྱུང་དུ་ཞབས་སོར་འཁོད་པ་ན་རིན་པོ་ཆེ་མཐའ་རྩ་བར་གྲགས་སོ། །གྲྭ་པ་རྣམས་ཀྱང་དེར་སླེབས་ནས་བྱོན། རྒྱ་སྒོམ་རྨི་རས་བྱ་བ་ཞིག་དེར་བསྡད་ཡོད་པས་ཁོའི་སྤྱིལ་བུར་གདན་དྲངས་པས་སྤྱིལ་བུ་འདི་སྐྱིད་ལན་གསུམ་གསུངས་པས་བཞེད་ན་ཕུལ་ཞུས་པས་གནས་ཀྱི་སྙིང་པོར་དགོངས་ནས། འོ་ན་ཁོ་བོའི་ཀོམ་སྟན་ལོངས་ཤོག་གསུངས་ནས་དེར་གནས་བཅས་པས་སྙན་གྲགས་ཀུན་ཏུ་རྒྱས་ནས་སློབ་མ་སྐལ་ལྡན་གྱི་གདུལ་བྱ་མང་དུ་འདུས་པ་ལ་མར་ངོ་མཚམས་བཅད་ཡར་ངོར་ཆོས་བཤད་པས་མྱོང་བ་ཐོན་པ་མང་དུ་བྱུང་ནས་དངོས་སློབ་བརྒྱད་བརྒྱར་གྲགས་པ་འདུས།

དེར་འདུས་པ་ལ་ཁོ་བོ་སྒྲུབ་པ་བྱས་ན་གྲུབ་ཐོབ་ནམ་མཁའ་དང་མཉམ་པ་མངོན་ཤེས་སོགས་ཡོན་ཏན་ཆེ་རིང་བ་སོགས་ཡོང་ཁྱོད་ཆོས་མཇལ་བ་དང་བྱིན་རླབས་ཞུ་རྒྱུ་ཡོད། ཆོས་བཤད་ན་ཆེ་ཐུང་དུ་འགྲོ་བས་གྲོས་གྱིས་གསུངས་བས་འདུས་པས་དགེ་བཤེས་ཞང་བོས་པས་ཁོང་གིས་ཆོས་གསུངས་དགོས། མི་གསུངས་ན་ཅི་ཕན་གསུངས་ཐམས་ཅད་ཀྱིས་དེར་གྲོས་ཐག་བཅད་ནས་ཞུས་པས། དེ་ལ་དཔའ་བོ་དང་མཁའ་འགྲོ་ཐམས་ཅད་མ་དགྱེས་གསུངས་པས། ཞང་གིས་ཆོས་བཤད་པ་ལ་མི་དགྱེས་པའི་དཔའ་བོ་དང་མཁའ་འགྲོ་དེ་བདུད་ཡིན་གསུངས་པས་ཆོས་ཀྱི་འཁོར་ལོ་བར་མེད་དུ་བསྐོར་བས་གྲུབ་པ་ཐོབ་པའི་སྐྱེས་བུ་མང་དུ་ཐོན། སྔར་ཆོས་གསུངས་ཚེ་ཁོ་བོའི་གྲྭ་པ་མ་འདུས་གསུངས་པ་ལ་ཕྱིས་འབྲི་གུང་ཆོས་རྗེ་སྤྱན་སྔར་ཕེབས་པ་ན་ད་ནི་ཁོ་བོའི་གྲྭ་པ་འདུས་སོ་གསུངས་ཏེ་ཆོས་རྗེ་མ་བྱོན་གོང་དུ་ཕྱག་རྒྱ་ཆེན་པོའི་རྟོགས་པ་ཤར་བ་ཐམས་ཅད་ཐོད་པ་མགོ་ལ་མི་འགེབས་བྱ་བའི་བཀའ་བརྒྱལ་ཡོད་པ་ལ། ཆོས་རྗེ་ཕེབས་ནས་རྟོགས་ལྡན་སྐྱེ་བའི་འཁོར་ལོ་བསྐོར་བ་སོགས་སྔར་དང་མི་འདྲ་བའི་ཆོས་མང་དུ་བྱུང་བར་གྲགས་སོ།

།དེ་ལྟར་དགེ་འདུན་སྐྱོང་བའི་དུས་ཉིད་ནའང་གནས་གཞན་དང་གཞན་དུ་སྐུ་ལུས་ཀྱི་བཀོད་པ་བཅུ་གཉིས་སུ་བསྟན་པ་དང་ཨུ་རྒྱན་གྱི་གནས་སུ་བྱོན་ནས་མཁའ་འགྲོ་མ་རྣམས་ལ་རྒྱུད་སྡེ་ཆེན་པོ་གསན་པའི་རྒྱུད་དེའི་ལེའུ་གྲངས་དང་དོན་བསྡུ་བའི་ཡི་གེ་ཡང་མཛད་དོ། །དེ་ཤེད་དུ་གཟིམ་སྤྱིལ་དུ་བུད་མེད་ཀྱི་སྐད་ཐོས་པས་སྟག་ལུང་པ་ལྟར་ཡོང་བས་བྱ་འཇོལ་མོ་ཞིག་འཕུར་བ་མཐོང་ནས་བླ་མ་ལ་ཞུས་པས། མཁའ་འགྲོ་མ་ཚོགས་པ་ཡིན། ཁྱད་པར་ཕག་མོ་གྲུ་ན་བུ་མོ་ལོ་བཅོ་ལྔ་ལོན་པ་ཞིག་ཡོད། དེ་རྡོ་རྗེ་ཕག་མོའི་སྤྲུལ་པ་ཡིན་པས་ཁྱོད་རང་གི་ཕྱག་རྒྱར་བསྟེན་ན་ཕུང་པོ་འཇའ་ལུས་སུ་འགྱུར་བ་ཡིན་གསུངས་ཀྱང་ལན་གཉིས་སྙེད་ཀྱང་བོར་བས་དེ་མྱ་ངན་ལས་འདས་པའི་དབུ་ཐོད་གླིང་རས་པས་བཅད་པ་ལ་ཁོ་མོ་རང་གནས་སུ་འགྲོ་གསུངས་པའི་སྒྲ་བྱུང་བས་ཙཱ་རིར་ཞོག་གསུངས། ཕུང་པོ་གཞན་སྟག་ལུང་ཐང་པས་དེ་མ་ཐག་ཚལ་དུ་སོང་ཡང་ཡལ་ནས་མི་འདུག

ཅེས་གྲགས། དེ་ལ་སོགས་ཕྱོགས་ཀུན་ན་ཁོ་བོ་འདྲ་བ་མང་པོས་སེམས་ཅན་གྱི་དོན་བྱེད་ཅེས་སོགས་མཛད་པ་རྒྱ་ཆེན་པོ་དག་གོང་མ་རྣམས་ཀྱིས་གསལ་བར་མཛད་པས་འདིར་སྤྲོས་པའི་ངལ་བ་མ་བརྟེན་ནོ།

།དེ་ལྟའི་སུམ་ལྡན་གྱི་རྡོ་རྗེ་འཛིན་པ་ཆེན་པོ་ཆོས་ཐམས་ཅད་ཀྱི་རང་བཞིན་མཉམ་པ་ཉིད་ཀྱི་ངོ་བོར་བཞུགས་ཏེ་ཕྱིན་ལས་མི་ཟད་པ་རྒྱུན་གྱི་འཁོར་ལོ་ཨེ་སྲིད་དུ་འགྲོ་བའི་ལམ་སྟོན་པའི་སྒྲོན་མེ་དེ་ཉིད་དགུང་གྲངས་རེ་གཅིག་ཏུ་ཕེབས་པ་ན་སྔོན་གྱི་རྒྱུ་མཐུན་གྱིས་སློམ་ཚུལ་གྱི་ཉེ་གནས་ཆོས་སེང་དང་ལྕུམ་མོ་གློ་གྲོས་ལྷ་མོས་ཞལ་ཟས་ལ་སྦྱར་དུག་བཏབ་པ་གསོལ་བ་ཡང་ཡང་ཞུས་ཀྱང་མ་བཞེས། སླར་ཞུས་པར་སྔོན་གྱི་ལན་ཆགས་པར་གཟིགས་ནས་བཞེས་ཏེ་སྐུ་ཚེའི་འདུ་བྱེད་གཏོང་བར་ཉེ་བ་ན། ཉེ་གནས་ཀྱིས་དམྱལ་བའི་བུད་ཤིང་དུ་གྱུར་པའི་སྡིག་ཅན་འདིའི་སྐྱབས་སུ་སུ་ཞིག་འགྱུར་ཞུས་པས། འདི་ལྟ་བུའི་སེམས་ཅན་མ་རུང་པའི་གཉེར་ཁ་ཁོ་བོ་ལ་བབས་པ་ཡིན་སོགས་ལོ་རྒྱུས་གསུངས། བུ་ཆེན་ཀུན་ལ་གདམས་ངག་སོགས་བཙལ། དེར་ད་རྟེན་འབྲེལ་ཅི་ལྟར་བྱས་ཀྱང་ཕན་མ་བཏུབ་གསུངས་སྒམ་པོ་པའི་འདས་མཆོད་གྲུབ་སྟེ། བཅུ་དྲུག་གི་དགོང་མོར། ཀྱེ་མ་འདུས་བྱས་རྣམས་མི་རྟག །སྐྱེ་ཞིང་འཇིག་པའི་ཆོས་ཅན་ཏེ། །སྐྱེས་ནས་འཇིག་པར་འགྱུར་པ་ན། དེ་བས་ཉེ་བར་ཞི་བ་བདེ། །གསུངས་འདས་པའི་བརྡ་བསྟན། ཁྱེད་ཆོས་ཀྱི་འཕྲོ་རྫོགས་པར་བྱས་ཏེ་ཉི་ཤུ་ལ་ཀ་ཆ་ཐམས་ཅད་བཀྱེས་ཏེ་ཞལ་ཆེམས་སུ་ཕུང་ཁྲོལ་ཀུན་གྱི་རྩ་བ་ནོར་ཡིན་པས་ཞེན་མ་ཆགས། གྲོགས་ངན་པའི་དྲི་མ་འགོས་སླ་བས་འཇིག་རྟེན་པ་དང་བློ་མ་བསྲེན། གར་འགྲོ་གར་འདུག་ཏུ་བྱམས་སྙིང་རྗེ་བྱང་ཆུབ་སེམས་དང་མ་བྲལ་བར་གྱིས། གཞན་གྱི་སྐྱོན་ལ་མ་རྟོག་རང་ལ་ལྟུང་བ་ཕོག་པའི་རྒྱུ་ཡིན་གསུངས་སོ།

།ཆོས་སྐྱོང་ལ་བཀའ་སྒོ་མཛད་དེ་ཉེ་གནས་སོགས་ལ། ཁྱོད་རང་དད་པ་དང་ལྡན་པ་དག་ཤར་ཕྱོགས་རྡུལ་དང་བྲལ་བའི་ཞིང་ཁམས་སུ་ཁོ་བོ་སངས་རྒྱས་མི་བསྐྱོད་པའི་དྲུང་དུ་བྱུང་སེམས་

བློ་གྲོས་དྲི་མ་མེད་པའི་རྒྱལ་པོ་ཞེས་བྱ་བ་ཁྲིད་བུ་སློབ་སོགས་འགྲོ་ཀུན་གྱི་ཉེར་འཚོའི་གཞིར་འགྱུར་བ་དེ་ལ་གསོལ་བ་ཐོབ་སོགས་ཞལ་ཏ་རིམ་པར་ཕེབས། ཉེར་ལྔའི་ནང་པར་ཚོགས་ལ་བྱོན་ནས་ཞལ་བཀོད་མང་དུ་མཛད་དེ་གཟིམས་མལ་དུ་བྱོན་ཏེ། ཆོས་རྣམས་ཐམས་ཅད་གཉིས་སུ་མེད། །གཉིས་སུ་མེད་དེ་རྣམ་པར་དག །ཅེས་གསུངས་ཏེ་སྔ་དྲོའི་ཆར་ཡོངས་སུ་མྱ་ངན་ལས་འདས་སོ།

།དེ་ནས་སྐུ་གདུང་གཟིམས་མལ་ལས་བཏེགས་ནས་ལྗགས་སྤྱིལ་དུ་བཞུགས་སྐབས་འབྲི་གུང་ཆོས་རྗེས་མཇལ་ཕུལ་ནས་གསོལ་བ་བཏབ་པའི་ཚེ་ཐུགས་ཀ་ནས་གསེར་གྱི་རྡོ་རྗེ་བྱ་ཙུང་ཡོད་པ་འོད་འཕྲོ་བ་ཞིག་འབྲི་གུང་པའི་ཐུགས་ཀར་ཐིམ་པ་དེར་ཡོད་ཀུན་གྱི་མཐུན་སྣང་དུ་གྲུབ། དེ་དུས་བརྒྱུད་པ་གཏད་ཅིང་བྱིན་གྱིས་བརླབས་པར་འདུག་གོ འདི་ཉིད་སྟག་ལུང་ཆོས་འབྱུང་རྫོམ་པ་པོར་སྟག་ལུང་ཐང་པའི་ཐུགས་ཀར་ཐིམ་པའི་སྣང་བ་བྱུང་འདུག

དེའི་ཚེ་ས་གཡོ་ཞིང་འཇའ་འོད་འཁྲུགས་པ་དང་། སྤོས་ཀྱི་ངད་ལྡང་རོལ་མོའི་སྒྲ་སོགས་ངོ་མཚར་གྱི་ཆོ་འཕྲུལ་གྱི་སྐྱེ་རྒུའི་ཡིད་འཕྲོག་པར་གྱུར། གདུང་སྦྱངས་པའི་ཚེ་ཕུར་ཁང་གི་སྟེང་ལྷའི་མཆོད་སྤྲིན་གྱིས་དཀྲིགས། ཐུགས་ལྗགས་སྤྱན་གསུམ་དང་རིང་བསྲེལ་མང་དུ་བྱོན་པ་སོགས་ངོ་མཚར་མང་དུ་བྱུང་ངོ་། །ལྗགས་ཕྱིར་གྱུར་ནས་འཛིན་དུ་བཞུགས་སྐད། གདུང་ཐལ་ལ་རིན་པོ་ཆེ་སྣ་ཚོགས་བསྲེས་པའི་འདྲ་འབག་གཉིས་བཞེངས་པ་སྐུའི་རྣམ་པ་ཧེ་ལྷ་བ་བྱོན་ཏེ། ཚོགས་སུ་ཆོས་ལན་མང་གསུངས་པ་སོགས་ངོ་མཚར་ཆེ་ཞིང་། དུས་འགྱུར་གྱི་ལྟས་བསྟན་ཞིང་ནད་ཡམས་ཉིད་ཀྱིས་སྐྱུས་བཞེས་པ་སོགས་སྙན་པ་གང་སར་ཁྱབ། ཐུགས་ཕྱིར་གྱུར་ནས་རྒྱ་ཤུལ་དུ་བཞུགས་པ་ཕྱིས་འབྲི་གུང་ཆོས་རྗེས་བླུས་ཏེ་གདུང་རྟེན་བཀྲ་ཤིས་འོད་འབར་བཞེངས་ནས་ནང་ལ་བཞུགས་སུ་ཕུལ་བས་ཕྱིས་ཀྱི་བར་རྟེན་གཙོར་བཞུགས་ནས་འགྲོ་དོན་འཕེལ་བར་གྱུར་ཅིང་། རིང་བསྲེལ་ནི་ཕྱོགས་ཀུན་ཏུ་ཁྱབ་བོ།

།སློབ་མ་གདུགས་ཐོགས་ལྔ་བརྒྱ་ལས་གཙོར་གྱུར་པ། ཐུགས་སྲས་བརྒྱུད་འཛིན་མཐར་ཕྱིན་གསུམ་ནི་རྟེན་འབྲེལ་མཐར་ཕྱིན་འབྲི་གུང་པ། མོས་གུས་མཐར་ཕྱིན་སྟག་ལུང་པ། རྟོགས་པ་མཐར་ཕྱིན་ཕུ་ཆུང་བའོ། །གཞན་སྤྱི་ཚར་བཞི་ནི། རྨོག་ལྕོག་བ། ཞང་སྲུམ་ཐོག་པ། རྩི་ལུང་པ། ཉང་ཤན་གྲོང་པའོ། །གདམས་པའི་བུ་བཞི་ནི་ཀུན་ལྡན་རས་ཆུང་། སྐལ་ལྡན་ཡེ་ཤེས་སེང་གེ རྟོགས་ལྡན་མི་ཉག་སྒོམ་རིང་། གྲུབ་ཐོབ་ཉག་རེ་སེ་བོ། །ཐུགས་སྲས་བཞི་ནི། སྨར་པ། ཡེལ་པ། པར་ཕུ་པ། མཆན་བུ་རྒྱ་རས།

རོ་གཅིག་པ་བཞི་ནི། ཀླ་མ་དུམ། བན་རྟ་ཕུ་པ། ཆོས་རྗེ་གཏུམ། གྲེར་སྒོམ་པའོ།

།ཉེ་སྲས་བཞི་གཤེན་དགོན་དཀར་བ། རྡོག་སེང་གེ་ཁ་པ། སེང་གེ་དཔལ། ཟོ་འབོད་རྒྱལ་པོ། གཞན་ཡང་ཤུགས་ཆེར་བ། ལྷ་ས་བ་དགེ་འདུན་སྐྱབས། གྱུ་སྟོན་བློ་གྲོས་སེང་གེ རྒྱ་སྟོན། སྟོན་འཛམ། བྱང་ཡེ། ཀོ་གཉེར་སྒོམ་དར། གནས་སོ་སྒོམ། བསྒོམ་བརྩོན་སོགས་མང་དུ་བྱུང་བ་ལ་འདི་དག་གི་འདྲེན་ཚུལ་མི་གཅིག་པ་ཆོས་འབྱུང་ཁག་ན་མང་། བུ་སློབ་དེ་རྣམས་ཀྱི་ཕྲིན་ལས་ཀྱིས་ད་ལྟ་གདན་ས་རང་དུ་རང་ལུགས་མི་ཉམས་པར་གནས་པ་མ་ཟད་བོད་ཡུལ་ཀུན་ཏུ་གཙུག་ལག་ཁང་དང་སྡེ་ཚུགས་པ་མང་ལ་ཕྱི་གླིང་དུའང་བཀའ་བརྒྱུད་ཀྱི་བསྟན་པ་གསལ་བར་ཡོད་པ་ན། འབྲི་གུང་སྒོམ་པ་ཤཱཀ་རིན་གྱིས། གདན་ས་དཔལ་གྱི་ཕག་གྲུ་དེ། །ཆུ་མིག་བརྒྱ་རྩའི་མགོ་བོ་ཡིན། །གསུང་བ་བདེན་པར་འཁྲུམས་སོ།

།བརྒྱུད་གསུམ་བསྟན་པའི་སྙིང་བཅུད་དོན་དང་ཚིག་སྤེལ་སྦྱོར་བཅས་ཤིན་ཏུ་བཟང་བའི་བསྟན་བཅོས་རིན་ཆེན་བདུན། མུ་ཏིག་འཕྲེང་བ། བློ་གྲོས་འཇུག་པ་སོགས་རྒྱ་ཆེར་བརྩམས་པ་དག་ལས་ད་ལྟ་ཀུན་གྱི་གཟུགས་འཛིན་གྱི་ཡུལ་དུ་གྱུར་པ་ནི་གླེགས་བམ་འདོད་པའི་གྲངས་ལྡན་ནོ།

།འགྲོ་མགོན་གྱི་རྗེས་སུ་གདན་ས་རིན་པོ་ཆེར་འབྲི་གུང་ཆོས་རྗེས་ལོ་གསུམ་ཙམ་བསྐྱངས། དེ་རྗེས་ཕྱི་རྒྱ་བསྐྱངས་ནས་བསམ་གཏན་ཁང་བུ་སུམ་བརྒྱ་གསར་བཏབ་མཛད་ཅིང་། ས་ཧ་ཡོར་ཕྱོགས་ཀྱི་བུ་སློབ་རྣམས་ལ་འཕྲིན་མཛད་དེ། སྤར་སློས་བཞིན་གཙུག་ལག་ཁང་ཆེན་ངོ་མཚར་ཅན་དགོངས་རྫོགས་སུ་བཞེངས་པ་དང་། ཉིད་སྐུ་ན་བསྒྲེས་པས་ཕར་ཚུར་འགྲོན་མི་ཐུབ་པས། ཐུགས་སྲས་རླངས་ཀྱི་རིགས་ལས་འབྲུངས་པ་སྤྱན་སྔ་གྲགས་པ་འབྱུང་གནས་ལ་ཁྲིད་འཕགས་བཅུ་གསུམ་གྱི་བརྫོང་པ་དང་གདན་ས་ཐེལ་དུ་བསྐོས་བྱ་གནང་བས་གདན་ས་ཡར་རྒྱས་སུ་བྱོན་ཞིང་སྤྱན་སྔ་རིན་པོ་ཆེ་འབྲི་གུང་གི་གདན་སར་བཞུགས་སྐབས། ཐེལ་འདིར་དབོན་སྲས་རྒྱལ་བ་རིན་པོ་ཆེ་འབྲི་གུང་ནས་བསྐོས་བྱ་མཛད་དེ་སྤྱན་སྔའི་གོ་སར་གཤེགས། འབྲི་ཕག་གཉིས་ཆོས་སྲིད་ཡུག་གཅིག་ཏུ་འབྲེལ་བར་གྱུར། དེའི་རྗེས་ནས་དཔལ་ལྡན་རླངས་ཀྱི་གདུང་བརྒྱུད་ཀྱིས་ཕག་གྲུའི་ཆོས་སྲིད་གཉིས་ཀར་མངའ་དབང་བསྒྱུར་ཏེ། སླད་ནས་སྤྱན་སྔ་གྲགས་པ་བརྩོན་འགྲུས་ཀྱི་རྗེས་སུ། བཅུ་གཉིས་པ་རིན་ཆེན་རྡོ་རྗེ། སྤྱན་སྔ་གྲགས་པ་ཡེ་ཤེས། གཉིས་མཆོད་པ་གྲགས་པ་རིན་ཆེན། ཆོས་བཞི་རྙིང་མ་གྲགས་པ་རྒྱལ་མཚན། བཅུ་གཉིས་གསར་མ་གྲགས་པ་ཤེས་རབ། ཆོས་བཞི་གསར་མ་གྲགས་པ་བྱང་ཆུབ། ཆོས་རྗེ་བསོད་ནམས་གྲགས་པ། གནམ་གང་གསར་མ་དཔལ་ལྡན་བཟང་པོ། ཉེར་བརྒྱད་པ་བསོད་ནམས་བཟང་པོ། ཆོས་རྗེ་བསོད་ནམས་རྒྱལ་མཚན། འདི་ནས་བར་སྟོང་ཡུན་རིང་ཙམ་བྱུང་རྗེས། སྤྱན་སྔ་ངག་གི་དབང་པོ། ཞྭ་དམར་བཞི་པ། སྤྱན་སྔ་གྲགས་པ་འབྱུང་གནས། རྣམ་རྒྱལ་གྲགས་པ། བཀའ་བརྒྱུད་རྣམ་རྒྱལ། ཆོས་ཀྱི་དབང་ཕྱུག་བར་བྱོན་ཞིང་རྗེས་སུ་ཁྲི་སྐོར་ཉམས་པས་གདན་སའི་ཁྲི་པའི་རྒྱུན་ཆད་པས་མཁན་རབས་ཀྱིས་བསྐྱང་བར་གྱུར།

སྲིད་ཕྱོགས་ལ་ཕག་གྲུ་ཁྲི་སྐོར་བྱུང་སྟེ། ཏ་སི་ཏུས་བོད་ཁམས་ཧྲིལ་པོར་དབང་བསྒྱུར་ནས་མི་ལོ་བརྒྱ་ཕྲག་གཉིས་ལྷག་དབང་བསྒྱུར་བའི་ཚུལ་ལོ་རྒྱུས་ཡོངས་སུ་གྲགས་པས་འདིར་མི་སྨོས་

ལ། ལོ་རྒྱུས་ལ་ལར་འབྲི་ཕག་གཅིག་འོག་གཅིག་མི་འདུ་བར་གྱུར་ཟེར་བ་ནི་སྲིད་ཕྱོགས་ལ་གོ་བར་བྱ་ཡི། ཆོས་བརྒྱུད་ནི་བརྒྱུད་པ་གཅིག་ཅིང་ཕན་ཚུན་བཀའ་བརྒྱུད་གཞན་ལས་ཀྱང་ཐུན་མིན་གྱི་འབྲེལ་བ་ཟབ་སྟེ། ཆོས་རྗེ་ཡབ་སྲས་གསུམ་གྱི་རྟེན་འབྲེལ་ལས། རབ་ཀྱན་གྱི་ལོའི་ནང་དུ་འབྲི་གུང་དུ་སློབ་གྲྭ་འགྲིམ་བཞིན་པ་ཡིན་ལ་བར་ལམ་དགེ་བསྒྱུར་མཛད་ཀྱང་སྔར་ལམ་ཆུད་ཅིང་། ད་ལྟའང་འབྲི་ཕག་གི་ཆོས་བརྒྱུད་འཛིན་ཅིང་། རིག་གསར་གྱིས་བཤུལ་མེད་བརྟག་ཀྱང་། ཉམས་གསོས་ཙུང་ཟད་འགྲུབ་ཏེ་གནས་པའི་སྐབས་སུ་གནས་ཡོད།

འགྲོ་མགོན་ཕག་གྲུའི་སློབ་བརྒྱུད་ལ་བཀའ་བརྒྱུད་ཆུང་བ་དང་དྭགས་པོའི་སློབ་བརྒྱུད་ལ་བཀའ་བརྒྱུད་ཆེ་བ་ཞེས་བརྗོད་སྲོལ་ཞིག་མཆིས་པ་སྟེ། དེ་ནི་བོད་སྔ་རབས་ཀྱི་ལོ་རྒྱུས་སྨྲ་བའི་བཞེད་པ་ནི་མ་ཡིན་པའི་ཕྱིར། འདིར་དཔྱད་ན། ལ་ལས་སྔ་རབས་ཀྱི་བཞེད་པ་ཡིན་ཏེ། བན་སྐར་གྱིས་བཀའ་བརྒྱུད་སྤྱི་བསྟོད་ལས་གསུངས་པའི་ཕྱིར་ཞེ་ན། མི་འཐད་དེ། དེ་ནི་ཀརྨ་པའི་སློབ་བརྒྱུད་ལ་ཆེ་བཞི་ཆུང་བརྒྱད་དུ་ཕྱེས་པ་ལས། བཀའ་བརྒྱུད་སྤྱི་ལ་མ་གསུངས་ཕྱིར། དེར་ཐལ། བན་སྐར་བས། དུས་གསུམ་ཤེས་བྱ་ཀུན་མཁྱེན་ཀརྨ་པ། །ཆེ་བཞི་ཆུང་བརྒྱད་བརྒྱུད་པ་འཛིན་རྣམས་དང་། །འབྲི་སྟག་ཚལ་གསུམ་དཔལ་ལྡན་འབྲུག་པ་སོགས། །ཞེས་ཐ་དད་དུ་བསྟན་པའི་ཕྱིར། བསྙོན་པའི་གཞི་མ་གྲུབ་བོ། །བཀའ་བརྒྱུད་སྤྱི་ལ་ཕྱེད་པ་ནི་ཕྱིས་སུ་ཡིན་ཏེ། དེའི་ཚུལ་ཁོ་བོས་ཟུར་དུ་བྲིས་པ་ལས་རྟོགས་ནུས་ལ། འདི་ཙམ་བརྗོད་པ་ལ་རྫོངས་རྐྱེན་ཆོས་ཚིག་ཙམ་ལའང་དགག་པར་སྙམ་ཡང་ཚོལ་ཆུང་བའི་ནང་རྟགས་ཏེ། ལོ་རྒྱུས་ནི་རྗེ་མ་རྗེ་བཞིན་དུ་བརྗོད་པ་ལས། དེ་ལ་མོས་པ་དང་དད་པས་བསྒྱུར་དུ་མེད་པའི་ཕྱིར་རོ། །ཞེས་པའང་ཞར་བྱུང་དུ་ཐལ་བའི་གཏམ་མོ།

སླས་པ། སྐད་གཉིས་སྨྲ་བའི་དབང་ཕྱུག་གསང་སྔགས་བདག །ཚེ་གཅིག་མངོན་པར་རྫོགས་བརྙེས་པ་གྲུབ་པའི་དཔལ། །བརྒྱུད་གསུམ་ངེས་དོན་བསྟན་སྲོལ་སྤེལ་བའི་མགོན།

།སྐུ་བཞིའི་བདག་ཉིད་ལྷུར་བཅས་འགྲོ་བའི་གཉེན། །གྲགས་སྙན་ནོར་འཛིན་ས་ཁྱུད་ལས་འགོངས་པའི། །གྲགས་པ་དོན་ལྡན་ལྷ་མིའི་མཆོད་སྡོང་བཞིའི། །མཐའ་ཀླུས་ཡོན་ཏན་མི་ཟད་རྒྱ་མཚོའི་ཁམས། །མཐའ་དག་རྒྱལ་བའི་ལྡུགས་ལས་གཞན་གྱིས་མིན། །འོན་ཀྱང་རིན་ཆེན་གསེར་འགྱུར་རྩིའི་དུམ་བུས། །ལྷུགས་སྲང་སྡོང་ཕྲག་གསེར་དུ་བསྒྱུར་བའི་དཔེས། །ཟབ་རྒྱས་རྣམ་ཐར་དཔག་ཡས་ཆ་ཤས་ཙམ། །འདི་ཉིད་མཐོང་ཐོས་དྲན་ན་དོན་ལྡན་སླམ། །རང་གི་རྟོག་བཟོའི་ངལ་བ་མ་བརྟེན་པར། །རང་གཞན་ཚད་མའི་སྔོན་བྱུང་གཟུགས་བརྙན་ཀུན། །རང་བཞིན་མ་འདྲེས་གསལ་བའི་བརྙན་འཕྲིན་འདི། །རང་གཞན་འཇུག་པ་བདེ་བར་སྙོམ་ནས་བཀོད། །རྒྱལ་བསྟན་སྤྱི་དང་བཀའ་བརྒྱུད་འབྲི་གུང་པའི་ཆོས་འབྱུང་རགས་རིམ་མི་ཤིགས་རྡོ་རྗེའི་ཕྲེང་བ་ལས། འགྲོ་མགོན་བཀའ་བརྒྱུད་སྤྱིའི་སྐབས་ཏེ་དྲུག་པའོ།།

Die Biografie Phagmodrupas ist dem Band *Geschichte der Drikung* (tib. *'bri gung chos 'byung*) von Dakpo Cännga Rinpoche entnommen. Er erschien im Jahr 2004 unter dem Ordinationsnamen des Autors, Drigung Könchog Gyatso, im Verlag mi rigs dpe skrun khang, Peking.

Phagmodrupa

Engaging by Stages in the Teachings of the Buddha

Im Rahmen des Übersetzer-Trainingsprogramms des Drikung Kagyu Institute wurden die tibetischen Originaltexte von *Die stufenweise Aneignung der Lehren des Buddha* und *Die Geschichte vom Leben und von der Befreiung Phagmodrupas, des Schützers der Wesen* auch ins Englische übertragen.

Die englischen Übersetzungen sind beim Otter Verlag unter dem oben genannten Titel erhältlich.

ISBN 978-3-933529-21-3

Kontakt und Bestellung: info@otterverlag.de